贵州省交通建设系列科技专著

乌江高效货运组织与船型技术

贵州省交通运输厅　组织编写

王丽铮　徐仕江　王　诚　编　　著

人民交通出版社股份有限公司
China Communications Press Co.,Ltd.

内 容 提 要

本书为贵州省交通建设系列科技专著中的一本。作者运用系统工程学、船舶设计学、交通运输工程学、工程经济学、数值计算理论、计算机仿真技术、船模试验技术等知识，经多学科融合综合分析了乌江多枢纽航道船舶运输组织与船型、运输安全等关键技术问题。本书分为8篇，共32章，内容包括：乌江多枢纽航道船舶运输环境分析、乌江多枢纽航道船舶高效货运组织模式优化、乌江高效船舶运输模式安全评估及控制、乌江货运船舶主要参数及设备选型论证、乌江货运船舶型线设计技术、乌江货运船舶总布置设计技术、乌江货运船舶节能减排实用技术、乌江货运船型标准化发展分析等。

本书可供从事船舶工程、交通运输、航运规划和管理等部门的技术人员参考，也可作为大专院校船舶与海洋工程和交通运输工程专业的教学参考书。

图书在版编目(CIP)数据

乌江高效货运组织与船型技术 / 王丽铮，徐仕江，王诚编著；贵州省交通运输厅组织编写. — 北京 ：人民交通出版社股份有限公司，2015.11

(贵州省交通建设系列科技专著)

ISBN 978-7-114-12570-6

Ⅰ. ①乌… Ⅱ. ①王… ②徐… ③王… ④贵… Ⅲ. ①内河航运—货物运输—研究 Ⅳ. ①U692.3

中国版本图书馆 CIP 数据核字(2015)第 255406 号

贵州省交通建设系列科技专著

书　　名：乌江高效货运组织与船型技术
著 作 者：王丽铮　徐仕江　王　诚
责任编辑：周　宇　韩　帅
出版发行：人民交通出版社股份有限公司
地　　址：(100011)北京市朝阳区安定门外外馆斜街3号
网　　址：http://www.ccpress.com.cn
销售电话：(010)59757973
总 经 销：人民交通出版社股份有限公司发行部
经　　销：各地新华书店
印　　刷：北京市密东印刷有限公司
开　　本：787×1092　1/16
印　　张：22.5
字　　数：510千
版　　次：2015年11月　第1版
印　　次：2015年11月　第1次印刷
书　　号：ISBN 978-7-114-12570-6
定　　价：80.00元

贵州省交通建设系列科技专著

编审委员会

总 序

Perface

古往今来，独特的地形地貌赋予贵州重峦叠嶂山高谷深的隽秀之美，但山阻水隔也桎梏着贵州经济社会发展的步伐。打破交通运输瓶颈，建设内捷外畅的现代综合交通运输体系，与全国同步迈向小康，一直是贵州人的夙愿。

改革开放特别是进入“十二五”以来，党中央、国务院及交通运输部等国家部委高度重视贵州经济社会发展。2012 年年初，国务院出台支持贵州发展的国发 2 号文件，将贵州省经济社会发展的战略规划上升到国家层面。贵州省委、省政府立足当前、着眼长远，提出坚持把交通作为优先发展的重大战略，举全省之力加快交通基础设施建设。2012 年以来，贵州省先后启动了高速公路建设、水运建设三年会战，普通国省干线公路建设攻坚，“四在农家·美丽乡村”小康路行动计划，“多彩贵州·最美高速”和“多彩贵州·平安高速”创建等一系列行动，志在“十二五”末，通过交通大建设一举打破大山的束缚，畅通经济发展的交通网络。

广大交通建设者紧紧抓住发展的历史机遇，凝心聚智，在广袤的黔山秀水之间，用光阴和汗水构筑贵州面向未来的交通新格局。“十二五”期间，全省交通基础设施建设将完成投资 4 500亿元，新建成高速公路 3 600 公里，高速公路通车总里程将突破 5 100 公里，全省 88 个县（市、区）将全部通高速公路。乌江、赤水河建成四级航道 700 公里，改写了贵州无高等级航道的历史。建成构皮滩水电站翻坝枢纽工程，实现乌江航道全线通航。曾经的黔道天堑正变成康庄大道，一张以高速公路为骨架、国省干线公路为支撑、县乡公路为脉络、小康路为基础的四级公路路网正在形成，“扬帆赴江海”指日可待。

围绕贵州交通发展中出现的科技需求，贵州省交通运输厅组织开展了一批省部级重大科研项目攻关，重点突破一批关键、共性技术难题，在支撑工程建设、引领行业创新发展方面成效显著。在山区复杂条件下大型桥梁建设技术方面，形成了千米级悬索桥、高墩大跨刚构桥和钢管混凝土拱桥等设计施工成套技术，有力支撑了坝陵河大桥、清水河大桥、鸭池河大桥、赫章大桥、木蓬大桥等一批世界级桥梁建设工程，实现了我省桥梁建设技术的大跨越；针对西部山区复杂地质地形条件，从勘察设计、建设施工、养护管理和生态环保等方面系统开展基础研究和技术开发，形成一批山区高速公路修筑技术，其成果居国内先进水平，有力支撑了复杂山区环境下高速公路项目建设；在山区航道整治、船型标准、通航枢纽建设等方面取得的创新性成果，促进了贵州航运工程的发展；完成了“贵州乌蒙山区毕都高速公路安全保障科技示范工程”等交通运输部科技示范项目，有力推动了交通科技成果推广应用；以“互联网＋便捷交通”推进智慧交通建设，率先开展智能交通云的建设和应用。交通运输科技成果连续3年获得贵州省科技进步和成果推广一等奖。

为展现在公路、水路和交通安全、信息化建设等方面取得的技术成就，促进技术交流，加大推广应用，贵州省交通运输厅组织编写了“贵州省交通建设系列科技专著”。这套科技专著的出版，对传承科技创新文化，提升交通科技水平，深入实施科技兴省战略，促进贵州经济社会快速发展，意义重大、影响深远。

交通成就千秋梦，东西南北贯黔中。编撰这套系列科技专著，付出的是艰辛、凝结的是智慧、反映的是成绩，折射了交通改变地理劣势、奋斗推动跨越的创新精神，存史价值较高，是一笔当代贵州的可贵财富。

2015年10月

《乌江高效货运组织与船型技术》

编写委员会

编写单位：贵州省航务管理局　武汉理工大学

编写人员：王丽铮　徐仕江　王　诚　陈顺怀　李玉林

金　雁　汪　敏　潘志翔　欧汗谣　邓　健

龚昌奇　尹　靓　丁　涛　罗　亮

前 言

Foreword

乌江干流全长 1 037km，贯通贵州、重庆两省市，于涪陵汇入长江。乌江是贵州最大的水路通道。乌江航运工程的建成，将翻开贵州省航运发展的新篇章，将极大地促进贵州省产业结构、工业布局调整，优化贵州省综合交通运输体系结构。乌江将成为贵州省社会经济发展的运输大动脉。一条通江达海的水运通道将把贵阳、遵义这两大经济中心连接到长江黄金水道。打通乌江水运出省通道，确保 2015 年实现全线通航，具有划时代意义。

乌江断航前，因受航运条件的限制，其主要采用机动驳单船运输方式，船型发展较为滞后。未来贵州乌江干流 594km 航道中，将有构皮滩、思林、沙陀、彭水、银盘、白马 6 座航电枢纽。除白马枢纽外，乌江其余航电枢纽的升船机(或船闸)设计通过能力最大也仅有 500 多万吨，这与贵州省水路运输管理部门着力打造的乌江年千万吨航道通过能力相比，差距甚远。乌江各枢纽通航设施尺寸不一、通过能力不一、通过时间不一、通航流量不一的状态，将给未来的船舶货运组织带来新的难题。梯级开发也会从安全性的角度向乌江航运提出挑战，将会带来一系列需要面临和解决的问题，也会影响和制约乌江高效航运运输组织模式的实施。21 世纪的航运业将进入绿色、高效、节能的时代，为对接国家节能减排战略，促进乌江船型标准化和船舶技术进步、优化运力结构，新一代船型的研发关键技术也急需突破。

“十二五”以来部、省、厅等交通运输主管部门批准立项了一系列科研项目，通过“产学研用”联合攻关，有效突破乌江多枢纽航道船舶运输组织与船型、运输安全等关键技术问题，取得了一批创新成果。为充分发挥科技在乌江航运可持续发展中的支撑作用，指导乌江航运开发建设，引导新运输方式和船型发展，促进乌江航运现代化，通过总结和凝练以往的科技成果，编写出版本书。

本书共分为 8 篇，涉及 32 章。第 1 篇为乌江多枢纽航道船舶运输环境分析，分为 4 章，主要介绍了阐述了乌江航运发展的政策环境、条件、货运现状与运输需求，船舶货运组织模式及船型等现状与发展，分析了乌江水路货运需求及乌江航运发展面临的主要问题；第 2 篇为乌江多枢纽航道船舶高效货运组织模式优化，分为 2 章，主要分析了乌江多枢纽复杂航道水路系统运输组织特点，提出了理论优化与仿真验证相结合的乌江水路运输组织综合优化新方法；第 3 篇为乌江高效船舶运输模式安全评估及控制，分为 5 章，主要针对乌江“山区”“多枢纽”等特点，提出了乌江水域船舶航行安全风险评估和梯级航运综合运输安全性分析评估方法及航行安全风险控制措施；第 4 篇乌江货运船舶主要参数及设备选型论证，分为 4 章，介绍了主要要素确定的原理和方法，最佳船型方案的求解方法，给出了船型方案的主要衡准指标、主要设备的选型和论证方法，以及各类船主要要素确定的方法与步骤；第 5 篇为乌江货运船舶型线设计技术，分为 4 章，主要阐述了横剖面面积曲线、设计水线、横剖线、侧面轮廓线等型线设计要素确定的方法，型线设绘的母型改造法及船舶现代设计方法与技术；第 6 篇为乌江货运船舶总布置设计技术，分为 6 章，阐述了总体布置的基本原则，乌江货运船舶总体区划与建筑形式的选择思路与方法，纵倾调整的方法，生活舱室、工作舱室和交通路线布置以及舵设备、停泊设备、救生设备布置和信号设备等船舶主要舾装设备布置准则，以及船舶外观设计与内装设计的指导思想与基本方法；第 7 篇为乌江货运船舶节能减排实用技术，分为 3 章，针对乌江航运条件和货运船舶特点，提出了乌江货运船舶的节能减排适用技术和主要环保设备选型原则；第 8 篇为乌江货运船型标准化发展分析，分为 4 章，主要介绍了我国内河船型标准化发展进程、相关政策和技术标准，贵州省内河船型标准化的现状与发展对策，内河船型标准化的内涵，乌江标准货运船型总体设计的要点，以及乌江标准船型推广应用配套政策。

本书第 1 篇由王丽铮、王诚、徐仕江、丁涛执笔；第 2 篇由金雁、李玉林、尹靓执笔；第 3 篇由徐仕江、邓健、尹靓执笔；第 4 篇由汪敏、金雁、王丽铮执笔；第 5 篇由陈顺怀、罗亮执笔；第 6 篇由龚昌奇执笔；第 7 篇由潘志翔、王诚、王丽铮执笔；第 8 篇由王丽铮、欧汉谣执笔。王丽铮、徐仕江、王诚负责统稿和定稿工作。

乌江高效货运组织与船型技术涉及面广，本书所阐述的内容并不涵盖所有技术。由于作者水平有限，本书尚存一些不妥之处，恳请有识之士批评指正，以便今后改进和进一步完善。

本书的出版得到贵州省交通运输厅和贵州航务管理局的大力支持，在此表示衷心的感谢。

作　者

2015 年 10 月

目　录

Contents

第1篇　乌江多枢纽航道船舶运输环境分析

第2篇　乌江多枢纽航道船舶高效货运组织模式优化

第3篇 乌江高效船舶运输模式安全评估及控制

第4篇 乌江货运船舶主要参数及设备选型论证

第 5 篇 乌江货运船舶型线设计技术

第6篇　乌江货运船舶总布置设计技术

第7篇　乌江货运船舶节能减排实用技术

第 8 篇 乌江货运船型标准化发展分析

第1篇

乌江多枢纽航道船舶运输环境分析

第1章 政策与经济环境

1.1 国家相关政策

1.1.1 国家交通“十二五”发展目标

“十二五”时期是全面建设小康社会的关键时期，是深化改革开放、加快转变经济发展方式的攻坚时期。面对新的发展形势，交通运输部提出全国交通运输发展必须科学判断和准确把握趋势，紧紧抓住战略机遇，积极应对各种挑战，加快交通发展方式的转变，大力发展现代交通运输业。

根据全国《交通运输“十二五”发展规划》，“十二五”发展的总体目标是：到2015年，基础设施网络更趋完善，结构更加合理，交通运输供给能力明显增强，运输装备进一步改善，运输组织不断优化，运输效率和服务水平明显提升，创新能力不断增强，科技进步和信息化水平不断提高，行业监管能力明显加强，以低碳为特征的交通运输体系建设取得成效，资源节约型、环境友好型行业建设取得明显进展，交通安全监管体系逐步完善，应急反应能力进一步加强，安全保障能力明显提高。便捷、安全、经济、高效的综合运输体系初步形成，基本适应国民经济和社会发展的需要。相关的具体目标如下：

1)基础设施

(1)公路网规模进一步扩大，技术质量明显提升

公路总里程达到450万km，国家高速公路网基本建成，高速公路总里程达到10.8万km，覆盖90%以上的20万以上城镇人口城市，二级及以上公路里程达到65万km，国省道总体技术状况达到良等水平，农村公路总里程达到390万km。

(2)沿海港口布局进一步完善，服务功能明显拓展

形成布局合理、保障有力、服务高效、安全环保、管理先进的现代化港口体系，港口码头结构进一步优化，深水泊位达到2 214个，能力适应度(港口通过能力/实际完成吞吐量)达到1.1。

(3)内河航道通航条件显著改善

“两横一纵两网十八线”1.9万km高等级航道70%达到规划标准，高等级航道里程达到1.3万km，内河水运得到较快发展，运输优势进一步发挥。

(4)民用航空保障能力整体提高

初步建成布局合理、功能完善、层次分明、安全高效的机场体系，运输机场数量达到230个

以上，大型机场容量饱和问题得到缓解。

(5)运输枢纽建设取得明显进展

建成100个左右铁路、公路、城市交通有效衔接的综合客运枢纽，建设200个功能完善的综合性物流园区或公路货运枢纽。

2)运输服务

(1)运输装备专业化、标准化水平显著提升

中高级营运客车比例达到40%，重型车、专用车和厢式车占营运货车比例达到25%、10%和25%，内河货运船舶船型标准化率达到50%。

(2)运输组织化程度明显提高，服务范围进一步延伸

集装箱、大宗货物水铁联运、江海联运较快发展。所有具备条件的乡镇和92%的建制村通客车，有条件的地区实现城乡客运一体化。

(3)服务水平和运行效率显著提升

国道平均运行速度提高到60km/h，内河主要港口基本实现机械化、专业化，沿海主要港口平均每装卸千吨货在港停时下降15%，民航航班正常率高于80%，邮件、快件全程时限达标率达到85%。

(4)城市客运服务水平明显提升

300万人口以上的城市、100～300万人口的城市以及100万人口以下的城市，万人公交车辆拥有量分别达到15、12和10标台以上。

3)交通科技与信息化

(1)科技创新体系进一步完善，创新能力显著增强

重大关键技术研发取得突破性进展，科技成果推广应用水平进一步提高，科技进步贡献率达到55%。

(2)信息化、智能化水平显著提升

在保障畅通运行、规范市场秩序、强化安全应急、服务决策支持方面取得明显成效，在推进综合运输体系建设、发展现代物流和实现低碳、绿色交通方面取得实质性突破。国省道重要路段和内河干线航道重要航段监测覆盖率达到70%以上，重点营业性运输装备监测覆盖率达到100%。

4)绿色交通

环境保护力度进一步加强，重大交通工程生态修复取得明显进展，主要污染物排放强度进一步降低，力争行业总悬浮颗粒物(TSP)和化学需氧量(COD)等主要污染物排放强度比"十一五"末降低20%。节能减排取得明显成效。与2005年相比，营运车辆单位运输周转量的能耗和CO_2排放分别下降10%和11%，营运船舶单位运输周转量的能耗和CO_2排放分别下降15%和16%。与2010年相比，民航运输吨公里的能耗和CO_2排放均下降3%以上。资源集约利用程度进一步提高。国省道单位行驶量用地面积下降5%，沿海港口单位长度码头岸线通过能力提高5%。港口、公路服务区等生产、生活污水的循环利用水平，路面废弃材料等资源的再生利用水平显著提高。

5)安全应急

公路交通安全应急水平明显提高。营运车辆万车公里事故数和死亡人数年均下降3%，

城市客运百万车公里事故数和死亡人数年均下降1%。公路应急保障体系基本完善,应急指挥调度能力显著增强,一般灾害情况下公路抢通时间不超过24h,公路应急救援到达时间不超过2h。

水上交通安全应急水平迈上新台阶。百万吨港口吞吐量事故数和死亡人数年均下降5%,特别重大事故实行零控制。水上安全监管和救助能力显著提升,监管救助站点布局进一步完善,沿海重点水域离岸100nmile,飞机90min内可到达实施救助,长江干线以及珠江水系和黑龙江水系的重要航段船舶应急到达时间不超过45min。溢油应急和抢险打捞能力进一步增强。航安全水平稳步提升。运输飞行百万小时重大事故率低于0.2。

1.1.2 实施加快长江等内河水运发展的国家战略

发展长江等内河航运上升为国家战略,内河航运发展机遇发生了根本性变化。2011年1月国务院以国发〔2011〕2号文件正式颁布了《关于加快长江等内河水运发展的意见》(以下简称《意见》)。同年3月,交通运输部印发《关于贯彻〈国务院关于加快长江等内河水运发展的意见〉的实施意见》(交水发〔2011〕76号,以下简称《实施意见》〕,提出利用10年左右的时间,建成畅通、高效、平安、绿色的现代化内河水运体系,建成比较完备的现代化内河水运安全监管和救助体系,运输效率和节能减排能力显著提高,水运优势与潜力得到充分发挥,对经济发展的带动和促进作用显著增强。到2020年,全国内河水运货运量达到30亿t以上,建成1.9万km国家高等级航道,长江干线航道得到系统治理,成为综合运输体系的骨干、对外开放的通道和优势产业集聚的依托。长江等内河主要港口和部分地区重要港口建成规模化、专业化、现代化港区。运输船舶实现标准化、大型化,长江干线运输船舶平均吨位超过2 000t。

《实施意见》中指出,在贯彻落实《意见》过程中,要充分体现加快转变发展方式要求,正确处理好内河水运发展与综合运输体系建设的关系,加强内河水运发展规划与相关规划之间的衔接,加强综合枢纽各种运输方式间的衔接,加强水陆联运、江海联运之间的衔接,加强与现代物流重要节点的衔接,加强与安全监管和应急保障体系的衔接;处理好重点推进与全面推进的关系,通过长江水运加快发展,带动"两横一纵两网十八线"的发展,通过"两横一纵两网十八线"的加快发展,带动全国内河水运发展,促进内河水运快速发展、协调发展、安全发展、绿色发展。

《实施意见》中指出,要积极推进乌江、岷江、嘉陵江、汉江、江汉运河、湘江、沅水、赣江、信江、合裕线、柳江、黔江、淮河、松花江、闽江等高等级航道建设。充分考虑内河水运发展的要求,对有复航价值的枢纽、航道,逐步进行复航建设或改造,同时要防止出现新的碍航、断航情况;并以"两横一纵两网"为重点,推进内河船型标准化工作。加快推进长江干线、京杭运河船型标准化,积极推进西江航运干线、珠江三角洲高等级航道网的船型标准化,启动其他高等级航道重点船型的标准化。积极开发和推广使用标准船型,优化船舶运力结构,发展江海直达、干支直达船型,促进内河船舶的大型化、标准化。出台全国内河船型标准化实施方案,建立健全船型标准化工作协调机制,积极落实船型标准化地方配套资金和标准船型研发推广经费,形成运政、海事、船检等部门齐抓共管、各负其责的工作格局,确保船型标准化工作扎实、有效推进,力争"十二五"末基本实现内河客船、危险品船等重点船型的标准化、系列化,其他船舶的船型标准化率达到50%以上。

1.1.3 国务院关于进一步促进贵州经济社会又好又快发展的若干意见

改革开放特别是实施西部大开发战略以来，贵州经济社会发展取得显著成就，进入了历史上发展的最好时期。但由于自然地理等原因，贵州发展仍存在特殊困难，与全国的差距仍在拉大。为进一步促进贵州经济社会又好又快发展，2012年1月国务院又出台《国务院关于进一步促进贵州经济社会又好又快发展的若干意见》(国发〔2012〕2号)。意见要求到2015年，以交通、水利为重点的基础设施建设取得突破性进展；产业结构调整取得明显成效，综合经济实力大幅提升，工业化、城镇化带动作用显著增强，农业现代化水平明显提高；单位地区生产总值能耗明显下降，主要污染物排放总量得到有效控制，环境质量总体保持稳定；石漠化扩展趋势得到初步扭转，森林覆盖率达到45%；社会事业发展水平明显提升，扶贫对象大幅减少，全面建设小康社会实现程度接近西部地区平均水平。到2020年，适应经济社会发展的现代综合交通运输体系和水利工程体系基本建成；现代产业体系基本形成，经济发展质量和效益明显提高，综合竞争力显著增强，城镇化水平大幅提高，科技创新能力明显提升；石漠化扩展势头得到根本遏制，森林覆盖率达到50%，环境质量良好；基本公共服务达到全国平均水平，城乡居民收入显著提高，实现全面建设小康社会奋斗目标。

1.2 贵州省相关政策

1.2.1 贵州省交通“十二五”发展目标

“十二五”时期，贵州省将全面发展铁路、公路、民航和水运，加快建设客运快速化、货运物流化、管理现代化的现代综合交通运输体系，以现代综合交通体系来满足经济社会发展产生的运输需求。

1)加快以快速铁路系统为重点的铁路建设

“十二五”期间，全省新增铁路里程3 000km以上，力争到2015年全省铁路通车总里程达到5 000km。同时，加强民用机场建设：“十二五”期间，完成贵阳龙洞堡机场扩建工程；建成毕节、六盘水和遵义支线机场；完成铜仁凤凰等支线机场配套及扩建；争取开工建设黄平机场；继续做好其他新机场规划研究工作。

“十二五”期间，快速铁路和民航机场的大发展将给贵州省交通带来一场革命性的变化。客运专线、快速铁路和民航的发展，快速交通体系的形成和完善，将迅速改变贵州省客货运输结构，加快综合交通运输体系的形成。与铁路、航空的快速发展相比，贵州省公路交通系统作为各种运输方式之间衔接的转换桥梁，以及综合交通体系中客货集散的主要依托方式，很有可能成为综合交通体系中相对的“短板”，需要进一步加快建设。

2)内河航道

贵州省的水运出省通道建设滞后，至今没有一条全线畅通的渠化河流，通航河流上有碍航闸坝104座，碍航里程1 600多km，港口码头规模小，靠泊能力低，水运发展受到制约，优势难以体现。

贵州省《省人民政府关于加快水运发展的意见》(黔府发〔2012〕44号)提出的发展目标为：到2015年，水路货运能力突破2 000万t/年，客运能力达2 800万人次/年，打通乌江、红水河四级航道；到2020年，水路货运能力超过5 000万t/年，客运能力达3 500万人次/年，船舶制造生产能力达10万载重吨/年，建成乌江、红水河三级航道，全面建成赤水河、清水江、都柳江水运通道，初步形成适应经济社会发展需要的现代水路运输体系；到2030年，水路货运能力突破1亿t/年，客运能力达5 000万人次/年，船舶制造生产能力达30万载重吨/年，建成以出省水运通道为骨干，库区航道、旅游航道为辅的水运发展格局，实现港口集约化、专业化，运输船舶标准化、大型化，全面形成南下珠江、北进长江的“通江达海”水运大通道。贵州省《省人民政府关于印发贵州省水运建设三年会战实施方案的通知》(黔府发〔2013〕25号)的总体目标为：2014～2016年，全省完成水运交通固定资产投资100亿元以上；到2016年，全省高等级航道达到700km以上，水运能力达2 000万t以上，港口码头吞吐能力突破3 000万t，水运交通有效连接37个产业园区、230个小城镇、42个旅游景区、46个现代高效农业示范园区及29个城市综合体。2014年水运通道项目目标为：全面建成乌江(乌江渡—龚滩)航运工程，新增四级航道431km，全省四级航道达到700km；加快建设乌江构皮滩、思林、沙沱通航设施、构皮滩翻坝运输系统。2015年水运通道项目目标为：全面建成乌江思林、沙沱通航设施和构皮滩翻坝运输系统工程，打通乌江水运通道，形成500万t/年的通航能力。

乌江沿江社会和经济发展是交通基础发展的有力保障，根据《贵州省国民经济和社会发展第十二个五年规划纲要》,“十二五”时期贵州省经济社会发展的主要目标是：经济加速发展，全省生产总值确保实现8 000亿元，力争翻一番，突破10 000亿元，人均生产总值接近3 000美元，生产总值年均增长12%以上；全社会固定资产投资年均增长30%以上；财政总收入年均增长15%以上，其中财政一般预算收入突破1 000亿元，年均增长15%以上；社会消费品零售总额年均增长17%以上。贵州省有丰富的矿藏资源，矿床主要集中在修文县和清镇市，铝矿品位高，Al_2O_3 含量平均在70%左右；磷矿储量4.28亿t，是全国三大磷矿基地之一，全国70%以上的优质磷矿集中在开阳、息烽；煤炭储量8.3亿t，息烽、开阳、修文、清镇三县一市及白云、乌当、花溪三郊区均有分布。除了矿产，贵州也是我国茶叶、烟叶、农副产品的主要产地之一。煤、磷、铝矿、烤烟、茶叶、油菜籽等为省外急需的资源。图1.1为贵州省“十二五”综合交通发展规划示意图。

1.2.2　贵州省公路水路交通基础设施建设三年会战科技支撑实施方案

为了推动贵州交通运输业跨越发展，贵州省委、省政府连续实施了“高速公路建设三年会战”、“水运建设三年会战”、“普通国省干线公路建设攻坚”和“四在农家·美丽乡村”小康路行动计划。为充分发挥科技的支撑保障作用，贵州省交通运输厅制定了《贵州省公路水路交通基础设施建设三年会战科技支撑实施方案》(黔交科教〔2013〕16号，以下简称《实施方案》)。

《实施方案》以邓小平理论、“三个代表”重要思想和科学发展观为指导，以学习贯彻党的十八大和十八届三中全会精神为动力，以“贵州省公路水路交通基础设施建设三年会战”的实际需求为导向，加快攻克制约贵州省交通基础设施建设的关键技术问题，加强科技成果的推广应用，为贵州省交通基础设施建设三年会战提供强有力的支撑，为建设经济、高效、安全、绿色、畅通的公路水路交通基础设施提供科技保障，促进贵州省交通运输行业安全、高效、协调和创新发展委指导思想，并提出了取得一批科研成果、出版一批科技专著、举办一批科技活动、培养一批科技人才和建设一批创新平台的工作目标。

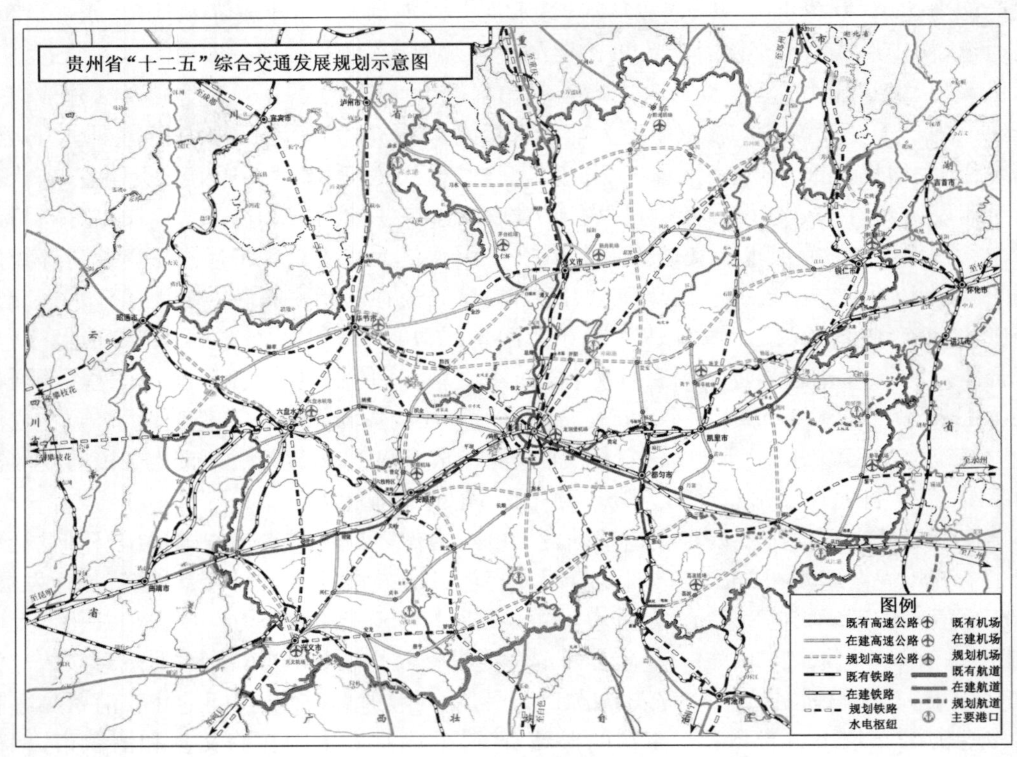

图 1.1　贵州省"十二五"综合交通发展规划示意图

1.3　乌江流域经济环境

乌江发源于贵州省威宁县乌蒙山东麓，跨贵州省北部和重庆市南部，介于东经 104°18′～109°22′、北纬 26°07′～30°22′之间。北源六冲河出赫章县北，南源三岔河出威宁彝族回族苗族自治县东，两源汇合于化屋基后称乌江干流。乌江自西南向东北横贯贵州省中部及东北部，流经贵州的毕节、安顺、遵义、铜仁和重庆市边陲的黔江、涪陵等 46 个县(市)。干流在贵州省境内流经贵阳、遵义、黔南、铜仁 4 个市(州、地)，包括息烽、遵义、开阳、瓮安、湄潭、余庆、凤岗、石阡、思南、沿河共 11 个县，至龚滩入重庆市境，经秀山、彭水、武隆等县，在涪陵入长江，全长 1 037km。乌江在贵州境内 802km，重庆境内 163km，贵州、重庆界河 72km，流域面积 8.8 万 km^2，其中贵州境内 6.6 万 km^2。

乌江全江平均比降 2.05‰，其中从河源到乌江渡为上游，长 448km，落差 1 636m，平均比降 3.65‰，河谷切割深，坡陡流急；从乌江渡到沿河县城为中游，长 346km，落差 336m，平均比降0.97‰；从沿河县城到涪陵河口为下游，长243km，落差152m，平均比降0.62‰。从化屋基起，至贵阳、遵义、黔南三市州交界处的开阳龙水乡小河口，乌江干流绕贵阳市境（分界线）全长201km，其中乌江镇插入南岸部分地域，所属乌江河段偏岩河口至乌江镇10km属于遵义市。

乌江是贵州省中部直达长江的水运通道，对沿江两岸的资源开发和居民生活水平的提高起着重要作用。乌江沿线是贵州省重要的能源基地，腹地内自然资源丰富，矿产种类多，储量大，质量好，分布相对集中，易于开采，是我国西南矿产集中分布地区之一，在全国处于十分重要的战略地位。改革开放以来国民经济和社会发展进入快速发展时期，"十一五"期间，贵州省经济增长速度明显加快，质量和效益显著提高，综合经济实力迈上新台阶，经济结构调整成效显著，重点产业对经济增长的贡献明显加大，新的经济发展格局正在形成。

乌江流域为贵州主要工农业分布区，居住有汉、彝、苗、布依、回等少数民族，盛产粮、油、烤烟、茶、生漆、油桐、乌桕及天麻、杜仲、党参等药材，煤、硅石、铁、磷、铝、锰、铅、锌、锑等矿产丰富。乌江流域属于我国边陲经济欠发达地区，2013年贵州省地区生产总值为8 006.79亿元，比2012年增长12.5%。其中，第一产业增加值1 029.05亿元，增长5.8%；第二产业增加值3 243.70亿元，增长14.1%；第三产业增加值3 734.04亿元，增长12.6%。贵州省人均地区生产总值为22 922元，按年平均汇率折算为3 701美元。贵州省第一产业增加值占地区生产总值的比重为12.9%，第二产业增加值比重为40.5%，第三产业增加值比重为46.6%。与2012年比，第一产业比重下降0.1个百分点，第二产业比重提高1.4个百分点，第三产业比重下降1.3个百分点。民营经济、县域经济占地区生产总值的比重分别为43%和67%，分别比上年提高2.7个和0.6个百分点。

按照《贵州省国民经济和社会发展第十二个五年规划纲要》所制定的发展目标，"十二五"时期贵州省经济社会发展的主要目标如下：

1)经济加速发展

全省生产总值确保实现8 000亿元，力争翻一番、突破10 000亿元，人均生产总值接近3 000美元。生产总值年均增长12%以上；全社会固定资产投资年均增长30%以上；财政总收入年均增长15%以上，其中财政一般预算收入突破1 000亿元，年均增长15%以上；社会消费品零售总额年均增长17%以上。

2)结构调整取得重大进展

三次产业结构调整为9.6∶45∶45.4；服务业就业比重提高到25%以上；力争五年累计转移农村劳动力250万人以上，城镇化率达到40%；非公有制经济比重达到45%。

3)发展基础平台进一步夯实

与全面建设小康社会需要相适应的交通基础平台基本形成，初步建成快速铁路系统，铁路通车里程力争达到5 000km，高速铁路通车里程超过1 400km，基本实现县县通高速公路，高速公路通车里程达到4 500km以上。

4)资源节约环境保护成效显著

单位生产总值能源消耗和CO_2排放量降低，主要污染物排放总量减少并控制在国家下达的指标范围内；耕地保有量439.8万公顷；森林覆盖率达到45%；森林蓄积量3.8亿m^3。

经过五年的艰苦奋斗，使贵州省综合经济实力、市场竞争能力和抵御风险能力登上一个新的重要台阶，力争在西部地区实现赶超进位，实现经济社会发展历史性跨越的条件更加充分，全面建成小康社会的基础更加牢固。

贵州经济的发展，必将对贵州综合交通的发展提出更高的要求，而贵州省交通建设离不开国家的大力支持，必须与国家的交通发展目标相适应，必须在自身做好各项工作的前提下，借力推动发展。

第2章

乌江航运基础设施条件

2.1 航道条件

图 2.1 为乌江航道示意图。乌江航道历经 20 世纪 50、70、90 年代的几次整治，目前大乌江—涪陵 452km 航道已达 V 级航道标准，可通航 300t 级船舶。其中，大乌江至龚滩 264km 航道尺度为 1.6m×30m×270m，龚滩至白马 143km 航道尺度为 1.6m×25m×180m，白马至涪陵 45km 航道尺度为 1.6m×30m×300m。马洛渡—大乌江 19km 航道只达到Ⅵ级标准，通行 100t 级船舶；乌江渡—马洛渡 124km 航道只能季节性和区间通航；清水河开阳码头—清水河口不通航。

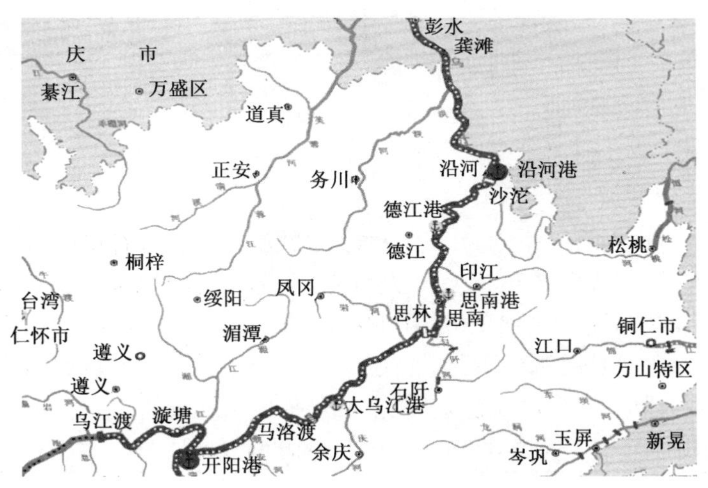

图 2.1 乌江航道示意图

乌江上游区域，因水流急，河床狭窄，两岸高山悬崖，常有大型崩岩堵滩而无法行船，因此乌江通航河段主要是乌江渡以下河段。渠化后的乌江从乌江渡枢纽大坝下起到进入长江的涪陵止，共计 594km，全部为Ⅳ级航道，配合航标工程的实施和配套工程的完善，可常年通行 500t 级船舶，在设计最低通航水位为综合历时保证率 95%时，航道尺度达到 1.6m×30m～50m×330m，航道通过能力可达到 774.144 万 t。

贵州省乌江渡至龚滩 407km 河段内在建的构皮滩、思林、沙沱三座水电枢纽，以及重庆龚滩下游 40km 处在建的彭水枢纽，将航道分割成常年回水区和变动回水区。常年回水区水深、航宽，通行条件较好，变动回水区航道水深和通航条件随枢纽下泄流量的变化使得原本复杂的乌江航道变得更为复杂。乌江航道状况见表2.1。

乌江航道状况　　表2.1

起　点	讫　点	里程(km)	(起点)至 涪陵港(km)	(起点)至 开阳港(清江)码头(km)	备　注
乌江渡(电站)	楠木渡	34.0	593.9	123.5	
楠木渡	旋塘	15.5	559.9	57.7	
旋塘	清水河口	23.7	544.4		
清水河口	构皮滩(电站)	65.8	520.7	25.0	(清江码头)至乌江(清水河口)25km
构皮滩(电站)	大乌江	7.9	454.9	85.8	
大乌江	思林(电站)	80.2	447.0	93.7	
思林(电站)	思南(县城)	24.2	366.8	173.9	
思南(县城)	沙沱(电站)	91.8	342.6	198.1	
沙沱(电站)	沿河(县城)	6.8	250.8	289.9	
沿河(县城)	龚滩	59.2	244.0	296.7	
龚滩	(彭水电站)	39.9	184.8	355.9	(龚滩)黔渝界
(彭水电站)	彭水(县城)	11.3	144.9	395.8	
彭水(县城)	涪陵	133.6	133.6	407.1	
涪陵	乌江渡(电站)	593.9	0	545.7	

2.2　主要港口

目前，乌江贵州省境内有4个港口，吞吐能力10万t以上的有思南、德江和沿河3个港口。贵州省于“九五”期间投资2 750万元，先后修建了大乌江、思南、沿河和涪陵4处港口码头，共计10个泊位和装卸设施，基本改变了自然岸坡停靠和人工装卸的局面，但设备有限，装卸工艺有待进一步改善。总的来讲，码头规模不大，设施不完备，与社会经济发展和提高码头装卸能力的要求不相适应。乌江黔境内沿线主要码头现状见表2.2。

乌江黔境内沿线主要码头现状表　　表2.2

序号	名称＼内容	主要用途	结构形式	泊位个数(个)	通过能力(万人次/万t)	靠泊能力(t)	泊位总长度(m)
1	大乌江码头	货	斜坡、直立混合式	2	—/25.6	300	80
2	思南码头	客、货	斜坡、直立混合式	3	35/17.6	300	120
3	德江共和码头	货	斜坡	1	—/10	100	40
4	沿河码头	客、货	斜坡、直立混合式	3	20/12.88	300	144

根据《贵州省内河航运发展规划》，为满足资源外运中转出口需要，发挥乌江出省通道优势，沿江港口将以开阳港、江界河等地区港口为重点，计划新建4个500t级泊位、17个大小码

头和20个停靠点。乌江主要货运港口规划如表2.3所示。

乌江主要货运码头规划 表2.3

码　头	最大靠泊能力(t)	码头泊位数(个)	货运设计吞吐能力(万 t/年)
乌江渡	500	1	11
楠木渡	500	1	15
开阳港	500	8	94.6
沿江渡	500	1	18
江界河	500	7	75
河闪渡	500	2	21.5
思南	500	2	23.9
德江	500	7	70
沿河	500	4	50

2.3 水电枢纽

乌江流域规划的枢纽，有白马、银盘、彭水、沙沱、思林、构皮滩、乌江渡及其以上的索风营、东风、洪家渡、引子渡、普定等12级，其中白马、银盘、彭水在重庆市境内，其余均在贵州省境内。乌江渡枢纽已建成投产，该枢纽未建过船建筑物，只留有过船建筑物位置。

1)乌江渡枢纽

乌江渡枢纽位于贵州省中部乌江中游遵义县境内、构皮滩枢纽上游137km，距贵阳市105km。乌江渡枢纽于1983年竣工，但未建过通航建筑物，仅留有位置。乌江渡枢纽外貌见图2.2。

图2.2 乌江渡枢纽

2)构皮滩枢纽

构皮滩枢纽位于贵州中部余庆县境内的乌江干流中游河段，距上游乌江渡枢纽137km，距下游思林枢纽和河口涪陵区分别为88km和455km。构皮滩枢纽通航建筑物布置在左岸，主要由上引航道、中间渠道、三级垂直升船机和下引航道组成。设计年单向过坝货运量为142万t，承船厢有效尺寸为59m×11.7m×2.5m，设计一次过坝最大船舶吨位为500t，上游设计最高通航水位630.00m、设计最低通航水位590.00m；下游设计最高通航水位445.82m、设计最低通航水位430.70m。构皮滩枢纽外貌见图2.3。

3)思林枢纽

思林枢纽位于贵州省乌江中游河段的思南县城上游23km，距贵阳市和乌江河口分别为328km和366.77km。思林枢纽通航建筑物布置在左岸，为单级垂直升船机，主要由上游引航道、中间通航渠道、升船机和下游引航道组成。设计年双向过坝货运量为539.42万t，承船厢有效尺寸为 59m×12m×2.5m，设计一次过坝最大船舶吨位为 500t，上游设计最高通航水位 440.00m、设计最低通航水位 431.00m；下游设计最高通航水位 374.50m、设计最低通航水位 363.30m。思林枢纽外貌见图 2.4。

图 2.3　构皮滩枢纽

图 2.4　思林枢纽

4)沙沱枢纽

沙沱水电站位于贵州省沿河县上游约 7km 处，是乌江干流上贵州省境内最后一个梯级，距上游思林水电站 116km。沙沱枢纽通航建筑物布置在右岸，为单级垂直升船机，主要由上游引航道、中间通航渠道、升船机和下游引航道组成。设计年双向过坝货运量为 341.25 万 t，承船厢有效尺寸为 58m×12m×2.5m，设计一次过坝最大船舶吨位为 500t，上游设计最高通航水位 365.00m、设计最低通航水位 353.50m；下游设计最高通航水位 300.38m、设计最低通航水位 289.62m。沙沱枢纽外貌见图 2.5。

图 2.5　沙陀枢纽

5)彭水枢纽

彭水枢纽位于重庆市彭水县城上游 11km 的乌江干流下游，与重庆主城区直线距离约 180km，下距河口涪陵 147km。彭水枢纽通航建筑物采用两级方案：第一级为船闸，船室有效尺度为 62m×12m×2.5m；第二级为垂直升船机，承船厢有效水域尺度为 59m×11.5m×2.5m，设计年过坝货运量为上、下水各 230 万 t，设计一次过坝最大船舶吨位 500t，上游设计最高通航水位 293.00m、设计最低通航水位 278.00m、下游设计最高通航水位 227.00m，设计最低通航水位 211.50m。

6)银盘枢纽

银盘枢纽位于重庆市武隆县黄草乡下游约 8km，下距乌江河口 93km，上距彭水电站 54km。银盘枢纽采用右岸单线船闸，设计水头 36.5m。船闸有效尺寸为 75m×12m×3.0m(长×宽×槛上水深)。船闸由上游引航道、上闸首、闸室、下闸首、输水系统和下游引航道组成。设计年过坝货运量为单向 280 万 t，设计一次过坝最大船舶吨位为 500t，上游设计最高通航水位 215.00m、设计最低通航水位 213.50m，下游设计最高通航水位 193.42m，设计最低通航水位 178.54m。

7)白马枢纽

白马枢纽坝址位于武隆水文站下游约22km,地处三峡水库回水消落带,在三峡初期蓄水期间和建成后,其水位流量关系将受三峡水库顶托影响。白马水库正常蓄水位和死水位分别为182.0m和178.5m,上与银盘电站尾水衔接,可淹没羊角滩,渠化库区乌江航道48km。该电站通航建筑物规模按可同时通行2艘500t化学品机动船或油船,船闸有效尺寸为120m×12m×4m。

自2004年构皮滩、思林、沙沱、彭水等枢纽相继开工建设后,因施工期间没有解决通航问题,马洛渡以下的乌江连续航道已被割断成数段封闭的航道。目前,除沙沱枢纽外,其他两个枢纽电站的主体工程已经完成,处于工程收尾验收阶段,升船机的主体部分已经建好,由于升船机设计部门还没有完成设计工作,因此这三个电站均未通航。构皮滩、思林、沙沱、彭水枢纽建成后,除沙沱和思林枢纽坝上将仍然存在30多km的自然航段外,其他枢纽间都将形成库区,航运条件大为改善。各枢纽过船建筑物主要技术参数见表2.4,乌江贵州省境内各枢纽位置见图2.6。

乌江各枢纽过船建筑物主要技术参数　　表2.4

项　目	单位	构皮滩	思林	沙沱	彭水	银盘	白马
过船设施		升船机	升船机	升船机	升船机船闸	船闸	船闸
设计年通过能力	万t	单向142	双向539.42	双向341.25	上、下各230	单向280	—
承船厢有效尺寸	m	59×11.7×2.5	59×12×2.5	58×12×2.5	59×11.5×2.5	—	—
船闸有效尺度	m	—	—	—	62×12×2.5	120×12×4.0	120×12×4.0
设计一次过坝最大船舶吨位	t	500	500	500	500	500	—
上游设计最高通航水位	m	630.00	440.00	365.00	293.00	215.00	—
上游设计最低通航水位	m	590.00	431.00	353.50	278.00	213.50	—
下游设计最高通航水位	m	445.82	374.50	300.38	227.00	193.42	—
下游设计最低通航水位	m	430.70	363.30	289.62	211.50	178.54	—

注:乌江彭水航电枢纽升船机最大净空高度为8.0m。

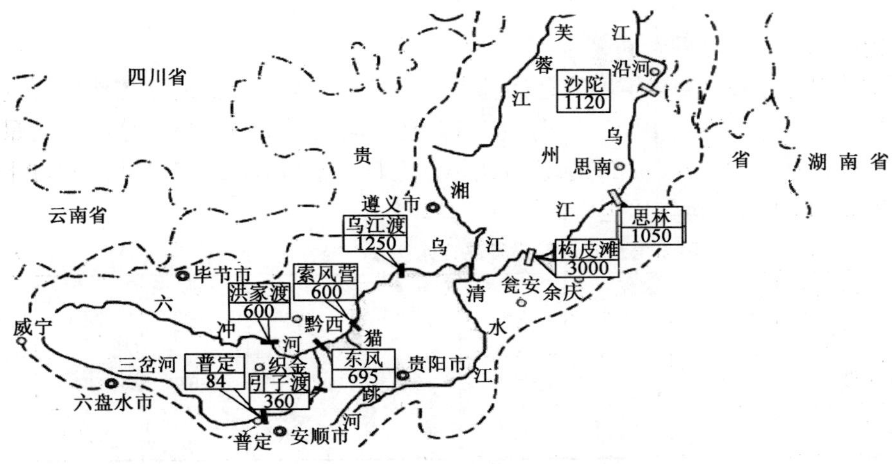

图2.6　乌江贵州省境内各枢纽位置

第3章

乌江货运发展分析

3.1 运输需求预测

乌江是贵州省中部直达长江的水运通道，对沿江两岸的资源开发和居民生活水平的提高起着重要作用。乌江沿线是贵州省重要的能源基地，腹地内自然资源丰富，矿产种类多，储量大，质量好，分布相对集中，易于开采，是我国西南矿产集中分布地区之一，在全国处于十分重要的战略地位。改革开放以来国民经济和社会发展进入快速发展时期，贵州省经济增长速度明显加快，质量和效益显著提高，综合经济实力迈上新台阶，经济结构调整成效显著，重点产业对经济增长的贡献明显加大，新的经济发展格局正在形成。乌江航运工程的建成，将翻开贵州省航运发展的新篇章，将极大地促进贵州省产业结构、工业布局调整，优化贵州省综合交通运输体系结构，乌江将成为贵州省社会经济发展的运输大动脉。

乌江作为贵州省通江达海的水运主通道，对沿江两岸资源开发和居民生活水平提高起到了不可替代的作用。由于2005年年底乌江航道各航电枢纽工程的开工建设，乌江航道在2006年处于实际断航状态。2005年贵州省内乌江完成货运量48万t。随着各航电枢纽的相继建成，形成库区深水航道后，通过对变动回水区河段航道整治，改善通航条件，乌江航运将会有更大的发展。

3.1.1 乌江水路运输货运量需求分析

1)水路运输总货运量现状分析

由于乌江的渠化建设，2005年以后乌江基本上处于断流状态，贵州省及乌江水运量历史数据如表3.1所示。2004年全国范围的限超治理，乌江流域经济腹地内的公路货运量被大量吸引到水路上来，所以2004年乌江的水运量比正常运量大很多，而2005年由于乌江上航电枢纽设施开工建设的影响，其运量比正常的要少一些。

历年贵州省水运量及乌江水运量(单位:万t) 表3.1

水运量 \ 年份(年)	1998	1999	2000	2001	2002	2003	2004	2005
贵州省水运量	315	344	354	355	357	367	394	520
乌江水运量	40.50	40.51	46.00	51.63	61.38	50.74	90.99	46.1

2)干散货水路运输量现状分析

(1)煤炭

乌江流域直接经济腹地内的煤炭主要蕴藏在织金、瓮安、福泉、务川、思南、德江、沿河、彭水等地，其中织金、瓮安、福泉等地煤矿含硫量少(3%以下)、发热量大(6 000 大卡[1]以上)，矿脉延伸到江边，经水运外销到湖北、江苏、上海等经济发达地区。据统计，2005 年乌江航道通航的(2005 年后乌江航道由于航电枢纽设施的建设处于实际断航状态)经济腹地煤炭产量约 1 800万 t，大部分利用铁路或汽车集运，由于受航道条件限制，以思南、德江、沿河三县所产地方煤为例，利用水路运输的煤仅 6 万 t。长江中下游地区所需的原煤数量极大，随着乌江梯级开发和航运建设创造的良好水路运输环境，水运优势的巨大潜力必将充分发挥出来。乌江干流的煤炭主产地为贵阳和遵义两地，煤炭运输基本依靠水路，并且要经过乌江干流的主要航电枢纽。

(2)磷矿石

磷矿石是磷的重要来源。当今，磷矿已成为十分重要的化工矿物原料，大量用于制造磷肥，还用来制造诸如黄磷、赤磷、磷酸、磷化物及其他磷酸盐等化工产品。贵州磷矿资源丰富，截至 2007 年年底，全省磷矿资源储量 28.68 亿 t，位列全国第二位。贵州磷矿分布广泛，主要集中产于开阳、瓮安、福泉、织金等县市。乌江流域的磷矿资源主要分布在贵阳市的开阳县、息烽县以及黔南地区的福泉市。由于这些磷矿资源绝大部分位于乌江航道的上游，而且需求地在华中地区以及长三角地区，因此，磷矿石的运输依靠水路，并且需经过乌江干流所有的航电枢纽。

(3)铝土矿石

贵州铝土矿资源十分丰富，全国除山西地区外，贵州铝土矿资源占全国总量的 17%，居全国第二位。贵州铝土矿资源不仅资源丰富，分布较广，而且资源相对集中。全省铝土矿资源主要集中于黔中的修文、清镇、云雾山和黔北的遵义、正安、道真、务川等地。乌江流域铝土矿资源主要集中在贵阳和遵义市境内，其他经济腹地的铝土资源储量和开采量都比较小。根据 2010 年 1 月的《贵州省铝土矿矿产资源潜力评价》成果报告预测，遵义—开阳预计铝土矿资源量为 2.91 亿 t。

乌江流域铝土矿的主要需求地在长江中下游地区，其货物流向为下行货流，并且要经过乌江干流的主要航电枢纽。

(4)散装水泥

乌江的石灰石资源为水泥工业发展创造了良好的条件。目前，乌江流域水泥工业比较发达的地区，产量较大的地区主要在贵阳市和遵义市。但是这些水泥主要用于当地的工程建设和房屋新建，实际在乌江航道形成货流的极少。根据规划，到 2010 年，乌江航道下游的铜仁地区已建成印江 120 万 t 新型干法旋窑水泥生产线、德江年产 120 万 t 新型干法旋窑水泥生产线、思南年产 200 万 t 新型干法旋窑水泥生产线等。实地调查的结果是：铜仁地区的乌江沿线即将建成 3～4 个年产 120 万 t 的水泥厂，未来有可能增加到 6～8 个年产 120 万 t 的水泥厂。除了供应乌江上面几座水电站的建设用水泥、产业园区工程用水泥和房屋新建用水泥外，每年

[1] 1cal＝4.186J。

将有30%的水泥通过乌江航道运到下游地区。因此，乌江流域散装水泥的货流方向为下行，并且要经过沙陀和彭水两座航电枢纽。

3)集装箱水路运输量分析

乌江干流地区货种资源非常丰富，其中经济腹地内适箱货源主要有烤烟、茶叶和油菜籽，目前还有硫黄、化肥等，这些都是省外需要量比较大的货种。

(1)烤烟

乌江流域经济腹地贵阳市、遵义市、黔南地区和铜仁地区均生产烤烟，其中遵义地区的烤烟产量最大，几乎占到经济腹地内烤烟生产能力的一半以上。2001年～2010年各市和地区的烤烟产量如表3.2所示。

乌江干流流域经济腹地各市和地区的烤烟产量(单位:万t)　　表3.2

地区 \ 年份(年)	2001	2002	2003	2004	2005	2006	2007	2008	2009	2010
贵阳市	1.37	1.52	1.66	1.83	2.06	1.82	2.00	2.25	2.11	2.36
遵义市	7.25	8.65	8.68	8.38	8.98	7.99	7.86	10.35	10.09	10.06
黔南地区	2.27	2.47	2.64	2.65	2.96	2.56	2.63	3.19	3.18	3.19
铜仁地区	2.92	3.53	3.26	3.19	3.71	2.80	3.42	4.09	4.00	4.01
求和	13.81	16.17	16.24	16.05	17.71	15.17	15.91	19.88	19.38	19.62
贵州省	26.19	30.00	28.72	29.98	34.45	29.73	31.57	37.71	36.92	37.02

(2)茶叶

乌江流域腹地内茶树资源丰富，贵州全省现有茶园达140.9万亩，其中投产茶园80万亩，幼龄茶园61万亩。在投产茶园中，能正常生产的茶园50万亩。乌江流域经济腹地中，茶叶种植面积见表3.3。

乌江流域经济腹地茶叶种植面积(单位:万亩)　　表3.3

地　区	贵阳市	遵义市	黔南地区	铜仁地区
茶园面积	3.45	51.4	20.91	19.65

注:1亩=666.7m^2

根据贵州省2001年～2010年国民经济和社会发展统计公报中的数据，可以清楚地看到乌江流域集中了贵州省茶叶产量的一半以上，如表3.4所示。

乌江流域各地茶叶产量(单位:万t)　　表3.4

地区 \ 年份(年)	2001	2002	2003	2004	2005	2006	2007	2008	2009	2010
贵阳市	0.14	0.13	0.14	0.14	0.15	0.18	0.16	0.17	0.18	0.24
遵义市	0.72	0.72	0.74	0.80	0.97	1.04	1.24	1.71	2.11	2.50
黔南地区	0.19	0.18	0.18	0.22	0.25	0.29	0.36	0.39	0.47	0.58
铜仁地区	0.18	0.18	0.19	0.21	0.29	0.28	0.29	0.36	0.37	0.53
求和	1.23	1.21	1.25	1.36	1.66	1.79	2.05	2.63	3.13	3.85
贵州省	1.85	1.74	1.77	1.94	2.29	2.61	2.84	3.49	4.19	5.23

(3)油菜籽

贵州省是我国油菜籽主产区之一,每年的油菜籽产量在 70 万 t 左右,乌江流域经济腹地内油菜籽的产量占据了整个贵州省产量的一大半以上,由于本区油菜籽的加工能力有限,每年大约有 2/3 的油菜籽需要通过铁路、公路和水路运往省外地区加工,而加工的菜油一部分会复运回来。2001 年～2010 年乌江流域经济腹地各地、市历年油菜籽的产量见表 3.5。

乌江流域经济腹地各地、市历年油菜籽的产量(单位:万 t)　　表 3.5

年份(年) 地区	2001	2002	2003	2004	2005	2006	2007	2008	2009	2010
贵阳市	5.22	5.55	5.47	5.89	6.12	6.26	6.38	4.75	5.48	4.34
遵义市	22.68	23.96	24.63	26.10	26.67	27.65	28.23	22.05	23.88	19.08
黔南地区	6.86	6.65	6.99	7.89	7.82	8.28	6.87	6.46	7.19	5.27
铜仁地区	6.78	6.61	6.88	7.99	8.64	9.31	8.87	6.50	6.87	8.40
求和	41.54	42.77	43.97	47.87	49.25	51.50	50.35	39.76	43.43	37.09
贵州省	63.48	64.19	64.01	73.93	76.51	81.01	82.44	60.38	70.4	51.62

乌江航道大批量的运输货种主要是煤炭、磷矿石、铝土矿和水泥等,此外还有一些零星的货种,诸如大米、食盐、茶叶等。开展滚装运输,组织大宗散货通过滚装运输形式集运出省,零星货种通过升船机外运出省,将大大提高乌江干流航道的通行效率,充分挖掘乌江航道的通过能力。

乌江航道畅通后,其经济腹地主要是贵阳市、遵义市、黔南州和铜仁地区。本地区通过乌江航道外运的货种主要有煤炭、磷化工产品,铝产品、烤烟、茶叶和油菜籽;运进的主要货种主要有硫黄及合成氨、化肥、机械设备等;区间运输量比较大的是水泥、农产品等。

内河运输由于具有运能大、能耗少、污染小、成本低的优势,符合可持续发展战略的要求。在能源供应紧张、环境污染问题日益严峻的形势下,内河运输的优势地位将更为突出。水路运输在节约土地资源、节约能源、减少噪声、减少污染等方面的重要作用,有利于充分发挥乌江航运的低碳优势,实现社会经济和交通运输的可持续发展。

船舶标准化、大型化。乌江航道将达到Ⅳ级航道标准,船舶运输大型化能降低单位运输成本,更具有竞争力,而为了提高乌江的整个通过能力,行政主管部门将制订相应的船舶标准。

集装箱运输将得到相应发展。贵州省的烤烟、茶叶、油菜籽等下行货物,及食盐、机械设备等上行货物均可采用集装箱运输,乌江Ⅳ级航道建成通航后,航运条件将大大提高,集装箱运输将得到相应发展。

多种翻坝运输模式共存。乌江航道渠化后,贵州境内将建成 5 个水电大坝,大坝的通过能力相比整个航道的通过能力较小,是非常大的限制。货物翻坝是必然,现有设计采用升船机,但相比整个货运需求,升船机的能力有限,必将发展其他过坝运输方式等。在综合运输网络体系里,水路运输将和其他运输方式竞争和协调发展。

3.1.2　乌江水运量的灰色预测模型

乌江航道由于航道上航电枢纽的开工建设,自 2006 年以来,一直处于完全断航的状态(库区之间还有一些零星货运量），预计最早将在 2018 年年底通航，而乌江航道的实际通航时间为在 2015 年年底。

根据近 11 年来贵州省水运的运输量数据资料和乌江水运量占整个贵州省总水运的比重是基本稳定的预测思路，先根据灰色预测方法预测出 2020 年及 2030 年贵州省的水运运量，再按比例算出乌江航道实际通航后的水运预测量。

灰色系统预测法是针对社会经济系统中既有已知信息又有未知信息的实际情况，通过对系统已知信息进行一定数学处理来预测系统发展变化趋势。灰色系统所建立的模型是以微分方程来描述的，它揭示了事物发展的连续的长过程，不但能作短期预测，中期预测置信度也较高，对长期预测亦有良好的参考价值。常用的是 $GM(1,1)$ 模型（一阶单序列的线型动态模型，主要用于时间序列预测）。

1）$GM(1,1)$ 模型的建立

设某预测对象原始数据序列 $X^{(0)}(i)$ 共有 n 个观察样本（$i=1,2,3,\cdots,n$）。对其进行一次累加生成，得到一次累加序列，$X^{(1)}(i)$

$$X^{(1)}(i)=\sum_{m=1}^{i}X^{(0)}(m) \tag{3.1}$$

采用一阶单变量线性动态模型 $GM(1,1)$，视 $X^{(1)}(t)$ 的一阶微分方程为：

$$\frac{\mathrm{d}X^{(1)}(t)}{\mathrm{d}t}+aX^{(1)}(t)=u \tag{3.2}$$

其时间响应为：

$$X^{(1)}(t)=\left[X^{(0)}(t)-\frac{u}{a}\right]e^{-\mathrm{at}}+X^{(1)}(t)+\frac{u}{a} \tag{3.3}$$

式中，系数 a 和内生控制系数 u 构成的待定参数 A，可按最小二乘法求出：

$$A=(a,u)^{\mathrm{T}} \tag{3.4}$$

先计算：

$$B=\begin{bmatrix} -0.5[X^{(1)}(1)+X^{(1)}(2)] & 1 \\ -0.5[X^{(1)}(2)+X^{(1)}(3)] & 1 \\ \cdots & \\ -0.5[X^{(1)}(n-1)+X^{(1)}(n)] & 1 \end{bmatrix} \tag{3.5}$$

$$Y_{\mathrm{n}}=[X^{(0)}(2),X^{(0)}(3),\cdots,X^{(0)}(n)]^{\mathrm{T}} \tag{3.6}$$

根据最小二乘法原理有：

$$A=(B^{\mathrm{T}}B)^{-1}B^{\mathrm{T}}Y_{\mathrm{n}} \tag{3.7}$$

则对应 a,u 值可以求出，$GM(1,1)$ 即可确定。

2）$GM(1,1)$ 模型精度检验

求出预测值之后，还要对预测模型的精度进行检验，预测模型精度由方差 c 和小误差概率 P 控制，其计算公式分别为：

$$C=\frac{S_2}{S_1}$$

$$P=P\{|q^{(0)}(t)-\overline{q}^{(0)}|<0.674S_{\mathrm{t}}\}=\frac{n'}{n} \tag{3.8}$$

式中：

$$S_1 = \sqrt{\frac{1}{n-1}\sum_{t=1}^{n}\left[x^{(0)}(t) - \frac{1}{n}\sum_{t=1}^{n}x^{(0)}(t)\right]^2} \tag{3.9}$$

$$S_2 = \sqrt{\frac{1}{n-1}\sum_{t=1}^{n}[x^{(0)}(t) - \bar{q}^{(0)}]^2} \tag{3.10}$$

$$q^{(0)}(t) = x^{(0)}(t) - \hat{x}^{(0)}(t) \tag{3.11}$$

$$\bar{q}^{(0)} = \frac{1}{n}\sum_{t=1}^{n}q^{(0)}(t) \tag{3.12}$$

3.1.3　乌江水运量预测

1)贵州省水运量预测

根据计算可以得到下列结果：$\alpha=-0.12$，$U=259.42$，$C=0.15$，$P=0.90$

从表3.6中对于C和P的预测精度的等级评判可以看出，用灰色预测方法的拟合程度是比较高的，预测得到的结果公式为：

$$X^{(1)}(t) = \left[(X^{(0)}(t) - \frac{259.42}{-0.12}\right]e^{-(-0.12)t} + X^{(1)}(t) + \frac{259.42}{-0.12} \tag{3.13}$$

预测精度的等级评判标准　表3.6

预测精度等级	P	C
良好	>0.95	<0.35
合格	>0.8	<0.5
基本合格	>0.7	<0.65
不合格	<0.7	>0.65

根据上述公式可以计算出2020年及2030年整个贵州省的水运运量将分别达到2 907.46万t和9 306.40万t。

2)乌江水运量在全省水运运量中的比重分析

乌江航道以贵阳市、遵义市、黔南州和铜仁地区作为自己的经济腹地，1998年～2005年的贵州省水运运量，乌江水运运量及其占贵州水运量比重见表3.7，乌江水运量占贵州省水运量的百分比见图3.1。

1998～2005年乌江水运运量占贵州省水运运量比重　表3.7

年份(年)	1998	1999	2000	2001	2002	2003	2004	2005
贵州省水运量(万t)	315	344	354	355	357	367	394	520
乌江水运量(万t)	40.50	40.51	46.00	51.63	61.38	50.74	90.99	46.1
百分比(%)	13	12	13	15	17	14	23	9

为保证结果的真实性和准确性，计算乌江水运量占贵州省全省水运量的比重分析时，我们将2004年与2005年数据去掉，经过计算，乌江水运量占贵州省全省水运量的13.2%。因此，可以得出2020年乌江水运量将达到382.56万t，2030年乌江水运量将达到1 224.53万t。

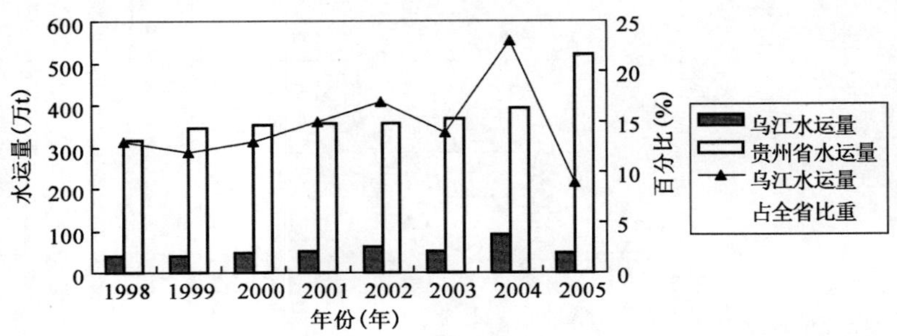

图 3.1 乌江水运量占贵州省水运量的百分比

3.1.4 乌江航道未来各货种的水运量分配

乌江航道自 2006 年以来航电枢纽设施的建设，虽然可以提升库区内的航道等级，增加库区内的货物运输量，但是对于需要全程通过乌江航道而言，发电站大坝的建设实际上成为了乌江航道进一步提升通过能力的瓶颈。根据本章前面几节在研究本地产业发展状况的基础上所作出的产量预测远远大于乌江航道的预测通过能力，因此，乌江流域腹地内的现实生产状况是“以运定产”的生产模式，能运出去多少，企业就生产多少。所以，完全充分利用乌江水运所蕴藏的所有潜在通过能力，对于增加企业效益和促进贵州地区的社会发展具有巨大而深远的意义。

贵阳市、遵义市、黔南地区和铜仁地区是乌江干流主要的经济腹地。鉴于乌江干流航道航电枢纽的限制，在不考虑码头能力、公路通行能力限制情况下 2020 年和 2030 年乌江实际水路运输量预测见表 3.8。

2020 年及 2030 年乌江实际水路运输量预测(单位:万 t) 表 3.8

年　份		2020 年			2030 年		
货种		上行	下行	合计	上行	下行	合计
煤炭		—	215.93	215.93	—	769.41	769.41
磷化工产品		—	9.17	9.17	—	49.78	49.78
铝产品		—	2.56	2.56	—	15.23	15.23
水泥		14.40	75.60	90.00	39.96	176.04	216.00
硫黄及合成氨		25.00	—	25.00	80.00	—	80.00
化肥		5.36	13.40	18.76	6.00	15.00	21.00
盐		0.08	—	0.08	0.24	—	0.24
石油		2.03	—	2.03	9.06	—	9.06
机械设备		0.15	—	0.15	0.49	—	0.49
集装箱	烤烟	—	0.21	0.21	—	1.65	1.65
	茶叶	—	0.21	0.21	—	3.08	3.08
	油菜籽	—	0.86	0.86	—	2.25	2.25
其他货种		2.29	15.31	17.60	7.32	49.01	56.33
合计		49.30	333.26	382.57	143.08	1 081.45	1 224.52

3.1.5　各经济腹地未来通过乌江的实际货运量预测

1)贵阳市未来通过乌江的实际货运量预测

2020年及2030年贵阳市通过乌江航道分货种实际水运量预测值，见表3.9。

2020年及2030年贵阳市通过乌江航道分货种实际水运量预测(单位:万t)　　表3.9

年　份	2020年			2030年		
货种	上行	下行	合计	上行	下行	合计
煤炭	—	46.34	46.34	—	122.01	122.01
磷化工产品	—	3.50	3.50	—	8.86	8.86
铝产品	—	1.99	1.99	—	13.09	13.09
硫黄及合成氨	25.00	—	25.00	80.00	—	80.00
化肥	—	13.40	13.40	—	15.00	15.00
盐	0.08	—	0.08	0.24	—	0.24
石油	1.02	—	1.02	4.53	—	4.53
机械设备	0.15	—	0.15	0.49	—	0.49
集装箱	—	0.18	0.18	—	0.70	0.70
其他货种	0.49	3.30	3.79	1.23	8.21	9.44
合计	26.74	68.71	95.45	86.49	167.87	254.36

2)遵义市未来通过乌江的实际货运量预测

2020年及2030年遵义市通过乌江航道分货种实际水运量预测值，见表3.10。

2020年及2030年遵义市通过乌江航道分货种实际水运量预测(单位:万t)　　表3.10

年　份	2020年			2030年		
货种	上行	下行	合计	上行	下行	合计
煤炭	—	163.55	163.55	—	626.48	626.48
铝产品	—	0.57	0.57	—	2.14	2.14
水泥	10.80	—	10.80	29.97	—	29.97
化肥	1.07	—	1.07	1.20	—	1.20
石油	1.02	—	1.02	4.53	—	4.53
集装箱	—	0.69	0.69	—	3.84	3.84
其他货种	0.82	5.50	6.32	2.05	13.69	15.74
合计	13.71	170.31	184.02	37.75	646.15	683.90

3)黔南地区未来通过乌江的实际货运量预测

黔南地区作为乌江干流的经济腹地之一，进出该地区物质对乌江水运通道有着一定的依赖性，2020年及2030年预测结果，如表3.11所示。

2020 年及 2030 年黔南地区通过乌江航道分货种实际水运量预测(单位:万 t)　　表 3.11

年　份	2020 年			2030 年		
货种	上行	下行	合计	上行	下行	合计
煤炭	—	4.11	4.11	—	16.31	16.31
磷化工产品	—	5.67	5.67	—	40.92	40.92
水泥	3.60	—	3.60	9.99	—	9.99
化肥	4.29	—	4.29	4.80	—	4.80
集装箱	—	0.23	0.23	—	1.28	1.28
其他货种	0.13	0.88	1.00	2.55	17.09	19.64
合计	8.02	10.89	18.90	17.34	75.60	92.94

4)铜仁地区未来通过乌江的实际货运量预测

2020 年及 2030 年铜仁地区通过乌江航道分货种实际水运量预测值,见表 3.12。

2020 年及 2030 年铜仁地区通过乌江航道分货种实际水运量预测(单位:万 t)　　表 3.12

年　份	2020 年			2030 年		
货种	上行	下行	合计	上行	下行	合计
煤炭	—	1.93	1.93	—	4.60	4.60
水泥	—	75.60	75.60	—	176.04	176.04
化肥	—	—	0.00	—	—	0.00
集装箱	—	0.18	0.18	—	1.17	1.17
其他货种	0.85	5.64	6.49	1.52	9.99	11.51
合计	0.85	83.35	84.20	1.52	191.80	193.32

3.2 乌江货运船型

目前,贵州省乌江腹地内交通运输形式以铁路为骨干,公路为纽带,水运、航空相配合,组成了连接腹地内外的交通运输网。由于历史原因和自然因素的约束,贵州省大宗货物以铁路运输为主,而铁路处于严重超负荷状态,公路又难以完成大宗货物的长途运输,尽管水路运输能力大、成本低,但由于航道、港口等基础设施差,乌江“黄金水道”航运未能充分发挥作用,经济腹地内的物资产、销、运,受到极大的制约,现有的交通运输网已不能适应经济发展的需要,大量资源处于待开发或以运定产的状况,丰富的矿产资源难以转化为经济优势。

乌江在各水电梯级未渠化前,航道滩险流急,航运条件差,航道等级低,航运未完全通畅,运量小,航运发展缓慢。目前,因乌江渡、构皮滩、思林、沙沱、彭水等枢纽施工截流导致乌江航运中断,因此,乌江航运暂为短途区间运输。乌江货运的主要运输方式是机动驳,拖驳船队或机动驳船组运输方式极少。机动驳主要为 100～300t 级,有少量 500t 级。100t 以上机动驳集中在沿河以下航段及洪水期运营。

乌江现有货运船型几乎都是航运中断前建造。为适应山区河流弯曲、狭窄、比降大、流速急、流态紊乱的特点，船型多为尖瘦型，单位船舶功率比平原地区河流高一倍以上。

随着乌江枢纽的陆续完工，将逐渐形成多个库区。目前，遵义和铜仁地区库区营运船舶基本为200～300t级的机动驳，其中铜仁地区营运的最大船舶载货吨为850t，主要为彭水电站的修建运输水泥。库区船舶基本都是“小马拉大车”现象，500t级船舶仅用60～70马力(1马力=735.499W)。自然航段(思南县城段)由于航道整治工程还没开始，目前该航段通航船舶船长不能超过40m，船宽不能超过7m。

现有船型尺度范围见表3.13，代表船型见表3.14。乌江现有货船见图3.2。

现有船型尺度范围表　　表3.13

序号	船舶吨位	总长(m)	船宽(m)	型深(m)
1	100～200t货船	31.0～39.5	6.0～7.0	1.75～2.2
2	200～300t货船	38.0～43.0	7.0～8.30	2.1～2.5
3	350～500t货船	44.0～48.3	8.0～10.0	2.1～2.7

代表船型及机型　　表3.14

序号	船型名称	总长(m)	型宽(m)	型深(m)	吃水(m)	主机功率(kW)(台数×单机功率)	载货量(t)
1	100t机动驳	31.9	6.0	1.75	—	2×139.5	100
2	140t机动驳	39.98	640	1.75	1.35	—	140
3	200t机动驳	38.0	7.02	2.23	—	2×91.5	200
4	300t机动驳	41.85	7.68	2.35	—	2×110	300
5	500t机动驳	48.3	8.5	2.75	2.2	2×110	500

图3.2　乌江现有货船

随着枢纽通航设施的相继建设，乌江航道条件将大为改善。机动驳作为一种能够将动力装置与载货结合在一起的水上运输工具，其货运组织方式的优点在于速度快、机动灵活、在港时间短等，仍然是乌江未来发展的主流船型之一。

近年来内河水运集装箱运输发展很快，对于长江的集装箱运输，从上游宜宾、泸州、重庆、涪陵、万县、宜昌至中下游各港的水运集装箱发展速度很快。贵州省现在还没有开展内河水运集装箱运输。对少量贵阳、遵义的集装箱运输，只能通过汽车运到重庆港装船，由于公路运费高，不经济，集装箱运量极少。随着乌江各水电枢纽的建成，乌江干流乌江渡至涪陵近500多km航道将达到Ⅳ级航道标准，这为乌江水路集装箱运输创造了有利条件。

此外为分担未来日益增长的运输量，载货汽车滚装运输也将可能在乌江得以发展。

第4章 乌江货运组织模式分析

4.1 乌江货运组织存在问题

航道梯级开发后，将改善乌江流域的航运条件，有利于船舶大型化，降低运输成本、提高运输安全性。但乌江枢纽的规划和建设，将对未来船舶货运组织产生制约影响，具体表现在以下几方面：

1)各枢纽通航设施建设通过能力不统一

乌江贵州省通航水域各枢纽通航设施承船厢尺度不统一，具体见表 2.4。因船舶不同的通过时间和通过流量，致使枢纽通过能力各不相同，通航设施通过能力最大为 539.42 万 t/年，最小为 143 万 t/年，且通过能力变化无序；枢纽通航设施不统一的建设规模，直接形成“短板”效应，产生新的船舶运输系统“瓶颈”。

2)通航设施通过能力与航道建设标准不匹配

乌江流域航道设计通过能力达 1 080 万 t/年，而各枢纽通过能力远远小于航道通过能能力，给货运组织带来巨大困难。

3)货运翻坝设施建设难度大

乌江是山区河流，两岸的地理条件给翻坝公路建设带来巨大困难。以构皮滩枢纽为例，枢纽上下游适合建设翻坝港口的河岸间相距超过 10km，岸线条件差，大型翻坝码头建设难度大，且构皮滩枢纽附近的山体也不适合翻坝盘山公路的建设，这些因素对货物的翻坝运输造成影响。

4)航道条件仍不完善

构皮滩、思林、沙沱及其龚滩下游 40km 处的彭水 4 座水电枢纽工程，将航道分割成常年回水区和变动回水区。常年回水区水深航宽，通行条件较好，变动回水区航道水深和通航条件随枢纽下泄流量的变化使得原本复杂的乌江航道变得更为复杂。

5)梯级枢纽运营期水库调峰将对通航造成影响

水库在洪水期会增加下泄流量，将对航行安全造成影响，如下泄流量过大还会导致停航。如三峡大坝，2003～2007 年三峡河段水域共发生航运交通事故 72 起，其中 60%为近坝水流条件的改变导致的。为了保障各梯级枢纽间船舶的通航安全，减少水上交通事故的发生，对枢纽通航时间的限制在所难免，在洪水期乌江梯级枢纽泄洪时段，将限制船舶通过各梯级枢纽，而这必然引起该期间大量船舶在库区及航道内滞留，严重时甚至会阻碍两坝间库区内的通航，使整个乌江多梯级枢纽区域水运系统陷入瘫痪；而在枯水期，为了追求发电效益，航电枢纽在运营期间将减少下泄流量，造成航道维护水深不足，船舶不得不减载航行甚至停止通航。

综上所述，乌江多枢纽航道的建成，将带来流域整个货运运输系统的巨大变化，急需站在综合分析的角度，研究未来多枢纽航道全线通航后的船舶货运组织方式，充分发挥乌江水运优势，实现运输的通畅、安全和高效。

乌江断航前，因受航运条件的限制，其主要采用机动驳单船运输方式。未来贵州乌江干流594km 航道中，将有构皮滩、思林、沙陀、彭水、银盘、白马 6 座航电枢纽。除白马枢纽外，乌江其余航电枢纽的升船机(或船闸)设计通过能力最大也仅有 500 多万 t，这与贵州省水路运输管理部门着力打造的乌江年千万吨航道通过能力相比，差距甚远。

此外各枢纽通航设施尺寸不一、通过能力不一、通过时间不一、通航流量不一的状态，将给未来的船舶货运组织带来新的难题。因此，必须考虑乌江干流货物集散的特点、工业布局和铁路、公路的运输能力，综合分析各种扩能方式，联合采用过船设施和翻坝设施等运输方案，以最大限度提升乌江干流航道的通过能力。

4.2 乌江扩能方式分析

4.2.1 国内外典型渠化航道扩能方式现状

国外发达国家一直非常重视内河航运的发展，如：欧洲莱茵河具有巨大潜力和发展前景的衬箱套多式联运方案；德国教育和研究部门出资开发的面向内河航运公司、内河港口生产调度和运输组织的 BARGE 货运系统，通过系统实现集装箱、大宗货等各种货物信息在货运委托方、港口、承运方以及其他合作伙伴之间及时、准确的交流，以支持内河运输的优化运作并与其他运输方式的有效衔接等；再如美国密西西比河拥有一个高效的大型散货运输系统，以顶推无人分节驳顶推船队运输方式为主，推轮的自动化程度很高；美国还采用集装箱运输农产品等散货，多式联运在散货运输方面也有一些研究。由此可见，发达国家由于很少产生碍航闸坝，因而研究主要是针对水陆联运以及物流组织方面。

目前，我国内河许多通航水域都在进行梯级渠化，如长江、西江、湘江、嘉陵江、乌江、红水河等。但是，一方面，一些枢纽在建设前或没有很好规划论证，或未能同步建设过船设施，导致航道通过能力不足或碍航；另一方面，随着流域经济和航运业的发展，枢纽通过能力不足的问题也日益突出。为此，国内也开展了相关研究。西部交通建设科技项目“三峡枢纽运输组织模式及对策研究”对三峡枢纽区域货物翻坝运输的可行性进行了评价研究；为推进红水河复航，落实龙滩翻坝转运工作，珠江航务管理局开展了龙滩翻坝运输系统战略研究，同时交通运输部西部科技重点项目“红水河能源运输组织方式及节能环保工艺研究”对红水河能源水路运输组织方式、船型主尺度、港口煤炭装卸工艺、翻坝工艺系统等方面进行了研究；广西航海学会则以贵州黔西南州煤炭为对象，对红水河长距离连续翻坝滚装运输方式进行了深入研究等。从相关研究结论看，翻坝转运是扩大枢纽通过能力的有效办法之一，三峡滚装运输的实绩也予以了验证。

4.2.2　乌江扩能方式选择

由上述国内其他河流翻坝转运研究现状分析，可以看出，目前航道扩能方式主要有三种：

一是充分利用现有通航设施条件，积极研究过闸船型的标准化、大型化，优化船舶营运组织，合理进行船舶过闸调度，提高船闸运行效率，如三峡船闸扩能主要采用这样的方式。

二是建设复线船闸，与旧船闸同时调度，提高船舶过闸量，起到扩能目的，如安徽合裕航线上的巢湖复线船闸、裕溪复线船闸等，在原船闸旁边又建一座船闸；再如广西柳州市对红花电站一线船闸扩建改造时，采用最省钱省力的最佳方案，在现有一线船闸下游扩建与一线旧船闸“串联”的新船闸，其闸室的长度和宽度与二线船闸相同，其船舶过闸容量和二线船闸的通航效果一样。

三是分流运输，采用多种运输方式对接转运，充分利用综合交通运输网络，提高流域货运能力，如翻坝运输，通过翻坝转运组织模式与专用船型的优化研究，提升乌江运能，满足未来运输需求。

根据乌江干线通航环境特殊，枢纽为高水头水电枢纽，两岸地形陡峭的航道条件和通航设施条件的差异，现阶段建设复线船闸条件并不成熟。第二种扩能方式暂时不能采用。单采用第一种方式，难以达到未来乌江千万吨级的货运能力，因此未来乌江主要货类经济合理的运输方式主要是水路运输与翻坝运输结合。一方面可通过优化船闸、升船机调度方案，合理进行通过船闸、升船机船舶的运输组织，以提高通航设施通过能力；另一方面可采用翻坝运输组织辅助方案，以实现货物分流，达到乌江扩能目的。

4.3　乌江翻坝货运方式分析

翻坝运输，作为一种可行的货运组织方式，已成功应用于三峡的货运组织中（如滚装运输），该运输方式能够解决航道上通航设施通过能力不统一的问题。对于设计通过能力小的枢纽，可以将更多的货运量通过翻坝的方式绕过该枢纽，采用其他运输方式运输到下游港口或码头，再继续对接水路运输，通过下一级枢纽，这样就可解决航道上枢纽的“短板效应”和“瓶颈”问题。

4.3.1　各种翻坝货运方式

常规翻坝货运组织方式是滚装翻坝，即船舶到达坝前码头后，船上货物通过岸上公路绕过船闸大坝运到另一侧码头再装船继续进行水路运输。这种翻坝方式是水路运输与公路运输相结合，采用的运输工具主要是滚装船和载重汽车。

新型翻坝货运组织方式是皮带运输翻坝方式，通过在码头上架设皮带输送设备，将船闸大坝前后的码头连接在一起。这样当货物运抵码头，就可以直接卸载到皮带输送设备上，进而通过皮带运输从陆上翻过船闸大坝，运送到船闸大坝的另一侧。这种翻坝方式是水路运输与皮带运输结合，采用的主要运输工具是相配套的新船型与皮带机。

皮带运输作为翻坝运输是一种新型货运方式，但它作为一种货运方式已存在了相当长一段时期。皮带(胶带)式运输,是运用皮带的无极运动运输物料的机械。广泛应用于采矿、冶金、化工、铸造、建材等行业的输送和生产流水线以及水电站建设工地和港口等生产部门。主要用来输送破碎后的物料,根据输送工艺要求可单台输送,也可多台组成或与其他输送设备组成水平或倾斜的输送系统。其结构形式可分为槽形皮带运输机和平板形皮带运输机。

为了防止皮带机受外界太阳、降雨等影响,而把皮带机封闭形成的输送装置,称为皮带运输机通廊(简称皮带廊)。该结构建筑物曾在三峡建设时使用过,中国计划出版社于2009年4月1日出版了《皮带运输机通廊建筑构造》,该文本由中国建筑标准设计研究院组织编制。

法国在长距离弯曲胶带输送机的研制方面现居世界领先地位。早在1983年,法国为新喀里多尼亚EMA镍矿建造一条世界上弯道最多而又最长的弯曲输送机,单机长达13km,具有8处垂直起伏,4处水平弯曲。运输机设计运输量为720t/h,实际运输量平均为594t/h,每天两班工作制。运输机水平长度为13 137m,运输线路地形落差为23.22m,皮带运行速度为4m/s。

目前,号称"亚洲第一长皮带廊"(见图4.1)石灰石运输皮带廊是华润水泥(封开)项目的一项重要工程。这条长皮带投资近8个亿,全长40km,由国际业界巨头法国乐贝尔一雷伊公司设计,采用国际最先进的工艺流程,实行全封闭运输,主要用于华润水泥生产中石灰石的运输。该项目皮带廊一期工程已于2010年3月10日成功试运行。

图4.1 石灰石皮带廊

4.3.2 乌江翻坝货运方式分析

综合考虑乌江的实际情况,可供采用的主要货运组织模式包括升船机或船闸运输和翻坝运输(如载货汽车滚装船、自卸船+皮带机运输等)。

1)通过升船机运输

现有的升船机按布置方式的不同主要有两种:垂直升船机和斜坡升船机。乌江干流升船机设计采用垂直升船机。

乌江干流航道只有594km的运输长度,但是其间有6座航电枢纽,走升船机不仅通过能力受限,而且等待和通行时间也比较长,因此考虑公路和水路结合的方式,加快乌江航道的周转能力和过升船机的运输时间,提升乌江干流航道的实际通过能力。乌江散货过升船机运输网络,如图4.2所示。可以采用模糊综合评价法择优选择较佳的运输组织总体方案。

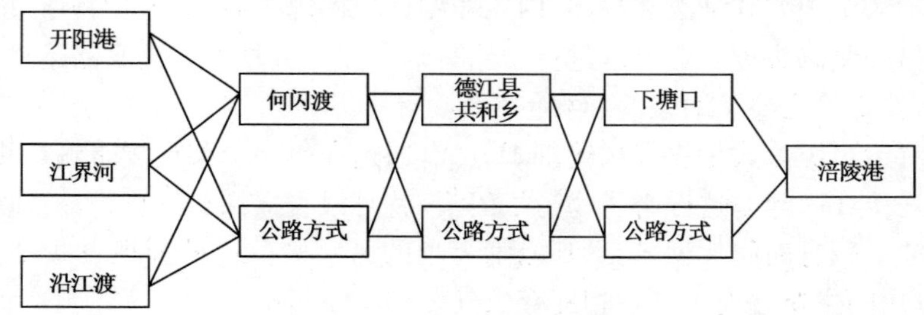

图4.2 乌江升船机运输示意图

2)翻坝转运运输

(1)汽车滚装运输

载货汽车滚装运输是川江及三峡库区发展的一种新型运输方式,是综合运输的一种新的形式,是内河水运的低运价、大运量与公路的灵活性、快节奏的完美结合。作为一种新型的水陆联运方式,滚装运输有机结合了水运和公路运输的优点,克服了二者由于运输特点导致的冲突,成为多式联运的成功典范。它采用的运输方式是载货汽车从始发港直接开上船,到达目的地后汽车直接开下船,汽车上下船舶比较方便,不需其他的辅助设备。

目前在三峡枢纽坝区左岸建有靖江溪滚装船翻坝码头,在右岸秭归物流中心建有滚装船翻坝码头。三峡船闸试通航以来,三峡坝区进行了10次滚装船应急翻坝转运。实践表明,滚装船较适合应急翻坝转运作业,翻坝转运的可操作性强,成本不高,适合持续实施翻坝。当枢纽年通过能力不足时,载货汽车应当成为率先翻坝的对象。

乌江散货翻坝运输方案见图4.3。

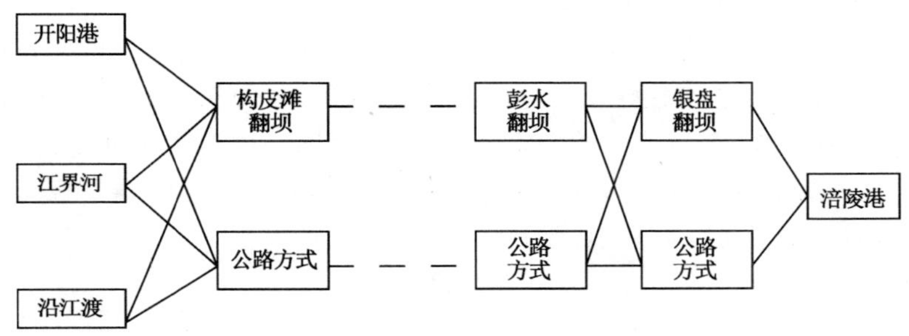

图4.3　乌江散货翻坝示意图

乌江属于山区河流,受制于两岸地理条件,翻坝公路建设存在巨大困难。以构皮滩枢纽为例,枢纽上下游适合建设翻坝港口的河岸间相距超过10km,岸线条件差,不适合建设大型翻坝码头,且构皮滩枢纽附近的山体并不适合建设翻坝盘山公路,乌江滚装翻坝运输方式的发展受到一定的制约。

(2)皮带机翻坝运输

①皮带运输方式的特点。

皮带运输机,又称带式输送机,是一种连续运输机械,也是一种通用机械。皮带运输机被广泛应用在港口、电厂、钢铁企业、水泥、粮食以及轻工业的生产线。既可以运送散状物料,也可以运送成件物品。工作过程中噪声较小,结构简单。皮带运输机可用于水平或倾斜运输。皮带运输机还应用于装船机、卸船机、堆取料机等连续运输移动机械上。皮带运输机由皮带、机架、驱动滚筒、改向滚筒、承载托辊、回程托辊、张紧装置、清扫器等零部件组成。在大型港口或大型冶金企业,皮带运输机得到最广泛的应用。目前连云港散货堆场前沿码头已经有长达40km的皮带运输系统投入运营,经济效益和社会效益非常明显。

普通皮带运输机的提升角度一般不大20°,原因是当皮带运输机的倾角大于20°时对大多数的物料来讲都会发生物料下滑的情况,即物料在皮带上的摩擦力过小发生下滑。对输送煤炭的皮带运输机一般提升角度不大于15°,对输送烧结球团的皮带运输机提升角度不大于

12°。如果物料相对粒度较小，其提升角度可选较大值。特殊的皮带运输机其提升角度可大于45°，其皮带的构造是特殊制造的。

②皮带运输方式在乌江应用的可行性分析

乌江属于山区河流，干流天然落差达到2 124m，平均比降达到2.05‰。在乌江干流航道上已经建设了6座航电枢纽，极大限制了乌江航运的发展，同时乌江流域的山区地理环境都要求建设的翻坝公路在10km以上，这些建设成本是非常巨大的，而皮带输送机对环境的要求不高，且能克服山区沟壑纵横，落差巨大的地理条件，更为重要的是，只要运营得当，就能持续稳定地产生巨大的运量。

根据港口实际操作人员给出的皮带输送机的参数：在带速3.15m/s，带宽2.5m，倾角小于10°的情形下，皮带输送机每小时可以运输6 000t的散货，整个输送装置可以长达40km。因此，在乌江航道目前暂时还未完全通航的条件下，借助水运，在库区通过大吨位的自卸船将大量散货运送到输送机上，再通过输送机绕过航电枢纽的瓶颈限制，若条件具备的话，这样的水陆衔接输送方式将有可能极大提高乌江航道的通过能力。

根据前面乌江运量预测结论，考虑到乌江流域的地形地貌特点，皮带输送机参数采用表4.1所示参数，计算出一条皮带输送机年运输能力可达到1 440万t。因此，若技术成熟的话，贵阳市、遵义市和黔南州的上游地区的大宗散货，既可以通过皮带输送机装船绕过构皮滩航电枢纽运往长江中下游地区，也可以通过其他方式绕过构皮滩航电枢纽再装船运往华中及华东地区。关于自卸船＋皮带运输方式亟待研究。

皮带输送机参数选取 表4.1

性能参数	带宽	2.5m
	带速	3.14m/s
	小时运输能力	6 000t
	小时运输系数	0.5
时间参数	工作时间/d	15h
	年营运时间	320d

第2篇

乌江多枢纽航道船舶高效货运组织模式优化

第5章 水路运输系统特征

5.1 水路运输分类及优劣势

5.1.1 水路运输的分类

水路运输是以船舶、排筏等为运输工具，在海祥、江河、湖泊、水库等水域沿航线载运旅客和货物的一种运输力式。

水路运输可以有多种分类方法：按贸易种类可以分为外贸运输和内贸运输；按航行区域可以分为远洋运输、沿海运输、内河运输和湖泊（包括水库）运输；按运输工具可以分为船舶运输和排筏运输（包括木排和竹排）；按运输对象可以分为旅客运输和货物运输；按船舶营运组织形式可以分为定期船运输、不定期船运输和专用船运输。

5.1.2 水路运输的优势

（1）运输量大。船舶货舱与机舱的比例比其他运输工具都大，可以供作货物运输的舱位及载重量均比陆运或空运庞大。我国际最大的超巨型油轮而言，其每次载运原油的质量可以高达 55 万 t，而最大的集装箱船，每次可装载集装箱 10 000TEU 以上。

（2）能源消耗低。同样运送距离条件下，水运（尤其是海运）的单位能耗最少。

（3）单位运输成本低。水运的运输成本约为铁路运输的 1/25～1/20，约为公路运输的 1/100。因此，水运（尤其是海运）是最低廉的运输方式，适用于原材料及大宗物资的运输。

（4）续航能力大。一艘商船出航，所携带的燃料、粮食及淡水，可历时数十日，且商船配备有独立生活的种种设备，如发电、制造淡水、储藏大旦粮食的粮舱、泊槽等。

5.1.3 水路运输的劣势

（1）受气候和商港限制。商船航行于水上，受风、暴、潮等气候的影响大。另外，商船所达商港，会因港湾水深或装卸能力的不足，而影响商船的入港与作业。

（2）可达性低。水路运输的可达性不高，往往需要地面运输系统的配合才能完成客、货运输过程。

（3）运输速度低。水路运输在所有运输方式中运输速度最低。

同时，水路运输（尤其是海运）的经营，由于具有国际性，易受国际政治、经济、法律及外汇的影响，投资额巨大，且回收期长，运费收入不稳，国际化经营且竞争激烈，远较其他运输方式经营困难。

5.2 船舶运输组织方法

5.2.1 航次的含义

船舶运行组织就是对船舶生产活动的计划安排，主要包括：规划航线系统、为航线选配适当的船舶或船队，协调各环节的工作、确定推(拖)船与驳船工作配合方式，以及制订船舶运行时刻表。

在船舶运输生产中，将船舶从事货物或旅客运输的一个完整运输生产过程(即一个生产周期)称为一个航次。通过对航次的研究，可以了解航次中各项作业的构成及其时间定额，并从中找出压缩各项作业时间的方法，以缩短船舶运输生产周期，提高生产效率。

航次所包括的作业可以分为基本作业、辅助作业和服务作业 3 类。基本作业包括装卸货或上下旅客、船舶航行；辅助作业为装卸货前的准备作业，包括办理文件、编解船队等作业；服务作业包括供应燃料、物料、淡水、食品、备用品等作业。

船舶在其营运期内从事客货运输，是通过按照一定的顺序重复地进行各项作业，周而复始地周期性地完成一个一个航次来进行的。航运企业为了有效地组织领导船舶生产和分析研究船舶的航次时间，必须划分清楚航次的界限。我国交通运输部规定，对于客船、货船和驳船，自上一航次终点港卸主所载货物(或下完旅客)时起，至本航次终点治卸空所载货物(或下完旅客)时止，计为本航次的时间；运输拖(推)船是将驳船送达终点港的锚泊地或将驳船转交另一拖(推)船换拖(推)，本船收毕拖缆，或将驳队送达终点港并使驳船分别靠好岸的时间作为本航次结束与新航次开始；运输拖(推)船的航次时间计算，以上一次航次结束时起，至本航次到达终点调度码头系好第一根缆或系好新的被拖(推)船第一根缆时止。

根据船舶运输生产组织的特征，航次可以分为简单航次和复杂航次。简单航次是指船舶在两个港口间完成一次货物(旅客)运输完整过程的航次；复杂航次是指船舶在多个港口间完成的航次，即船舶不仅运输从始发港到终点港的货物(旅客)，还在中途一个或几个港口装或卸部分货物(上或下旅客)，或加、减驳船。此外，在水运生产中还有一种往返航次的概念。它是指船舶在两个或两个以上港口间从事客货运输，船舶到达终点港卸完货或下完客以后又重新返回始发港的航次。根据具体组织形式的不同，往返航次又有以下 3 种：

(1)单向运输货物的往返航次。这是一种船舶在两港之间实现单向货物运输任务，而回程空载的往返航次。大多数专用散货船及石油运输船的运输组织都采用这种往返航次。

(2)双向运输的简单往返航次。这是一种船舶在两港之间运输，往返两程重载的简单航次。船舶在这一往返航次中，完成两个运输生产周期。

(3)双向运输的复杂往返航次。这是船舶在两港之间运输，并返两程重载的复杂航次。船舶在这一往返航次中，完成两个运输生产周期。大多数班期航线的运输组织都采用这一类航次。

5.2.2　船舶运行组织方法

船舶运行组织,可以概括为航次形式和航线形式两种。

1)航次形式

航次形式是指船舶的运行没有固定的出发港和终点港,船舶仅为完成某一项运输任务,按照航次计划运行的船舶运行组织形式。

采用航次形式时,船舶完成一个航次后,便可用于运输该船舶可达港口的货物,开始另一个航次。航次形式船舶所运输的货种、数量、发送港和发送期限以及船舶的运行方向等,主要取决于货主的具体运输申请书。这样,常常会造成船舶空驶,使船舶使用效率降低。因此,加强货源组织工作,加强调度领导监督,对充分利用航次航行船舶尤为重要。此外,由于航次形式的不定期性,不利于与港口工作的配合,也不利于与其他运输方式的配合,但它具有机动灵活的优点,可对航线形式起调整和补充作用,所以它是船舶运行组织不可缺少的一种形式。

航次形式的一部分任务,也是以运输计划为基础的。例如,计划内的小批量货物不需要开辟航线,在规划航线和配船论证结果中需要安排航次航行的特种货物运输。航次形式的另一任务是满足临时发生的运输需要,如防汛物资、救灾物资、急需的城市供应物资以及其他运输需要。另外,有封冻的河流,在航期开始时及航期将结束时,临时也可能采用航次形式。在船舶调动航线时,为充分利用船舶,也可临时安排一次任务。

2)航线形式

航线形式是指在固定的港口之间,为完成一定的运输任务,选配适合具体条件的一定数量的船舶,并按一定的运输生产过程组织船舶生产活动的船舶运行组织形式。航线形式成为一种独立组织形式,是由航次形式在具有稳定运输需要的航区形成和发展起来的。

组织航线形式的条件,首先是要有量大而稳定的货流(客流)。航线形式使得货物(旅客)能够定期送达,有利于吸收和组织货源;有利于各生产环节协调配合,保持稳定的生产秩序,提高运输效率,并为组成几种运输方式协调工作的联合运输创造条件;有利于人员熟悉航行条件,有助于安全航行和缩短时间;有利于对船舶的调度领导和管理;有利于船员安排生活。

航线由在各航线工作的不同船型、供船舶停靠作业的港口码头以及各种辅助设备构成,它可按船舶航行区域、运行状况、航线有效期限,以及航线港口数的不同进行分类。

(1)按船舶航行区域,可以将航线分为内河航线、沿海航线和远洋航线。

(2)按船舶运行状况,可以将航线分为定期航线和一般航线。定期航线,又称为专线或班轮航线,它是指船舶在港口定期、定时刻到发的航线;一般航线,则是指没合严格定期要求,而只规定计划期内发船次数的航线。

(3)按航线有效期限,可以将航线分为全年或全航期有效航线和季节性有效航线。全年或全航期有效航线是指在全年时间内或整个航期内有船舶工作的航线;季节性有效航线是指一年中仅在部分季节期内有船舶工作的航线,这种航线的季节期主要取决于航道条件和季节性货流。大多数航线属于全年或全航期有效航线。

(4)按航线港口数量可以将航线分为简单航线和复杂航线。

此外，航线还可以按运输货物的货种、船舶类型进行分类。按货种分类时，有油运航线、煤运航线、杂货航线等；按船舶类型分类时，有客船航线、货船航线、推（拖）船航线，其中客运航线又有干线、区间（短途）、市郊、市内轮渡航线之分。

在中途港不加减载或不加减驳船的航线为直达航线，否则为非直达航线。而直通航线是指推（拖）船从航线的始发港至终点港在中途不更换推（拖）船的航线，若中途更换推（拖）船，实行分段牵引，则称为区段牵引航线。

3）船舶运行与港口工作的配合

解决船舶运行与港口工作的配合问题，也就是解决港口的到发船密度、船舶在港密度和合适的到发船时间问题。保持港口工作的节奏，使港口工作均衡，对于提高船、港的工作效率和经济效益具有重要意义。

船、港工作的配合，主要是重点港口，故应先从重点港口着手，并且要按船舶的类型、作业区和货种等分别进行平衡。此外，对物资单位的专用码头也应做出专门的安排。对某些锚泊地有限制的港口，或主要是在水上作业的港口，还要检查锚泊地是否能容纳在港作业的船舶和过境需临时停泊的船舶。

5.3　国内外内河货运组织方式

5.3.1　国外主要内河货运方式现状

国外内河航运发达国家的货运方式基本上可分为两大类：一类是以美国密西西比河为代表的分节驳顶推船队运输；另一类则是以德国及西欧等国家在莱茵河采用的机动驳及机动驳顶推运输。在西欧等国家中机动驳的运量占内河总运量的70％左右，拖带运输方式在国外渐趋于淘汰。至于内河运输中分节驳顶推船队与机动驳如何合理匹配，各占多大比例，视各国航道不同而异。国外的航道基本已整治，几乎没有自然航道，再加上工业布局的合理化，其运输方式和船型日趋定型化、标准化。

1）密西西比河

密西西比河拥有一个高效的大型散货运输系统，以顶推无人分节驳顶推船队运输方式为主，上游和支流都可以航行 8～15 艘驳船组成的顶推船队，载重量 1 万～2 万 t；中游可航行由 15～25 艘驳船组成的顶推船队，载重量为 2 万～3 万 t；下游最大的顶推船队由 30 ～40 艘驳船组成，载重量 4 万～6 万 t。顶推船队一律采用无人驳，推轮的自动化程度很高。

美国顶推技术约起源于 1840 年，第一艘推论诞生于 1865 年，1880 年后普遍推广。1907 年在密西西比河上出现了“斯泊瑞格”号推轮顶推 60 艘煤驳、载重 60 万 t 的大型顶推船队，长宽为 281m×95m，次年又出现了 353m×100m 的超大型顶推船队。

分节驳船队的特点是船队各驳船之间能在结构和尺度上互相配合，紧密结合成一个阻力较小的船队整体。所以，发展分节驳顶推船队运输的前提是分节驳船的系列化和标准化。驳船系列化、标准化，可节约运营中编、解队时间，有利于批量生产，降低造价和缩短建造时间。分节驳顶推船队运输的另一个前提是要有操纵性良好的标准推船。

人们认为分节驳顶推船队运输是内河长期的发展方向，因为它除了具有船队阻力小、运输速度较快、分节驳造价低的特点外，还具有在同一船队尺度下，比普通驳载重量大、千吨公里能耗较低、船员配备少、劳动生产率高等优点。分节驳顶推船队得以发挥以上优越性的条件是货源充足，批量大，运距长，港口装卸效率高，航道标准高等。密西西比河就是以发展分节驳顶推船队运输为目的，这主要是执行航道、船闸、船舶标准化的结果。

2)莱茵河

另一种内河运输组织方式是以发展自航船(即机动驳)为主，如德国及西欧等国家。这些国家国土面积不大，内河流域小，货运平均运距200多km，航道网国际化，通航标准采取欧洲统一标准，船舶亦实现标准化。欧盟成立了欧洲交通运输委员会，负责制定欧洲航道及船型的统一分级，推动各国实施一系列运河工程，使航道布局更趋合理，把原本互不相通的莱茵河、塞纳河、罗讷河、多瑙河等水系沟通成统一的内河航道网。

为建立干支相通的高等级航道网，欧洲各国通过交通部长会议和经济委员会会议，制订了欧洲航道及船型的统一标准。各国针对各自河流的特点在进行多种形式的综合治理时，都按照统一的建设标准开发航道。在干线航道上游和支线航道多采用梯级渠化；干线航道中下游采取整治和疏浚相结合的措施，并通过一系列运河工程沟通主要水系与主要河流，形成了统一标准的高等级航道网，大大提高了内河航运的通航条件。

德国于20世纪50年代中期，从美国引进分节顶推技术，但由于航道和货源差异，大型分节顶推船队在大部分地区难以发挥作用，遂集中力量研究适合自己国情的船型—高长宽比货船及机动驳顶推，形成了世界上著名的内河船型学派。在此期间，对航道也进行了长远综合治理规划，及时整治瓶颈航段，使内河航运有了飞速的发展。

目前，欧洲内河运输船舶的主尺度基本上实行了标准化，允许有一定的小幅度的变化量。船型尺度是根据船舶航行地区的运输市场和通航条件而变化的，但是要考虑航道和运河的宽度、水深、桥梁的净空高度等因素。大型内河船舶适合于运输市场稳定、通航条件较好的航线，而在一些通航条件较差的航道，小型内河船舶也有一定的发展空间。莱茵河水系船型已有上百年的发展历史，通过几代更新，船型尺度比较整齐规范。尽管局部有些差别，但船型总体上比较统一，客观上形成了比较标准的内河船型。由于莱茵河水系航道通航条件较好，发展的机动驳船型主要有欧洲标准机动驳船和大莱茵河机动驳船两种。

5.3.2　国内主要内河货运方式现状

目前长江货运方式主要以机动船和顶推船队两种运输方式为主，其中机动货船净载重吨约占总货运船舶的85%，完成货运量约占总货运量的88%，完成货运周转量约占总货运周转量的83%。由于顶推船队运输组织存在：

①船队编解队技术复杂；

②航速较低，货主不愿采用送达速度低的船队运输；

③货物运输组织要求高，非生产性停泊时间长；

④船队运输增加了港口和船公司的费用；

⑤船队运输往返航次成本高；

⑥船队运输的权利责任划分不清晰，使这种运输方式对货主的吸引力下降等问题，近20

年来，长江货物运输由以船队为主的运输方式发展为以机动船为主的运输方式，船队运输呈萎缩态势。

长江干线货物运输方式主要呈现出川江及三峡库区和长江中下游两个航域的不同特点。

川江及三峡库区货运方式以单船运输为主，辅以机动船船组运输方式。从2004年开始，基于川江及三峡库区不同季节航道吃水的变化与船舶吃水的矛盾，催生了船舶货物转载运输方式。其主要特点是：打破“一货一船、从起点至终点”的传统运输方式，引入了分段运输方式。通过船公司之间、大小船舶之间的分工合作和合理调度，实现了大型船舶全航程有限“满载”通航，中、小型船舶区间实际“满载”通航，或大、中、小船舶分段“满载”运输等运输方式，最大限度地增加了船舶的实载率，提高了长江枯水季节船舶运输效益。

过驳减载的主要运输组织形式主要有以下两种：

1)“母子船”形式

在过驳减载作业点，对拟通过长江中游浅区航段的超吃水船舶（即满载通过三峡船闸的大船，以下简称母船）所装载的一定量货物过驳到可以满载通过长江中游浅水航段的一艘或多艘中小型船舶上（子船），以利于“母船”顺利通过长江中游浅水航段，然后“母船”和“子船”同时将货物运送到上述浅水航段终点，再将“子船”所载货物过驳回母船，由母船将货物运送到目的地的运输组织形式。目前“母子船”是中游过驳转运的主要运输方式。

2)“接力运输”形式

在过驳减载作业点，对拟通过长江中游浅区航段的超吃水船舶（母船）所装载的全部货物过驳到可以满载通过长江中游浅水航段的多艘中小型船舶上（子船），然后直接由“子船”将货物运送到目的地的运输组织形式。

而武汉以下的长江干线中下游航道，因是沿江钢铁、煤炭、水泥熟料和黄沙运输的主要运输通道，其货运方式主要为：

1)单船运输（含江海直达船）

沿江上水的主要大宗散货——铁矿石运量呈逐年增长的态势。采用江海直达船从北仑港运矿至武钢是近年来单船运输的增长点。沿江火力发电所需的上亿吨煤炭，主要通过万吨级海船从北方煤炭港口运抵南京以下的长江各主要港口。

沿江下水的主要大宗散货——黄沙运量近五年的年运量均超1亿t。大部分的黄沙主要是通过鄱阳湖运往江苏、上海和浙江等地区。课题组的调研表明，运输黄沙的主要船型由数百吨级至千吨级的内河自航船所构成。

2)船队运输

目前，长江航运市场运用船队运输干散货的企业主要是长航集团。该集团长期采用分节驳拖驳船队为武钢集团运输上水的铁矿石；为海螺集团运输发往长江下游地区的水泥熟料。据统计，长航船队的年运输总量达数千万吨。但是，随着货主和港口对运输时间、装卸时间以及辅助作业时间等方面的新要求，船队运输大宗干散货的运量呈逐年减少的趋势。目前，长航集团已将新建船舶的重点定位在自航船，现有的船队基本处于维持状态。

3)顶推船组运输

长江顶推船组是为适应马钢、武钢的江海直达铁矿石运输而研发的运输船型。限于港口的装卸条件与船组循环顶推的制约，船组的运输尚处于探索阶段。目前，长航集团上海海运公司所属的顶推船组主要是从北仑港上水运输铁矿石至马钢；下水则从荻港和枞阳装载水泥熟料运往上海与浙江等周边地区。据统计，3 000t 级的顶推船组已经改造了 8 艘，年运量约 200 万 t 左右。

长江主要支流，如乌江、嘉陵江、赤水河、湘江、汉江等，其货运方式主要以单船运输为主，船组运输为辅。

5.4　乌江多枢纽航道运输系统分析

乌江属于山区河流，历史上一直存在滩多流急、运量小、航道等级低且条件差等问题。随着乌江干流乌江渡以下 5 座梯级枢纽全部建成运行，并同步开展库区航道的整治工程，乌江航道由Ⅴ级提升至Ⅳ级，为通行船舶大型化、标准化提供可能。同时，航道多枢纽状态增加了水路货运系统的复杂性，合理经济的水路运输组织模式值得探讨。

5.4.1　乌江多枢纽航道运输系统现状

枢纽通航设施建设之前，乌江作为山区河流，由于滩多流急且流态紊乱，航运条件较差，大乌江以上只能季节通航。为适应此种特殊情况，乌江主要采用机动驳进行货物运输。机动驳作为一种能够将动力装置与载货结合在一起的水上运输工具，其货运组织方式的优点在于速度快、机动灵活、在港时间短等，而缺点则在于船舶吃水和载货量受港口航道等条件限制进而导致规模经济性不佳。

随着枢纽通航设施的相继建设，乌江航道条件大为改善。但由于乌江航道各级枢纽的通航设施船闸/升船机承船厢的有效尺寸都较小（见表 2.4），一次过坝的最大船舶吨级仅为 500t。多枢纽设计通过能力的限制，必然导致乌江航道运输组织模式多样性。过枢纽运输应为单船运输，且船舶吨级受枢纽过船设施条件限制；库区间运输因航道条件的改善，运输模式可以多样化，大吨级的单船运输、船组运输以及船队运输均可考虑。

目前，乌江多枢纽航道货运组织模式存在的问题主要分两方面：一方面为船的问题，由于各级枢纽的过船设施仍未建成，乌江基本处于断航状态，仅存的区间运输中航行船舶吨级小、技术差、运输效率低，与乌江高等级航道建设规划极不相称；另一方面，各枢纽过船设施的设计通过能力不一致，这将成为制约未来航道运输发展的重要因素之一。

5.4.2　乌江多枢纽航道运输组织模式

乌江多梯级枢纽区域运输网络除水路外还存在多种运输方式，如铁路、航空、公路等。为了优化多梯级枢纽区域的水路运输，必须考虑水路和其他运输方式相结合的运输路径以解决水利枢纽通过能力不足的问题。考虑公路运输、航空运输和铁路运输 3 种运输方式，只有公路运输因其运输网络与水路运输网络衔接的最好且具有合理的成本而应纳入多梯级枢纽区域运输网络中。航空运输，运能较小且成本过高，铁路的通过能力已接近饱和且与水路和公路网络形成运输网络过于复杂而被排除。

将乌江多梯级枢纽区域货运网络中各个功能区，如港口、车站、枢纽定义为节点或中转点。

用 N 表示节点和中转点集合，I 为运输网络中路段集合，节点间可以通过中转点进行多种运输方式联运。根据图 5.1，定义两节点间的货运组织方式为：

$$o,d,l(o\in O,d\in D,l\in L) \tag{5.1}$$

式中：o——货运起始节点；

d——货运终止节点；

l——od 之间的某种运输路径；

O——网络中所有货物 OD 起点的集合；

D——网络中所有货物 OD 终点的集合；

L——OD 间所有运输路径的集合。

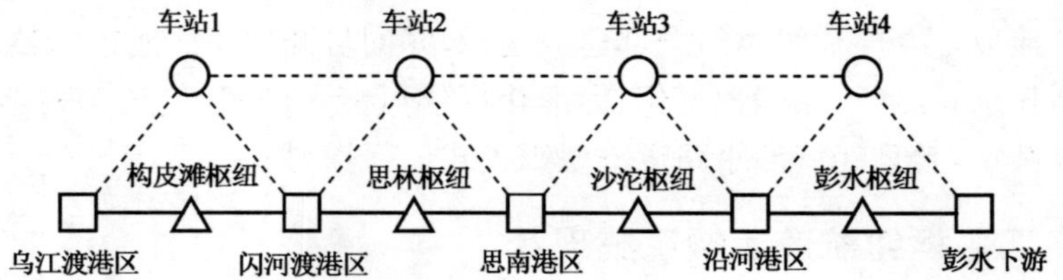

图 5.1 运输系统网络图

根据图 5.1 可知，乌江多枢纽航道运输组织模式大致可分为直达运输和转载运输两种。直达运输主要指船舶从上游某个港区通过一个或多个枢纽到达下游某个港区；转载运输指船舶或船队仅在库区中运行，货物采用其他运输方式翻坝。由于各枢纽的货物通过能力不尽相同，只有直达运输和转载运输科学合理地相互配合，才能既充分利用枢纽过船设施又提高整个乌江航道的货运量。

第6章 水路运输组织优化

6.1 水路运输系统研究理论方法优化

6.1.1 运输组织理论方法

解决水路运输网络系统的船舶货运组织问题，通常采用的做法是利用 Wardrop 第二原理建立网络配流模型，即在满足运输线路运输能力及运输枢纽通过能力的条件下按照广义运输成本最小的目标，将货物 OD 流量合理地分配到具体的运输网络上，以便得出货运网络中各货类各运输方式在各运输路径上的流量。

Wardrop 第二原理作为一个设计原理，是面向运输网络决策者的。对公路网而言，第二原理所描述的状态要求驾驶员互相协作为系统最优化而努力，这在实际中是不太可能的。但水路网络运输不同于公路网络中车辆运输所具有路径选择随机性，水运网络运输具有一定的计划性，船舶依靠航运公司指定的航线进行运输作业，这就需要将水运工程的航线配船理论方法融入水路运输网络系统中。

与交通规划关心航段的运量及流量不同，作为一个航运系统的决策者，更关心的问题是货物组织方案实现需要产生的航次数及运输路径上水运航段所需要的船舶数量。研究一定运输市场需求条件下的各货运组织模式适应性，常用的理论方法为水运运输系统分析领域中的整数线性规划方法。

整数规划是规划论中较新的一个分支，它是研究决策变量只能取整数这一类规划问题的。求解整数规划问题的方法，有分支定界法和切割平面法。其中分支定界法是戴金（R. J. Dakin）和 Land Doig 等人在 1960 年提出的，是求解整数规划问题最常用的方法，既可用来求解纯整数规划问题，又可用来求解混合整数规划问题。

本研究拟采用分支定界法进行求解。该方法的基本思想是：先求出相应的线性规划最优解，若此最优解不符合整数条件，则将原问题分枝为若干个子问题继续求解，直到求出最优整数解。分支定界法的分支原则是利用整数规划的相邻整数点之间无可行域的特点，按相邻整数为边缘进行分枝。分支定界法的算法依据是整数规划的最优值不优于与之相对应的线性规划的最优值的原则。具体方法为假定有最大化的整数规划问题 A，与它相对应的线性规划问题为 B，从解决问题 B 开始，若其最优解不符合 A 的整数条件，那么 B 的最优目标函数必是 A 的最优目标函数 Z^* 的上界，记作 Z'，而 A 的任意可行解的目标函数值将是 Z^* 的一个下界 Z''。分枝界定法就是将B的可行区域分成子区域的方法,逐步减少 $\bar{Z}$ 和增大 $\underline{Z}$,最终求得目标函数 Z^*。对于极小化问题解法类似,只是将线性规划的目标函数值作为整数规划目标函数值的下界。

乌江多梯级枢纽区域,多货种多方式货运组织优化模型的目标函数,将以各船型船舶艘数为自变量。

1)目标函数

货运组织系统广义成本最小化,对所有航线上的广义运输成本进行求和,所需的广义运输总成本作为货运组织优化模型的决策指标。货运组织方案通过确定运输船舶在各条运输航线上一年的运量及船舶艘数决定。结合多梯级枢纽货运组织特点,可以设计得到系统广义成本最小的目标函数:

$$\min(\mathrm{CT}) = \min\left[\sum_{f\in F}\sum_{m\in M(f)}\sum_{od}\sum_{l\in L(od)} Q_{fm} X_{fml}^{od} C_{fml}^{od}\right] \tag{6.1}$$

式中:X_{fml}^{od}——某类船在某条运输路径上完成年货运量所需的船舶艘数;

f——某一类船舶;

F——船舶的类型集合;

m——船舶吨位类型;

$M(f)$——f 船舶吨位类型集合;

o——货运起点;

d——货运讫点;

l——OD 起讫节点间的某条运输路径;

$L(od)$——某 OD 起讫节点间的运输路径集合;

C_{fml}^{od}——某类船在某条运输路径上每吨货物广义运输成本函数;

Q_{fm}——f 型船 m 吨级船舶每艘船的年货运量。

2)约束条件

(1)某类船舶某 OD 间货运量与该 OD 间所有路径产生的货运量之和相等:

$$\sum_{m\in M(f)}\sum_{l\in L(od)} Q_{fm} X_{fml}^{od} = Q_{od(f)} \ \forall o,d,f \tag{6.2}$$

式中:$Q_{od(f)}$——f 型船的运量 OD。

(2)防止整数规划出现无解的情况,为 OD 货流设置裕度:

$$0.99Q_{od(f)} \leqslant Q_{od(f)} \leqslant 1.01Q_{od(f)} \tag{6.3}$$

(3)某类船在某条运输路径上船舶艘数应大于等于 0:

$$X_{fml}^{od} \geqslant 0 \quad \forall o,d,f,m,l \tag{6.4}$$

(4)所有通过枢纽通航设施的各类船舶运输航线产生的年总货运量应小于等于通航设施的年通过能力,即通航设施通过能力约束:

$$\sum_{f\in F}\sum_{m\in M(f)}\sum_{o,d}\sum_{l\in L(od)} Q_{fm} X_{fml}^{od} \delta_{ul}^{od} \leqslant V_u \qquad \forall u \tag{6.5}$$

式中:V_u——第 u 个枢纽的年通过能力;

δ_{ul}^{od}——l 是通过枢纽 u 的路径,其值为 1;否则为 0。

(5)所有在某路段上的实际货运通过量小于其通过能力:

$$\sum_{f\in F}\sum_{m\in M(f)}\sum_{od}\sum_{l\in L(od)} Q_{fm} X_{fml}^{od} \delta_{al}^{od} \leqslant V_a \qquad \forall a \tag{6.6}$$

式中:V_a——第 a 个路段的最大年通过能力;

δ_{al}^{ad} —— l 是通过路段 a 的路径，其值为 1；否则为 0。

3）求解

以上数学模型其问题求解是在线性规划中求解船舶艘数整数解的规划问题。适用分支定界法来求解。分支定界法，既可以求解纯整数规划问题，也可以求解混合整数规划问题。其基本思想是：先求出相应的线性规划最优解，如果此最优解不符合整数条件，则将原问题分枝为若干个子问题继续求解，直到求出最优解。

6.1.2　乌江多枢纽航道运输组织理论方法优化

选择散货运输、集装箱运输和载货汽车滚装运输等方式，根据上述理论方法和理论模型，以广义成本最小为目标，将乌江多枢纽航道实际相关参数代入，计算理论最佳运输组织模式。

相关主要参数选取依据如下：

1）广义运输成本

广义运输成本由路段运输成本、中转成本、货种时间价值及货损成本组成。

（1）船舶运输成本

船舶运输成本受船舶船型参数成本构成的影响，通过必要货运费率体现。因此，考虑计算不同运距下各类船舶的必要货运费率，确定各运输路径的单位货物船舶运输成本。

利用船型参数（船型参数具体值在下面章节有具体阐述）、船舶成本构成及各运输路径航段运距，可以算出不同船舶在不同运距下的必要运费率，具体见表 6.1。

各类船舶不同运距必要运费率（单位：元/t）　　表 6.1

运距	散货船			集装箱船		滚装船	
	300t	500t	800t	48TEU	30TEU	38 车	50 车
100km	22.44	19.61	17.48	37.71	39.43	23.57	24.43
200km	43.87	39.23	34.95	71.31	73.14	44.57	46.43
300km	67.32	58.83	52.44	105.60	108.93	66.00	69.43
400km	89.76	78.47	69.9	144.86	151.14	90.21	87.47

（2）公路运输成本及货运中转成本

根据贵州省物价局《关于公路货运成本费用及价格的调查报告》及乌江实地对港口装卸货费用的调查，确定各货类的公路运输成本和运输方式间的中转成本，见表 6.2。

各货类公路运输成本（单位：元/t）　　表 6.2

货　类	公路运输成本	船转车中转成本	车转船中转成本
散货（元/t）	$10+0.62\times L$	21	15
集装箱（元/箱）	$50+6\times L$	510	510
滚装（元/车）	$10+2.8\times L$	15	15

注：1. L 为运输距离，单位为 km；集装箱规格为 20TEU；滚装车载重量为 12t。

2. 表中所有数据均为全年平均成本。

(3)时间价值

目前对货物时间价值的研究较为成熟,但时间价值的计算需要大量数据,本文简化时间价值的求解过程,根据各种货类市场价值及运输方式估算货物利用不同运输工具的时间价值:散货为 0.05 元/t·d;集装箱为 10 元/TEU·d;滚装货为 5 元/车·d。

(4)货损成本

3 种不同的运输方式,除集装箱外,滚装运输与散货运输都存在着货损的问题,滚装相对较小,因此在此只考虑散货中转运输的货损,假设散货中转运输中有 0.05%的货损,货损价值为 0.2 元/t。

2)运输时间

(1)航段运输时间

根据各类船舶平均设计航速,车辆港区间距离及通过枢纽排队等待时间,可以核算出各航段的运输时间,见表 6.3。

各航段的运输时间(单位:h) 表 6.3

航段 \ 货类	乌江渡—河闪渡		河闪渡—思南		思南—沿河		沿河—彭水下游	
	公路	水路	公路	水路	公路	水路	公路	水路
散货	3.77	6.85	3.33	6.06	3.27	5.94	3.67	6.67
集装箱	3.77	5.23	3.33	4.63	3.27	4.54	3.67	5.09
滚装	3.77	5.38	3.33	4.76	3.27	4.67	3.67	5.24

(2)运输方式中转时间

为了简化计算,各类船舶不同吨位的船型的中转时间取其均值,见表 6.4。

运输方式中转时间 表 6.4

船　型	滚装船	散货船	集装箱船
船转车时间(h)	2.5	4.5	1.5
车转船时间(h)	2.5	5	1.5

(3)滚装船翻坝时间

滚装船最大的优势就是转运方便,不需要港口装卸货设备且速度较快,是 3 种船型中最适宜进行水陆联运的船型。利用的系列滚装船吨位及尺寸均超过承船厢设计要求,不能通过各梯级枢纽,只能在两坝之间运输。而其他船型对装卸设备要求较高,但乌江两岸山险而陡峭,并不适合建设大的翻坝码头,因此只考虑滚装船翻坝运输。滚装船翻坝运输时间见表 6.5。

滚装船各枢纽翻坝转运时间 表 6.5

枢　纽	乌江渡	思　林	沙　陀	彭　水
翻坝运输时间(h)	1.5	1.2	1.2	1.2

(4)营运时间

根据航运的实际情况,设每艘船的营运时间为 300d/年。

3)船舶货运组织规划

以船舶运输系统广义成本最小为目标,采用上述理论优化模型对乌江多梯级枢纽区域船舶货运组织进行优化,经编程优化计算得到各类船舶完成预测年货运量的货运组织方案。该方案不仅对各类船舶的运输路径进行了规划组织,而且完成了各运输路径的船舶运力分配等问题。2020 年、2030 年各类船舶货运组织方案,见表 6.6～表 6.11。

2020 年散货船货运组织方案　　表 6.6

运输路径(——表示水路运输;-----表示公路运输)			货运量(万 t)	散货船运力分配(运量/船舶数量)					
				800t		500t		300t	
1	乌江渡港区——彭水下游	下行	105.83	134.56	25	4.11	1	3.48	2
		上行	36.34						
2	乌江渡港区-----河闪渡港区中转——彭水下游		113.52	99.48	16	4.12	1	9.88	4
3	河闪渡港区——彭水下游	下行	10.78	11	1	4.53	1	3.14	1
		上行	7.89						
4	思南港区——彭水下游		57.87	46.4	5	12	2	0	0
5	沿河港区——彭水下游		19.66	14.4	1	0	0	5.55	1

2020 年集装箱船船舶货运组织方案　　表 6.7

运输路径(——表示水路运输;-----表示公路运输)			货运量(箱)	集装箱船运力分配(运量/船舶数量)		
				48TEU		30TEU
1	乌江渡港区——彭水下游	691	0	0	2 040	1
2	河闪渡港区——彭水下游	191	0	0	2 880	1
3	思南港区——彭水下游	150	0	0	4 260	1

2020 年滚装船船舶货运组织方案　　表 6.8

航　段			货运量(车)	滚装船运力分配(运量/船舶数量)			
				38 车		50 车	
1	乌江渡电站——构皮摊电站	下行	4 583	15 176	1	0	0
		上行	2 383				
2	构皮摊电站——思林电站	下行	5 316	16 038	1	0	0
		上行	2 491				
3	思林电站——沙陀电站	下行	10 016	25 800	2	0	0
		上行	3 200				
4	沙陀电站——彭水电站	下行	10 016	26 100	2	0	0
		上行	3 200				

2030 年散货船货运组织方案　　　　表 6.9

运输路径(——表示水路运输；-----表示公路运输)			货运量(万 t)	散货船运力分配(运量/船舶数量)					
				800t		500t		300t	
1	乌江渡港区-----河闪渡港区中转——彭水下游		96.48	69.68	18	0	0	0	0
2	乌江渡-----思南——彭水下游		63.67	53.76	7	9.90	2	0	0
3	乌江渡-----河闪渡——思南-----沿河——彭水		54.37	52	10	3.6	1	0	0
4	乌江渡——河闪渡-----沿河——彭水		5.48	5.36	1	0	0	0	0
5	乌江渡-----沿河——彭水	下行	137.08	152.15	18	0	0	0	0
6		上行	12.76						
7	乌江渡——沿河-----彭水		22.48	20.48	4	0	0	2.04	1
8	乌江渡-----河闪渡——沿河-----彭水		38.53	30.4	5	2	8.1	0	0
9	乌江渡——河闪渡-----思南——沿河-----彭水		20.4	16.8	3	3.7	1	0	0
10	乌江渡——思南-----彭水下游		29.48	24.64	4	0	0	4.86	2
11	乌江渡-----思南——沿河-----彭水	下行	50.13	50.16	5	6.55	1	0	0
		上行	4.74						
12	乌江渡-----河闪渡——思南-----彭水	下行	63.32	73.92	7	0	0	4.25	1
		上行	12.88						
13	乌江渡——河闪渡-----彭水	下行	39.51	48.15	4	4.79	1	7.75	1
		上行	20.83						
14	乌江渡-----彭水	下行	69.56	0	0	0	0	0	0
		上行	59.97	0	0	0	0	0	0
15	河闪渡港区-----沿河——彭水下游		4.52	0	0	6.2	1	0	0
16	河闪渡——思南-----彭水		16.59	9.52	1	6.25	1	0	0
17	河闪渡——思南-----沿河——彭水下游		8.04	8.32	1	0	0	0	0
18	河闪渡-----彭水下游	下行	28.11	0	0	0	0	0	0
		上行	14.79	0	0	0	0	0	0
19	思南港区-----沿河港区中转——彭水下游		36.97	3	31.44	7.2	1	0	0
20	思南港区——彭水下游		6.30	0	0	0	0	7.14	2
21	思南港区——沿河港区中转-----彭水下游		16.99	11.52	1	7.55	1	0	0
22	思南港区-----彭水下游		36.36	0	0	0	0	0	0
23	沿河港区——彭水下游		85.18	86.4	6	0	0	0	0
24	沿河港区-----彭水下游		96.82	0	0	0	0	0	0
25	河闪渡港区——沿河港区		1.83	0	0	1.83	1	0	0
26	乌江渡港区——思南港区中转-----沿河港区		0.38	0	0	0.38	1	0	0
27	乌江渡港区-----河闪渡港区中转——思南港区		1.51	0	0	1.51	1	0	0
28	思南港区-----沿河港区		0.58	0	0	0	0	0	0
29	河闪渡港区——思南港区		0.1	0	0	0	0	0.1	1
合计			300.46	248.31	54	39.43	14	0.1	1

2030 年集装箱船船舶货运组织方案　　表 6.10

运输路径(——表示水路运输;------表示公路运输)		货运量(箱)	集装箱船运力分配(运量/船舶数量)			
			48TEU		30TEU	
1	乌江渡港区——彭水下游	3 783	0	0	4 080	2
2	河闪渡港区——彭水下游	1 066	0	0	2 880	1
3	思南港区——彭水下游	975	0	0	4 260	1

2030 年滚装船船舶货运组织方案　　表 6.11

航　段			货运量(车)	滚装船运力分配(运量/船舶数量)			
				38 车		50 车	
1	乌江渡电站——构皮摊电站	下行	11 408	0	0	22 770	1
		上行	9 258				
2	构皮摊电站——思林电站	下行	25 650	0	0	39 600	2
		上行	11 383				
3	思林电站——沙陀电站	下行	33 975	0	0	49 164	3
		上行	12 650				
4	沙陀电站——彭水电站	下行	33 975	13 572	1	33 184	2
		上行	12 650				

6.2　水路运输系统研究仿真方法优化

6.2.1　运输组织仿真方法

理论模型计算得到的运输组织结论是否符合实际情况,需要靠仿真模型进行验证。所谓系统仿真(也称计算机仿真或计算机模拟)是通过建立仿真模型,在计算机上再现真实系统,并模拟真实系统的运行过程而得到系统解的研究方法。作为分析评价现有系统运行状态或设计优化未来系统性能与功能的一种技术手段,它通过运行具体仿真模拟和对计算机输出信息的分析,实现对实际系统运行状态和变化规律的综合评估与预测,进而实现对真实系统设计与结构的改善或优化。

在系统科学的研究中,系统描述与求解的方法是其中的主要问题,描述、求解各类系统的方法有多种。一般来说,系统求解的方法分为两类:一类是采用真实系统本身进行研究;另一类采用系统模型进行研究,而采用系统模型时又可分 3 种类型:物理模型、数学模型及仿真模型。

对于许多复杂系统,无论建立数学模型,还是对数学模型进行求解,都可能有很大困难(比如复杂的离散系统),而计算机的出现为仿真技术提供了强大的工具,仿真技术的应用范畴随之扩展。一些无法用现有数学工具建立数学模型的系统,往往采用仿真模型,就是在计算机上再现真实系统,并模拟真实系统的运行过程,从而求解系统。计算机仿真模型,具有省时、省力及更加有效的优点。这类以计算机为工具建立并运行仿真模型来求解系统的方法称为系统仿真，也称为计算机仿真。

采用系统仿真的方法研究水路运输系统，有以下几个优势：

(1)可以对水路运输系统组织方案及参数进行广泛的测试，进而优化系统方案，节省人力、物力和财力。水路运输系统是一个复杂系统，其各个环节存在大量的设计参数或运行参数，这些参数不仅对其所在环节本身会产生影响，也可能会对整个系统产生影响，参数间的相互关系十分复杂。建立仿真模型，可以将这些参数作为系统的输入值，这样就可以利用模型的运行求解，分析各种不同参数的组合下，运输系统的运行状况，在结果分析的基础上进行管理方案的评价。

(2)仿真技术，可以放大或者压缩仿真时间，使模拟速度符合具体要求。由于计算机的强大计算功能，可以在短时间内展现现实中需要长时间才能得到的结果。而另一方面，在某些特定点或特定时刻上，又可以展现其事件发生的细致过程。这都可以使得管理人员深入了解整个系统的运行情况。

(3)有助于分析系统变量间的相互作用及对系统行为的影响程度。水路运输系统十分庞大及复杂，其系统变量之间的关系也十分复杂，有些甚至不易了解。可以借助系统仿真建模，在运行过程中或其结果分析的基础上，来了解系统变量间的相互作用，以及其对系统行为的影响，从而进行科学的决策。

(4)分析系统的瓶颈，克服系统的不利约束。利用仿真模型的动画表现和结果分析，可以快速地发现系统中出现的瓶颈。比如，模拟中可能发现航线上某待闸锚地的船舶排队时间过长，这说明船闸在这个方案里成为了系统瓶颈。

(5)定量描述系统，与定性分析相互验证。受到数学模型建立难度和求解难度的限制，对于水路运输系统这样的复杂系统，无法建立细化的数学模型，所以传统方法仅能对其进行定量分析或简单的定量分析，无法进行系统的、深入的定量分析。由于系统仿真是对真实系统的抽象再现，这个特点决定了它可以对复杂系统进行深入的定量分析。定量分析的结果可以拿来与定性分析结果互相验证，定性和定量结合，就可以为管理者提供更加科学的制定决策的依据。

(6)系统进行因果分析，以便预测与控制系统。由于系统变量之间是相互关联的，改变某个系统变量，观察其他指标的变化，即可确定和发现系统各环节间的因果关系，从而为发现和寻找方案提供思路。

(7)过程中所提供的动画效果可以使系统研究人员和管理人员通过动态图像，直接观察系统的运行，找出系统设计中可能存在的缺陷和展示系统的有效性。

水路运输系统通常具有较强的离散特性，可选择使用基于 SIMAN 语言的 Arena 软件作为系统建模和仿真工具。它是美国 System Modeling 公司于 1993 年研制开发的新一代交互集成仿真环境，代表了现代计算机仿真软件的最新水平。SIMAN 是一种通用的仿真语言，具有强大的离散仿真特点，通常被用来仿真交通运输、工厂、物流等系统，而 Arena 是个面向对象的系统，使用它可使 SIMAN 建立复杂仿真模型变得相对容易。

作为新一代可视化交互集成仿真环境，Arena 具有强大的功能。首先，它集成了多种建模工具；其次，它具有数量丰富的建模模版与模块，通过搭建各种模块并对模型进行参数设置，以此实现仿真建模。Arena 的应用范围十分广泛，几乎覆盖可视化仿真的所有领域，包括物流系统、制造系统和服务系统。其在物流和交通系统的应用尤其广泛，如：交通运输中高速公路的交通控制，场站和枢纽的方案评价，出租车的管理和路线控制，集装箱码头物流系统仿真与优化研究，港口运输计划模型，车辆调度等。

Arena 基于面向对象的思想和结构化的建模概念，将专用仿真语言的灵活性和仿真器的易用性很好地融合到一起，直接根据实际运行流程构建仿真模型，符合常规的思维习惯。

Arena 面向对象的建模思想是通过利用基本仿真逻辑的组合来实现的。Arena 将一些常用的仿真逻辑封装在 Block(块，模块)中，相关的 Block 集成在 Template(模板)。模板有不同的层级，越高级的模板功能越丰富，构建模型的效率也越高，但是越不灵活；越低级的模板功能越单一，构建模型的效率也越低，但是越灵活。有些高级 Block 可以通过低级 Block 组合而成。一般应用高级模板即可方便快捷地构建仿真模型，对于非常复杂的仿真模型才需要用到低级模板。Arena 不同版本的模板划分不尽相同，目前包含的模板中常用的有：①"Basic Process"基本处理模板；②"Advanced Process"高级处理模板；③"Advanced Transfer"高级传输模板；④"Blocks"模块模板及"Elements"元素模板。包含各个低级模块。如果实际系统模型超出 Arena 功能模块范围，还可以利用过程语言(如 VB、C/C++)实现更为复杂的建模。这种层次化的建模体系可以保证灵活地进行各个水平上的仿真建模。Arena 可以通过可视化的仿真环境，将各层次的建模方法交替使用，获得不同的建模能力。由此可见，Arena 提供了一个可以适用于各种建模水平的仿真环境，兼备易用性和灵活性两方面的优点。

6.2.2　乌江多枢纽航道运输组织排队系统

乌江多枢纽复杂航道货运组织，采用 Arena 软件将理论计算结果进行仿真，检验理论计算结论是否可应用于实际航道，若仿真过程中出现明显拥堵，则需要对理论结果进行修正，再次仿真，最终得到乌江多枢纽航道科学合理的运输组织模式。

Arena 仿真前，需要明确船舶在各枢纽前排队系统特点。所谓排队系统，也称随机服务系统，即随机性是排队系统的一个共性，具体是指顾客来到的时间与接受服务的时间都随各种时机与条件变化而变化的系统。

一个排队系统能抽象地描述为：为了获得某种服务而到达的顾客，若不能立即获得服务，而又允许排队等待，则加入等待队伍；获得服务之后离开系统。图 6.1 为两个经典排队模式。

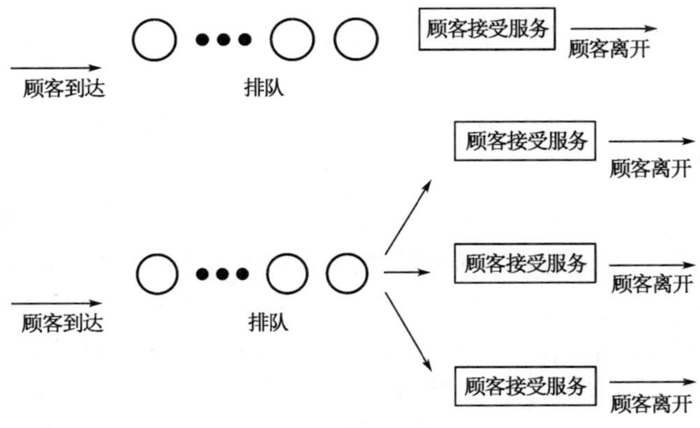

图 6.1　经典排队模式

实际的排队系统虽然千差万别，然而它们却有一些共同的特征，使我们能对它们进行统一的处理，主要由三个基本部分构成：输入过程、排队规则和服务规则。

下面结合乌江多梯级枢纽排队系统的特点，对其排队系统的特征进行分析。

1)输入过程

输入过程就是刻画船舶按怎样的规律到达。要完全刻画一个输入过程需要如下3方面：

(1)船舶总体(船舶发生源)数。排队系统中"顾客"可能是有限的，也可能是无限的，甚至是非可数无限的。例如，工厂内出故障的机器数显然是有限的，到达售票窗口前的顾客总体可看作是无限的，因此不存在最大限制数。对于乌江多梯级枢纽区域船舶货运组织优化来说，研究的是完成一年货运量的船舶数，但从通航设施实际运行情况及为了得到统计平衡下船舶的到达规律来看，船舶的数量应该是无限的。

(2)船舶到达的类型。即是单个到达，还是成批到达。为了简化模型，方便统计船舶到达间隔时间分布情况，本系统不研究两条或两条以上船舶同时到达的情况。

(3)相继船舶到达的间隔时间概率分布。

令 $T_0=0$，T_n 表示第 n 个船舶的到达时间，在顾客单个到达的情况下，有：

$$0 = T_0 < T_1 < T_2 < \cdots T_n < T_{n+1} \tag{6.7}$$

令
$$\tau = T_n - T_{n-1}, n = 1,2,3,\cdots$$

τ_n 是第 n 个船舶到达时刻与第 $n-1$ 个船舶到达时刻之差，称为第 n 个到达间隔时间(inter-arrival time)。一般均假定$\{\tau_n\}$独立同分布。其分布函数一般有定长分布、二项分布、泊松流(最简单流)、爱尔朗分布等若干种。

本研究认为船舶是不定期到达通航设施的，在一段时间到达的船舶数仅与这段时间的长短有关，不相交的时间段到达的船舶数量是相互独立的。根据前人对内河船舶过闸到达登记时间数据分析和车辆到港时间数据分析，得出船舶和运输车辆的到达为Poisson过程，即2个船舶或车辆相继到达时刻之间的间隔时间 T 服从负指数分布，则对应的到达数目 N 服从Poisson分布。具体规律如下：

船舶到达为Poisson过程，即最简单流的概率分布函数为：

$$P_n(t) = \frac{\lambda t}{n!}e^{-\lambda t} \quad t>0, n=0,1,2,3\cdots \tag{6.8}$$

式中：λ——船舶平均到达率。

其概率分布函数为：

$$F(t) = 1 - e^{-\lambda t}(t > 0) \tag{6.9}$$

2)排队规则

排队规则，即刻画顾客接受服务的先后次序，一般可以分为损失制、等待制和混合制3大类。损失制是指如果顾客到达排队系统时，所有服务台都已被先来的顾客占用，那么他们就自动离开系统永不再来。等待制又分为先到先服务、后到先服务、随机服务、优先权服务等情况。混合制是等待制与损失制相结合的一种服务规则，一般是指允许排队，但又不允许队列无限长下去。大致可分为队长有限、等待时间有限、逗留时间(等待时间与服务时间之和)有限等。

乌江各梯级枢纽排队规则实行等待制，在只有一个方向的船舶到达枢纽时，实行先到先服务的排队规则,即按船舶到达的先后顺序调度船舶通过枢纽。但升船机通航设施服务系统不同于一般的单队列服务系统,升船机必须同时处理来自上下游的船舶,也就是单服务员多队列服务系统。当升船机上下游分别有船舶到达的时候,船闸通常采用的方式是调度升船机有船到达的一侧过坝,当一侧船舶全部通过后,再调度升船机另一侧船舶通行,这种调度规则类似于城市十字路口或内河航路交汇区的调度规则,为了处理这种特殊的排队系统,考虑引入单重休假规则进行通过时间的计算。

3)服务机构

完全刻画枢纽通航设施机构有以下几个方面:通航设施的数目,在任一时刻接受服务的船舶数是单个地进行服务还是成批地进行服务,服务时间的分布。

(1)通航设施数量及构成形式。从数量上说,通航设施有通航服务设施和多通航服务设施,例如三峡枢纽通航设施就是典型的多通航服务设施。乌江各梯级枢纽均只设置一个通航服务设施。

(2)通航设施服务方式。这是指在某一时刻接受服务的船舶数,它有单个服务和成批服务两种。三峡闸室有效面积较大可以同时通行多艘船舶,而乌江各梯级枢纽通航设施承船厢一次只能服务一艘船舶。

(3)服务时间的分布。David 等的研究表明密西西比河部分船闸服务时间服从正态分布,本研究将给出服务时间的统计拟合,其服务时间概率分布函数为:

$$f(x)=\frac{1}{\sqrt{2\pi}}\mathrm{e}^{-\frac{(x-\mu)^2}{2\sigma^2}},x\in(-\infty,+\infty) \tag{6.10}$$

则通航设施服务时间的均值为 μ,平均服务率为 $\frac{1}{\mu}$,方差为 σ^2 。

4)排队系统休假规则

通常服务系统的模式,包括:单队列单服务员,如工厂的加工设备;多队列多服务员,如超市收银处;还有各种串并联服务系统等。这些排队系统存在一个共同点:讨论的都是单个服务员处理单个顾客队列的情况,而对于像航道通航设施这种单服务员多个队列的情况并不能处理(如图 6.2 所示)。为此,必须引入一个新的规则:服务员休假策略。休假规则排队系统的产生是由于现实排队系统存在允许服务台在一段时间不接待顾客的情况而对经典排队系统进行的一个延伸,其中暂时中断服务的时间(一般是随机变量)统称为休假。暂时中断服务的情况有很多种,例如:服务设施的故障或保养;为充分利用服务资源,在相对空闲的时候从事其他工作视为对原队列顾客的休假;队列中存在两种不同的优先级别,把优先级别不同的顾客分成两个队列,在服务优先级低的顾客的时候,因高优先级顾客的到达而中断服务视为服务员对低优先级顾客的休假。

图 6.2　通航设施排队模式

对不同的系统背景而言,休假规则分为两种:单重休假规则和多重休假规则。

单重休假规则是指每当系统空闲时服务员开始休假，若休假结束时系统中有顾客等待，就开始提供服务进入忙期并持续到系统再次空闲；若休假结束时系统中没有顾客等待，服务员就进入闲期，直到有顾客到达时开始进入新的忙期。

多重休假规则是在休假结束时系统中仍旧没有顾客等待而开始另一次独立同分布的休假，到休假结束时系统中出现顾客等待，服务员就终止休假并开始接待顾客，直到服务台再次变成空闲。

这两种规则的不同之处在于单重休假规则下的服务员有忙期、假期、闲期三种状态。而多重休假规则的服务员只有忙期和假期。假期与闲期并不相同，对顾客而言，两者的区别在于其间第一个到达的顾客是否立即被服务；对系统而言，假期服务员可不在岗，而闲期虽无顾客，服务员仍在岗。

5)排队模型建立

内河航道通航设施必须同时对来自上下游的船舶进行服务，即存在上下游两个排队服务队列。根据船舶通过通航设施的服务规则，可以将服务过程分为 3 个状态：

(1)忙期。队列 L_1 的船舶正在接受服务，L_2船舶必须等到 L_1 的船舶通过才能接受服务。

(2)假期。队列 L_1 中有多艘船舶正在等待通过，这时 L_2 有船舶到达，L_2 必须等到 L_1 中的船舶全部通过后才能接受服务，即通航设施对 L_2 的船舶休假。

(3)闲期。无船通过通航设施，通航设施处于空闲状态，如果任一队列有船到达将立即接受服务。

通过以上分析，可以认为船舶通过通航设施的服务过程符合单重休假规则，为此需对单重休假规则下的 M/G/1 枢纽排队模型进行详细的描述。

假设有若干船舶分别从通航设施的上下游通过通航设施，到达通航设施排队系统的时间分别为 $t_1, t_2, t_3, \cdots, t_{11}$；$t_1 < t_2 < t_3, \cdots, t_{11}$，当有船连续从一个方向驶向通航设施时，形成排队队列 L_1。当引入休假的规则后(如图 6.3 所示)，通航设施每次提供服务时必须判断当前服务排队队列 L_1 是否全部接受了服务，而 L_2 中的船舶必须等到 L_1 中船舶离开通航设施后才能开始接受服务。当 L_1 中无船舶等待通过而 L_2 排队队列有船舶正接受服务，即表示通航设施对 L_1 进入休假期，反之亦然。当 L_1、L_2 中均无船舶等待通过时，通航设施进入闲期。

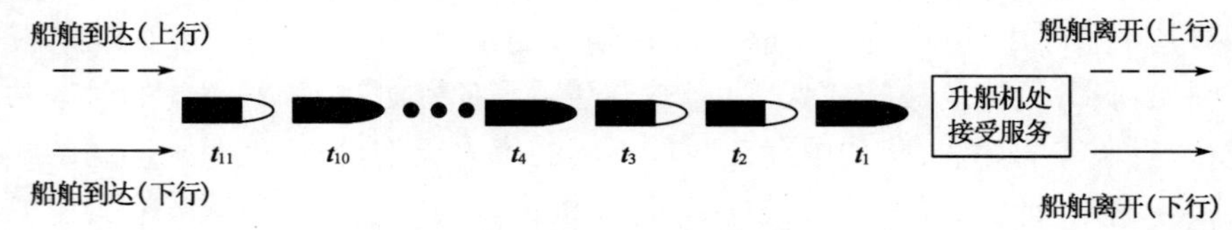

图 6.3　通航设施休假规则排队模式

第 1 艘船舶正在通过通航设施，总通过时间为 $T_p(l)$，剩余通过时间为 $T_r(l)$，假设通航设施等待通过的排队队列里有 i 艘船舶，在$[0,t]$时间内有 i-1 艘从上下游到达的船舶，则 i-1 艘船舶全部通过所需时间 $T_w(i-1)$ 为：

$$T_w(i-1) = \sum_{n=1}^{i-1} T_p(n) \tag{6.11}$$

第 i 艘船舶排队等待接受服务时间 $T_w(i)$ 为：

$$T_w(i) = T_p(l) + T_p(i-1) = T_p(l) + \sum_{n=1}^{i-1} T_w(n) \tag{6.12}$$

船舶通过通航设施的平均等待时间为：

$$T_w = \frac{T_r}{1-\rho} = \frac{\lambda^2\sigma^2 + \rho^2}{2\lambda(1-\rho)} \tag{6.13}$$

船舶通过通航设施的总时间为：

$$T_G = T_w + \mu \tag{6.14}$$

6)船舶通过各枢纽时间计算

根据枢纽年通过能力大小，可以估算出各枢纽船舶到达分布及服务时间分布，如表 6.12 所示。

各枢纽船舶到达分布及服务时间分布　　表 6.12

枢　纽	船舶到达规律(possion 分布)	通航设施服务规律(正态分布)	
参数	λ	μ	σ
构皮滩	0.72	1.11	2.34
思林	0.56	0.38	2.21
沙陀	0.89	0.61	2.40
彭水	0.80	0.42	2.59

利用单重休假规则 M/G/1 枢纽排队模型，可以求得稳定状态下船舶通过各枢纽的平均排队时间及通过时间，如表 6.13 所示。

各枢纽船舶平均排队及通过时间　　表 6.13

枢纽	构皮滩	思林	沙陀	彭水
平均排队时间(h)	11.49	4.04	5.94	4.15
通过时间(h)	12.60	4.42	6.55	4.58

6.2.3　乌江多枢纽航道运输组织 Arena 仿真模型

1)仿真模型建立

乌江多梯级枢纽系统庞大而复杂，如果在同一层视图内呈现整个系统的模型逻辑过程，将显得过于繁杂且不便于系统的调试及参数的输入。利用 Arena 的 sub model 功能可以将不同的子模型封闭起来，每个子模型都有自己的工作空间层，如果需要对子模型进行编辑时，可以进入该子模型的空间层，回到顶层后，各子模型内部逻辑实现过程被隐藏起来，各子模型通过信息交换的接口根据实际系统的构成组合成货运组织系统仿真模型，这种建模方式使模型具有清晰的逻辑构成，方便模型的设计者及使用者。

为了完整地建立货运组织系统并体现面向对象建模方式的易用性和通用性特点，货运组织系统的仿真建模将在面向对象思想的建模基础上，结合离散系统仿真的仿真建模过程，根据各功能区的不同功能建立5个不同的子模型，即船舶生成子模型、升船机子模型、港口子模型、船舶翻坝子模型和运输网络节点模型。这5个子模型每个都有一个系统边界，内部实现过程被封装在内，当临时实体通过信息接口进入子系统时，就会触发该子系统中事件的发生。货运组织系统存在可供各子系统任意调动的全局变量，当子模型之间需要信息交换时可以调用这些变量。另外，也可以通过临时实体触发其他子系统中事件和活动的方法实现子系统间的信息交换。本节将从各子模型主要功能及逻辑流程、系统的进程组成、实体及其属性等方面说明系统的建模过程。Arena顶层仿真模型建模图见图6.4。

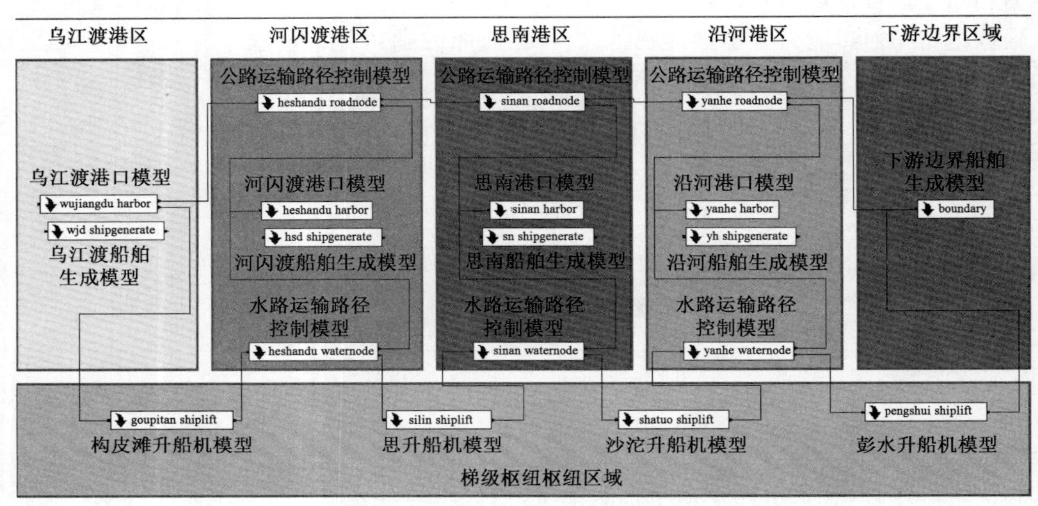

图6.4 Arena整体仿真模型

(1)船舶生成子模型

船舶生成子模型是船舶的产生器，每个港口子模型都配合一个船舶生成子模型，该子模型模拟港口产生的船舶，船舶产生后由港口或下游边界进入系统，如果需要在起点以公路方式运输，系统可以将船舶实体通过复制模块将船舶实体转化为一定数量的车辆实体进入系统。乌江多梯级枢纽里系统所有子模型的事件发生，资源状态改变，信息传递都是受船舶及车辆到达事件驱动的，因此合理设置船舶的生成规则及属性赋值特别重要。船舶生成子模型生成船舶的间隔时间可以设置成各种分布形式。前面船舶到达枢纽的随机过程服从泊松分布(possion)，为使仿真结果与实际情况接近，假设从港口产生的船舶也服从泊松分布，到达间隔时间服从负指数分布，其数值利用各港口生成的年货运量除以年营运时间得到均值λ，各类船舶生成总数根据初步货运组织方案进行设定。

船舶生成进程生成船舶实体后，将为实体赋予各种属性以模拟不同船舶的货运组织过程。主要属性有：船舶装载量、船型、船舶起点(origin)与终点(destination)属性，另外系统根据货运组织方案决定各类船舶的数量。

为了模拟全年不同季度或月份运量的变化，每个港区货运发生点可设置多个船舶生成模块(create)，每个船舶生成模块设置不同的船舶生成开始时间及各段时间中生成的船舶总数。

数学模型得到货运组织方案是各货类在各运输路径上运量及船舶航次数，方案模拟可以通过在仿真模型中设置不同船舶产生的数量来模拟各型船舶产生的航次数，而仿真模型对运输路径的控制是通过在不同运输系统节点中控制各类货流去向的比例来决定的，图 6.5 是船舶生产子模型的 Arena 运行逻辑图。

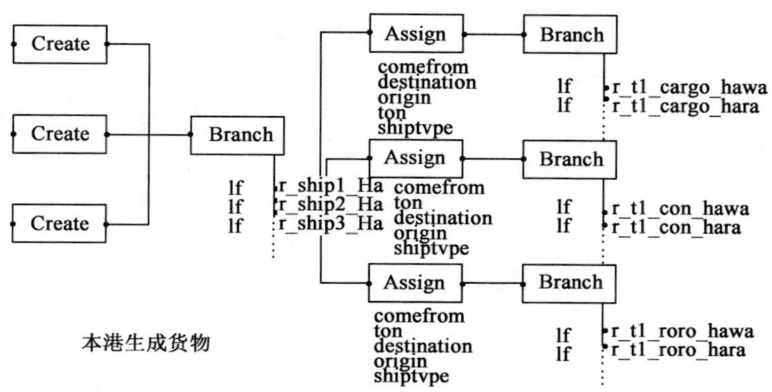

图 6.5　Arena 运行逻辑

(2)港口子模型

港口子模型在系统中的作用是检验在货运组织方式实际运行中，船舶在泊位停留装卸货物时造成的系统排队对整个运输系统船舶货运组的影响。

由于本书研究的重点并不是港口具体运行流程，各种港口装卸工艺包括岸边装卸机、水平运输机、堆场装卸机及其之间的调配过程，都不在本书的研究范围之内，港口装卸过程将予以简化。

同枢纽的通航设施一样，船舶进入港口泊位装卸货物也涉及排队问题，属于多服务员单队列问题，其排队规则为先到先服务。即当所有泊位都处于占用状态时，有新的船舶请求服务则须排队等待。排队规则为先到先服务。

港口子模型作为船舶实体的起点(origin)、终点(destination)和中转点，具备船舶生成及船舶货运中转等功能。

由船舶生成子模型或由上下游到达港口的船舶进入港口装卸载及货运中转进程后，系统首先根据船舶起点属性判断起点是否为本港口，随后进入不同的货运组织过程。

起点为本港时，根据各类货物运输路径采用不同的起点运输方式：公路运输的货物利用 duplicate 模块转化成公路运输方式进入装货离港进程去往公路运输节点；水路运输的货物装货完毕后离开港口泊位去往水路运输节点。

起点为非本港时，根据货物终点是否为本港口，分为进入港口卸载离开运输系统或港口中转进程。

终点非港口的货物进入货运中转过程后，中转过程将根据货物的来源属性(即根据是由公路运输节点到达还是由水路运输节点到达)判断货运中转模式为公路运输转水路运输还是水路运输转公路运输，随后利用装卸货进程装卸完毕后离港。

整个港口子模型最终将各类货物以不同的运输方式及终点属性，通过模型 3 个接口分流进入公路运输节点、水路运输节点或离开运输系统。港口子模型逻辑流程图,见图 6.6、图 6.7,港口 Arena 逻辑建模见图 6.8。

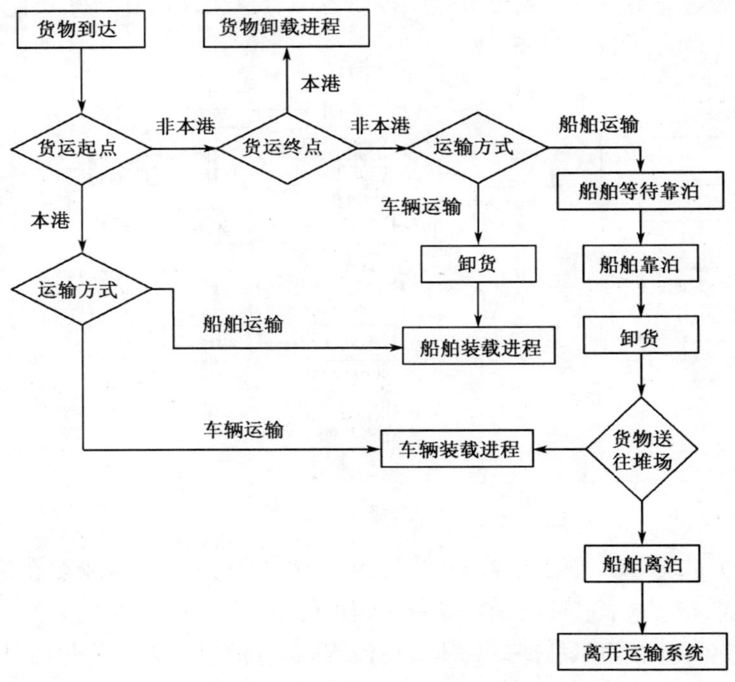

图 6.6 港口子模型逻辑流程分流进程

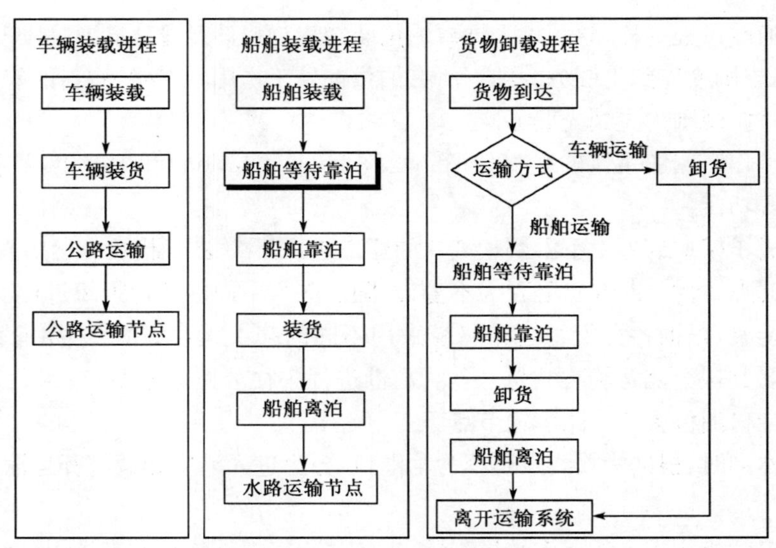

图 6.7 港口子模型逻辑流程图装卸载进程

港口子模型运行需要输入的基本参数,有货物港口装卸载时间(船舶及车辆)、进出泊位时间等。乌江多梯级枢纽区域未来各港口处于规划阶段,缺乏相应的经验数据统计,故引用内河其他港口数据对港口子模型基本参数进行设置，且假设各港口基本运行参数相同。

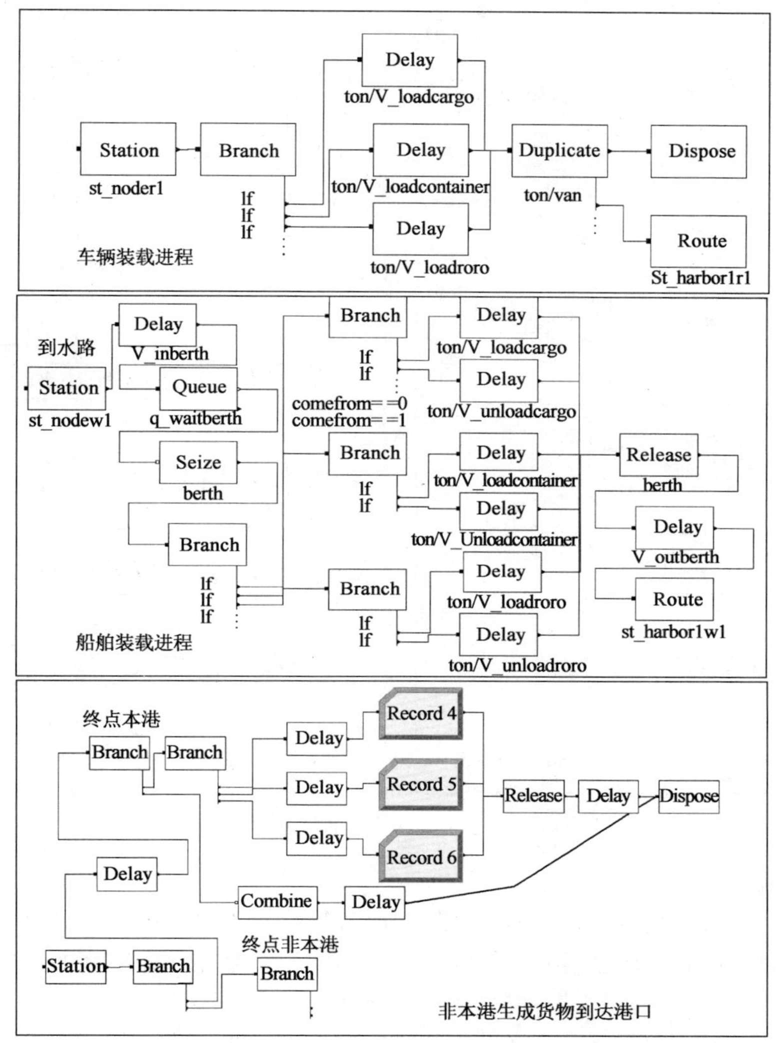

图 6.8　港口 Arena 逻辑建模

(3)升船机子模型

升船机的通过能力是影响货运组合方式最重要的因素，因此对升船机运行过程的仿真模拟是本书研究的重点，对升船机运行过程进行仿真之前必须考虑升船机的服务过程。升船机服务过程可以分为以下部分：到达升船机并排队等待、进入引航道并开始进入承船厢、承船厢移动到指定位置、船舶出承船厢、承船厢调整就绪至可接受下次船舶进箱。船闸一次服务时间为一次船舶过升船机占用升船机的所有时间，包括上述船舶通过船闸的后 3 个过程。

根据离散事件系统的定义，将升船机子系统的进程划分为船舶分流进程、船舶排队进程、升船机进程。下面通过对各进程流程分析说明系统的运行过程。流程图见图 6.9，Arena 逻辑建模图见图 6.10，升船机子模型 Arena 仿真动画见图 6.11。

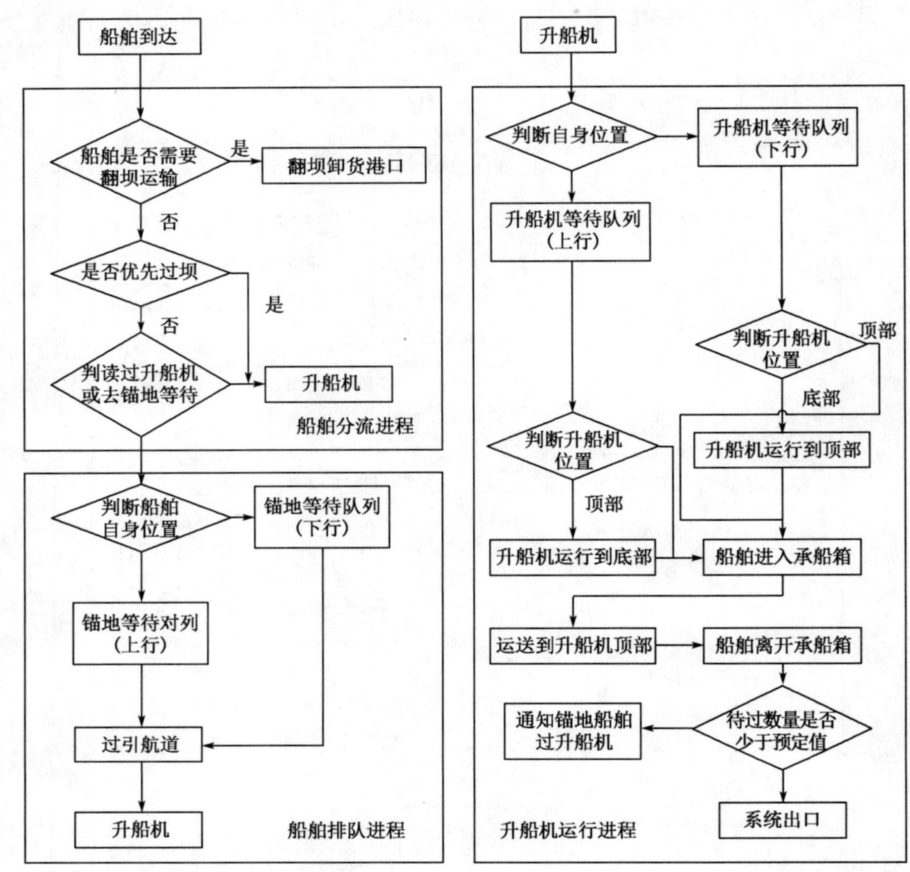

图 6.9　升船机运行流程

①船舶分流进程。

船舶到达升船机子模型时，首先进入船舶分流进程，根据设置的船舶翻坝规则，部分船舶进入翻坝系统，接着判断各类船舶的过升船机优先度，如果存在优先度高的船舶(如集装箱船运输的货物实效性较强，需要优先过坝)，将直接调度该类船舶优先进入升船机进程，其他船舶根据升船机排队队列长度判断是直接进入升船机进程还是进入锚地排队进程等待。

②船舶排队进程。

船舶进入锚地排队进程后，将在锚地排队等待调度信号，然后过引航道进入升船机进程。

③升船机进程。

船舶进入升船机进程后，将在升船机前排队等待进入承船厢，如果承船厢空闲则判断承船厢位置，如果在装载位置，将直接进入承船厢，如不在装载位置，将等待承船厢移动到装载位置。进入承船厢后，承船厢将移动到指定位置，最后船舶离开乘船箱。船舶离开后，根据升船机排队队列长度判断是否需要调度锚地船舶进入升船机进程。

④运输路径控制节点子模型。

运输路径选择节点子模型是货运组织方式的主要控制系统，分为水路运输路径控制子模型和公路路径控制子模型，两者的基本逻辑相似，只是与之进行数据交换的子模型及运输方式的运输时间设置有差异。与水路运输路径控制子系统相连的是港口子模型和升船机子模型，而与公路运输路径控制子模型相连的是其他公路运输路径控制子模型和港口子模型。

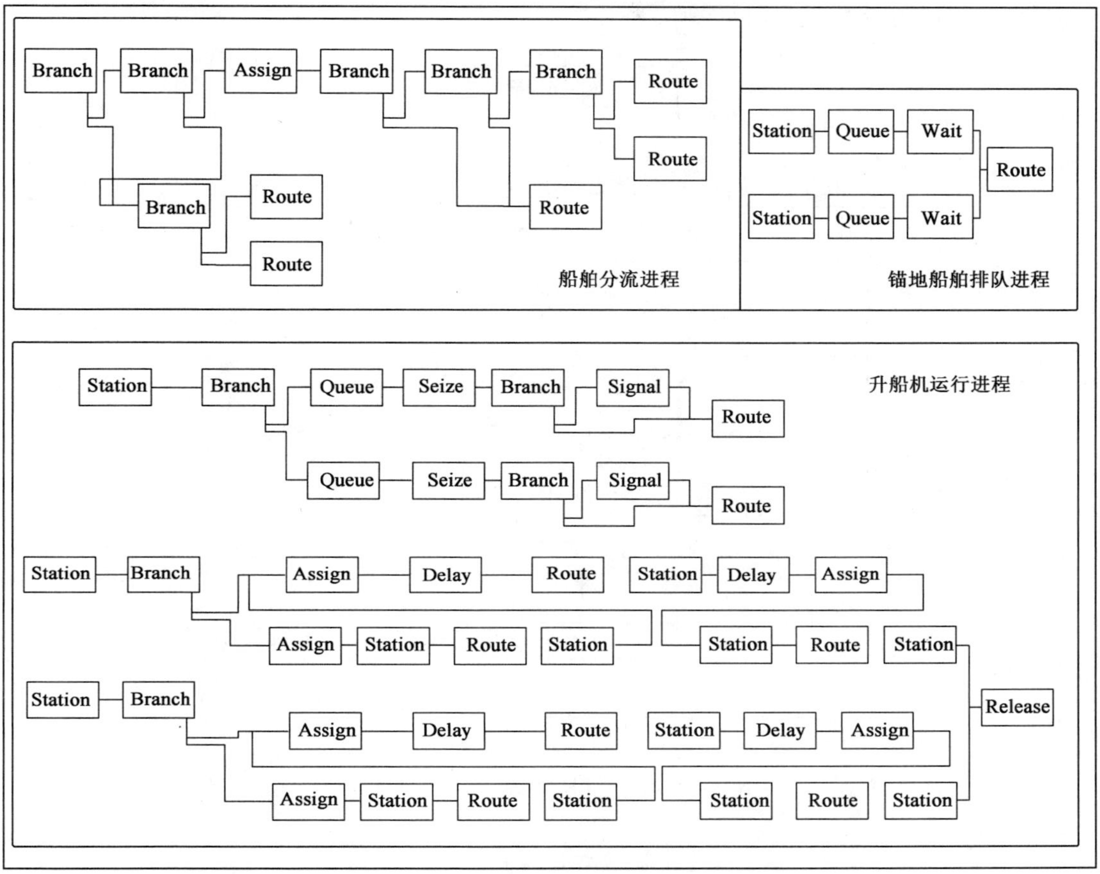

图 6.10　升船机 Arena 逻辑建模

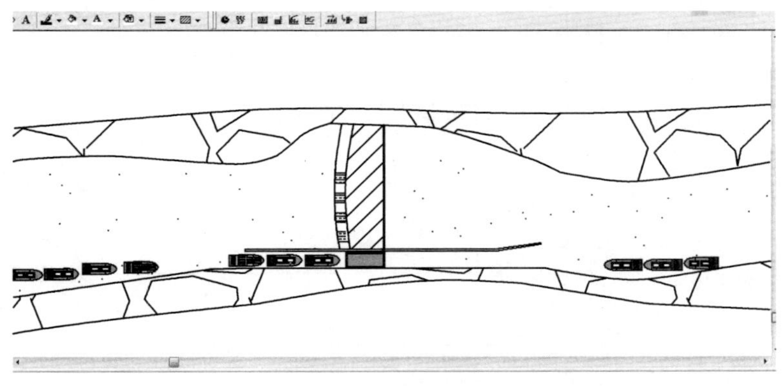

图 6.11　Arena 升船机运行动画示意

以水路运输路径控制节点子模型为例简介其工作流程如下：船舶到达系统后，会先根据船舶的来源节点，进入不同路径控制进程：来自港口的船舶根据货运组织方案判断其航行方向，然后进入船舶上下行分流进程；来自上下游升船机的船舶判断是否需要进港进行运输方式中转或继续航行到下一个运输路径控制节点。逻辑流程图见图 6.12 及图 6.13，水路运输路径控制节点 Arena 逻辑建模过程见图 6.14。

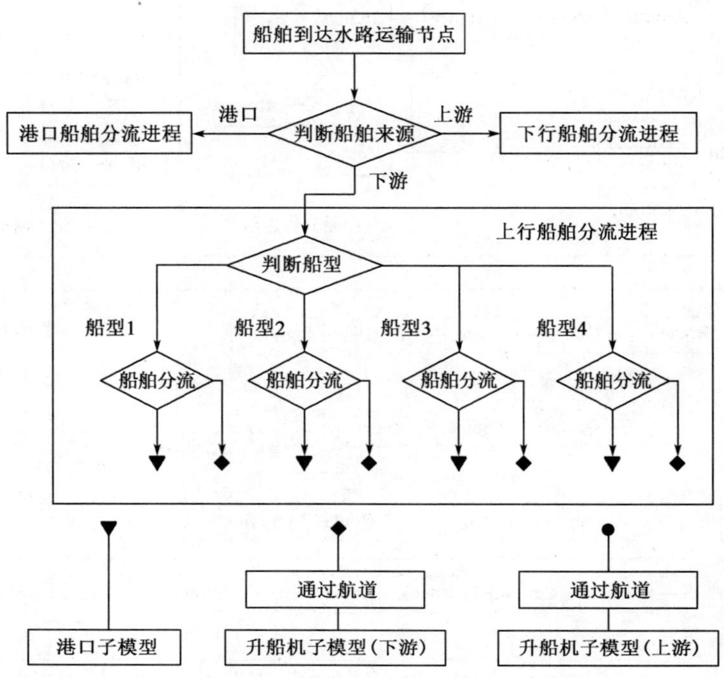

图 6.12　水路运输路径控制节点逻辑流程图

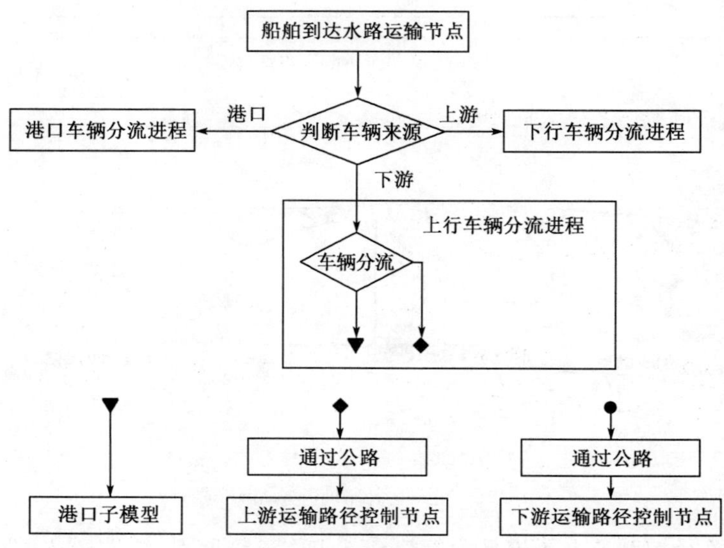

图 6.13　公路运输路径控制节点逻辑流程图

⑤翻坝运输子模型。

前文讨论了不同船型的翻坝可行性，滚装船翻坝被证明是一种重要的解决通航设施瓶颈的方式。翻坝运输子系统对船舶翻坝过程进行仿真模拟，船舶通过枢纽时如果需要翻坝运输，将会送到本系统。整个翻坝进程由码头卸货进程、运输进程、码头装货进程组成。

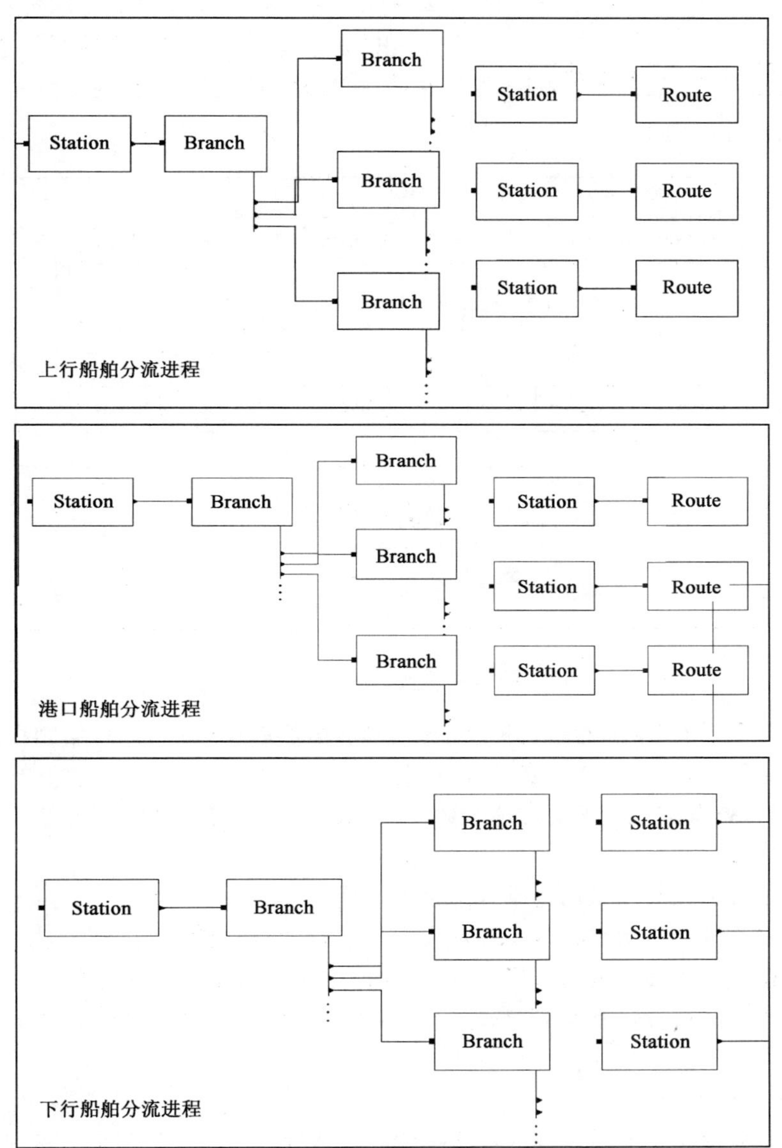

图 6.14　水路运输路径控制节点 Arena 逻辑建模

翻坝运输子系统流程如下：滚装船到达卸货码头后，如果泊位资源空闲直接靠泊，如果忙碌进入等待队列，靠泊后船舶进入卸货程序，卸货完毕后运输方式转换为公路运输。通过翻坝公路进入枢纽另一端的翻坝码头进行装货完成翻坝运输过程。翻坝子系统逻辑流程见

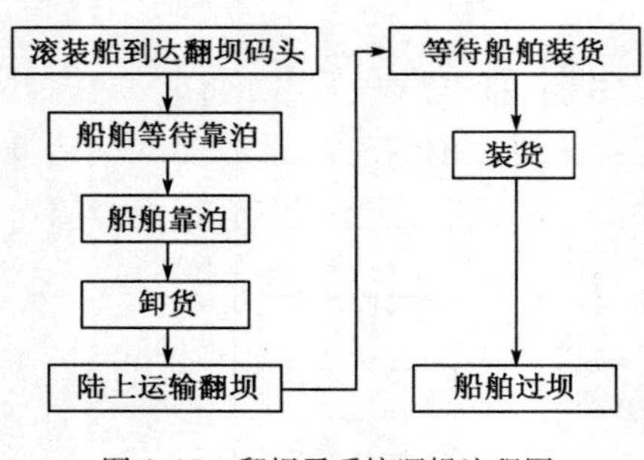

图 6.15 翻坝子系统逻辑流程图

图 6.15，Arena 建模见图 6.16。

2)模型效验与验证

通过输入乌江实地调研所提供的数据得到的船舶及运输系统各组成部分的运行参数，运行并观察模型的二维动画，发现升船机及港口的排队规则及服务规则、各类船舶的货运组织方式符合系统模型设定，仿真模型逻辑正确，可以认为模型的运行与实际系统模型的表现吻合。

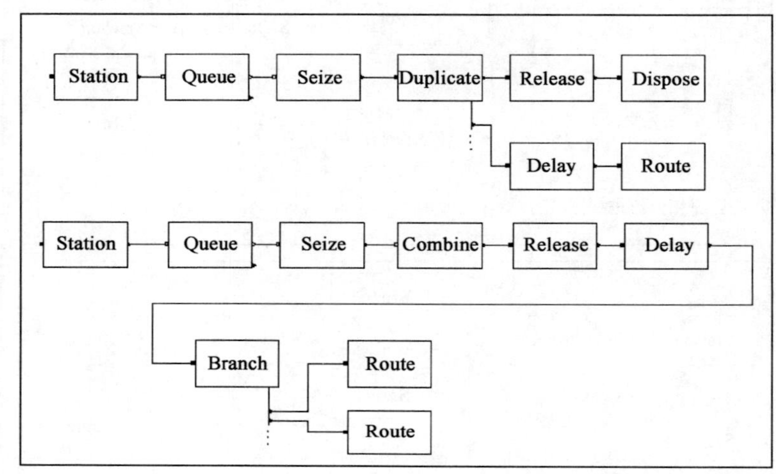

图 6.16 翻坝运输 Arena 建模

改变部分参数，例如增加通过各枢纽的船舶数，增加港口服务时间，船舶在港口和升船机前排队长度和时间增长，仿真模型有正确反应。

运行结束后，查看进入系统的实体个数，其个数等于离开系统的实体个数与正在系统中接受服务的实体之和。

从上述 3 个方面判断模型的建模方法是否正确。

本案例所要验证的货运组织方案参数来自上节数学规划模型的仿真结果，将仿真所需的各种参数及货运组织方案输入仿真模型，根据模拟结果查看货运量完成情况及乌江多梯级枢纽区域各运输服务区的排队和延误情况，以此来判断组织方案的优劣，为改进方案提出决策依据。

(1)参数输入

参数输入主要是把由调研得到的各类运输系统参数和数学规划得到货运组织方案输入到仿真系统中进行仿真模拟。

根据实际资料得到的参数可以直接输入系统，如升船机的运输时间，港口的卸货时间等。船舶的生成分布规律可以通过将年航次数除以一年的时间得到各起点船舶生成规律分布函数中所需要的参数。货运组织方案的输入通过数学规划模型求解得到各航线船舶航次数中各节点及各港区不同方向的航次数，然后将这些数据输入到港口子系统和运输路径选择子系统中。

(2)运行设置

以上各参数输入设置完成以后，再设置运行参数，运行时间设置为一年 300d。由于系统是从 0 时刻开始运行的，这与实际情况不符，研究应关心系统在稳定情况下的状态，所以在系统正常运行之前必须给出“预热”时间。经研究，将预热时间设置为 10d，每天运行 18h。由于为了减小计算机仿真模拟中随机性带来的误差，采用多次模拟减小误差，将重复模拟的次数设置为 5 次。

(3)结果输出

Arena 系统仿真软件的输出统计结果包涵了多个方面，可以从队列、资源、实体、进程等角度来评估系统的性能。为了全面而深入地评价货运组织方案的实现效率以及可能出现的问题，此处选取队列、实体、资源等评价指标货运组织方案进行评价。

利用各港区的 record 模块可以记录离开系统的船舶数，船舶离开系统表示运输到达目的地，结合港区生成的船舶数，可以知道货运量的完成情况。规划模型优化方案仿真结果，见表 6.14及表 6.15。

船舶实体情况(单位:艘)　　表 6.14

船舶类型	进入系统总数(number in)	离开系统总数(number out)
滚装船	3 254	3 530
集装箱	930	879
散货船	16 001	15 163

排队时间及利用率　　表 6.15

仿真输出指标	最小值	均　值	最大值
下行船过构皮滩排队时间(h)	14.74	36.74	50.33
下行船过思林排队时间(h)	0.53	3.54	4.78
下行船过沙沱排队时间(h)	3.50	17.43	19.25
下行船过彭水排队时间(h)	0.53	0.92	1.68
上行船过构皮滩排队时间(h)	6.94	25.28	31.56
上行船过思林排队时间(h)	0.48	2.45	4.07
上行船过沙沱排队时间(h)	1.91	11.02	14.54
上行船过彭水排队时间(h)	0.67	2.29	3.38
构皮滩升船机每天利用率	1.00	1.00	1.00
思林升船机每天利用率	0.47	0.57	0.78
沙沱升船机每天利用率	0.87	0.93	1.00
彭水升船机每天利用率	0.17	0.49	0.63

运行结果表明，滚装船和集装箱船货运量完成情况较好，不需要进行优化。而散货船都有一部分没有正常离开系统，证明部分货物并没有运输到目的地，数学规划模型优化出的方案并不能正常实现。从下行船舶过构皮滩枢纽的排队时间，也可以看出方案不能正常实现的原因是构皮滩枢纽及沙沱枢纽排队时间过长，已经形成了严重的堵船现象。另外，构皮滩枢纽每天

利用率均值已经达到 100%,长时间高负荷的运行会造成升船机故障频发,而升船机发生故障,又会引起更为严重的堵船。

6.2.4 乌江多枢纽航道运输组织 Arena 仿真模型优化策略

根据上述乌江多枢纽航道 Arena 仿真结论可知,乌江渡枢纽、构皮滩枢纽和沙沱枢纽都会成为航道的拥堵点,对此可提出多种改进策略,并将改进策略转化为数学理论优化方法中的约束条件,再次进行从数学理论优化模型到仿真模型优化的过程,优化策略研究过程,如图 6.17 所示。

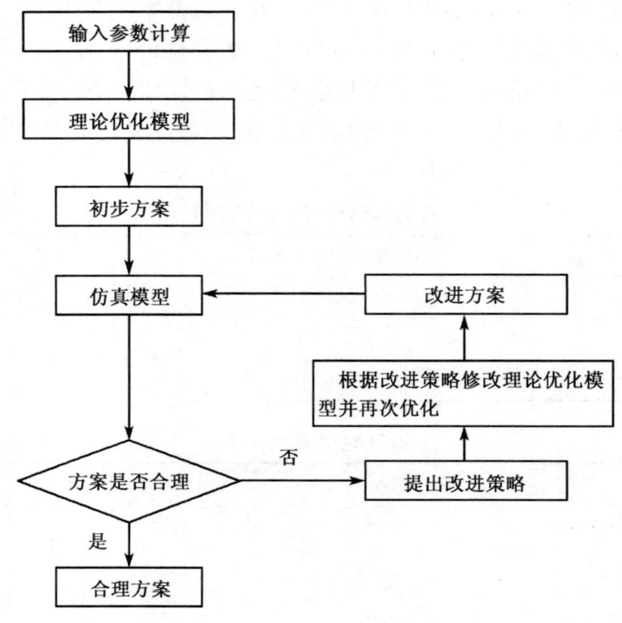

图 6.17　优化策略过程图

1)改进策略

改进策略从系统瓶颈、经济性、时间成本等影响因素综合考虑,以期获得更为理想的优化方案。从初步货运组织方案仿真模拟结果可以看出,运输系统的瓶颈在构皮滩枢纽及沙沱枢纽,因此针对乌江渡枢纽及沙沱枢纽制定以下改进策略。

(1)初步优化方案显示,在充分利用构皮滩枢纽及沙沱枢纽通过能力的条件下,枢纽会产生严重的堵船现象,所以改进策略应考虑减小初步方案中通过构皮滩枢纽及沙沱枢纽的货运量,可以通过调整数学理论优化方法中的构皮滩枢纽通过能力约束实现,而沙陀枢纽通过能力供需缺口较小,利用其他改进策略即可解决沙沱枢纽的拥堵问题。

(2)船舶货物水陆中转运输可行性,必须充分从价值量、时效性、装卸要求、运输成本、运输安全的角度考虑,根据综合评价可知集装箱较散货来说更容易进行中转运输。因此,改进策略在考虑减小通过构皮滩枢纽的散货船进行水陆中转运输之前,先调度通过拥堵枢纽的所有下行集装箱船进行水陆中转运输。

(3)提高一次过升船机平均吨位是提高升船机年通过能力的有效手段,相对于 500t 散货船而言，300t 散货船对承船厢面积不能充分利用，进而影响升船机年通过能力的提升。改进策略考虑调度通过拥堵枢纽的散货船进行水陆中转运输时，先调度通过拥堵严重的乌江渡枢纽的 300t 散货船进行水陆中转运输。

考虑以上策略，可以得到一系列改进方法，见表 6.16。

改 进 方 法　　表 6.16

改进方法序号	通用改进策略	构皮滩通过能力约束（占原通过能力的百分比）
1	策略 2 策略 3	100%
2		90%
3		95%
4		96%
5		97%
6		98%

2)优化策略

将各改进方法转换成不同的参数输入或约束条件，建立各改进方法下的数学规划模型，求解以最小成本为目标的船舶货运组织方案，得出改进方案后带入仿真模型进行仿真检验，并与原方案总成本进行比较，结果见表 6.17。

综合优化各改进方案　　表 6.17

改进方案序号	各货类运输成本变化(元)		沙沱枢纽平均排队时间(h)		构皮滩枢纽平均排队时间(h)		货运量完成情况
	集装箱	散货	下行	上行	下行	上行	
方案 1	90 908 114	−66 322 863	8.32	7.01	27.7	25.8	未完成
方案 2	90 908 114	−36 847 557	8.11	6.98	4.86	4.34	完成
方案 3	90 908 114	−58 441 607	8.12	6.90	6.62	6.57	完成
方案 4	90 908 114	−60 017 859	8.40	7.06	7.78	7.95	完成
方案 5	90 908 114	−61 594 110	8.37	7.11	10.54	9.88	完成
方案 6	90 908 114	−63 170 361	8.22	6.91	19.86	19.72	完成

集装箱及散货运输改进方案系统运输总成本相对于初始方案的增长率变化见图 6.18。

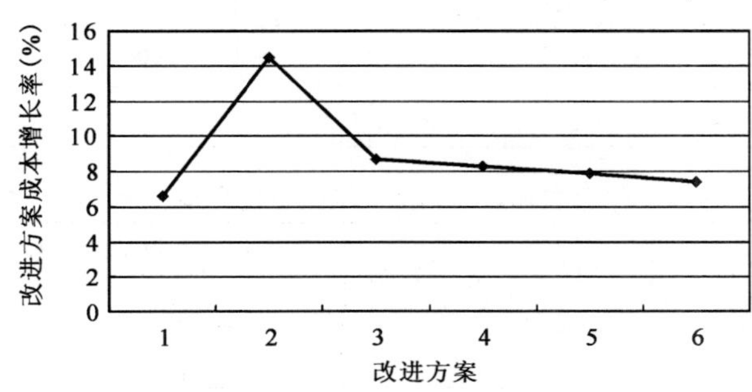

图 6.18　改进方案的成本变化

其中方案 4 在服务质量与成本变化方面取得了很好的平衡，且仿真结果证明改变船舶通过瓶颈枢纽的货物组织方式对其他枢纽的通行情况影响较小，综合判定方案 4 为合理方案。

方案 4 仿真验证指标见表 6.18。

2020 年最终方案仿真验证指标　　表 6.18

仿真输出指标	最小值	均值	最大值
下行船过构皮滩排队时间(h)	11.79	29.39	40.26
下行船过思林排队时间(h)	0.42	2.83	3.82
下行船过沙沱排队时间(h)	2.80	13.94	15.40
下行船过彭水排队时间(h)	0.42	0.74	1.34
上行船过构皮滩排队时间(h)	5.55	20.22	25.25
上行船过思林排队时间(h)	0.38	1.96	3.26
上行船过沙沱排队时间(h)	1.53	8.82	11.63
上行船过彭水排队时间(h)	0.54	1.83	2.70
构皮滩升船机每天利用率	0.92	0.96	1
思林升船机每天利用率	0.23	0.22	0.38
沙沱升船机每天利用率	0.85	0.94	1
彭水升船机每天利用率	0.20	0.45	0.55

经优化策略得到的散货船及集装箱船总体货运组织优化方案，如表 6.19～表 6.22 所示。

散货船总体货运组织优化方案　　表 6.19

运输路径(——表示水路运输；-----表示公路运输)			货运量(万 t)	散货船运力分配(运量/船舶数量)					
				800t		500t		300t	
1	乌江渡港区——彭水下游	下行	113.72	152.77	39	0	0	0	0
		上行	39.05						
2	乌江渡港区-----河闪渡港区中转——彭水下游		100.67	86.25	11	14.42	3	0	0
3	河闪渡港区——彭水下游	下行	10.31	17.86	3	0.00	0.00	0.00	0.00
		上行	7.55						
4	思南港区——彭水下游		76.17	52.68	3	23.63	3	0	0
5	沿河港区——彭水下游		18.80	18.80	1	0	0	0	0

集装箱船总体货运组织优化方案　　表 6.20

运输路径(——表示水路运输；-----表示公路运输)		货运量(箱)	集装箱船运力分配(运量/船舶数量)			
			48TEU		30TEU	
1	乌江渡港区——彭水下游	691	0	0	2 040	1
2	河闪渡港区——彭水下游	191	0	0	2 880	1
3	思南港区——彭水下游	150	0	0	4 260	1

2030 年散货船总体货运组织优化方案　表 6.21

运输路径(——表示水路运输；-----表示公路运输)		货运量(万 t)	散货船运力分配(运量/船舶数量)					
			800t		500t		300t	
1	乌江渡港区——彭水下游	459.83	404.93	65	54.91	14	0	0
2	乌江渡港区-----河闪渡港区中转——彭水下游	362.01	327.36	48	34.65	7	0	0
3	乌江渡-----思南——彭水下游	30.49	0.00	0	30.49	2	0	0
4	河闪渡港区——彭水下游	98.94	98.94	10	0	0	0	0
5	思南港区-----沿河港区中转——彭水下游	17.44	0.00	0	17.44	2	0	0
6	思南港区——彭水下游	46.35	46.35	2	0	0	0	0
7	沿河港区——彭水下游	124.74	124.74	5	0	0	0	0
8	河闪渡港区——沿河港区	7.04	0	0	7.04	2	0	0
9	乌江渡港区——思南港区中转-----沿河港区	1.47	0	0	1.47	2	0	0
10	乌江渡港区-----河闪渡港区中转——思南港区	5.82	0	0	5.82	2	0	0
11	思南港区-----沿河港区	2.23	0	0	2.23	1	0	0
12	河闪渡港区——思南港区	0.39	0	0	0.00	0	0.39	2
合计		1 156.74	1 002.31	130	154.04	32	0.39	2

2030 年集装箱船船舶总体货运组织优化方案　表 6.22

运输路径(——表示水路运输；-----表示公路运输)		货运量(箱)	集装箱船运力分配(运量/船舶数量)			
			48TEU		30TEU	
1	乌江渡港区——彭水下游	3 783	0	0	4 080	2
2	河闪渡港区——彭水下游	1 066	0	0	2 880	1
3	思南港区——彭水下游	975	0	0	4 260	1

3)优化结论

从全局最优角度分析得出的货运组织方案可以看出，并非所有货运 OD 都选择广义运输费用最低的运输方式和运输路径。从以上分析及货运组织方案优化结果，可以得出以下几点结论：

(1)水路运输综合竞争力明显强于公路运输，公路运输或水陆联运的运输方式只有在枢纽通过能力不足的情况下才考虑采用；

(2)所有水陆联运方式只存在一次中转的情况，即只存在水—陆或陆—水联运的情况，说明多次中转对成本及完成货运量影响较大；

(3)在构皮滩枢纽与沙沱枢纽通过能力不够的情况下，散货货运组织中主要进行中转运输的船型为 300t 散货船，说明对于系统广义成本来说，主要为短途运输的 300t 散货船进行中转运输增加的成本比长途运输相同运量的 500t 散货船进行中转运输增加的成本要少；

(4)虽然集装箱中转运输的成本高于散货,但中转速度也远远高于散货。乌江流域主要货源为杂散货,如果考虑集装箱船全部通过枢纽运输,将导致更大比例的散货船进行中转运输,仿真结果证明大量散货船进行中转运输将形成大量散货船在港口排队等待中转,增加运输时间,最终导致年货运量无法完成;

(5)考虑利用传统方法计算的枢纽通过能力,并不能考虑最大限度的利用枢纽通过能力,应结合货运量的完成情况及通航设施服务质量综合考虑货运组织方案。对系列改进方案的仿真结果表明,船舶通过枢纽的排队时间及排队长度对通过枢纽的船舶数量的变化敏感性较强,提示决策者在计算枢纽通过能力时留出一定的裕度,可以在一定程度上保证枢纽的正常通行,减少堵船现象;

(6)货运组织方案表明有大量货物要求在乌江渡港区中转运输到江河界港区,其中乌江渡港区和江河界港区散货货运量,思南港区的集装箱货运量均超过现有及乌江流域规划中的港口吞吐量,建议从未来货运量和货运组织方案等角度考虑对沿江港口的扩容方案。

第3篇

乌江高效船舶运输模式安全评估及控制

第7章 水上交通安全风险评价理论与方法

7.1 水上交通安全风险评价相关概念

7.1.1 安全、危险与风险

安全、危险与风险这3个术语语义上有一定程度的重叠，联系非常密切。安全指人员没有受伤或死亡、财物未受到损失的状态或条件。“安全”一词有着广泛的含意，如国家安全、劳动生产安全等。在劳动生产领域中的安全有其专门的含意，是指人们在劳动或生产过程中遇到的一种状态或条件，有时称这类安全为“劳动安全”或“技术安全”。国外通常称这类安全为“职业安全与卫生”或“产业安全”。

劳动生产领域中安全问题，按危害的发生与后果的情况可分为两类：一类是突然发生的事故，通常称为“职业安全”问题；另一类是由于劳动作业环境中存在的某些物理或化学危害使人体遭受损伤。因此，狭义的安全含意仅针对事故而言，而航运安全的研究范畴也属于这一部分。

绝对的安全观认为：安全就是没有危险，不受威胁、不出事故。安全工程学上称“安全”为不发生死亡、设备或财产损害和环境破坏等事故或灾害等危险的状态。实际上，安全是相对的、模糊的，它是建立一种环境，使人们在这种环境生活和工作感受到的危害或危险是已知的、清楚的，并且是控制在可接受的水平上。因此，常以风险值或接受的危险概率来定量描述安全程度。

危险是客观存在的可能产生潜在损失的征兆，它是无法改变的。没有危险就无所谓风险，它是风险的前提。风险由两部分组成：一是危险事件出现的概率；二是危险出现后其后果的严重程度和损失的大小。风险在很大程度上是可控的，它随着人们的意志而改变，即按照人们的意志可以改变危险出现或事故发生的概率，一旦出现危险，通过改进防范措施从而减小损失的程度。

7.1.2 安全系统工程

安全并不简单地等同于不发生事故。安全一定是无事故，但是无事故不等于安全。事故是系统不安全状态长期累积的结果，是安全隐患——不安全“能量”累积后的突发。由此可见，如果只用事故或事故率来度量安全是不够的，是不全面的。事故记录只能部分说明以前的安全状况，不能说明现在，更不能预测将来。必须用系统的观点，用系统的可靠性和符合性来度量系统的安全性。通过全面、系统地考察系统各要素以及各子要素的可靠性及其关系，对安全性给出客观评价。

现代安全管理与传统管理方法的主要区别是，由过去单纯的事故后管理发展成事故后管理与事故前管理相结合的现代管理方法。针对发生的事故分析事故的原因，制订预防事故发生的措施，对于预防事故、提高安全水平是非常必要的，从根本上提高航运安全水平必须进行事故前管理，发现隐患及时采取措施，预防事故的发生。

安全评价就是以达到系统安全为目的，按照科学的程序和方法，对系统中的危险因素、发生事故的可能性及损失和伤亡程度进行研究和分析，从而评价系统总体的安全性，为制定预防和保护措施提供科学的依据。

7.1.3 船舶航行安全风险评估

船舶航行安全是一项系统工程，涉及水上交通运输系统及其他社会因素等方方面面。研究船舶航行安全风险问题必须将其置于相应的学科框架体系中思考和研究，运用安全科学理论进行全面分析。

通常所说的船舶航行安全风险是相对于水上交通事故、安全隐患而言，并主要体现在适合船舶的活动功能的丧失，或表示船舶本身运动可靠性的丧失。船舶航行安全直接反映了水上交通系统中船舶主体与水上交通环境客体的密切联系。

简单地说，船舶航行安全风险问题的研究，主要是关于存在事故隐患和导致事故的船舶航行行为的研究。但由于船舶航行行为的本质是船员综合素质和船舶技术因素在水上交通环境中的体现，而且船舶与水上交通环境存在密不可分，因此广义的船舶航行安全研究更需要延伸到与船舶航行安全发生直接或间接联系的水上交通运输的各个子系统。

风险评估是指运用安全系统工程的原理及方法，对系统中已经存在或潜存的危险因素进行定性和定量的分析，评价系统发生危险的可能性及其严重程度，经过比较得出系统的危险程度，提出相应的改进措施，以寻求最低的事故发生率、最少的损失和最优的安全投资效益，最终实现系统的安全。

7.2 国内外水上交通安全评估研究概况

7.2.1 国外研究进展

国外航运界学者多注重对海上碰撞危险进行研究，经过了从海事个案分析到海事统计研究的过程。海事个例分析是在航海发展初期经常采用的研究水上交通事故的方式，是指对一起具体事故进行调查分析和研究，查明事实和原因，提出防止类似事故再次发生的措施。这种研究在一定范围和领域内仍在使用，如海事调查报告。

在制定 ISM 规则以前，水上交通安全评价研究进展缓慢。国际上一直用“事故数”、“事故死亡人数”、“千船事故率”、“沉船率”作为海上交通安全评价指标。我国多年来都采用“事故数”、“直接经济损失”、“死亡人数”、“受伤人数”、“沉船率”5个事故绝对数指标和1个“安全面”指标来评价水域或航运企业交通安全状况。

在具体的评价方法上，国外学者做了大量的工作，其中主要应用和实施多针对海域。日本海上交通工程专家或学者使用海上交通流模拟、操船模拟器模拟的方法，在操船环境和交通环境安全评价方面取得了令人瞩目的成果。小林弘明在《船舶操纵特性对航行环境安全评价的影响》一文中，提出了以操船困难度为指标的航行环境安全性评价方法，该方法将船舶操纵特性随船种、船长、水深和风的条件变化对操船能力的影响来定量评价整个海域的操船困难度。新井康夫在《航行安全评价中的自然环境条件的影响》一文中，对操船能力的自然环境要素提出了量化的指标值，并验证了这些指标与操船者的主观操船感觉的关系，为客观判断各要素的影响、采取对策改善航行环境提供了依据。井上欣三在《操船负担的定量评价》一文中，从两个方面定量处理了某水域潜在的碰撞危险度，一是船舶航行于该水域期间有多少与他船会遇的机会，一是每次会遇给操船者增加了多少负担，并以此作为定量表示该交通环境下的船舶航行潜在危险水平的指标。英国的Vldimierm. Trbojevic和Barryj. Carr提出了基于危险度的港口航行安全管理系统，首先对船舶交通安全进行安全分析评估，然后提出管理改进方案。1989年EXXON VALDEZ号巨型油轮严重海损事故后，引发了风险分析和风险管理的深入研究和应用。在其他工程领域内得到广泛应用的概率风险评估方法—PRA（Probabilistic Risk Assessment），正逐渐地应用到船舶的风险分析之中。

20世纪中叶以后，随着水上运输的发展，海难事故增多，西欧学者开始从宏观上以海事统计手段研究船舶交通的安全状况。通常以海事统计报告为基础，从统计分析的数学原理出发，对某一时期某一水域或部门船舶的交通事故进行统计分析。英国多年来已在上述领域做了大量的研究工作，总结出了一整套的系统性安全评估的方法与理论，并于20世纪80年代和20世纪90年代在船舶交通安全领域中推出和应用了综合安全评估(Formal SafetyAssessment，简称FSA)的方法，取得了满意的预期效果。为了促进海上安全与防污工作的展开，英国船舶交通安全局(MSC)在1993年国际海事组织(IMO)海上安全委员会(MSC)第62届会议上提出了将FSA应用于船舶交通安全领域的议案。IMO非常重视英国的这一提案，在这次会议上专门研究了FSA在船舶交通安全中的应用方法。在1995年的第65届MSC会议上，FSA成为会议日程中优先安排的讨论内容；在1996年的第66届MSC会议上成立了一个国际性的FSA工作小组；在1997年5月召开的第68届MSC会议上，通过了“FSA应用暂行指南”等。自此以后，IMO的一些会员国家采用综合评估的方法就船舶交通安全展开了一系列的试应用研究工作，并向IMO提交了研究成果。

7.2.2　国内研究进展

由于我国的水上交通研究起步较晚，与西欧、日本和北美相比在研究的广度和深度以及其产出的成果上都有差距。自改革开放以来，我国的海上交通运输业的发展较快，沿海的主要港口的船舶交通管理系统的相继建立促进了我国的海上研究。近年来，国内外有关专家从不同的角度对港口水域船舶交通安全评价的研究做出了大量的研究。朱光亚院士提出，船舶安全与管理领域处于自然科学和社会科学的接合部，通过安全科学和系统学的初步结合，提出了“人—机—环境”的理论，主要侧重于系统安全分析和系统安全评价，但对系统安全措施、事故预防、本质化安全应用并没有研究。1998年上海海运学院的陈伟炯教授通过综合安全科学和管理科学,构建了“人—机—环境—控制(管理)”系统模型,并成功应用于船舶安全管理,提出海事预防策略和典型海事的预防措施。在交通安全分析中,集美大学的翁跃宗和大连海事大学的吴兆麟在《厦门港船舶航行环境系统的安全分析》一文中,提出了港口航行水域航道危险度的分析和评价方法。武汉理工大学的谭志荣在《港口操船环境危险度的评判方法的研究》中,提出使用灰色理论对港口船舶交通事故主致因灰色关联的分析,并对计算机模型的改进提出了自己的见解。大连海事大学的张春来在《船舶安全管理中的人为因素》中,通过“事故树”理论对人为因素进行了分析和研究。孙瑞山等在《航空公司安全评估系统》中,提出了基于“人—机—环境”系统工程理论,在分析事故的基础上,进一步发展了重视人的因素和管理因素的安全评估系统。我国有关专家和学者在船舶交通安全评价领域也做了大量的工作。如吴兆麟教授领导的大连海事大学船舶交通调查与安全评价小组,在对我国船舶交通安全评价方法进行研究后,提出了另一种评价港口船舶航行安全的方法——安全指数法,即采用一个港口或水域在某一期间内(如季度或年度)所发生的船舶交通事故数与该期间内船舶活动量的比值作为衡量该港口或水域在该期间内的船舶交通安全状况的指标,该方法与仅凭海损事故统计中的四项指标评价船舶交通安全的现行做法相比是一种飞跃和进步,已在我国烟台港进行试点,并取得了满意的效果,目前该方法正在各主要沿海港口和长江张家港航段进行进一步的应用。但是由于该方法在实际中存在观测手段的限制和实态抽样的偶然性等不足,使船舶活动量不准确,另外,其表达形式也不够直观。大连海事大学航海科学技术研究所研究人员在《我国沿海港口船舶交通管理系统等级划分》项目研究中,应用层次分析法研究了船舶交通管理系统的需要程度,确定了适合我国国情的VTS等级划分。马会在《港口航道水域操船环境危险度的综合评价》一文中,应用灰色聚类和灰色统计评估的方法,对港口各航道及整个港口航道水域操船环境的危险程度以及各评价指标对航道内船舶航行安全的影响程度进行了定量的分析和评价。郑中义在《港口船舶航行环境危险度的灰色评估数学模型》一文中,应用灰色系统理论指标定权聚类方法,分析选取了影响港口船舶航行安全的11种环境因素,并对我国沿海10个港口船舶航行环境的危险度进行了评估。赵仁余副教授在《水域交通危险度的模糊综合评判法》中,提出了基于事故统计数据的水域交通危险度的多层次模糊综合评判法。最近几年,我国交通部海事局、船级社和其他单位的研究人员也已就FSA在船舶交通安全领域中的应用展开了研究工作。

7.3 典型安全评价方法

风险分析方法的推广应用可以追溯至20世纪60年代,核能与石油化工产业率先采用各种风险识别和评价的方法对系统设计、操作流程等各个方面的风险进行了研究。风险识别和评价研究在航运领域的应用相对起步较晚,自20世纪90年代中期开始,各种传统的风险分析方法开始得到了广泛应用,如预先危险性分析(Preliminary Hazard Analysis,PHA)、故障模式、影响及危害性分析(Failure Mode,Effects and Criticality Analysis,FMECA)、危险性和可操作性研究(Hazard and Operability studies,HAZOP)、故障树分析、事件树分析等。传统安全评价方法主要建立在概率分析的基础上，由于复杂系统中相关事件发生的概率往往难以确定，因此在不确定条件下的可操作性不强。随着20世纪60年代模糊逻辑(Fuzzy Logic)的提出，安全评价领域涌现出一批可能性分析的方法，如安全指数法、事故树分析评价法、概率风险评价法、模糊综合评价法、灰色系统安全评价法、神经网络评价法、综合安全评价法、证据推理法、贝叶斯网络法等。

本研究主要采用了综合安全评估法(FSA)和模糊数学综合评价法，下面对这两种方法进行简要介绍。

7.3.1 综合安全评估(FSA)方法

1)FSA方法简述

综合安全评估FSA(Formal Safety Assessment)是国际海事组织(IMO)制定的以提高船舶安全为目的的新的公约规则所采用的一种结构化、系统化的方法，是一种综合性、系统性和结构化的评价工具，用以帮助制订出合理可行的规则、尽可能提供风险的预防或控制方案。此外，该方法既能进行事故发生之后的事后性分析，又能用于事故发生之前的预测性分析，总之它是一种事后性加预期性的规范化风险评价方法。FSA方法的运用，对促进水上交通安全管理工作的科学性以及提高管理的整体水平将产生积极的影响。

国外对FSA方法的研究起步比较早，自FSA开始应用在水上交通安全管理工作以来，英国在这方面取得了比较好的预期效果。到目前为止，英国的许多专家、学者对FSA在海上事故与风险、海上作业船舶与钻井平台等方面进行了深入研究，提出了一些可以有效地避免或减少风险的决策性建议。此外，通过结合海上安全的实际需要，在提出将FSA方法用于船舶安全领域的建议之后，英国于1998年向IMO组织的第70届海上安全委员会(MSC)会议提出了对散装船进行国际合作化的FSA研究。在IMO组织的支持下，英国同日本、法国、挪威、澳大利亚等国家共同开展了这一项目的研究工作。除了进行散装船FSA的研究之外，国际船级社协会(IACS)通过与国际海事组织(IMO)的合作，对涉及海上安全与环保的项目采用FSA方法展开了一系列的研究。与此同时，其他一些国家也就FSA在营运管理和特种船舶的安全与事故等方面相继展开了研究，如丹麦、芬兰、挪威和瑞典。挪威和英国联合开展了滚装船安全评估的研究，美国和瑞典等国家应用FSA对船舶营运的安全管理进行了相关的研究工作等。

作为国际海事组织的A类理事国，我国的交通运输部海事局、船级社、专业的院校以及相关研究单位的研究人员已经在FSA方法的应用上进行了相关研究工作。早在1999年，通过结合我国的实际情况与要求并依据IMO《综合安全评估应用暂行指南》的规定，我国船级社专门制订并颁发了《中国船级社综合安全评估应用指南》，之后运用FSA方法对长江上的高速船舶进行了风险评估和分析，对渤海湾的客滚船舶进行了全面的FSA研究。另外，国内一些专家学者也开始对FSA评估方法中的数据处理与定量分析的方法进行研究，并结合FSA方法在船体强度、积载情况、有毒液体物质运输和船舶事故中的应用方面作了探讨并取得了一些进展。

2)FSA方法的流程与方案

根据FSA应用指南的要求，该评价方法主要包括以下5个步骤：①危险因素识别；②风险评估；③风险控制方案；④成本与效益评估；⑤提供决策建议，其具体流程如图7.1所示。

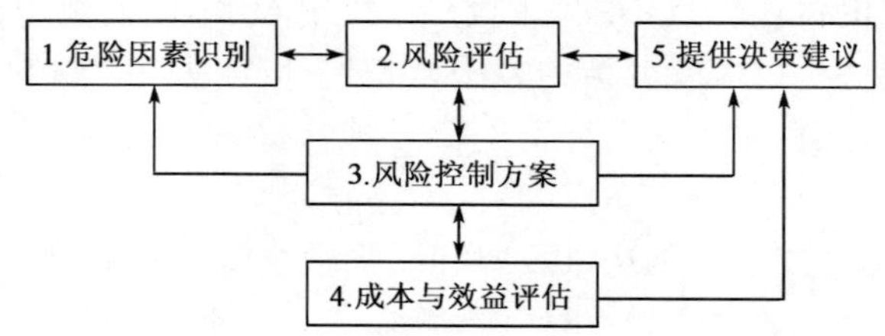

图7.1 FSA流程示意图

FSA方法是一种系统化、结构化的综合评价方法，可以通过多种途径来完成评价过程，而且运用FSA方法进行评价还是一种反复推敲的过程。FSA方法进行综合评价的3种方案如下：

(1)危险因素识别—风险评估—风险控制方案—成本与效益评估—提供决策建议；

(2)危险因素识别—风险评估—风险控制方案—提供决策建议；

(3)危险因素识别—风险评估—提供决策建议。

3)FSA方法的评价步骤

(1)危险因素识别

危险因素识别是进行综合安全评估的基础步骤，它的目的是对所评价系统中已经存在或潜在的危险进行识别，并按照不同的危险程度对这些因素进行排序，以便进一步分析主要危险。

(2)风险评估

风险评估是在确定风险存在及其客观分布情况的基础上，分析影响风险程度的各种因素，通过主次排列的方法找出高风险区和关键性的风险因素。

通过分析事故发生的原因和事故导致的后果之间的关系，从而对现有的规定或标准进行修改、完善以及制订出新的规定或标准，以期实现减少风险存在的目标。此外通过这种评估工作可以尽可能地将风险控制在可以接受的范围内。

(3)风险控制方案

进行危险因素识别和风险评估之后，风险控制方案的制订是根据具体情况比较有针对性地提出降低风险的措施，其中包括修改和制订一些规定与标准。这些风险控制方案的实施，应该能够预防事故的发生或是减轻事故发生之后所带来的后果与影响，如制订规章制度、规范操作程序和加强培训等。

(4)成本与效益评估

成本与效益评估的目的是估算和评价“风险控制方案”中每种风险控制方案所产生的费用和受益费用。其评估的效益可以包括减少事故发生的频率、降低环境损害的程度等。

(5)提供决策建议

在此过程中，应该对所有的风险控制方案进行比较分析，评选出一个或几个成本与效益比较好的方案；然后从成本与效益比较好的方案出发，分析实施新的方案之后对各利益方的影响程度；在顾及各方利益均衡的前提下，通过分析这些风险控制方案的有效性，从而提出合理的决策建议方案。

7.3.2　模糊数学综合评价方法

目前在各工程研究、社会研究甚至是经济学研究领域中，存在着大量的模糊概念，很多系统都是受到诸多复杂因素的相互作用与影响。模糊数学综合评价是对模糊数学进行具体运用的一种方法，是模糊理论与实际应用相结合的产物。它是应用模糊变换原理和最大隶属度原则，考虑与被评价事物相关的各个因素，对其所做的综合评价。用这种方法进行评价的着眼点是所要考虑的各个相关因素。

根据模糊评价模型建立的一般方法，建立模糊综合评价模型的步骤分为以下 4 个部分：确定评价指标体系、计算各评价指标权重、确定各评价指标隶属度以及模型建立与应用。

模糊综合评价的数学模型主要有 3 个要素：

(1)因素集：因素集 U 是由影响判断对象的各个因素所组成的集合，可以表示为：

$$U = \{u_1, u_2, u_3 \cdots u_m\} \tag{7.1}$$

(2)评价集：评价集 V 是由评价对象可能做出的评判结果所组成的集合，可表示为：

$$V = \{v_1, v_2, v_3 \cdots v_n\} \tag{7.2}$$

(3)单因素评价集：单独从一个影响因素(指标)u_i 出发进行评价，确定对评价集元素 v_j 的隶属程度 r_{ij}，称为单因素模糊评价，这样就得出第 i 个因素 u_i 的单因素评价集 $\boldsymbol{R}_i$：

$$\boldsymbol{R}_i = (r_{i1}, r_{i2}, r_{i3} \cdots r_{in}) \tag{7.3}$$

它是评价集 $\boldsymbol{V}$ 上的模糊子集，这样 m 个影响因素的评价集就构造出一个总的评价矩阵 $\boldsymbol{R}$：

$$\boldsymbol{R} = \begin{pmatrix} \boldsymbol{R}_1 \\ \boldsymbol{R}_2 \\ \boldsymbol{R}_3 \\ \vdots \\ \boldsymbol{R}_m \end{pmatrix} = \begin{pmatrix} r_{11} & r_{12} & r_{13} & \cdots & r_{1n} \\ r_{21} & r_{22} & r_{23} & \cdots & r_{2n} \\ r_{31} & r_{32} & r_{33} & \cdots & r_{3n} \\ \vdots & \vdots & \vdots & \cdots & \vdots \\ r_{m1} & r_{m2} & r_{m3} & \cdots & r_{mn} \end{pmatrix} \tag{7.4}$$

以上 3 个要素就是构成模糊数学综合评价的基础。另外，因素集 $\boldsymbol{U}$ 中的各个元素在评价中具有的重要程度不同，因而必须对各个元因素 u_i 按其重要程度给出不同的权数 a_i。由各权数组成的因素权重集 $\boldsymbol{A}$ 是因素集 $\boldsymbol{U}$ 上的模糊子集，可表示为：

$$\boldsymbol{A} = '(a_1, a_2, a_3 \cdots a_m) \tag{7.5}$$

其中，元素 a_i($i=1,2,3\cdots m$ 是因素 u_i 对 $\boldsymbol{A}$ 的隶属度，即反映了各个因素在综合评价中所具有的重要程度，通常应满足归一性和非负性条件：

$$\sum_{i=1}^{m} a_i = 1, a_i \geqslant 0 \tag{7.6}$$

当因素权重 $\boldsymbol{A}$ 和评价矩阵 $\boldsymbol{R}$ 已知时，按照模糊矩阵的乘法运算，便得到模糊综合评价集 $\boldsymbol{B}$，即

$$\boldsymbol{B}=\mathbf{A}\cdot\boldsymbol{R}=(a_1,a_2,a_3\cdots a_{\mathrm{m}})\cdot\begin{pmatrix} r_{11} & r_{12} & r_{13} & \cdots & r_{1\mathrm{n}} \\ r_{21} & r_{22} & r_{23} & \cdots & r_{2\mathrm{n}} \\ r_{31} & r_{32} & r_{33} & \cdots & r_{3\mathrm{n}} \\ \vdots & \vdots & \vdots & \cdots & \vdots \\ r_{\mathrm{m}1} & r_{\mathrm{m}2} & r_{\mathrm{m}3} & \cdots & r_{\mathrm{mn}} \end{pmatrix}=(b_1,b_2,b_3\cdots b_{\mathrm{n}}) \tag{7.7}$$

显然，模糊综合评价集 $\boldsymbol{B}$ 是评价集 $\mathbf{V}$ 上的模糊子集，$b_j(j=1,2,3\cdots \mathrm{n})$量化表示评判对象对评价集 $\mathbf{V}$ 中第 j 个元素的隶属度。$\boldsymbol{B}$ 称为模糊综合评价指标。再对综合评价指标 $\boldsymbol{B}$ 进行清晰化，就可以使评价结果更加直观、容易接受。

由上述内容可知，模糊数学综合评价的模型比较简单、容易掌握且计算起来较方便，用此方法对受到多因素影响的复杂问题进行评价时可以得到比较好的效果。

第8章

乌江多枢纽航道船舶航行安全风险识别

8.1 乌江水上交通安全事故调查分析

根据 FSA 应用指南的要求，在评价过程中，危险因素识别是其中重要的第一步，识别的结果将为后面的风险评估和控制方案制订奠定重要基础。在此将主要针对乌江多枢纽航道船舶航行安全开展风险识别。

对事故进行调查分析是得到事故风险源的重要途径，本节主要通过几个典型事故的分析，采用鱼刺图方法从人、机、环境、管理四个方面对事故原因进行归纳。

8.1.1 “09.11.12”船舶碰撞事故

2009 年 11 月 12 日 23：10 时许，黔毕节货 4050 号船（空载、无夜航设施）且左舷绑拖黔南白货 022 号船（空载、无动力）由三沙码头下行至乌江库区支流偏岩河（金沙县与遵义县共管水域）白家渡航段金沙县航道一侧时，与由耳海码头载煤上行的黔南白货 036 号船（重载、无夜航设施）互从左舷会让时发生碰撞，导致黔南白货 036 号船艏部受损，船体甲板上水进入货舱，造成该船体左舷倾斜而沉没、船上 1 人落水（已获救）的水上交通责任事故。

事故原因分析：

（1）黔毕节货 4050 号船驾驶员违章绑拖黔南白货 022 号船于左舷，在无夜航设施或条件的情况下冒险航行，当与他船相会于狭窄航道时（航道仅有 47m，且两侧均有网箱），由于估计不足、操作不当导致事故发生，是造成事故的直接原因。

（2）黔南白货 036 号船，核定干舷 300mm、参考载量 160t、实载煤炭 220t、剩余干舷为 0（实为严重超载、船舶吃水增加，阻力增大，严重影响船舶的操纵性能和航行性能）、配员不足，在无夜航设施或条件的情况下冒险航行，当与他船相会于狭窄航道时（航道仅有 47m，且两侧均有网箱），由于估计不足、操作不当导致事故发生，是造成事故的又一直接原因。

（3）乌江库区支流偏岩河通航环境差是导致事故发生的客观原因。由于航道两侧无序摆放网箱（养鱼用），造成航道狭窄，增大了船舶航行的难度。

综上所述，该事故是由于黔毕节货 4050 号船左舷违章绑拖黔南白货 022 号船，在船舶无夜航设施和条件的情况下，违章驾驶冒险航行；黔南白货 036 号船在船舶无夜航设施和条件、配员不足、严重超载的情况下，违章驾驶冒险航行而共同导致的一起水上交通责任事故。

针对以上分析结果总结事故原因并绘制鱼刺图，具体见图 8.1。

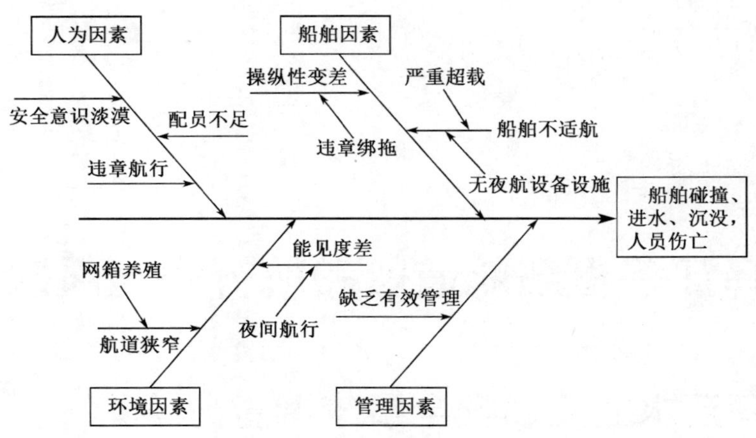

图 8.1 “09.11.12”事故分析鱼刺图

8.1.2 “09.03.03”剑河沉船事故

2009 年 3 月 3 日上午，贵州省黔东南苗族侗族自治州剑河县发生沉船事故，31 人获救，9 人失踪。船名为“黔东南客 0181”的短途客运船从柳川镇乃寿村前往柳川镇赶集，途经柳川镇八一村清水江九龙滩段时触礁开始下沉。触礁后，船上乘客十分慌乱。附近航行的 3 艘船只迅速靠近救助，把船上的救生衣全部扔过去。随着船体下沉，一些乘客爬上了船顶篷等待救援，但由于船只下沉速度快，加之水体较深，水流很急，部分乘客随即失踪。

事故原因分析：

“黔东南客 0181”为小型船只，规定载客 18 人，但船上实际人数达 46 人（包含船东和驾驶员），同时船员缺乏专门资质。失事船在航行途中，海事协管员曾多次警告、劝阻，但船东置之不理。同时，贵州山区河道水位暴涨暴落、变化迅速，事发地河水较深，最深处 20m 左右，九龙滩河道狭窄、水流湍急，水温 3℃～4℃，水下淤泥有 3m 多，礁石众多，船舶不适航。在海事搜救方面，剑河县海事处柳川海事所去年刚配备了巡航救助设施，但由于只有一名职工和两名协管员，管理船只数量多，管理难度比较大。同时搜救难度大，也导致了搜救效果不佳。

针对以上分析结果总结事故原因并绘制鱼刺图，具体见图 8.2。

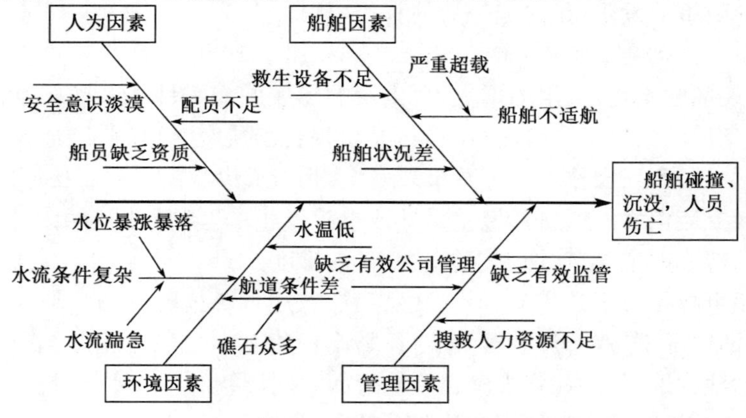

图 8.2 “09.03.03”事故分析鱼刺图

8.1.3　"99.11.25"高速船碰撞事故

1999 年 11 月 25 日 12：00 时，重庆市黔江开发区钮龙船务有限公司经营的"龙巍"高速客船下水时，与上水的重庆市江口水电有限责任公司所属的"鼎泰"高速交通船在乌江天险武隆县土坎水域桐子湾江面发生碰撞，造成 1 人失踪，10 人轻伤，经济损失约 30 多万元。

事故原因分析：

"鼎泰"轮当班驾引人员未经港监部门签准同意，也未经过快速船专业培训，从未驾驶过快速船，对快速船的技术和操作性能不了解，对快速船航行路线心中无数，且该船船东及驾驶员对乌江航道不熟悉。"鼎泰"在事发航段，没有认真遵循《中华人民共和国内河避碰规则》中"上行船应在缓流或在航道一侧行驶"的航行原则，抱河心主流过紧，加之在上驶至土坎大碳坝债翅转弯处时用舵角度较大，给对驶相遇的"龙巍"造成一定的错觉，导致两船对驶相遇处于紧迫局面。"鼎泰"在事发航段明知有快速船对驶而来，驾引人员在思想上没有高度警惕和戒备，仍以常速航行，两船存在碰撞危险时，也没有采取主动避让措施，在临危时没有及时采取减速、停车、倒车等有效避让措施和行动。

同时，"龙巍"当班驾驶员对快速船安全航行没有高度重视，思想麻痹，对事发航段水势、流态、航道条件和来船动态估计不足，在临危时没有采取最有效的挽救措施，协助避让行动不力。"龙巍"在双方会让意图确定的前提下，认为上行船"鼎泰"航行动态与约定会让意图不一致时，本应及早明确、有效地采取行动协助避让，但值班驾驶员在当时情况下犹豫不决，在进入桐子弯航槽后，虽然在临近时采取了慢车避让行动，但在水流的作用下船舶变向时没有及时调整自己的船向，致使两船发生碰撞的紧迫局面。

针对以上分析结果总结事故原因并绘制鱼刺图，具体见图 8.3。

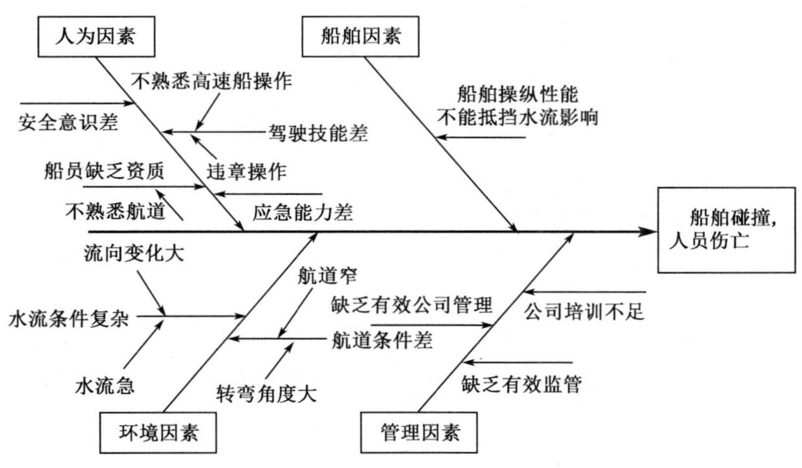

图 8.3　"99.11.25"事故分析鱼刺图

8.2 乌江水域典型船舶及事故危险源分析

8.2.1 乡镇自用船、农用船事故危险源分析

乌江干流属于山区河流，其中自用船舶和农用船舶较为普遍，这些船舶也是主要的水上交通安全风险源之一。乡镇自用船、农用船舶属于乡、镇地方政府的管理范围，在内河水域特别是交通不便的农村、山区是主要的交通工具。但由于这类船舶船况差、管理难度大，一直是事故高发的一个主要类型。总结其危险源包括以下方面：

(1)乡镇自用船、农用船、无证船、渔船等船舶技术条件不良、性能低劣。船舶所有人不按规定将船舶提交检验，船检部门对乡镇船舶执行检验时把关不严。船舶严重超客、超载航行，船舶不具备载客条件私自搭客，消防救生设备未按规定配备和保养。

(2)乡镇船舶的驾驶员安全意识淡薄、安全自救知识缺乏，驾驶技术素质存在不同程度的缺陷，大多数驾驶员未经培训考证、不熟悉船舶航行及避让规则，驾驶员未持有适任证书，船舶配员不按规定进行。

(3)乡镇船舶航行水域航道水深、航道宽度有限，一般未设置航标。航道的水文条件较差，流态紊乱。

(4)监管难度大，部分地方政府安全监管责任不到位，落实监管不力。县、乡镇安全管理机构、人员、经费、设备等难以得到有效解决。

8.2.2 搁浅翻沉事故危险源分析

(1)人员方面：船员技术水平低，值班时注意力不集中；不熟悉航道状况和适航水深；船长听任驾驶员操作，驾驶员放任舵工操作；休息不足，疲劳驾驶；导航设备故障或使用不当；航线选择不当；避让他船时船位操作不当；通过危险航段的时机选择不当；瞭望不正规，迷失船位；贪走缓流，对浅水效应所需增加的船舶吃水估计不足等。

(2)船舶方面：船舶安全技术状况差；主机、舵机、供电故障；汛期船舶逆水上行动力减弱，航向不能灵活控制；船舶超载、船舶装载卸载不当等。

(3)环境方面：库区浅滩增多，航槽不稳，主泓摆动频繁，河床横向变形较小，纵向变形较明显，部分河段主支汊易位两侧；航标不发光、移位或流失等；汛期部分水域水流急而紊乱；灾害性天气，如临时大风等。

(4)管理方面：海事管理基层站点难以充分掌握航道地形水文信息，防止船舶搁浅管理措施针对性不强，在整治船舶超载运输方面工作未充分落实，码头经营单位对码头前沿水深掌握不足，与靠泊船舶沟通不畅等。

8.2.3 浪损事故危险源分析

浪损事故是指船舶因其他船舶兴波冲击造成损害的事故。乌江库区形成后江面变宽，风与水面的作用面积增加，在连续恶劣天气下，由于风速较大，浪得到充分成长，风浪和船舶航行

波交融一起易发生浪损事故。同时，当大型船舶与小船会遇时，大船形成的船行波也容易对小船造成浪损事故。浪损事故的成因包括以下几个方面：

(1)船舶超载导致船舶干舷和船舶储备浮力减少；

(2)货物积载不当，货物装载不合理，可移动货物未进行有效固定，导致船舶重心发生偏转稳性降低；

(3)船舶停泊不当，未选择足够的水深和有效减少船体的受浪面积以降低船体的冲击力和防止因水深不够造成船底与河床发生的直接碰撞；

(4)停泊船舶未按规定鸣放或者显示要求其他船舶减速的声号、灯号和旗号；

(5)机动船在安全前提下未有效采取降低船速，远离两岸靠泊、系岸船舶的措施。

8.2.4 水电站水位变动危险源分析

受上游支流汇入影响，库区水位存在陡升陡降的现象，水位频繁变动，库区通航环境复杂，极易导致各类险情的发生，究其原因主要包括以下方面：

(1)由于水利枢纽发电放水规律性不强，放水时容易造成下游水位的急剧变化，由于缺乏信息的沟通机制，水位变化对船舶航行造成很大威胁；

(2)水位抬升期，船舶经过后，波浪能量大，持续时间长，给航行、停泊船舶的正常操作造成一定的困难；

(3)水位抬升期，桥梁、过江架空电缆垂直净空变小，船舶对通航净空高度估计不足，易引发碰撞事故；

(4)水位抬升期，支流河段通航条件改善，支流航行船舶进出干流，船舶交叉会让频率增加，易造成浪损、碰撞事故；

(5)水位抬升期，水面上的漂浮物明显增多，尤其是回水区，影响船舶安全航行；

(6)水位降低期，受低水位影响，水深降低，航道变窄，船舶对水位变动估计不足，航道适航水深和可航宽度判断错误，易导致船舶搁浅翻沉事故发生；

(7)水位降低期，库尾航段由库区向自然航段转换时，通航环境渐趋复杂、回水末端航道变窄、水势流态渐趋紊乱、浅滩增多；

(8)水位变动期，支流河段船舶可航距离随水位涨落而延伸或缩短，通航船舶对此估计不足引发事故；

(9)水位变动期，趸船、系泊、靠岸船舶未充分掌握水位变动信息，未及时调整缆绳、锚链、跳板等诱发船舶缆绳断裂失控漂移、船舶走锚等事故；

(10)由于航标设置可能滞后于涨落到某一水位时间，船舶航行时对适航宽度估计不足，未留足安全岸距；

(11)船员曾熟悉的两岸参照物发生变化，当船员对各水位的参照物不熟，或者对岸形、礁石疏于注意时，极易造成船舶触礁以及触岸险情。

8.2.5 船舶走锚事故危险源分析

随着通航环境的变化，船舶走锚事故增多。从单锚泊船锚泊情况看，保证安全锚泊的必要条件是使锚泊力等于或大于船体所受外力，船体所受外力主要包括风压力和流压力等。因此，在大风天气和水流流速大时易发生船舶走锚事故。

锚泊力与锚抓力、链抓力及锚泊方式密切相关。而锚的抓底性能与底质、锚型和出链长度和水深之比以及锚啮土后的拖锚姿态稳定性有关。锚在抓底后所给出的抓力与锚重之比称为锚抓力系数。锚抓力系数因锚地底质而异，泥沙底系数最大约为 5，其次为泥 4、沙 3，砾石更差，走锚中霍尔锚锚抓力系数为 1.5。出长链进行锚泊的船舶，除悬于水中的锚链部分，即悬链之外，余下部分将沿下风流方向平铺于水底，即卧底链。当锚在拖动时，平卧水底的卧底链也将提供部分抓力，它主要由卧底链与水底的摩擦产生。卧底链抓力与每米链重、卧底链长成正比，比例系数为锚链抓力系数，锚链抓力系数随着锚地底质而异，泥沙底质最大，其次为泥、沙，砾石最差，约为锚抓力系数的 3/10，走锚中锚链抓力系数泥沙底质取 0.5，沙质取 0.75。锚泊船的锚泊力，是锚泊船因正常锚泊而取得的系留力，在数值上等于锚的抓力与链的抓力之和。单锚泊方式的锚泊力为锚、链抓力之和，双锚泊方式的锚泊力则应为双锚、链抓力之和。

因此船舶走锚事故成因主要在于锚泊船锚泊底质、锚型、锚重、出链长度、水深、出链长度、抛锚方式、船体所受外力变化（风压力和流压力变化）、锚啮土后的拖锚姿态稳定性等出现问题。锚泊船走锚事故成因主要包括以下几个方面：

（1）锚泊船抛锚点选择不当，底质差，锚主力系数小；

（2）恶劣性天气，风速大，风压力增大，对于趸船和空载船船体所受外力增大；

（3）汛期等，水流流速大，流压力增大，锚泊船尤其是重载船舶所受外力增大；

（4）锚泊船未及时根据外界风流变化调整出链长度；

（5）锚泊方式选择不当，单锚泊在风流增大时，偏荡严重，单锚抓力有限；

（6）值班人员没有密切注意锚链偏荡，未勤测船位，未保持正规的瞭望值班，未及时抛止荡锚；

（7）航行船舶通过锚泊船时，船速高，航行波影响大；

（8）由于他船的系靠作业，增加锚泊船负荷。

8.3 乌江水域船舶航行安全影响因素发展趋势

8.3.1 人为（船员）因素发展趋势分析

（1）船舶数量的增加会使得船员数量增多，特别如旅游船、散货船的进入，会使得船员整体层次提高。

（2）通航条件变化明显，船员对于新的环境难以马上适应，人为因素发生事故的可能性增大。

（3）库区的通航环境大大改善，会使得船舶驾引人员安全意识淡薄、疏忽大意、违章操作、冒险航行。

8.3.2 船舶因素发展趋势分析

由于库区通航条件明显改善，库区航运将会得到更大的发展，其预测体现在以下方面：

(1)航道水深条件的改善,库区沿岸经济的发展,促使库区船舶数量会明显增多,库区船舶的交通流密度会增大,同时船舶发生碰撞的可能性增加;

(2)船舶的大型化趋势明显;

(3)库区船舶类型将会更加丰富;

(4)旅游船、客渡船出现后,其航行时频繁穿越主航道,造成船舶航路交叉,会遇增多,船舶会让难度增大;

(5)船舶向专业化方向发展,特别对于可能产生的危险品船舶会给水上事故应急提出挑战;

(6)库区船舶的层次会变得参差不齐,新、老船舶大量共存;

(7)造船业将得到发展,部分非法造船将使得船舶危险因素增大;

(8)库区水面增大,船舶大型化,大型船舶航行中所形成的船型波会明显增加,会造成小型船舶的浪损事故。

8.3.3　通航环境因素发展趋势分析

水利枢纽建成后通航环境将会发生明显变化,其主要体现在以下方面:

(1)库区的通航环境大大改善,航道变宽、水流流速减缓,使乌江干流和通航支流的航道条件进一步改善,特别是弯曲航道通航曲率半径增大,有利于船舶操纵;

(2)随着库区水位的上升、航道水深的增加,原有的一些岸滩被淹没,一些新增的隐患航段将随之出现;

(3)库区的水深增加导致锚地、停泊区的水深增大,加上洪枯水期水位变幅大,船舶抛起锚作业难度增大,锚链断裂、失锚、走锚、缆绳断裂、趸船及生活船失控等险情易发;

(4)库区容量及水面积增大,蒸发量增大,导致库区雾天时间增多,能见度不良天气将会增多,对船舶航行有一定影响;

(5)库区水面变宽,水面风速增大,局部风浪变大,加上库区恶劣天气会增多(特别在冬季),船舶航行和过闸风险增大;

(6)同时由于航道条件的变化,两岸参照物频繁改变,一些浅滩、碍航礁石被水淹没,桥梁、跨河电线电缆净空高度减小,短期内驾引人员不能适应;

(7)两岸原有固定航标、助航标志部分被淹没,港口码头水位变化,给船舶航行和停泊带来困难;

(8)库区消落带经水浸泡可能诱发滑坡、崩岸等地质灾害,这些因素给船舶航行、停泊、作业带来了较大困难,并可能成为引发事故的主要原因;

(9)汛期船舶易因水流量大、流速快发生漂移,使船舶失控,特别是当船舶在大坝前沿水域时,有可能发生撞坝的危险;

(10)大风天增多,风增大带来浪增大,风浪的增大都会使船舶发生事故的可能性增大;

(11)库区形成后,沿岸产生的生活垃圾和漂浮物会增多,库区水面水草增多,局部暴雨会将垃圾杂草冲入库区,易缠绕船舶,影响安全。

8.3.4　管理因素发展趋势分析

(1)库区航运的发展将会使在库区营运的船舶公司数量增加。

(2)船员人数的增加、船舶数量和船舶公司的发展,使得海事部门要面对的新的情况增多,因此在人员数量、素质上的要求将会更高。

(3)库区航运形式的变化,对海事部门人力资源的配备、应急资源的配备、执法能力的建设等都提出了更高的要求。

8.4 乌江水域船舶航行安全风险识别

通过以上对枢纽库区水域近年来典型事故、船舶风险源的分析以及库区船舶航行影响因素发展趋势分析,可以实现对于乌江枢纽库区船舶航行安全的风险识别。

8.4.1 人为(船员)因素风险识别

人是船舶航行安全的主体,在水上事故中,人员因素是导致交通事故最主要的直接因素,但人员因素尤其是船员常受到环境因素影响。人员因素中船员是最主要的因素:船员的年龄结构、文化程度及船员培训、安全意识、持证情况、船员属性、船员个人性格与心理状态等,都直接影响船员的行为,对事故起决定性作用。导致库区水上交通事故的船员因素主要体现在以下方面:

(1)船员素质不高,学历普遍较低。由于内河船员工资待遇相对较低,因此内河船员普遍学历层次较低,素质不高。很多船舶是以家庭为单位购买的,船员就为家庭成员,船员接受的继续培训教育工作严重缺失。

(2)船员专业技能不高,一些船员不具备良好的驾驶技术,并且对于所经航段的水势流态、礁石位置以及高程等通航环境现状不够熟悉,缺乏应对各种复杂或危险局面的经验和处理能力;不熟悉航行避让规则,甚至不了解本船的性能、结构,安全意识和守法意识较差,存在超载、无证驾驶、冒险航行等行为,潜在的事故隐患增加。

(3)船舶驾引人员安全意识淡薄、船员存在侥幸心理,图方便、走捷径,忽略了正确操作过程。存在过分自信心理、疏忽大意、违章操作、冒险航行,是事故险情多发的直接原因。

(4)船舶配员不足。在内河运输中,不少船舶是以家庭为单位购置的,在航行作业过程中,通常难以满足船舶配员的要求,船舶不适航。因此也难以保证有效的船舶值班和维护保养,造成安全事故多发。

(5)通航环境的变化对船员适应提出了新的要求。乌江枢纽蓄水成库后,通航条件发生了很大的变化,船员对此要进行重新地适应,这也将带来一定的风险。水位降低期,受低水位影响,水深降低,航道变窄,船员对水位变动估计不足,航道适航水深和可航宽度判断错误,易导致船舶搁浅、触礁、翻沉事故发生;水位变动期船员曾熟悉的两岸参照物发生变化,当船员对各水位的参照物不熟时,或对岸型、礁石疏于瞭望时,极易造成船舶触礁以及触岸险情。

(6)船员情绪急躁是事故多发主要因素。在通过升船机时,有时由于拥堵会使得船员经过较长时间的等候而变得烦躁、急躁,在进出升船机时可能会出现争先恐后、你追我赶的现象,无序的情况比较突出。在上引航道和下引航道上追越,造成次序混乱,容易造成船舶互碰或碰撞升船机事故。

(7)安全意识:在水位抬升期,库区通航环境大大改善,会使船舶驾引人员安全意识淡薄、疏忽大意、违章操作、冒险航行;水位变动期,趸船、系泊、靠岸船舶船员未充分掌握水位变动信息,微机室调整缆绳、锚链、跳板等因素诱发船舶缆绳断裂失控漂移、船舶走锚事故。

8.4.2　船舶因素风险识别

船舶因素是另一影响水上交通安全的直接因素。船舶因素包括船龄及船舶结构、船舶吨位、船舶类型、船舶载重、船舶自身技术缺陷等。导致库区水上交通事故的船舶因素主要体现在以下方面:

(1)船舶流量增大。乌江沿线是贵州省重要的能源基地,腹地内自然资源丰富,在全国处于十分重要的战略地位。改革开放以来,国民经济和社会发展进入快速发展时期,"十一五"期间,贵州省经济增长速度明显加快,质量和效益显著提高,综合经济实力迈上新台阶,经济结构调整成效显著。区域经济发展与对外物资交流息息相关,未来乌江航道必将承担越来越大的运输任务。根据有关部门对乌江干流腹地的社会经济、交通运输以及物流的发展形势预测,乌江流域未来年货运量预计约达到 1 500 万 t 及以上,客运量预计约达到 2 400 万人次,快速增长的客货运输量必将刺激航运业的发展,使航行于乌江上船舶数量剧增,使原本"寂静"的江面一下子"热闹"不少。船舶密度的增加也加大了水上交通事故的危险度。

(2)船舶大型化趋势明显。乌江属山区河流,在航道未经整治之前,航道滩多流急、航运条件差、航道等级低,且未完全通畅,航运发展非常缓慢。由于枢纽施工截流导致乌江航运中断,目前乌江航运暂为短途运输。乌江货运的主要运输方式是机动驳,拖驳船队或机动驳船组运输方式极少。机动驳主要为 100～300t 级,有少量 500t 级。100t 以上机动驳集中在沿河以下航段及洪水期运营。客船有 20、30、40、50、60、70、100、150 客位等档次,多数为 70 客位以下,最大客位为 150 座,70 客位以上的客船集中在沿河以下航段运营。随着乌江梯级枢纽的建立和乌江航道工程的完成,乌江航道的航行条件将会大大改善,据《乌江(乌江渡～龚滩)航运建设工程工程可行性研究报告》中对整治后的航道的描述,在确定的设计最低通航水位和相应流量条件下,通过整治,乌江航道能够达到 1.6m 设计航道水深、30～50m 槽宽和 330m 弯曲半径的内河Ⅳ级最小航道尺度。《内河通航标准》(GB 50139—2004)第 3.0.1 条将内河航道按通航船舶吨级划分为 7 级,其中Ⅳ级航道对应的船舶吨级为 500t。这将对乌江航运带来两方面的变化:一方面,船主为了减少运输成本并提高运输的效率,必将定制或是购买更多 500t 级的船舶;另一方面,为了提高个枢纽站通航能力,提高船闸或是升船机的利用率和通过能力,乌江有关航道管理部门也将推行乌江船舶的船型标准化和大型化政策,促进贵州省乌江枢纽扩展运输能力。所以,未来航行在乌江上的船舶将会朝着大型化的趋势发展。

(3)乡镇渡船设备落后,人员素质不高,渡运船舶安全隐患较多,责任和措施难以落实到位。渡船未按规定配置足够、有效的消防救生器材,渡船安全技术状况差、渡船不适航,渡船违章载运车辆,超乘客定额载运人员,汽渡船未按规定配置三角木、拉起安全链,未及时对船舶进行维修保养,船舶破损老化等。

(4)由于经济利益的驱使,船舶超载、超吃水现象时有发生。一些业主冒险超载,引起货物积载不当,装载不平衡,驾驶操作难度增大,特别在航行中货物垮堆、位移时,不能及时采取有效固定或平舱等防范措施,极易造成船舶引发的水上交通事故。特别在防洪限制水位运行期正值汛期时,部分河段的流急滩险,船舶过滩能力受限,重载船舶特别是超载船舶极易发生吊滩或主机拉缸等事故险情。

(5)蓄水后,水位抬升,江面增宽,流态平缓,航向条件改善,通航水域向支汊河流延伸,当地农名自建农用船、渔船谋生滋生了一些"五小"船舶向干流渗透,这类船舶适航性能和抗风浪能力差,操纵困难,易造成浪损、碰撞事故。

(6)由于没有对船体、设备进行周期性的检修,在遇到风、浪的情况下,主机故障和舵机失灵而导致船舶翻沉,船体渗漏、开裂进水造成储备浮力减少,直至沉没。

(7)由于没有经常清点、补充、试验和正确摆放,导致救生设备缺失、老化或应急时启动不了,失去应急使用功能。

8.4.3 通航环境因素风险识别

除不可抗力外,环境因素较少成为事故的直接因素。环境因素分为自然环境和通航环境,自然环境因素主要包括能见度(主要是雾、雪、雨的影响)、大风浪、水流、水文状况等;通航环境主要包括航道状况(航行宽度、深度、曲率半径、水下碍航物等)、通航密度、助航设施完善程度等。导致库区水上交通事故的环境因素主要体现在以下方面:

1)库区江面变大,航道条件变好

乌江水量充沛,航运历史悠久,随着乌江水电枢纽的相继建成和航运工程的实施,形成了库区深水航道,极大地改善航运的通航条件。目前,乌江干流乌江渡～龚滩 407km、支流清水河开阳码头～清水河口 24km 航道,均达到Ⅳ级航道标准,能通行 500t 级船舶,乌江渡库区 138km 均达到Ⅴ级航道标准,能通行 300～500t 级船舶。库区江面情况如图 8.4 所示。

图 8.4 库区江面情况

2)雾天增多,能见度条件变差

库区形成后,江面变宽,面积增大,相应的水蒸气的蒸发量就会变大。大量的水蒸气遇冷凝结,在库区水面上方就会形成大片的雾。在库区,大雾的天气增多,能见度变差,对船舶航行有一定影响,容易发生事故。库区的大雾天气如图 8.5 所示。

图 8.5 库区的大雾天气

3)风浪变大

库区形成后江面变宽，水面风速增大，风与水面的作用面积增加，在连续恶劣天气下，由于风速较大，浪得到充分成长，局部风浪变大，风浪和船舶航行波交融一起易发生浪损事故。库区的风浪情况如图 8.6 所示。

图 8.6　库区的风浪情况

4)滑坡等地质灾害增多

库区形成以后，水面上涨，使原本在水面以上的部分也浸没入水中。由于水体的浸泡，就会使两岸的山体产生松动，造成山体滑坡等地质灾害。库区的滑坡情况如图 8.7 所示。

图 8.7　库区的滑坡情况

5)江面碍航物类型多样，网箱养殖等影响多样

随着乌江上各级枢纽的建立，江水被水坝拦截住，水库内的水面变得既宽广又平静，在适合船舶航行的同时，对于渔业的养殖来说，也绝对是一个天然的养殖场所。根据其他内河水库的经验，如果不事先对库区进行很好的规划，制订相应的规范制度，群众可能随意占用航道或码头作业水域进行网箱养殖，且数量越来越多，规模也越来越大，造成船舶可以利用的航道宽度大大减少甚至是无路可走的局面，将会严重影响库区船舶的航行安全。特别是船舶在碰到雷雨大风天气时，则会无处可躲，最终导致船毁人亡。库区的网箱养殖情况如图 8.8 所示。

6)增加了新的过船设施

乌江流域规划的水电枢纽有：白马、银盘、彭水、沙沱、思林、构皮滩、乌江渡及其以上的索风营、东风、洪家渡、引子渡、普定等十一级，其中白马、银盘、彭水在重庆市境内，其余均在贵州省境内。重庆市境内的彭水电站过船设施已建成使用，银盘电站过船设施正在建设，白马电站过船设施今年开工建设；贵州省境内除构皮滩、思林、沙沱三座水电枢纽考虑过船设施建设外，其余均未考虑建设过船设施。在建的构皮滩、思林、沙沱电站过船设施通过能力仅为300万～500万t，通过能力不能适应水运发展的需求。

图8.8　库区的网箱养殖图

7)通航设施增多

在"九五"期间，贵州省先后建成了大乌江、思南、沿河3个码头，建成客货泊位共8个，基础设施有所改善。总投资5.85亿元的乌江(乌江渡～龚滩)航运建设工程于2009年开工建设，其中按500t级靠泊能力规划建设了遵义港乌江渡码头、楠木渡码头、开阳港洛旺码头、瓮安港江界河码头、湄潭港沿江渡码头、凤冈港河闪渡码头、思南港太平码头和德江港共和码头共8个码头，15个泊位，整个项目于2014年全面完工，港口码头吞吐能力达到454.54万t。

8)水流条件变化复杂

虽然梯级枢纽站的建立和乌江航道工程的实施，使库区水深加大，乌江的航行环境得到极大的改善，通航条件得到进一步的提高，但枢纽站在开闸放水时，急速奔腾的水流使乌江水流流态变得极为复杂，特别在枢纽的上下游水域，易发生系泊、锚泊船舶断缆走锚失控漂移事故，在航船舶主舵机损坏后失控漂移，或在航船舶对水流和船舶漂移量估计不足发生碰撞、搁浅等事故。

9)航道条件变化巨大

浅滩、险道消失：乌江是典型的山区河流，全长1 037km，干流天然落差2 124m，平均比降2.05‰。乌江流域地势由西南向东北倾斜，东西向高差大。由于水位较浅，浅滩险道密布，礁石林立，航行条件非常恶劣。随着枢纽大坝建立，大坝蓄水后会将航道分割成常年回水区和变动回水区。常年回水区水深航宽，通行条件较好，基本上可以将航道的险滩变为可用航道。变动回水区航道水深和通航条件随枢纽下泄流量的变化而变化，使得原本复杂的乌江航道变得更为复杂，需要进行航道整治。沿岸礁石淹没与露出交替，明礁与暗礁互相转化，部分河段裁弯取直；原来航行习惯的两岸参照物呈变化之势，局部水域形成新的河湾，河岸形态变化大。

对下游航道的影响：枢纽调峰的无规律性使得下游航道水位时高时低，流速时大时小，也造成泥沙时冲时淤，毫无规律。在未建枢纽前，乌江航道同其他河流一样是以泥沙为边界的可变体,具有洪水比降小、枯水比降大、汛期淤积、落水冲刷的规律。有了这一规律,航道年复一年地从高水位到低水位,从大流量到小流量的逐渐冲刷、清洗航槽,使水流归槽,促使了航道历年能获得基本尺度的可能。随着乌江渡及其以下各级枢纽的建成,将完全改变来水来沙基本规律,而且会变成同其他河流的梯级一样,发电时大流量、高水位和变化频繁,不发电时下泄流量小,洪中枯三级流量的概念将名存实亡,砂卵石河床演变复杂化,规划的航道线路将随着河床的演变而变化。

对航道维护的影响:枢纽下泄非恒定流对航道维护工作带来极大困难,表现在两方面:一是航道冲淤变化难测,加大了疏浚与坝体的维护工程量;二是频繁的移置航标标示航槽位置及方向,其难度不可设想。维护工作量的增大,维护经费也无疑要倍增。

10)锚地的变化

一些港口码头的锚地、停泊区以及触坡停靠点发生变化。蓄水期的时候,航道的水深和水文变化使得原来的锚地大部分变成深水航道,内河船舶的锚链较短,锚抓力不足,断链、失锚、走锚等险情频发;消落期间,蓄水期很多可用的水域因水位回落将不再适合锚泊。因此,对锚地、航道信息不熟悉的船舶,极易因为误选停泊点而搁浅。

11)泥沙因素

乌江水沙一般相适应,一次洪峰过程伴随着一次大的输沙过程,但有时沙峰落后于洪峰。在时间上,年内输沙率分布不均,汛期(6 月～9 月)输沙量约占全年输沙量的 70%～80%,其中 4 月～6 月的输沙量占全年总沙量的 20%～30%。

乌江渡水库于 1979 年 11 月 20 日蓄水后,上游来沙大部分被拦蓄在库区,以江界河水文站为例,乌江渡水库蓄水后输沙量发生明显变化,1957 年～1979 年蓄水前的多年平均输沙量为1 371 万 t,蓄水后的 1980 年～1999 年多年平均输沙量仅 261 万 t,江界河站沙量减少了 80%。输沙量的年内分配比水量分配更为集中,月输沙量最大发生在水量最大的 6 月份,5 月～9 月输沙量占全年输沙量的 90%。

本研究河段含沙量及输沙量有沿程变大的趋势,这是因为乌江渡枢纽拦截了大部分泥沙后,下泄基本为清水,随着区间的水土流失,越往下游含沙量及输沙量越大。

12)库区漂浮物

根据国内内河已建成的枢纽站的经验,在形成水库后,水面拓宽,来往航行的船舶陡增,库区岸周边大量枯枝、农作物秸秆、生活垃圾涌入库区航道,这些碍航物积聚江面,容易缠绕螺旋桨、堵塞海底阀、损毁航标,影响航行安全,增加船舶修理费用和运输成本。高水位运行期,流速缓慢,呈静态平湖,水体净化能力变差,白色污染物、油污难以清除。尤其水位抬升期,水面上的漂浮物明显增多。受风向、流速等影响,漂浮物易聚集在回水区,有的遇风扩散为带状,特别是半沉半浮的树木等悬浮物,如避让不及时,易打损螺旋桨、舵叶,影响船舶安全航行。

13)跨河建筑物

乌江上内共有 12 座跨越乌江主航道的桥梁,共有跨河电话线、高压电线 42 处,其中乌江铁路桥、乌江大桥和乌江渡公路桥均位于研究河段起点上游。随着枢纽水坝的建成,水库蓄水后,航道水位会上升,使得跨河建筑物的净空高度相对于原先高度有不同程度的减少,部分建筑物净空高度的不足会给一些大型船舶的航行带来一定的困难。

14)助航标志

水位抬升期,两岸原有固定航标、两岸参照物、助航标志部分被淹没,港口码头水位变化,导致航标发生移位和缺失,误导过往的船舶,给船舶航行和停泊带来困难。

15)对通航水位的影响

在天然河流上,《内河通航标准》(GB 50139—2004)规定的设计最低通航水位计算的方法是日平均水位综合历时曲线法,该方法是以日平均水位为基础进行统计分析的。天然河流未受人工调节影响时,枯水期低水位的每日水位变化很小,可视为渐变。而枢纽下游的水位因受非恒定流影响,随电站调峰而忽高忽低,尤其在枯水期因电站无法保证基流,使得实际的最低水位低于按日平均水位综合历时曲线法统计的设计最低通航水位,实际通航历时缩短,甚至每日有不能通航的时段,造成船舶只能等水通航。

8.4.4 管理因素风险识别

管理因素也是影响水上交通安全的主要因素,如果说安全风险主要来自于船员、通航环境等,通过加强安全监管则可以降低安全风险,预防和减少事故发生。导致库区水上交通事故的管理因素主要体现在以下方面:

(1)管理面临的新问题增多,还未建立完善的管理制度。随着乌江航运条件的变化和航运的发展,海事监督管理将面临一系列的新问题,这些问题是以前没有遇见过的。没有完善完整的管理制度,将给水上交通安全实践带来一定风险。

(2)部门间联动协调机制迫切需要解决。江河进行梯级开发普遍存在着调水、调电、通航三大矛盾的协调问题。乌江梯级枢纽建设开发单位多为水利、电力企业,由航运部门负责建设的很少。因此在发电和通航问题上矛盾较多,而且发电调峰时信息难以得到沟通,均会造成较大风险。同时,港航、水文、气象等部门的沟通还不够及时准确,因此如何缓解三大矛盾,需要在不同管理部门和企业间建立信息共享和联动协调机制。同时,在发生堵航时,还需要上下游的海事部门建立联动协调机制,使得对船舶能够综合管理,有效疏导。

(3)航运发展的配套设施条件急需完善。随着可以预见的航运发展的到来,对于船舶锚地,船舶航行的航道、航标的设置、码头的建设等基础配套设施也急需尽快落实完善到位。同时,还应加强岸基支持设施设备的建设。

(4)助航标志管理:库区水域水位涨落频繁,消落期航标调整频繁,工作量较大,难以保证所有航标均能及时调整到位,船舶在航道边缘发生事故的风险增大。

(5)航运公司安全管理仍处于较低水平,重效益轻安全的思想仍然存在,安全管理部门设置和人员安排不能到位,甚至流于形式,安全管理不能体系化、过程化。存在“重效益、轻安全”的思想,安全生产责任制落实不到位,特别是个体运输船舶表现明显,船舶超载、违章航行、不按规定配员、冒险航行,而且这一局面短时间难以改善。

(6)海事安全监督管理力量相对薄弱,通航管理技术力量也相对欠缺。由于没有通航管理经验,各部门也没有相关的技术人才及培养计划,导致通航管理专业技术人员不足,而航运的新形势对海事监管的要求越来越高,急需增加补充专业技术人员。

(7)水上搜救能力建设仍在起步阶段,应急力量薄弱。应急手段还不先进,距离交通运输部“人员精干、装备精良、技术精湛、关键时刻发挥关键作用”和“以最快的速度获取最准确的信息情报、以最科学的决策制订最完善的施救方案、以最有效的手段配备最精干的搜救力量、以最满意的效果回馈最关注的社会期待”的要求还有差距。随着通航水域的增加，例如深水打捞技术等新的搜救要求将不断提出，安全救助装备现代化水平和水上搜救等突发事件应急能力有待提高。

(8)通航安全监控机构及体系尚处于初步建立之中，缺乏全覆盖、全程监管的能力。乌江航运发展需要良好的安全保障和综合协调，要充分利用现代的信息技术手段，对于重点风险源、船舶等实现有效的动态、全程监控。通航设施管理体制模式的研究和抉择迫在眉睫。

第9章 乌江水域船舶航行安全风险评估

根据FSA应用指南的要求，在评价过程中，风险评估是其中重要的环节，评估是在风险识别的基础上，确定评价体系，进行定量和定性的评价，确定风险程度和高风险因子，并为下一步风险控制方案奠定基础。

9.1 乌江多枢纽航道船舶航行安全风险评估模型构建

乌江多枢纽航道船舶航行安全风险评估模型采用模糊评价法，其通过选取评价指标，确定评价指标权重，确定评价指标评价方法，计算评价值等来实现对于乌江多枢纽航道船舶航行安全的评估。

9.1.1 评价指标的选取和模糊评价集的构建

1)评价指标选取的原则

评价是通过一些归类的指标按照一定的规则和方法，对评价对象从全面的综合状况做出优劣评定。为了保证评价结论尽可能客观、全面和科学，评价指标选取必须遵循一定的规则。

(1)选取的评价指标必须和乌江多枢纽航道船舶航行安全的目标相一致

目标是人们行动的指南，是系统工程分析方法的第一步，所有行动能达到目标的程度信息是决策者决策时关心的最主要信息，也是衡量一个行动好坏的主要标准。因此，选取评价指标必须能够反映出能达到目标程度的信息。

(2)选取的指标必须具有系统性

一般的单个指标只能反映乌江多枢纽航道船舶航行安全目标的某一个方面。但是选取的所有指标应该既能够展现乌江沿线航道船舶航行性能和经济、社会及环境特征，又要反映出乌江多枢纽航道船舶航行安全的管理者和相关者等全面、完整的信息，从不同方面反映乌江多枢纽航道船舶航行安全的整体状况和性能。

(3)选取的指标必须具有可操作性

一般来讲，指标量化所需资料应该方便收集，并且能用现有的方法和模型求解。在本研究的评价指标选择中，对于评价指标的可操作性重点考虑，选择一些操作性较好的指标来取代那些同方面的难以操作的评价指标。拟定的评价系统应当条理清楚、层次分明、简单实用。评价指标的计算必须有良好的可操作性，这样才能使评价工作顺利进行。

(4)指标本身具有科学性

评价指标体系必须有科学的理论依据，单个指标在理论上是比较完备的，能客观、科学的反映乌江多枢纽航道船舶航行安全某方面的信息。

(5)指标具有可比性

指标的选择要保证同趋势化，使乌江多枢纽航道船舶航行安全各方面性能在横向上(同一时期不同之间)、纵向上(同一系统不同时期之间)具有可比性，这个问题也可以通过指标的标准化过程来解决。

(6)指标之间应避免相关性

指标与指标之间应是相互补充、协调的，应充分考虑指标之间的相关性关系，避免指标之间的包含关系，以消除评价结果因指标间的相关关系而产生倾向性，人为的夸大乌江多枢纽航道船舶航行安全的部分性能。

假设有 A、B 两个指标是相关的，其相关性大小用其包含部分 C 来表示，如图 9.1 所示。当消除了量纲并且归一化后，A 指标的数量为 N_a+N_c，B 指标的数量为 N_b+N_c，W_a、W_b 为 A、B 两指标的权重，综合效应为 $W_a\times N_a+W_b\times N_b+(W_a+W_b)\times N_c$，其效应夸大了 W_aN_c 或 W_bN_c。可见，夸大的效应和相关性大小有一定关系。

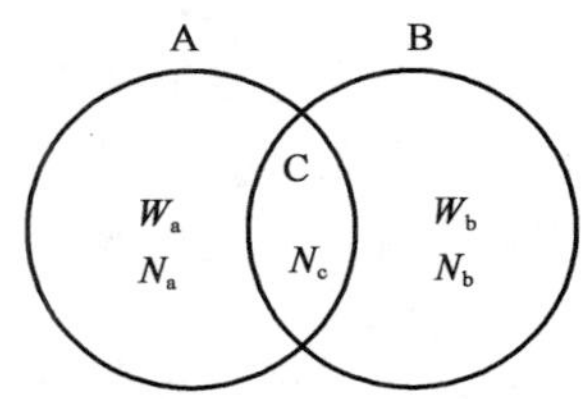

图 9.1　效应和指标相关性关系

(7)指标设置要重点突出

指标既要能全面、客观的反映系统各方面的性能，又要重点突出，避免次要信息冲淡主题。

(8)定量和定性指标相结合

有些交通影响是难以定量化的，如社会环境方面的影响本身就很抽象，无法按模型去精确量化，如果不考虑这些方面的影响，又失去了评价的全面性。所以，要定量与定性相结合，采用模糊量化或尺度量化等定性分析量化技术，以补充单纯定量评价中数据不足的问题。

(9)保证指标的统一性

评价指标的名称测定方法、评判标准等应尽量与有关规范、行业标准等保持一致，便于理解和操作。

(10)指标选取要考虑所要采取的评价方法

评价指标的选取要与评价方法相适应，适合于所采用的评价方法去描述和度量。

2)评价指标的层次展开

乌江多枢纽梯级航道船舶航行安全评价内容多，涉及面广，评价指标选取要考虑的因素也多，如果随意地选取指标，无法保证所选指标是否反映决策者需要的全面信息。

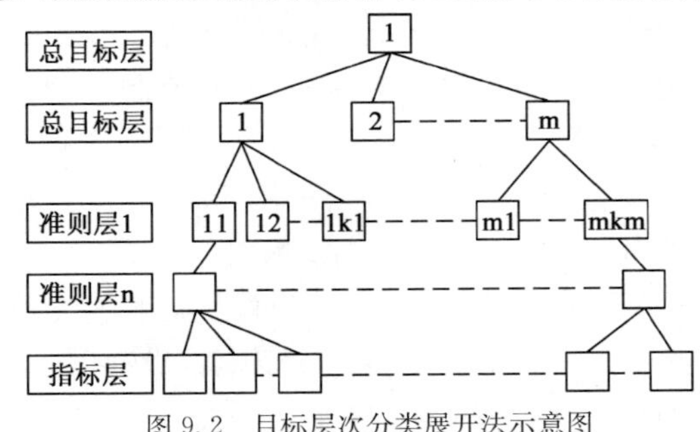

图 9.2　目标层次分类展开法示意图

(1)目标层次分类展开法

把乌江多枢纽航道船舶航行安全拟定的抽象或确定的目的按照逻辑分类向下展开为若干目标，再把各个目标分别向下展开为分目标或准则，依次类推，直到可定量或可进行定性分析(指标层)为止(如图 9.2 所示)。一般顶层为抽象的目的，二层分别为技术、经济、环境或技术、经济、社会、环境等目标，中间为若干准则层，最后一层为指标层。逐层展开时，应避免下层元素隶属于其上层两个不同类别的元素，因为这会带来处理上的麻烦，不利于计算机编程。为了方便后面要牵涉到的指标权重程序的编制，这里采用的是完全的层次结构(所有的下层元素只隶属于上层一个类别)。目标层次分类展开法是最常用的方法，它把范围法和目标法综合成一体，按此法选取的指标直接与目标相关，具有层次性，并且可随着目标的增多而扩充。所谓范围法，是指按评价的主要内容进行分类，然后按类别定出指标，它也可随评价的内容增多而扩充，但是缺点是缺乏层次性，难以与规划建设目标直接挂钩。

(2)因果法

因果法多用于环境、社会方面指标的选取。它是根据社会、环境与乌江多枢纽航道船舶航行安全的因果关系及影响程度进行评价指标选取，整个影响框架按照状态—压力—响应这个关系组成，主要是用来解决以下的几个问题：如果乌江多枢纽航道船舶航行安全改善，社会环境会发生什么变化；发生这些变化的原因是什么；这种变化是否重要，重要程度如何；应该采取什么措施。在这个框架下，乌江多枢纽航道船舶航行安全可以看成影响社会环境状态的主体，而社会环境条件又反过来可以影响乌江多枢纽航道船舶航行安全的状态，作为回应，可以直接通过修改所采取的交通设施或措施来调整社会环境状态。

(3)复合法

单个评价指标有些虽然能够反映问题的某个或某些方面，但是并不完备，存在一些缺陷，如果把这类评价指标并列出来体现全部评价内容，又难免存在相关性，这就要把它们复合在一起。所谓复合法，就是把两种或两种以上的单个评价指标按一定的数学规则组合在一起，使原来指标各自的优点得到加强。有时，为了方便对某个问题的理解和量化，也可以把独立完备的单个指标复合在一起，组成复合指标。

在具体选取指标时，往往把以上几个方法联合使用，本报告在选择乌江多枢纽航道船舶航行安全风险评价指标时，主要是按照目标层次分析展开法和因果法的思路，按照乌江多枢纽航道船舶航行安全评价的目标，按层次选取合理的指标，建立乌江多枢纽航道船舶航行安全评价指标体系的大致层次，并且在选取指标准则的指导下，采用其中合理、科学、可操作性强、描述性好的指标，对于一些不容易操作、主观性较强的一些次要指标进行删减，并补充其中缺少的评价方面的有关指标。

3)评价指标体系的建立

由于水上交通安全是一个由多子系统有机结合而成的复杂系统，故水上交通安全系统的风险评价应遵从安全系统工程的方法、观点及理论。事实上，几乎所有的水上交通事故都是在人、机、环境、管理这些要素的相互作用之下发生的，从而出现一些人们意料之外的或是并不希望其发生的破坏性甚至灾难性的事件。为了减少或避免水上交通事故的发生，必须有效地控制人、机、环境、管理这些因素，并协调好他们之间的相互关系。若从人(船员)、机(船舶)、环境(乌江多枢纽航道水上交通通航环境)、管理(海事主管部门、船公司)的角度来考虑乌江多枢纽航道水上交通安全系统的安全性情况，则该系统可以分为人、机、环境和管理四个子系统，系统结构如图 9.3 所示。

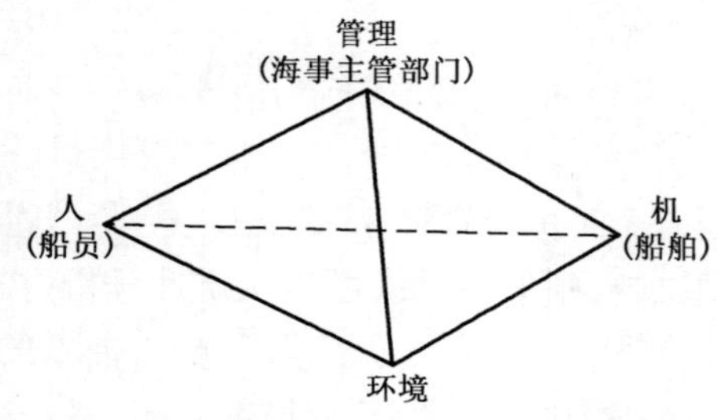

图 9.3　乌江多枢纽航道水上交通安全系统结构

由图 9.3 可知乌江多枢纽航道水上交通安全系统基本要素结构是由人(船员)、机(船舶)、环境(乌江多枢纽航道水上交通通航环境)和管理(海事主管部门、船公司等)这四大要素构成的四面体结构(MMEM 系统)。通过对引发水上交通事故的多种因素的研究表明,大部分水上交通事故是由人、机、环境、管理中两个或两个以上的因素造成的。因此,在对乌江多枢纽航道水上交通安全进行风险评价时,应当尽量把所有的因素都考虑进去,寻找出导致事故发生的各因素间的相互关系,继而为保障乌江多枢纽航道的水上交通安全提供合理可靠的依据。

根据第 9 章对多枢纽航道船舶航行安全风险因素的识别和本节前述评价指标的选取原则,经过调研和征求专家意见,建立如表 9.1 所示的一套乌江多枢纽航道船舶航行安全风险评估指标体系,选取了 24 个指标用来描述乌江多枢纽航道船舶航行安全状况。需要说明的是,由于各影响因素之间相互制约,导致每个指标与其影响因素之间并非一一对应的关系,一个指标往往受到多个因素的影响。

乌江多枢纽航道船舶航行安全风险评估指标体系　　表 9.1

系统层	人的因素	船舶因素	环境因素	管理因素
指标层	船员文化程度 船员安全意识 船员适任能力 船舶配员	船舶数量与类别 船龄 船舶大型化 “四客一危”船舶数量	雾天 大风天 波浪 枢纽及过船设施 航运配套设施 跨河建筑物 枢纽调峰调度 航道条件 洪、枯水影响 地质灾害	管理制度制定 过船设施调度管理 部门间联动协调机制 航运公司安全管理 海事监管设施设备 水上搜救能力

4)模糊评价集的构建

(1)因素集的构建

因素集 $\boldsymbol{U}$ 是由影响评价对象的各个因素组成的集合:

$$\boldsymbol{U} = \{u_1, u_2, u_3 \cdots u_{\mathrm{m}}\} \tag{9.1}$$

设第一层次评价指标为 $\boldsymbol{U}=\{u_1, u_2, u_3 \cdots u_{\mathrm{m}}\}$,构建第一层危险因素集,由 4.3.4 节中的有关内容可知:

$\boldsymbol{U}$=(人为因素 u_1,船舶因素 u_2,环境因素 u_3,管理因素 u_4)

同理可以构建第二层次危险因素集,如下:

$\boldsymbol{U}_1$=(船员文化程度 U_{11},船员安全意识 U_{12},船员适任能力 U_{13},船舶配员 U_{14})

$\boldsymbol{U}_2$=(船舶数量与类别 U_{21},船龄 U_{22},船舶大型化 U_{23},“四客一危”船舶数量 U_{24})

$\boldsymbol{U}_3$=(雾天 U_{31},大风天 U_{32},波浪 U_{33},枢纽及过船设施 U_{34},航运配套设施 U_{35},跨河建筑物 U_{36},枢纽调峰调度 U_{37},航道条件 U_{38},洪、枯水影响 U_{39},地质灾害 U_{310})

$\boldsymbol{U}_4$=(管理制度制定 U_{41},过船设施调度管理 U_{42},部门间联动协调机制 U_{43},航运公司安全管理 U_{44},海事监管设施设备 U_{45},水上搜救能力 U_{46})

(2)评价集的构建

评价集 $\boldsymbol{V}$ 是对评价对象可能做出的评价结果所组成的集合:

$$\boldsymbol{V} = \{v_1, v_2, v_3, \cdots, v_n\} \tag{9.2}$$

模糊综合评价的目的是通过对评价对象的影响因素进行分析后，从评价集中得到评价结果。本书将多桥梁河段水上交通安全的总体评价等级分为五个等级，即：$\boldsymbol{V} = \{v_1, v_2, v_3, \cdots, v_n\} = \{1,2,3,4,5\}$

其中1、2、3、4、5实际上表示模糊数，用模糊数来表示一些模糊概念的目的是为了对评价结果进行量化处理。1、2、3、4、5分别对应的各评语等级，如表9.2所示：

模糊评价等级表　表9.2

评价值	风险等级	评价值	风险等级
1	风险很低	4	风险较高
2	风险较低	5	风险很高
3	风险一般		

9.1.2 评价指标的赋权

权重系数表示对某种事物重要程度的定量分配。权重系数是以某种形式对比、权衡被评价事物总体中诸因素相对重要性的量值。因此，权重系数在多指标评价中，有突出重点指标的作用，使多指标结构合理和组合，以实现整体最优。确定评价指标的权重系数是多指标综合评价中必须解决的问题。权重系数数值是否合理，直接影响着综合评价的结果。

1）常权与变权的关系

综合评价中，由于要从整体上反映评价系统的安全本质，从而涉及多个指标。这就存在一个问题，当其中一个至两个指标特别危险时，评价系统就会出现危险；而由于评价指标太多，无论采用何种综合方法（算子），都有可能使其中少数指标危险度被其他指标中和，使评价系统的危险度并不明显，从而失去了评价的公正性和客观性。主要因为无论指标的危险度值如何变化，指标权值总是不变的，权值以"不变"应"万变"，在实际应用中就不能突出问题的严重程度。而变权是指标权值因评价时空的变换而变化，在不同的条件下取不同的权值，即随指标危险度值的不同而变化。变权反映了指标的本质属性，解决了由于评价指标总数多而引起的评价不合理现象。本评价中可以采用变权的思想，及随着时间和情况的变化情况，评价者可以根据实际情况在专家调研的基础上实现权重的调整。

2）评价指标的无量纲化处理

安全评价目的是得出系统或单个指标的危险度。从评价指标体系中可看出，其意义和表现形式各不相同，指标之间不具可比性、综合性，必须对定量指标进行无量纲化处理，即把性质、量纲各异的指标转化为可以进行综合的一个相对数量化值。

3）确定权值

确定权值的方法很多，常见的有专家估测法、频数统计分析法、指标值法、层次分析法（AHP）和因子分析法等。这些方法有的富有浓厚的主观色彩，使评价结果失真，有的则工作量大，评价周期长。本书选用当前比较流行、通行的层次分析法，该方法具有思路简明、系统性强、需要数据信息较少且容易掌握等优点。

AHP分析法是20世纪70年代中期由美国运筹学家T. L. Seaty教授提出的一种定性与

定量结合的决策分析方法，它是一个将决策者对复杂系统的决策思维过程模型化、数量化的过程。

确定评价指标权重系数中有两个至关重要的问题：一是正确确定各评价指标的重要性排序，这是正确确定评价指标权重系数的基础。对这一步骤的优劣如能做出正确判断，就可以从根本上控制最终各评价指标权重的正确性和合理性；另一个是合理确定各评价指标间的权重分配比例。因为评价指标权重的分配比例大小差别也会影响评价结果，例如，评价指标 r_i 比 r_j 重要，但指标 r_i 权重系数取比 r_j"重要得多""重要"还是"略微重要"的值，对评价结果也可能会有影响。

多层次多指标的评价决策一般用主观权重去进行综合评价。由于普通人同时辨别事物能力的极限个数是 5～9，同一类型的同一层次的指标不能超过 9 个。根据心理学家的研究，人们区分信息等级的极限能力为 9，为此采用九级标度法，如表 9.3 所示。

九 级 标 度 法　　表 9.3

甲指标与乙指标比	极重要	很重要	重要	略重要	相等	略不重要	不重要	很不重要	极不重要
评价值	9	7	5	3	1	1/3	1/5	1/7	1/9

注：取 8、6、4、2、1/2、1/4、1/6、1/8 为上述评价值的中间值。

（1）采用 9 级标度法进行每两个因素之间相对比较，确定两两因素相比判断值。因素重要程度的判断值如表 9.4 所示。

因素重要程度的判断值　　表 9.4

因素 u_i，u_j 相比较	说　明	$f(u_i,u_j)$	$f(u_j,u_i)$
u_i 与 u_j 同等重要	u_i，u_j 对总目标有相同的贡献	1	1
u_i 比 u_j 稍微重要	u_i 的贡献稍大于 u_j，但不明显	3	1/3
u_i 比 u_j 明显重要	u_i 的贡献明显大于 u_j，但不十分明显	5	1/5
u_i 比 u_j 十分重要	u_i 的贡献十分明显大于 u_j，但不特别突出	7	1/7
u_i 比 u_j 极其重要	u_i 的贡献以压倒优势大于 u_j	9	1/9
u_i 比 u_j 处于上述两相邻判断之间	相邻两判断的折中	2,4,6,8	1/2,1/4,1/6,1/8

当 $f(u_i,u_j)>1$，说明 u_i 比 u_j 重要；$f(u_i,u_j)<1$，说明 u_j 比 u_i 重要；当且仅当 $f(u_i,u_j)=1$ 时，说明 u_i 与 u_j 同等重要，且约定 $f(u_j,u_i)=1/f(u_i,u_j)$。

（2）构造判断矩阵进行计算

通过两两因素的比较，得到 $f_{uj}(u_i)$，$f_{ui}(u_j)$，$i,j=1,2,\cdots,m$ 。令：

$$b_{ij}=\frac{f_{uj}(u_i)}{f_{ui}(u_j)},i,j=1,2,\cdots,m \tag{9.3}$$

由 $m\times m$ 个 b_{ij}，可构造判断矩阵 $\boldsymbol{B}$ 为：

$$\boldsymbol{B}=\begin{bmatrix} b_{11} & b_{12} & \cdots & b_{1\mathrm{m}} \\ b_{21} & b_{22} & \cdots & b_{2\mathrm{m}} \\ \cdots & \cdots & \cdots & \cdots \\ b_{\mathrm{m}1} & b_{\mathrm{m}2} & \cdots & b_{\mathrm{mm}} \end{bmatrix} \tag{9.4}$$

(3)确定因素权重系数 a_i

求出判断矩阵 $\boldsymbol{B}$ 的最大特征根及其对应的特征向量 $\xi=(x_1,x_2,\cdots x_{\mathrm{m}})$，取 u_j 作为因素 u_i 的重要程度系数（权重）a_i，必要时可对特征向量 $\xi=(x_1,x_2,\cdots x_{\mathrm{m}})$ 归一化，以 $\left[\frac{x_1}{\sum_{i=1}^{m}x_i},\frac{x_2}{\sum_{i=1}^{m}x_i},\cdots,\frac{x_{\mathrm{m}}}{\sum_{i=1}^{m}x_i}\right]$，作为因素的模糊权重向量 $A=(a_1,a_2,\cdots,a_{\mathrm{m}})$。

(4)进行一致性检验

在求出矩阵后必须通过计算一致性指标和检验系数来进行一致性检验，这是保证结论可靠性的必要条件。一致性指标 $\mathrm{CI}=\frac{\lambda_{\max}-n}{n-1}$，检验系数 $\mathrm{CR}=\frac{\mathrm{CI}}{\mathrm{RI}}$，其中 RI 是平均一致性指标，RI 是多次(大于 500 次)重复进行随机判断矩阵特征值的计算后取算术平均值得到的，后查表取得 CR 值，一般的当 CR＜0.1 时，可认为判断矩阵具有满意的一致性，否则需要重新调整判断矩阵。

为了能够更广泛地吸收专家的意见，在本研究中进行了专家调查，得到了合理的权重。专家的意见是其丰富实践经验的总结，是对客观事实的反映，且大量的调查能降低、避免和消除主观性的影响，从而比较客观地反映各因素的重要程度。

4)各层次指标权重

根据搜集到的专家咨询意见，根据前述确定权值的方法，计算得到各层次指标的权重如表 9.5所示。

各层次指标权重 表 9.5

系统层	指标权重	指标层	指标权重
人为因素	0.563 4	船员文化程度	0.354 7
		船员安全意识	0.407 3
		船员适任能力	0.132 9
		船舶配员	0.105 1
船舶因素	0.251 3	船舶数量与类别	0.223 6
		船龄	0.176 2
		船舶大型化	0.068 6
		“四客一危”船舶数量	0.531 6
环境因素	0.124 8	雾天	0.307 8
		大风天	0.144 5
		波浪	0.087 1
		枢纽及过船设施	0.048 9

续上表

系统层	指标权重	指　标　层	指标权重
环境因素	0.124 8	航运配套设施	0.030 1
		跨河建筑物	0.058 5
		枢纽调峰调度	0.035 2
		航道条件	0.127 8
		洪、枯水影响	0.099 0
		地质灾害	0.061 1
管理因素	0.060 5	管理制度制定	0.414 7
		过船设施调度管理	0.158 5
		部门间联动协调机制	0.136 6
		航运公司安全管理	0.099 3
		海事监管设施设备	0.136 2
		水上搜救能力	0.054 7

9.2　乌江多枢纽航道船舶航行安全风险评估分析

在利用模糊数学模型对多枢纽航道水上交通安全中的通航环境进行风险评价时，是从指标层的危险因素开始计算的。首先计算出指标层危险因素的隶属度，然后利用第 9.1 节中计算出的权重值来求得指标层危险因素的评价结果，并以此评价结果作为系统层危险因素的隶属度，同理计算，从而得到最后的评价结果。

本研究采用专家调查的方法构造指标层危险因素的隶属度，通过调研搜集到的乌江通航安全有关资料，选择实际的隶属度建立起相应的评价矩阵并计算出评价向量。

9.2.1　人为(船员)因素风险评估

1)船员文化程度

船员文化程度是表示船员素质和船员适任能力的重要指标，因此国际海事组织一般要求海员要接受过高等教育。通过对乌江沿江各地等级船员的情况进行调查，得到辖区船员文化程度普遍为初中及以下学历，具有高中及以上学历的很少，普遍存在文化素质低的现象。而且特别在客渡船船员中，很多船员的文化程度甚至更低，这给水上交通安全带来了很大的安全风险。这一问题在内陆地区山区通航水域较为普遍。

2)船员安全意识

人为因素是水上交通事故的主要因素，通过统计分析辖区历年事故发生的原因，大约80%以上的事故与人员因素有关。同时，通过上文对多起典型事故的分析来看，其中最主要原因就是船员安全意识差，工作态度和责任心较差，通常在经济利益的驱使下，冒险航行、超载航行、违规航行情况经常发生。安全意识淡漠是引发事故的最主要原因之一。

3)船员适任能力

船员适任能力是船舶安全的重要保障，主要指驾驶技能，包括操作能力、判断能力和应变能力等，该指标主要通过船员持证上岗情况进行衡量。船员一般需要达到一定的文化程度，并通过专业的培训来获得专业的船员适任证书来获得上船工作资格。在贵州省，船员文化水平不高，很多船员未经过专业培训及上岗，适任能力较差。特别是很多船舶为个体船舶和挂靠船舶，甚至不少是农用自用船，在节假日时用作客渡船，相关人员就没有专业证书，这使得水上交通安全情况变得十分复杂。

4)船舶配员

船舶配员是指船舶上的工作人员应满足《中华人民共和国船舶最低安全配员规则》(交通部〔2004〕7 号)的要求，以保证船舶安全航行的需要。由于内河船员工资较低，因此缺乏有效吸引力来引导人们从事这一行业。另外，随着近几年内河水运的快速发展，船员的发展也跟不上船舶的需求，许多个体船主受到利益的驱使，淡薄安全意识，多方面的原因使得船舶配员不足的现象普遍存在。船舶配员不足将导致其他船员工作强度增大，极易产生疲劳效应，船员情绪烦躁，责任心和工作积极性受到一定的打击，船舶维修保养工作不能正常开展，船舶状况将越来越差，从而导致恶性循环，给航行安全造成一定的风险。

因此，通过计算可得，人的因素评价矩阵为：

$$\boldsymbol{R}_1 = \begin{bmatrix} 0 & 0.3 & 0.3 & 0.4 & 0 \\ 0 & 0.2 & 0.5 & 0.2 & 0.1 \\ 0.2 & 0.4 & 0.3 & 0.1 & 0 \\ 0.3 & 0.4 & 0.3 & 0 & 0 \end{bmatrix} \tag{9.5}$$

而 $\boldsymbol{A}_1 = (0.3547, 0.4073, 0.1329, 0.1051)$，则能够计算出自然条件评价向量为：

$$\boldsymbol{B}_1 = \boldsymbol{A}_1 \cdot \boldsymbol{R}_1 = (0.0581, 0.2831, 0.3815, 0.2366, 0.0407)$$

9.2.2 船舶风险评估

1)船舶数量与类别

在船舶数量方面，由于目前水利枢纽建成后，有些过船设施还未建成，因此船舶只能在库区内航行，船舶数量也较少。船舶主要以“五小”船舶(小危险品船、小快艇、小渔船、小自用船、小货船等小型船舶)居多，这些船舶多由个体户、农民或渔民经营，是安全监督管理方面的一个难点。

在船型方面，根据对乌江航运发展的预测，未来乌江运输的货种主要包括煤炭、磷化工产品、矿建材料、水泥、氧化铝、硫黄及合成氨 6 大货种，其他类货物主要包括少量烤烟、石油、钢铁、金属矿石、木材、盐、粮食及其他货物。因此，乌江的主要船型为客船(60 客位、90 客位和 200 客位等)和驳船(300t 级、500t 级、单船、船队)，大量存在的以散货船和客船(客渡船、旅游船和高速船等)为主，另外，成库后相对标准化程度较高。但是在一段时间内，将存在新船与旧船、先进船与落后船、大型船队和自航船、高速船和低速船并存的混合交通格局。

2)船龄

船龄是反应船舶技术状况的重要指标，随着船龄的增加，船体结构强度等变差，船舶主机、舵机及其他设备、仪器的技术状况下降、故障增加，发生事故及险情的概率加大，特别是船龄高达 15 年以上的船舶，一般均已进入耗损失效期，故障将逐年增加。据相关统计，船龄与危险度的相关关系如表 9.6 所示。

船龄与危险度的相关关系　　表 9.6

	危险度				
	低	较低	一般	较高	高
船龄（年）	0～4	5～9	10～14	15～19	20 及以上
比例（渡船）（%）			59	18	23
比例（其他）（%）	24	17	14	11	34

3）船舶大型化

船舶大型化能够显著提高船舶的运输效率，但要求有与之配套的运输条件。乌江航道整治工程的实施将显著改善乌江航道的航行条件，给船舶大型化提供了条件，但船舶大型化后船舶航行所需航道宽度、航道水深、航道弯曲半径增加，也增加了过往船舶的避让难度，给船舶航行安全构成一定的风险。

随着乌江梯级枢纽的建设，航道标准将提高到Ⅳ级，最大可通行 500t 级的单船，未来考虑主要发展的也是 300～500t 级的单船以及驳船船队。因此，船舶大型化是乌江航运必然发展的必然趋势。

4）“四客一危”船舶数量

“四客一危”船舶是指客渡船、客滚船、高速客船、旅游船和危险品，其一旦发生事故可能导致的人员死伤和环境污染的严重后果，因此备受重视，也是安全风险监管的重点。目前，乌江航段客渡船最多，且低等级的客渡船多，旅游船和高速船近年来也发展较快，客滚船和危险品船极少，未来有可能出现。客渡船很多为义渡和半义渡，船舶多为私人所有，船龄老，缺乏有效的维护保养，甚至有些为农民“自制”，很不规范。另外这些船舶配置的设备不全，船舶的救生设备多数是泡沫做的救生块，由于管理不善，救生设备时有丢失和损坏，导致救生配备不足。因此，目前乌江航段普遍存在船型落后、结构不合理，抗风和度汛能力较差等问题，安全难以保障。贵州山区交通不便，当地群众有“转转场”的习俗，主要依靠水路交通。因此，总体来说该因素的风险大。

综上所述，可得到船舶因素评价矩阵为：

$$\boldsymbol{R}_2 = \begin{bmatrix} 0 & 0.2 & 0.4 & 0.3 & 0.1 \\ 0.1 & 0.4 & 0.4 & 0.1 & 0 \\ 0.2 & 0.4 & 0.2 & 0.2 & 0 \\ 0 & 0.2 & 0.4 & 0.2 & 0.2 \end{bmatrix} \tag{9.6}$$

而 $\boldsymbol{A}_2=(0.2236, 0.1762, 0.0687, 0.5316)$，则能够计算出自然条件评价向量为：

$$\boldsymbol{B}_2 = \boldsymbol{A}_2 \cdot \boldsymbol{R}_2 = (0.0314, 0.2490, 0.3863, 0.2048, 0.1287) \tag{9.7}$$

9.2.3　通航环境风险评估

1）雾天

大雾，特别是能见度小于 1 000m 的雾，将影响船舶瞭望，妨碍船舶安全航行。本研究河段雾日不多；遵义站多年平均雾日 21.5d；思南站多年平均雾日 24d，历年最多雾日 44d；沿河站多年平均雾日 17.2d，历年最多雾日 34d，但有雾当日时间不长。雾天造成能见度不良，给船舶航行安全构成一定影响。

根据事故/险情统计，船舶突遇浓雾时容易发生事故。如表 9.7 所示，参考实际情况，可对该指标进行评价。

能见度与危险度关系 表 9.7

	危险度				
	低	较低	一般	较高	高
能见度<1 000m/d	15 以下	15～25	25～40	40～50	50 以上

2）大风天

按照船舶航行的相关技术规范，当风力大于 6 级时，往往造成坝上江段停航，升船机停航，区间客渡运，货船在靠船墩及锚地避风，船舶压港，对通过能力、通航秩序影响大。目前，乌江流域全年地面盛行偏北风，年平均风速在 1.7～2.0m/s 之间，呈现上游大于下游趋势。特别是库区水域，局部地区时有突发大风发生，对船舶航行安全造成较大影响。

一般采用标准风天数（d/年）作为大风天的评价值。标准风天数＝年均 6～7 级风的天数＋15×8 级以上年均风的天数。根据事故/险情统计，标准风天数与危险度的关系如表 9.8 所示，参考实际情况，可对该指标进行评价。

标准风天数与危险度关系 表 9.8

	危险度				
	低	较低	一般	较高	高
标准风天数（d）	30 以下	30～60	60～100	100～150	150 以上

3）波浪

多枢纽的建设将增加水域面积，水域面积增加，为船舶向大型化、快速化发展提供了前提条件。船舶向大型化、快速化发展会导致船舶航行兴波增大。波浪增加对原有的小型船舶，特别是干舷很小的扁平舢板型船带来浪损威胁，对河道堤岸的破坏也越大，多枢纽的建设增大了库区波浪对船舶航行安全的影响。但一般而言，船舶发生浪损的概率相对较低。对于库区宽阔水域，风生浪是主要因素，因此对大风天（6 级以上）航行进行限制即可有效避免浪损；在其他水域，注意与涌浪区保持距离可有效避免浪损。

4）枢纽及过船设施

乌江的梯级开发形成了多座枢纽，枢纽是船舶汇聚疏散的节点，也是容易发生事故的地方。图 9.4 给出了坝区和过船设施中的主要风险区域。特别上下游引航道和升船机的建设，增大了船舶在引航道和过船设施内发生碰撞、挤卡事故的概率，对船舶航行安全构成较大影响，升船机和上下游引航道可能变成事故多发地。

图 9.4 过船设施和上下游航道事故多发地示意图

5)航运配套设施

随着乌江航运条件的改善,进出港船舶流量将增大,航运配套设施短缺情况将变得突出。航运配套设施主要是指航标配布、锚地、临时停泊区等。

以航标为例,目前乌江航道尚未建成与航道等级相匹配的完整的航标工程,给船舶航行带来一定的安全隐患。马洛渡至龚滩航道航标简陋,数量少,形式单一,只是在枯水季节于重点碍航滩险设置棒标;马洛渡至乌江渡和清水河航道是新建航道,航道设施为空白。乌江渡至龚滩全程无航标基地、航标工作船及其码头,也没有经过培训的专业航标人员,这将成为今后航标的设置与维护方面的一个亟待解决的问题。

同时,船舶过闸需在锚地待闸,锚地容量的问题将凸显,锚地锚泊容量的不足,极易造成锚泊船之间发生碰撞和搁浅等事故,船舶在锚地以外锚泊,不仅给船舶交通组织带来困难,且对港口正常通航秩序造成严重影响,极易引发水上交通事故,造成人命及财产损失。

目前,乌江上航运配套设施还较为缺乏,该方面造成的风险较大。

6)跨河建筑物

跨河建筑物主要包括桥梁、架空电缆、河底管线和隧道等。在桥区航行时,驾驶员要严格控制船舶偏航角,这样会增加驾驶员操船的心理压力。船舶禁止在通航孔内追越并行,因此通过该水域的时间较建桥之前有所增加,排队等让的现象时有出现,这样可能会进一步加大该水域内通航密度。夜间通过桥区时,驾驶员视线会受到桥上照明灯光等背景灯的影响和干扰,对航行安全也不利。特别在连续桥区等,对船舶操纵会有较大影响。

本研究河段内共有 12 座跨越乌江主航道的桥梁,其中乌江铁路桥、乌江大桥和乌江渡公路桥均位于研究河段起点上游。枢纽建成后各桥梁的净高都较高,能满足《内河通航标准》(GB 50139—2004)Ⅳ级航道要求。在净宽尺度方面,除回龙桥、乌江铁路桥不能满足Ⅳ级航道单向通航要求,沿河大桥、构皮滩乌江临时大桥、构皮滩乌江大桥、构皮滩铁索桥、乌江渡公路桥等均能满足Ⅳ级航道单向通航要求。本研究河段内共有跨河电话线、高压电线 42 处,据资料分析,在天然情况下其高度均能满足Ⅳ级航道规定的要求,但随着各枢纽的相继建成,其正常蓄水位比现在设计最高通航水位大大提高,部分架空电缆(据估算约有 20 处)将不能满足要求。本研究河段内尚无穿越河底的管线和隧道。

因此,桥梁、架空电缆的通航净空将给船舶航行安全构成一定的风险,特别是跨河电缆。

7)枢纽调峰调度

枢纽调峰调度对于乌江航道和船舶航行有明显的影响,表现在以下两方面:一是大乌江以下通航河段的枯水流量增大,航道条件有所改善。但枢纽调峰的无规律性使得下游航道水位时高时低,流速时大时小,造成泥沙时冲时淤,毫无规律。随着乌江渡及其以下各级枢纽的建成,它将完全改变来水来沙基本规律,而且会同其他河流的梯级一样,发电时大流量、高水位和变化频繁,不发电时下泄流量小,砂卵石河床演变复杂化,规划的航道线路将随着河床的演变而变化;二是由于电站调峰无规律,下泄非恒定流,航道水位随着流量的大小时高时低,流速时大时小,泥沙运动毫无规律,造成航道变化无常,船舶在运行中往往搁浅遇险和被迫等水停航,航运周期增长、周转率降低、营运成本增高、经济效益下滑,同时,港口作业船舶装卸货物及锚地泊船随着水情的变化,船舶位移频繁,不利于船舶安全。

8)航道条件

航道条件分析分为两个部分:一是成库后的回水区,二是回水区尚不能完全覆盖的航段。

枢纽建设后,枢纽上游形成库区,库区水位提高,回水区段库区航道条件得到极大改善,航道变迁、航槽不确定对船舶的安全通航影响降低,库区的形成改善了库区的船舶通航秩序。但由于滩槽变化较大,仍然存在航槽不稳、主泓摆动频繁、河床横向变形较小、纵向变形较明显、部分河段主支汊易位等情况,对船舶航行安全有一定影响。

对于回水区不能覆盖的航段,据相关统计资料,当乌江通航水域各枢纽建成后,其常年回水区形成优良的深水航道,但仅思林枢纽上水位和构皮滩枢纽坝下水位衔接,其他各相邻枢纽上、下游水位均不衔接,尚有 84km 变动回水区内共计 68 个滩险需要整治,这些地方仍然将给船舶航行安全带来不良影响。

由于河段基础设施、河流地质条件、航道条件及船舶自身条件的限制,以及部分船舶存在超载现象,在对航段内滩槽变化不了解的情况下,易造成船舶搁浅、触礁,进而倾覆的危险。

9)洪、枯水影响

从乌江流域各区间年最大洪水分布情况来看,越往下游乌江流域的汛期开始越早。江界河—思南区间 4 月份开始发生洪水,区间支流洞头水文站 4 月份曾发生过 1 次全年最大洪水。在 1959 年～2007 年的洪水系列中,江界河—思南区间 5 月份发生全年最大洪水 8 次,而上游的洪家渡水文站只有 3 次,徐家渡水文站和洪家渡—东风区间 5 月份甚至没有出现过年最大洪水。

乌江流域基本从 5 月份开始进入汛期,但总体来看洪水量级不大。乌江流域的大洪水主要发生在 6 月上旬至 7 月中旬,7 月下旬至 8 月下旬常出现夏旱,年出现最大洪水的次数不多,但由于洪水发生的偶然性,仍然有量级较大的洪水发生。乌江流域 9 月份常发生秋旱,发生年最大洪水的次数不多,但也可能出现量级较大的洪水。秋旱对乌江渡以下流域影响较为显著,乌江渡—江界河区间 9 月份没有发生过年最大洪水,江界河—思南区间 9 月份洪水均值小于 10 月份。乌江流域 9 月下旬至 10 月份常发生秋洪水,年最大洪水也可能出现在该时段,但总的来看洪水量级不大。11 月份流域进入稳定的退水期,流量变化不大。由于较大洪水主要发生在 6～8 月份,故可将 6～8 月份的洪水视为全年洪水。

乌江流域洪水主要由暴雨形成,暴雨集中在 5～10 月份。此期间暴雨急骤,河流比降大汇流迅速,洪水涨落快,洪峰形状尖瘦。副热带高气压每年季节性的位移和高空南支西风急流年内的消失和重建使得乌江干流 5～10 月份的洪水过程以双峰和复峰为主,洪峰持续时间在 3h 左右,较大洪水过程一般陡涨陡落。11 月份洪水量级较小,多为单峰形洪水过程。乌江水流条件给船舶航行安全构成较大风险。

枯水期由于水位下降使得航道出现大量淤泥,降低航道通行能力;加之船舶吨位较大,使得航速较慢,因此会造成船舶拥堵问题,对船舶航行安全构成较大影响。

10)地质灾害

地质灾害主要包括岸体滑坡、泥石流等。由于库区河段在枯水期实行高水位运行,在洪水期来临之前水位消落,水位落差产生库区消落带,增加了山体滑坡风险;滑坡产生的涌浪对航行及锚泊船舶有一定的威胁;山区暴雨易引发泥石流也对航行安全有一定影响。

乌江渡至龚滩河段处于峡谷和低山丘陵区,历史记载中发生过几次大崩岩造成断航。但总体而言,峡谷两岸岩石出露,风化破碎不明显,节理较发育,近年来未发生过滑坡等地质灾害现象,河床多为岩石,滑坡病害现象不甚突出。

综上所述,可得到环境因素评价矩阵为:

$$
\boldsymbol{R}_3 = \begin{bmatrix} 0 & 0 & 0.6 & 0.3 & 0.1 \\ 0 & 0.1 & 0.7 & 0.2 & 0 \\ 0 & 0.1 & 0.8 & 0.1 & 0.1 \\ 0 & 0.1 & 0.9 & 0 & 0 \\ 0.5 & 0.3 & 0.2 & 0 & 0 \\ 0.3 & 0.3 & 0.3 & 0.1 & 0 \\ 0.5 & 0.3 & 0.2 & 0 & 0 \\ 0 & 0.2 & 0.6 & 0.2 & 0 \\ 0 & 0.1 & 0.6 & 0.3 & 0 \\ 0 & 0.1 & 0.6 & 0.2 & 0 \end{bmatrix} \tag{9.8}
$$

而 $\boldsymbol{A}_3$=(0.307 8,0.144 5,0.087 1,0.048 9,0.030 1,0.058 5,0.035 2,0.127 9,0.099 0,0.061 1),则能够计算出自然条件评价向量为:

$$
\boldsymbol{B}_3 = \boldsymbol{A}_3 \cdot \boldsymbol{R}_3 = (0.056\ 3, 0.106\ 8, 0.602\ 9, 0.203\ 3, 0.030\ 8) \tag{9.9}
$$

9.2.4　安全管理风险评估

1)管理制度制定

管理制度的是水路运输安全的重要保障,其完善程度直接影响水路运输的安全和高效运营。近年来,贵州省航务管理局积极贯彻《航道养护管理规定》(交水发〔2010〕756 号)、《内河航道维护技术规范》(JTJ 287—2005)和《贵州省水路交通条例》等法律法规,出台了《贵州省内河航运发展规划》,具体对乌江主通道的养护、管理、应急、保护及考核等各方面提出规范管理措施。各市州航道管理部门结合辖区实际制定了相应的规章制度。管理制度的完善将有利于提升监管水平,有利于更好地保障船舶航行安全。目前,针对乌江航运未来发展可能出现的新的问题,如过船设施调度、水利调度的联系制度、过坝转运等急需出台相关管理规定。

2)过船设施调度管理

过船设施是水路运输的重要节点,科学的过船设施调度管理将减少船舶通过时间,提高过船设施运行效率,提高过船设施通过能力,避免出现拥挤的现象,从而减少船舶事故发生的概率。

以福建水口电站为例,该电站拥有世界第二大垂直升船机。自运营以来,通过不断探索经验、提升管理水平,根据通航水位曲线变化、过坝船只的数量和待闸时间分布,优化船舶排档流程,制定细致、周密的过闸计划和安全运行具体措施,目前保证每天通航时间不少于 22h,2013 年即达到了单日运行 17 闸次的水平。目前乌江上的升船机彭水电站的已投入运营,但由于过船量少,还未得到有效检验。未来乌江水运发展后,这一问题将成为影响安全的重要问题。

3)部门间联动协调机制

部门间联动协调机制不畅,不能及时将信息迅速传递给过往船只,易导致发生事故,如放水时水位下降会使连接船体与江岸的锚丝对船舶产生拉力导致船体倾斜甚至倾覆。在未来船舶交通流增加时,不利于近坝区域上下游船舶水上交通安全管理,船舶容易积压造成安全隐患。部门间联动协调机制的不畅将会大大增加事故发生率。

乌江渡、构皮滩、思林水电枢纽建成后,由于电站调峰无规律,下泄非恒定流,航道水位随着流量的大小时高时低,流速时大时小,泥沙运动毫无规律,造成航道变化无常,营运船舶在运行中往往搁浅遇险和被迫等水停航,航运周期增长、周转率降低、营运成本增高、经济效益下滑,同时,港口作业船舶装卸货物及锚地泊船随着水情的变化,船舶位移频繁,危及航行安全。

因此,为确保航行安全,应建立各水电枢纽与有关部门的联动机制,设立水情预报台站,定期召开联席会等。

4)航运公司安全管理

贵州乌江各航运公司规模偏小,自有船舶比例较小,大多为挂靠船舶,公司缺乏高素质的船舶管理人员,管理人员不到位,安全管理水平不高,对所属船舶缺少有效跟踪和监督,"挂而不管,管而不到位"的现象普遍存在,船员大多为临时雇用船员,流动性很高。船舶日常营运通常由真正的船东调度指挥,得不到公司有效的岸基支持。无法正确处理好安全与生产的关系,往往只注重经济效益而忽略对船舶安全的管理,存在很大的风险。

随着贵州航运的发展,类似金州港船舶运输公司一类的大型航运企业发展起来,这将使得航运公司的管理水平得到有效提升。

5)海事监管水平

主要通过监管设施设备和海事人员两方面来体现。

随着社会经济的发展,船舶流量的急剧增长,水上巡航和执行应急反应的需求越来越高,这些对海事监管设施设备提出了更高的要求。辖区目前配备的海事监管设施设备还不能充分满足海事监管日常需要,还不能达到随时可用的执法需求,因此存在一定的海事监管风险。目前,贵州在龙滩库区建设了交通管理智能平台——数字航道综合应用系统,将信息技术引入海事监管,有力提升了管理水平和管理效率,目前贵州航务管理局也正在开展"贵州省航运综合信息管理系统研究",结合贵州省水路交通和省大数据、云交通建设实际,形成符合贵州实情、具有贵州特色的航运信息化建设与发展路线。

贵州航务管理部门属于"参公"管理单位,对于编制有严格的限制。而贵州省内通航水域的特征是点多、线长、面广,很多地方在山区,陆路交通难以到达,这使得海事监管人员相对不足。同时,部分县还存在海事人员在编在岗不在位的问题,对水上安全监管工作产生了一定影响。

6)水上搜救能力

由于历史原因和经济发展原因,海事管理部门虽作为地方政府水上搜救工作的机构,但没有专门的人员编制、办公设备和办公场所。救助力量弱,搜救的装备设施落后。目前,贵州省没有建立专业救助力量,搜救工作主要靠海事机构的监督艇和事故现场附近的各类船舶来完成,水上搜救能力建设滞后,将不利于及时有效地处置各类突发事件。

随着乌江(乌江渡～龚滩)航运建设工程的建设,目前与工程配套的水上搜救中心也开始建设,其装备水平和应急能力有较大提高。

综上所述，可得到管理因素评价矩阵为：

$$
\boldsymbol{R}_4=\begin{bmatrix}0 & 0 & 0.3 & 0.4 & 0.3\\ 0 & 0 & 0.6 & 0.4 & 0\\ 0 & 0.1 & 0.5 & 0.4 & 0\\ 0.1 & 0.2 & 0.5 & 0.2 & 0\\ 0 & 0.1 & 0.6 & 0.3 & 0\\ 0.2 & 0.2 & 0.5 & 0.1 & 0\end{bmatrix} \tag{9.10}
$$

而 $\boldsymbol{A}_4=(0.4147,0.1585,0.1366,0.0993,0.1362,0.0547)$，则能够计算出自然条件评价向量为：

$$
\boldsymbol{B}_4=\boldsymbol{A}_4\cdot\boldsymbol{R}_4=(0.0209,0.0581,0.4465,0.3501,0.1244)
$$

9.2.5　乌江多枢纽航道船舶航行安全评估

系统层危险因素的隶属度就是指标层危险因素计算出的评价向量，由此可以得出乌江干流多枢纽航道水上交通安全的评价矩阵为：

$$
\boldsymbol{R}=\begin{bmatrix}0.0581 & 0.2831 & 0.3815 & 0.2366 & 0.0407\\ 0.0314 & 0.2490 & 0.3863 & 0.2048 & 0.1287\\ 0.0563 & 0.1068 & 0.6029 & 0.2033 & 0.0308\\ 0.0209 & 0.0581 & 0.4465 & 0.3501 & 0.1244\end{bmatrix} \tag{9.11}
$$

而 $\boldsymbol{A}=(0.5634,0.2513,0.1248,0.0605)$，则能够计算出乌江多枢纽航道水上交通安全的最终评价向量为：

$$
\boldsymbol{B}=\boldsymbol{A}\cdot\boldsymbol{R}=(0.0489,0.2389,0.4143,0.2313,0.0666) \tag{9.12}
$$

根据模糊评价集的构建原则，利用设定的等级向量参数 G 对贵州乌江干流多枢纽航道船舶航行安全的最终评价向量进行清晰化，从而可以知道目前乌江干流多枢纽航道船舶航行安全的风险状况。

$$
M=\boldsymbol{B}\cdot\boldsymbol{G}=(0.0489,0.2389,0.4143,0.2313,0.0666)\cdot\begin{pmatrix}1\\2\\3\\4\\5\end{pmatrix}=3.0278 \tag{9.13}
$$

可见，乌江干流多枢纽航道船舶航行安全状态为“较高风险”，接近“中等风险”水平。

9.2.6　水上交通事故的发展趋势分析

由于水上交通事故成因发生了变化，根据国内外多枢纽航道水域水上交通事故的特点，结合前节对于风险的分析结果，分析多枢纽航道水上交通事故将发生如下变化：

(1)事故数量下降。成库后和成库前相比，事故数、险情数等都将明显下降，这主要是由于成库后，通航环境得到了很大的改善，事故数量将减少。

(2)成库后的单事故经济损失和死亡人数将显著增加。主要是因为成库后，船舶大型化的趋势明显，因此一旦发生事故，导致单事故经济损失和伤亡人数将明显增加。

(3)事故的类型将发生变化。原来库区的事故多为搁浅事故,随着库区水深的增加、非经营性船舶的出现和船舶流量的增加,船舶碰撞、触损和浪损等方面事故比重将会增加。但水域面积扩大后,会形成新的浅滩,搁浅事故仍可能发生。

(4)库区事故和险情将更具季节性和区域差异性。库区将会出现季节性的恶劣天气,这会对库区船舶航行造成严重影响,使库区的交通事故也呈现出季节性、区域差异性。

(5)水上应急救援难度增大。由于航道水深增大后,船舶应急救援难度增大,同时船舶种类的增加将给库区水上应急救援带来更大的挑战。

(6)枢纽运行后,升船机事故风险增加。升船机运行后,存在启闭机或液压系统、集控室、消防系统和闸室等方面的风险,船舶在升船机附近发生事故的风险增加。

第10章 乌江梯级航运综合运输安全性仿真分析评估

乌江航道通航设施存在着建设进度不一致、通过时间不一致、通航流量不一致等问题，将直接形成“短板”效应；而随着沿江经济发展，不断增长的运输需求与枢纽通航设施通过能力之间的矛盾将日益凸现。从国内外内河梯级开发的情况来看，船闸发生堵航成为影响水路运输发展、造成交通瓶颈、产生各类事故的重要原因。因此，为了最大限度地提高乌江通航设施运行效率，充分发挥乌江的水运优势，科学论证多梯级枢纽开发所带来的堵航风险已成为重要研究内容。

乌江航道多枢纽航道船舶堵航风险研究涉及复杂运输网络系统，由于系统的复杂性，构建的理论优化模型与实际可能会产生偏差，而计算机仿真技术的发展为其提供了手段。因此，本研究采用仿真模拟的新方法，在综合考虑多种过坝运输方式的优化运输组织模式下，对乌江航道多枢纽航道船舶堵航风险开展研究。

10.1 乌江梯级航运综合运输仿真系统概述

对于乌江多梯级枢纽航道船舶运输来说，系统仿真可以更好地理解系统在给定条件下的行为，反映出数学理论模型因其局限性而不能反映出的问题：

(1)在优化的过坝运输组织模式下，未来乌江水路运输货运量能否通过仿真模拟得以实现？

(2)是否存在运输系统瓶颈？堵航风险最大的位置在什么地方？

10.1.1 系统边界及构成

仿真建模前应先明确系统的构成、边界、环境和约束。系统边界，即系统包含的功能与系统不包含的功能之间的界限。在仿真建模之前的系统分析阶段必须定义系统边界，只有明确了系统边界，才能继续进行下面的分析、设计等工作。包含和不包含的功能以是否影响系统仿真目标实现为划分标准，在达到仿真目的的情况下尽可能的简化模型。仿真研究的航段是乌江航道通航航段，主要解决研究区域内航运组织所可能产生的运输瓶颈问题，多梯级枢纽区域货运组织仿真系统的重点应集中在货运组织与枢纽通过能力，所以系统由通航设施、港口、航道网及各类船舶构成。在研究区域内，上游最顶端为乌江渡枢纽，下游最底端为彭水枢纽，仿真系统只考虑从上、下游边界或各港区进入系统的船舶。仿真模型系统网络图见图10.1。

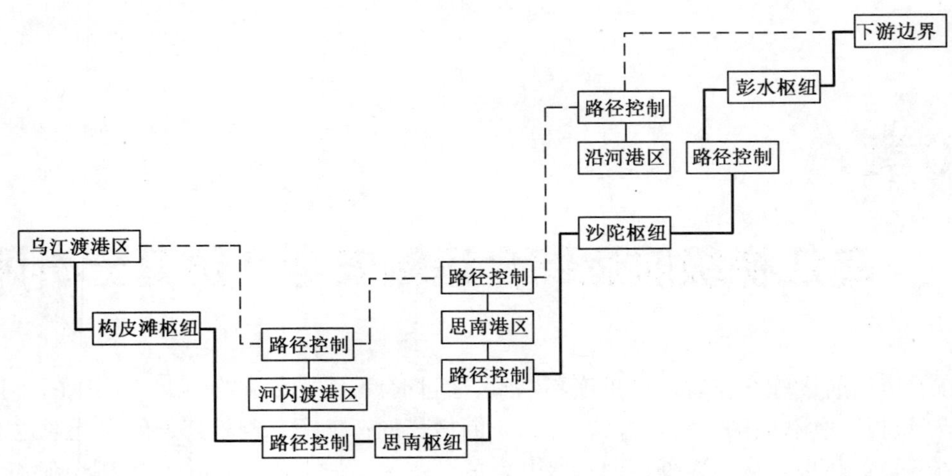

图 10.1　仿真模型系统网络图

10.1.2　系统特征

乌江航道多梯级枢纽区域运输系统是典型的离散事件系统，其主要特征为：

(1)船舶到达为离散事件。船舶实体到达港口或通航设施的时间是随机的，而且到达船舶的船型特征也是随机的。

(2)港口或通航设施的活动受离散事件的驱动。船舶实体到达通航设施会触发通航设施设备的占用，后来到达的船舶会形成排队，队列的长度也是离散变化的。同样，当船舶实体到达港口时也会引起泊位状态的变化、装卸设备的活动等。系统中，对系统内部状态变化起作用的是一些离散事件，而不是连续变化的量。

根据系统的边界、构成及乌江航道梯级枢纽区域货运系统的特征与其他离散事件系统一样，乌江航道多梯级枢纽区域离散事件的基本要素除所有系统都存在的基本要素以外，还存在几个特有的元素来帮助描述系统的特征。

1)实体

在乌江多梯级枢纽离散事件系统中的实体可分为两类，即临时实体和永久实体。临时实体指各类船舶，是系统中活动的部分，船舶按一定规则由系统外部到达系统，在系统中接受升船机及港口等永久实体的作用，按照一定的流程通过系统，最后离开系统。因此，临时船舶实体只在系统中存在一段时间即自行消失。而升船机及港口等永久实体是系统中固定的部分，永久实体也称为系统资源。系统中临时实体的到达和离开及实体之间的相互作用促使系统的内部状态发生变化。

2)属性

属性是实体行为相同或相近的特征描述，一般是实体所拥有的全部特征的一个子集，用特征参数或变量表示，可以作为属性的特征参数和变量通常可以分为 3 种：①实体的类型，如船型参数，包括类型及吨位等；②实体行为的描述，如船舶实体运行的方向、速度等；③实体对排队规则的影响。对船舶实体建立不同的“优先级”属性可以帮助建立“按优先级排队”的规则建立。

3)活动

离散事件系统中的活动,通常用于表示两个相邻的引起系统状态变化事件之间的过程。例如,船舶到达船闸事件与船舶接受服务事件之间为等候活动,而船舶开始接受过船设施服务到船舶通过过船设施完毕离开两个事件之间为服务活动。等候活动标志着在过船设施前船舶排队队列长度的变化,而服务活动则标志着船闸状态发生变化。一项活动因为某个事件开始,而活动结束时又产生另一个事件。

4)状态

对实体活动的特征状况或性态的描述,在乌江多梯级枢纽仿真模型中,船舶有"等待服务"和"接受服务"等状态,过船设施及港口泊位有"忙"和"闲"等状态。

5)事件

事件就是引起系统状态发生变化的瞬间操作或行为。只有在事件的作用下,系统状态才会发生变化。如当船舶到达过船设施,就可能使过船设施从"闲"状态变为"忙"状态,而若过船设施已是"忙"状态,新来的船舶只能等候,这就引起系统的另一状态,即等候通过过船设施的船舶数量发生变化。

6)进程

进程描述一个实体在系统中经历的完整过程,它包括若干个事件和若干项活动。一个进程描述了它所包括的事件及活动间的相互逻辑关系及时序关系。例如船舶通过升船机的例子中,船舶到达开始排队等候,到接受船闸而最终离开可称为一个进程。进程是事件与活动的组合。

10.1.3　系统仿真评价指标

乌江航道多梯级枢纽区域货运组织系统建模应该紧紧围绕仿真目标展开,侧重解决初始方案遇到的问题,而解决问题的途径是通过分析仿真运行后,得到一系列的运输系统服务水平指标,在 ARENA 运行过程中可以查看这些指标的实时值,运行结束后可以得到仿真报告,报告将以数据和图表的形式表示这些指标的平均值、极大极小值或方差。通过这些指标,可以评价乌江多梯级枢纽区域各功能区的服务情况,进而评价输入方案的优劣。这些指标包括:

(1)统计并分析多梯级枢纽区域运输系统中的港口泊位及通航建筑物的资源利用率;

(2)运输系统中港口、过船设施排队队列的量化指标,如排队长度和排队时间;

(3)仿真时段内各种船舶通过各级枢纽数量;

(4)运输系统仿真时段内完成的货运量;

(5)船舶通过整个多梯级枢纽区域的最大时间。

10.1.4　乌江航道船舶过闸仿真系统构建

在此仍选用 Arena 软件作为系统仿真的平台。采用第 8 章第 8.2 节阐述的方法,建立乌江航道 Arena 整体仿真模型、船舶生成子模型、港口子模块和升船机模型。

1)船舶生成子模块

为了模拟全年不同季度或月份运量的变化,每个港区货运发生点可设置多个船舶生成模块(create),每个船舶生成模块设置不同的船舶生成开始时间及各段时间中生成的船舶总数。

数学模型得到货运组织方案是各货类在各运输路径上运量及船舶航次数，方案模拟可以通过在仿真模型中设置不同船舶产生的数量来模拟各型船舶产生的航次数，表 10.1 是 A 港区船舶生产子模型所需输入参数，其他港区所需参数类型相同。

A 港区船舶生产子系统输入参数　　表 10.1

名　称	类　型	含　义
A_Shiptye	属性	船型
ton	属性	船舶载重量属性 disc(ton1,500,ton2,1000)(以散货船为例)
r_t1_cargo_Ha	变量	生成 500t 散货船占 A 港区生成总散货船数的比例
r_t2_cargo_Ha	变量	生成 1 000t 散货船占 A 港区生成总散货船数的比例
origin	属性	船舶货运起点
destination	属性	船舶货运终点
r_ship1_Ha	变量	A 港区产生散货船的比例
r_ship1_Ha	变量	A 港区产生集装箱船的比例
r_ship1_Ha	变量	A 港区产生滚装船的比例
V_starttime	变量	船舶生成模块开始生成船舶的时间(共有 3 个船舶生成模块，模拟全年不同时段船舶生成情况)
E_number	分布	各时段船舶生成模块生成船舶总数量
E_timeinterval	分布	各船舶生成模块生成船舶的规律分布

2)港口子模型

由于研究的重点并不在港口具体运行流程，各种港口装卸工艺具体包括岸边装卸机、水平运输机、堆场装卸机及其之间的调配过程都不在本书的研究范围之内，港口装卸过程将予以简化，即到本港口为船舶目的港时，船舶事件在到达本港口时即终止，当船舶为本港口始发港时，港口调用船舶生成子模块产生船舶，向上下游运输。

3)过船设施子模型

过船设施(升船机)的通过能力是影响货运组合方式最重要的因素，因此对过船设施运行过程的仿真模拟是本书研究的重点，对过船设施运行过程进行仿真之前必须考虑过船设施的服务过程。过船设施服务过程可以分为以下部分：到达过船设施并排队等待、进入引航道并开始进入过船设施、过船设施作业、船舶出过船设施、过船设施调整就绪至可接受下次船舶进箱。过船设施一次服务时间为一次船舶过船闸占用过船设施的所有时间，包括上述船舶通过过船设施的后 3 个过程。Arena 过船设施子模型仿真模型采用排队模型。

过船设施子模型运行流程：根据离散事件系统的定义，将过船设施子系统的进程划分为船舶分流进程、船舶排队进程、过船设施进程。

(1)船舶分流进程

船舶到达过船设施子模型时首先进入船舶分流进程，判断各类船舶的通过优先度，如果存在优先度高的船舶(如集装箱船运输的货物实效性较强，需要优先过坝)将直接调度该类船舶优先进入过船设施进程，其他船舶则根据先来后到的顺序，根据过船设施排队队列长度判断是直接进入过船设施进程还是进入锚地排队进程等待。

(2)船舶排队进程

船舶进入锚地排队进程后，将在锚地排队等待调度信号，然后过引航道进入过船设施进程。

(3)过船设施进程

船舶进入过船设施进程后，将在过船设施前排队等待进入，如果过船设施空闲则判断其位置(上行或下行)，如果在装载位置，将直接进入过船设施，如不在装载位置，将等待过船设施运行到装载位置。进入过船设施后，进行相关作业，最后船舶离开。船舶离开后，根据过船设施排队队列长度判断是否需要调度锚地船舶进入过船设施进程。

参数输入：过船设施子模型运行需要输入的基本参数有各枢纽过船设施承船厢装载移动时间时间、进出承船厢时间等。乌江航道多梯级枢纽区域锚地还处于规划状态，缺乏相应的经验数据统计，故引用其他枢纽数据进行参数设置，且假设各枢纽锚地情况相同。具体参数设置见表10.2。

过船设施子模型基本输入参数　　表10.2

名　　称	类　型	参　数　值
过船设施位置(初始位置在上游)	变量	1
当过船设施上下游排队船舶长度小于此数时调度锚地船舶通过	变量	6
每次接到信号后从锚地调度过船设施的船舶数	变量	3
从锚地同时出发的船舶启动间隔时间	分布	unif(1,3)
上行船舶进入系统直接航行到过船设施的时间	分布	tria(15,18,20)
下行船舶进入系统直接航行到过船设施的时间	分布	tria(15,18,20)
上行船舶从锚地航行到上游过船设施的时间	分布	tria(10,12,14)
下行船舶从锚地航行到下游过船设施的时间	分布	tria(10,12,14)
上行船舶进入系统航行到上游锚地的时间	分布	tria(3,5,7)
下行船舶进入系统航行到下游锚地的时间	分布	tria(3,5,7)
船舶进入过船设施的时间	分布	unif(4,6)
船舶离开过船设施的时间	分布	unif(4,6)
过船设施运行作业时间	分布	unif(5,7);
船舶从过船设施离开系统的时间	分布	tria(4,5,6)

10.2　乌江航道枢纽船舶通过过船设施仿真试验

10.2.1　参数输入

参数输入主要是把通过调研得到的各类运输系统参数和数学规划得到的预测货运量输入到仿真系统中进行仿真模拟。根据实际资料得到参数可以直接输入系统，如过船设施的运行时间、港口的卸货时间等。船舶的生成分布规律可以通过将年航次数除以一年的时间可以各起点船舶生成规律分布函数中所需要的参数。

乌江通航河段共有有沙沱、思林、构皮滩、彭水枢纽；上游紧接本河段的乌江渡枢纽已建成投产，该枢纽未建过船建筑物，只留有过船建筑物位置。沙沱、思林、构皮滩、彭水4座枢纽正在建设中，其过船建筑物与枢纽工程同步实施。枢纽通航设施建设将为船舶通航提供条件，而且为了合理利用通航设施船闸或升船机的有效面积，将促使船舶逐步标准化。从表2.4中可以看出，各通航设施过船设施有效尺寸较小，一次装载只能容纳一条船，使得顶推等内河常用船舶货运组织方式无法实现，只能考虑自航船过通航设施运输。

10.2.2 仿真实验方案

根据第6章第6.2节的分析结果，以2020年乌江水路运输组织方案为基准（见表6.6～表6.8），共设置了五组方案（见第10.3节）来仿真计算各种情况下过船设施的运行情况。

10.3 仿真结果分析

10.3.1 方案一仿真运行结果

仿真设置：2020年运量，过船设施工作8h，过船设施按设计运行时间运行，其中无船运行时间为带船工作的2/3。

方案一代表的是2020年平均月份货运量时过船设施通过能力仿真试验的情况，仿真试验的数据结果如表10.3所示，对于各指标分析如下。

方案一仿真试验数据结果　　表10.3

枢纽名称	平均排队时间(h)		最大排队时间(h)		平均排队长度(m)		最大排队长度(m)		过船设施利用率
	上行	下行	上行	下行	上行	下行	上行	下行	工作时段
构皮滩	25.28	36.74	31.56	50.33	24	32	38	57	0.92
思林	2.45	3.54	4.07	4.78	5	14	8	22	0.57
沙沱	11.02	17.43	14.54	19.25	11	21	18	30	0.89
彭水	2.29	0.92	3.38	1.68	4	2	6	4	0.48

1）过船设施利用率

由于上下行船舶流量不平衡，空载运行的存在导致过船设施利用率不均衡，运输较为繁忙的为构皮滩和沙沱过船设施，分别达到了92%和89%的利用率，而思林、彭水的利用率均为50%左右。

2）船舶平均等待时间

船舶平均等待时间是衡量过船设施堵航的重要指标，由此仿真结果如图10.2所示。各过船设施船舶等待时间不均衡，其中彭水、思林电站的船舶等待时间较短，平均为1～4h；沙陀等待的船舶等待时间较长，上行为11h，下行为18h；构皮滩的船舶等待时间最长，上行为25h，下行为36h。船舶等待时间长，船舶堵航情况较为严重。

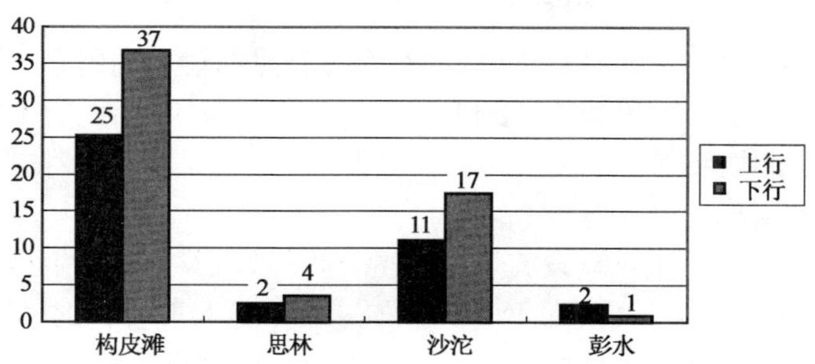

图 10.2 方案一仿真船舶平均等待时间结果(单位:h)

3)等待舶平均数量

等待船舶平均艘次是衡量过船设施堵航的重要指标,由此仿真结果如图 10.3 所示。一般而言,下行船舶等待艘次较上行船舶等待艘次多。彭水枢纽等待船舶首次最小,为 2～4 艘;思林枢纽等待船舶首次较大,上行为 5 艘,下行为 14 艘;沙陀枢纽等待艘次下行船舶超过 20 艘;构皮滩枢纽船舶等待艘次最多,上下行分别达到了 24 艘和 32 艘。等待船舶多,船舶堵航情况较为严重。

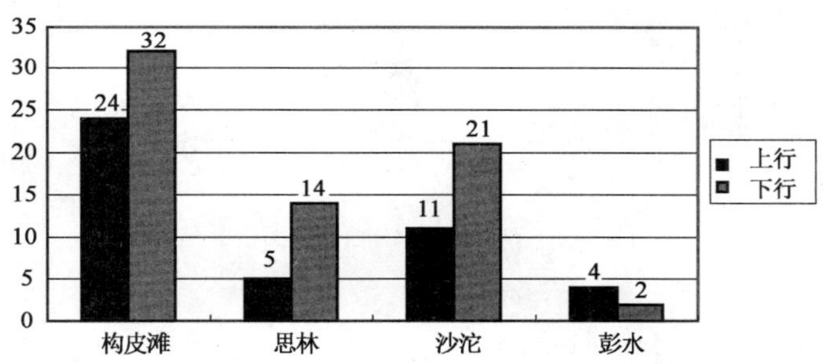

图 10.3 方案一仿真等待船舶平均艘次结果(单位:艘)

10.3.2 方案二仿真运行结果

仿真设置:2020 年运量,过船设施工作 9h,按设计运行时间运行,其中无船运行时间为带船工作的 2/3。

方案二代表的是 2020 年平均月份货运量时过船设施通过能力仿真试验的情况,仿真试验的数据结果如表 10.4 所示,对于各指标分析如下。

方案二仿真试验数据结果　　表 10.4

枢纽名称	平均排队时间(h)		最大排队时间(h)		平均排队长度(m)		最大排队长度(m)		过船设施利用率
	上行	下行	上行	下行	上行	下行	上行	下行	工作时段
构皮滩	23.12	34.21	30.43	49.21	24	31	37	55	0.91
思林	2.13	3.20	3.74	4.21	5	13	8	21	0.57
沙沱	10.87	16.98	13.99	19.11	10	21	18	29	0.90
彭水	1.97	0.89	3.24	1.51	4	2	6	3	0.50

1)过船设施利用率

由于上下行船舶流量不平衡，空载运行的存在导致过船设施利用率不均衡，增加了过船设施运行时间后，运输较为繁忙的为构皮滩和沙沱过船设施，分别达到了 91%和 90%的利用率，而思林、彭水的利用率均为 50%～60%。

2)船舶平均等待时间

船舶平均等待时间是衡量过船设施堵航的重要指标，随着过船设施运营时间的增长，船舶等待时间有所减少，仿真结果如图 10.4 所示。各过船设施船舶等待时间不均衡，其中，彭水、思林电站的船舶等待时间较短，平均为 1～3h；沙陀过船设施的船舶等待时间较长，上行为 11h，下行为 17h；构皮滩的过船设施等待时间最长，上行为 23h，下行为 34h。船舶等待时间长，船舶堵航情况较为严重。可见，由于每次升船机只能过坝 1 艘船舶，因此延长升船机运营时间后，对船舶平均等待时间改善不是很大。

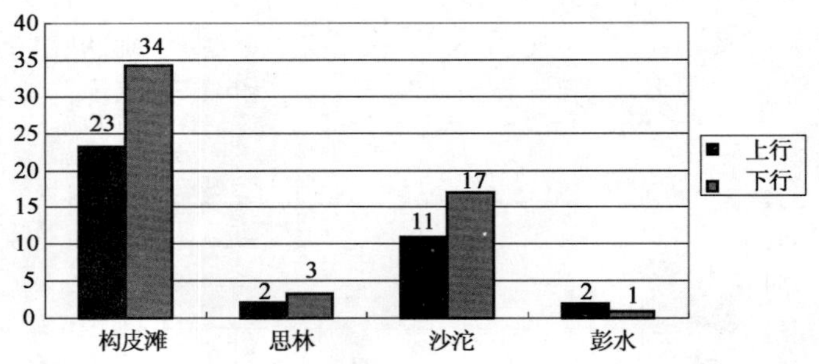

图 10.4　方案二仿真船舶平均等待时间结果(单位:h)

3)等待船舶平均数量

等待船舶平均艘次是衡量过船设施堵航的重要指标，延长升船机服务时间能减少等待船舶平均数量，仿真结果如图 10.5 所示。一般而言，下行船舶等待艘次较上行船舶等待艘次多。彭水等待船舶数量最小，为 2～4 艘；思林过船设施等待船舶数量较大，上行为 5 艘，下行为 13 艘；沙陀过船设施等待艘次下行船舶平均数量为 21 艘，上行船舶数量相对较少，为 10 艘；构皮滩过船设施船舶等待艘次最多，上下行分别达到了 24 艘和 31 艘。等待船舶多，船舶堵航情况较为严重。因此，延长升船机运营时间后，对平均等待船舶数量改善不是很大。

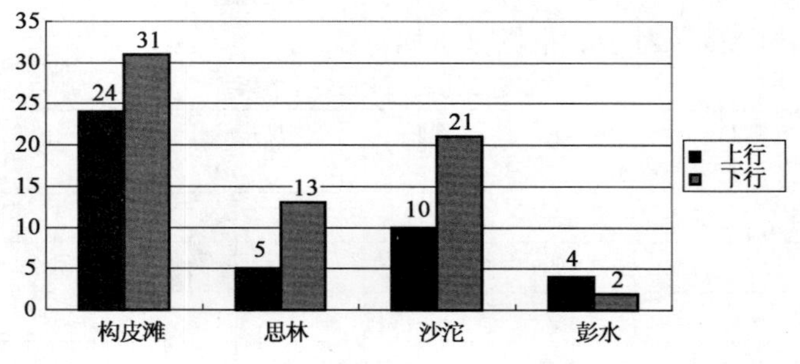

图 10.5　方案二仿真等待船舶平均艘次结果(单位:艘)

10.3.3　方案三仿真运行结果

仿真设置：2020 年运量，过船设施工作 10h，各闸按设计运行时间运行，其中无船运行时间为带船工作的 2/3。

方案三代表的是 2020 年平均月份货运量时过船设施通过能力仿真试验的情况，仿真试验的数据结果如表 10.5 所示，对于各指标分析如下。

方案三仿真试验数据结果　　表 10.5

枢纽名称	平均排队时间(h)		最大排队时间(h)		平均排队长度(m)		最大排队长度(m)		过船设施利用率
	上行	下行	上行	下行	上行	下行	上行	下行	工作时段
构皮滩	22.21	33.83	29.88	48.91	23	30	36	54	0.91
思林	2.11	3.18	3.66	4.14	5	13	7	20	0.59
沙沱	10.77	16.54	13.21	18.94	9	20	17	29	0.90
彭水	1.88	0.84	3.22	1.49	4	2	6	3	0.50

1)过船设施利用率

由于上下行船舶流量不平衡，空载运行的存在导致过船设施利用率不均衡，增加了过船设施运行时间后，运输较为繁忙的为构皮滩和沙沱过船设施，利用率均为 90%左右，而思林、彭水的利用率均为 50%～60%。

2)船舶平均等待时间

船舶平均等待时间是衡量过船设施堵航的重要指标，随着过船设施运营时间增大为 10h，船舶等待时间有所减少，仿真结果如图 10.6 所示。各过船设施船舶等待时间不均衡，其中彭水、思林电站的船舶等待时间较短，平均为 1～3h；沙陀过船设施的船舶等待时间较长，上行为 11h，下行为 17h；构皮滩的过船设施等待时间最长，上行为 22h，下行为 34h。船舶等待时间长，船舶堵航情况较为严重。可见，由于每次升船机只能过坝 1 艘船舶，因此延长升船机运营时间后，对船舶平均等待时间改善不是很大。

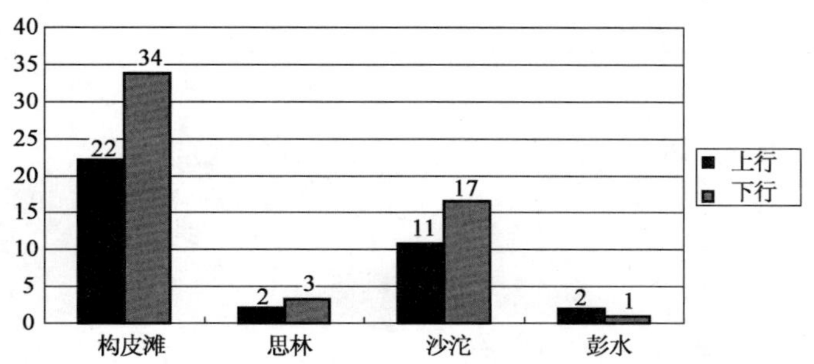

图 10.6　方案三仿真船舶平均等待时间结果(单位：h)

3)等待船舶平均数量

等待船舶平均艘次是衡量过船设施堵航的重要指标，延长升船机服务时间能减少等待船舶平均数量，仿真结果如图 10.7 所示。一般而言，下行船舶等待艘次较上行船舶等待艘次多。彭水等待船舶数量最小，为 2～4 艘；思林过船设施等待船舶数量较大，上行为 5 艘，下行为 13

艘;沙陀过船设施等待艘次下行船舶平均数量为 20 艘,上行船舶数量相对较少,为 9 艘;构皮滩过船设施船舶等待艘次最多,上下行分别达到了 23 艘和 30 艘。等待船舶多,船舶堵航情况较为严重。因此,延长升船机运营时间后,对平均等待船舶有一定改善。

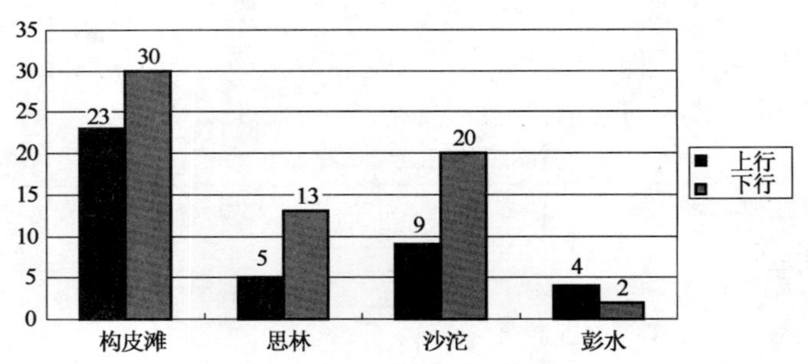

图 10.7 方案三仿真等待船舶平均艘次结果(单位:艘)

10.3.4 方案四仿真运行结果

仿真设置:2020 年运量,过船设施工作 9h,单次通过时间为缩减 10%,其中无船运行时间为带船工作的 2/3。

方案四代表的是 2020 年平均月份货运量时过船设施通过能力仿真试验的情况,仿真试验的数据结果如表 10.6 所示,对于各指标分析如下。

方案四仿真试验数据结果 表 10.6

枢纽名称	平均排队时间(h)		最大排队时间(h)		平均排队长度(m)		最大排队长度(m)		过船设施利用率
	上行	下行	上行	下行	上行	下行	上行	下行	工作时段
构皮滩	20.13	30.12	28.14	46.52	20	28	32	49	0.93
思林	1.95	2.98	3.11	4.01	4	11	6	17	0.61
沙沱	10.1	15.87	12.84	17.88	8	18	16	28	0.91
彭水	1.54	0.81	3.04	1.32	3	2	5	3	0.52

1)过船设施利用率

由于上下行船舶流量不平衡,空载运行的存在导致过船设施利用率不均衡,提高了过船设施运行效率后,运输较为繁忙的为构皮滩和沙沱过船设施,利用率均为 90%左右,而思林、彭水的利用率提高为 52%~61%。

2)船舶平均等待时间

船舶平均等待时间是衡量过船设施堵航的重要指标,随着过船设施营运效率的提高,单次过闸时间减少,船舶等待时间有所减少,仿真结果如图 10.8 所示。各过船设施船舶等待时间不均衡,其中,彭水、思林电站的船舶等待时间较短,且变化不大,平均为 1~3h;沙陀过船设施的船舶等待时间较长,上行为 10h,下行为 16h;构皮滩的过船设施等待时间最长,上行为 20h,下行为 30h。船舶等待时间长,船舶堵航情况较为严重。可见,由于每次升船机只能过坝 1 艘船舶,因此提高升船机营运效率后,对船舶平均等待时间改善有较大作用。

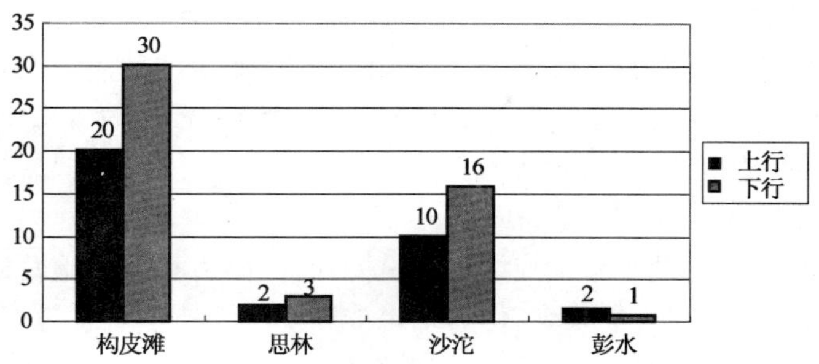

图 10.8　方案四仿真船舶平均等待时间结果(单位:h)

3)等待船舶平均数量

等待船舶平均艘次是衡量过船设施堵航的重要指标,提高等待船舶平均数量能减少等待船舶平均数量,仿真结果如图 10.9 所示。一般而言,下行船舶等待艘次较上行船舶等待艘次多。彭水等待船舶数量最小,为 2~3 艘;思林过船设施等待船舶数量较大,上行为 4 艘,下行为 11 艘;沙陀过船设施等待艘次下行船舶平均数量为 18 艘,上行船舶数量相对较少,为 8 艘;构皮滩过船设施船舶等待艘次最多,上下行分别达到了 20 艘和 28 艘。等待船舶多,船舶堵航情况较为严重。因此,提高升船机运营效率后,对平均等待船舶改善较为明显。

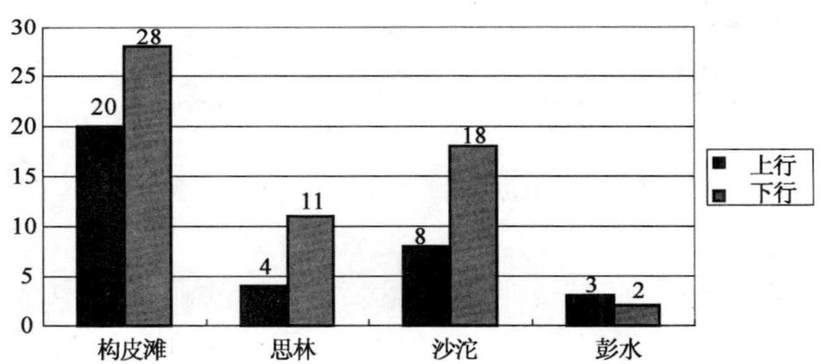

图 10.9　方案四仿真等待船舶平均艘次结果(单位:艘)

10.3.5　方案五仿真运行结果

仿真设置:2020 年运量,过船设施工作 10h,单次通过时间为缩减 20%,其中无船运行时间为带船工作的 2/3。

方案五代表的是 2020 年平均月份货运量时过船设施通过能力仿真试验的情况,仿真试验的数据结果如表 10.7 所示,对于各指标分析如下。

方案五仿真试验数据结果　　表 10.7

枢 纽 名 称	平均排队时间(h)		最大排队时间(h)		平均排队长度(m)		最大排队长度(m)		过船设施利用率
	上行	下行	上行	下行	上行	下行	上行	下行	工作时段
构皮滩	15.22	26.14	24.63	41.24	17	26	26	38	0.93
思林	1.12	1.88	2.31	2.98	3	8	4	14	0.63
沙沱	8.42	13.66	10.12	15.28	6	14	14	25	0.91
彭水	1.01	0.66	2.24	1.02	2	1	3	2	0.54

1)过船设施利用率

由于上下行船舶流量不平衡,空载运行的存在导致过船设施利用率不均衡,增加了营运时间,提高了过船设施运行效率后,运输较为繁忙的为构皮滩和沙沱过船设施,利用率均超过了90%,而思林、彭水的利用率进一步提高为54%~63%。

2)船舶平均等待时间

船舶平均等待时间是衡量过船设施堵航的重要指标,随着过船设施营运效率的提高,单次过闸时间减少,船舶等待时间有所减少,仿真结果如图10.10所示。各过船设施船舶等待时间不均衡,其中,彭水、思林电站的船舶等待时间较短,且变化不大,平均为1~2h;沙陀过船设施的船舶等待时间较长,上行为8h,下行为14h;构皮滩的过船设施等待时间最长,上行为15h,下行为26h。船舶等待时间长,船舶堵航情况较为严重。可见,由于每次升船机只能过坝1艘船舶,因此提高升船机营运效率后,对船舶平均等待时间改善有较大作用。

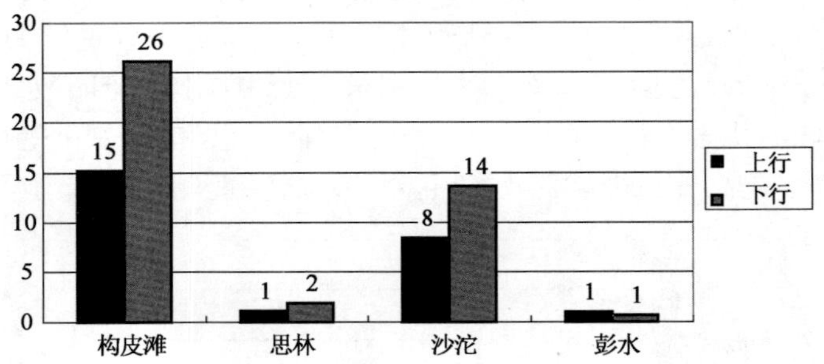

图10.10　方案五仿真船舶平均等待时间结果(单位:h)

3)等待船舶平均数量

等待船舶平均艘次是衡量过船设施堵航的重要指标,提高等待船舶平均数量能减少等待船舶平均数量,仿真结果如图10.11所示。一般而言,下行船舶等待艘次较上行船舶等待艘次多。彭水等待船舶数量最小,为1~2艘;思林过船设施等待船舶数量较大,上行为3艘,下行为8艘;沙陀过船设施等待艘次下行船舶平均数量为14艘,上行船舶数量相对较少,为6艘;构皮滩过船设施船舶等待艘次最多,上下行分别达到了17艘和26艘。等待船舶多,船舶堵航情况较为严重。因此提高升船机运营效率后,对平均等待船舶改善较为明显。

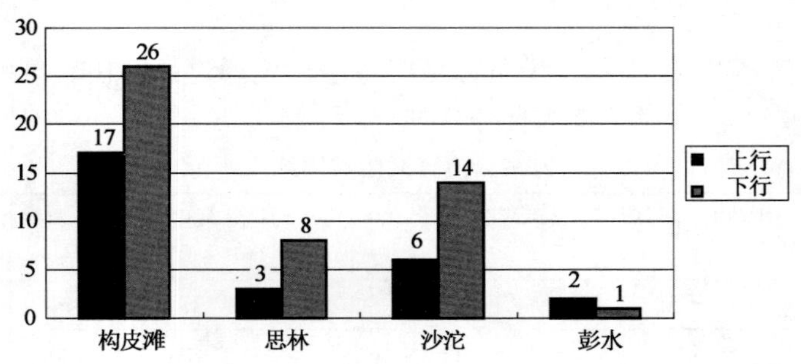

图10.11　方案五仿真等待船舶平均艘次结果(单位:艘)

第11章 乌江多枢纽航道船舶航行安全风险控制

在FSA方法中，第三个部分即是对于安全风险进行控制，因此本章主要根据风险识别和风险评估的结果对乌江水域船舶航行安全风险控制情况进行论述。

11.1 港口水域船舶交通安全状况风险预先控制方法

11.1.1 风险预先控制方法概述

对于船舶航行安全风险控制的方法主要分为3种类型：

(1)预先控制是面向未来的控制，是在对于可能出现的偏差有所估计并有所准备的情况下展开的控制。

(2)实时控制是现场控制，监控实际正在进行的操作。

(3)反馈控制是通过对已得结果的分析来纠正组织将来的行为，是一种立足于历史而对未来进行的连续不断地控制。

在实际的应用中，很少孤立地使用某一类型控制方法，一般各种控制类型多被有机地结合在一起，互为补充。航行船舶安全事故的发生，与船舶交通参与者人、船舶、环境三者密切相关，往往是这三个因素综合作用的结果。

11.1.2 风险预先控制实施原则

1)前瞻性原则

前瞻性安全风险管理通过制定计划、实施控制可以最大限度地降低风险发生的可能性。一个有效的前瞻性方法可显著减少未来发生船舶安全事件的数量。当然，这并不意味着完全放弃对船舶安全事件的及时响应。因此，应继续改善船舶安全事件响应流程，同时制定长期的前瞻性方法。

2)独立性原则

要设置风险管理机构并与其他机构保持相互独立，直接向最高决策层负责，保证内部控制机构的独立性和权威性。

3)协调与效率原则

要保证机构之间权责划分明确、清晰，便于操作；保证机构之间的信息沟通方便、快捷，准确无误,保证船舶安全管理系统的高效运作。

4)相互牵制原则

相互牵制原则是指一项完整的风险控制活动,必须分配给具有互相制约关系的两个或两个以上的岗位分别完成。其理论根据是在相互牵制的关系下,几个人发生同一错误而不被发现的概率,是每个人发生该项错误的概率的连乘积,因而将降低误差率。

5)授权控制原则

授权控制原则是指船舶风险控制机构应该根据各岗位业务性质和人员要求,相应地赋予作业任务和职责权限,规定操作规程和处理手续,明确纪律规则和检查标准,以使职、责、权、利相结合。

6)成本效益原则

贯彻成本效益原则,即要求在实行船舶安全状况风险控制活动上花费的成本和由此而产生的效益之间要保持适当的比例,要对各风险控制方案的费效比进行比较,选取最优的控制措施。

11.2 降低枢纽航道船舶航行安全风险控制措施

11.2.1 人为(船员)因素风险因子的控制措施

(1)船员航行技能水平,主要与船员责任心和船员自身素质有关,应加强对船员培训机构的管理,提高船员培训质量,严格控制高级船员队伍的准入门槛。

(2)建立健全的船员培训监督检查制度,督促培训机构落实船员培训管理制度和安全防护制度。

(3)加强对船员培训机构管理工作进行督查,以推进船员教育和培训质量体系有效运行,保证船员培训工作规范、有序进行,保障船员培训质量。

(4)建立和运行船员管理质量管理体系,加强对船员培训、考试、发证、服务、适任能力跟踪管理,实现船员管理质量目标要求。

(5)应加强安全宣传教育,加大船员违法记分和处罚力度。

(6)船员文化程度低,应提高准入条件,严格控制高级船员的准入门槛。加强渡工管理,控制渡工发证学历和年龄限制,完善管理机制。

(7)加强操船人员和船舶的持证管理,规范船舶航行方式,严禁船员疲劳上船。

11.2.2 船舶因素风险因子的防控措施

(1)加大船舶签证规则的宣贯力度,全面推广船舶IC卡签证,逐步实现远程电子签证,加大现场签证力度和船舶签证监督检查力度。

(2)全力推广船舶动态管理系统,以实现船舶签证业务规范化、电子化和智能化。各签证点及时将船舶签证信息录入船舶动态管理系统,以便全面、及时、准确掌握船舶签证动态管理情况,实现对辖区船舶动态全方位监管。

(3)广泛推广"公益渡口、政府补助"的渡口管理模式，建立公益渡口养护管理长效机制。推进渡船公司化管理进程，优化渡船配置和渡运航线，规范渡船和渡工管理。积极推进老旧渡船更新改造和渡船标准化建设，排查渡船安全隐患，提高渡船安全技术条件，确保渡船适航。

(4)加强对辖区采石、运输砂石船舶的安全管理。

(5)不定期组织开展砂石采挖/运输船、施工船专项整治活动，强化对非法违法砂石船治理，严禁"三无"船舶参与施工，确保砂石运输船、施工船舶技术状况、装载和配员满足要求。

11.2.3　环境因素风险因子的防控措施

(1)加强与气象水文部门的沟通联系，对洪水加强观测和预测，预测入库流量和水位变化，为水库调度方案的制订提供决策支持，同时预测调度方案对下游水位流速的影响。

(2)与水文和气象部门加强联系，利用航标、船闸、桥梁等建立沿江气象水文实时监控体系，做好恶劣天气的提前预警工作：

①不断提高信息化服务水平，加强预警信息安全宣传及发布。通过 VHF、手机短信、电子或非电子宣传栏、现场宣传等方式，确立相关联系人，及时发布恶劣天气安全信息，提出安全防范建议，提醒各单位、各船舶做好防抗恶劣天气的准备；

②加强做好对恶劣天气的信息收集、分析工作，并及时将收集到的信息向船舶和渡口渡船等有关单位通报，督促有关单位和船舶尽早落实防范措施；

③完善汛期水上安全信息通报、报告制度，便于各方提早做好准备工作。

(3)严格按照地方防洪预案开展各项工作：

①提前介入，做好防汛抗洪前提工作，汛前对辖区水上浮动设施的摸底调查工作，告知相关浮动设施转移至安全水域避洪或就地加固锚牢；

②洪水到来后，按照防洪预案，根据不同等级水位，落实责任人的安全管理职责；

③加强对防汛抗洪的安全宣传，利用一切宣传手段，将汛情及时通报有关单位、船舶，积极做好防范工作；

④加强对辖区水域的巡航检查，注意对漂浮在水面的大型障碍物的清理，重点是加强大型漂流物对桥梁、闸坝碰撞的监控。

(4)加快航道的整治速度，加强航道的管理，完善航标设置，加强船舶的管理。

(5)加强航道维护管理，对沉船不报者予以重罚，对水上工程项目的审批予以严格把关，做好认证工作。

(6)规范通航安全影响论证审查、通航安全评估的受理申请、审查和回复，提高通航安全影响论证审查和通航安全评估的科学性、合理性。加强水上、水下施工作业的监管：

①严格按照通航水域水上水下施工作业许可条件进行审批，把好审批准入关；

②提前介入，进行通航安全评估。施工作业前按有关规定发布航行通告；

③加强助航标志的设置工作；

④应加强施工船舶技术安全状况检查；

⑤加强日常现场巡航检查，维护施工作业区的现场管理。制订涉水工程施工作业或现场监督检查制度，各级海事管理机构按照职责开展涉水工程通航安全检查活动，核查涉水工程建设、施工、营运等单位所属船舶、设施、人员水上通航安全作业条件和通航安全主体责任落实

情况；

⑥禁止与施工作业无关的船舶、排筏、设施进入施工作业安全作业区，禁止施工作业者擅自扩大施工作业安全作业区的范围；

⑦督促施工单位制定及执行防洪、防污染等预案；

⑧强化涉水工程施工期和营运期的通航安全监管。

(7)枯水期严厉禁止超吃水船舶出航，做好现场巡航工作，完善航标设置情况，切实做好坝下水位的观测和实时发布工作。

(8)加强水利枢纽、过船设施的综合管理：

①做好过船设施的保养维护，保障过船设施的正常使用；

②制订过船设施的相关管理规定，做好船舶通过过闸设施现场维护工作，严格通过条件，加强通过船舶的管理；

③过闸设施检修期提前做好通报，做好滞航船舶待泊工作；

④建立与水利枢纽管理部门的动态联系制度，在水利枢纽放水发电、泄洪等时候提前告知海事部门，以免下泄流量过大对于船舶航行安全造成影响。同时可在上下游设置相关警示标志，及时提醒过往船舶注意相关影响。

(9)建立辖区通航环境资料库，实时跟踪涉水工程建设和运营情况，为辖区航道、锚地等功能规划和建设提供基础资料。制订现场巡查制度，加大水上巡航执法和现场监管力度，重点维护好客(汽)渡渡运区、水上水下活动区域、通航密集区、干支交汇水域、事故多发区的通航秩序。

(10)实施开展乌江“智能航道”建设，沿江两岸布设相关的传感设备，动态感知通航环境信息，同时积极接入和整合港航、水利、水文、气象等部门的相关信息，通过船载终端、船舶助航设备等手段及时进行信息发布，实现对船舶航行预警、助航、服务等功能。

11.2.4 管理因素风险因子的防控措施

(1)增加海事监管人员的配置，可参照水网发达地区的海事监管点的设置标准进行配置，配置人员应以高学历、高素质的人员为主。

(2)大力招收航运企业船长、轮机长等高级人才和海事院校的大学毕业生，进一步提高海事管理人员队伍素质。

(3)加强监管能力的建设：

①在重点水域、过船设施、码头、渡口、船舶建设视频监控系统和GPS定位系统；

②加快CCTV、VTS、VHF等监管装备的建设，充分发挥移动通讯的作用，开展新的监管方式，创造辖区船舶手机短信平台；

③加大船载视频监控系统建设力度，并将租用经费纳入地方人民政府财政预算。加快推进自动识别系统安装进程，扩大自动识别系统、GPS定位和视频监控系统覆盖范围，提高日常安全监管效能。

(4)加强对于船公司的安全管理：

①加大对航运公司安全与防污染日常监管和督查力度，督促未建立安全管理体系航运公司加强岸基人员培训，提高岸基安全管理能力，推进未建立安全管理体系航运公司建立安全管

理体系；

②建立、健全辖区航运公司日常监督检查、安全生产分析评估、事故隐患督促整改、安全生产约谈等航运公司监督检查制度；

③加强审核员队伍建设，全面起动审核业务管理系统，合理安排审核，提高审核质量，严格审核发证，推进体系内航运公司风险等级评价机制和差异化管理；

④推动辖区航运安全文化建设，促使航运公司、船主加强船舶安全的投入和管理，落实企业安全生产主体责任，提升安全生产水平，降低不符合规定情况数量、海事行政处罚量和滞留率。

(5)加快水上应急能力建设，建立完善水上搜救体系：

①配合地方政府落实水上搜救的主体责任，按照《国家海上搜救应急预案》的要求，建立健全“统一指挥、分级管理、属地为主”的应急指挥体系和“地方政府统一领导、中心协调指挥、部门共同参与”的水上搜救工作机制；

②根据《国家海上搜救应急预案》和《财政部财政应急保障预案》的相关规定，按照各级财政部门分级负担的原则，推动各级地方政府将搜救奖励、演练、培训等经费纳入地方财政预算。加强应急保障能力建设，由政府统一规划，争取地方财政支持，加大应急设备的配备，及时维修更新应急基础设施，提高应急反应和处置能力；

③重点强化防污应急能力建设。研究辖区溢油应急设备库建设方案，争取交通运输部和地方政府财政支持。建立完善的应急预案及应急设备库，不断完善通信系统、信息系统、监视系统、监测系统、培训系统等技术支持条件，配备防污应急处置器材，提高辖区水域船舶溢油应急能力，防止和减轻船舶污染的危害；

④推动水上巡航救助一体化、水上搜救应急管理系统和网格化管理与服务建设，实现水上搜救基地、车、艇、搜救人员、视频监控系统等应急搜救力量和日常监管设施的合理配置；

⑤推动水上搜救分中心建设，完善搜救分中心日常工作管理制度，着力形成全方位覆盖、全天候运行、快速反应的水上安全管理机制；

⑥实行动态值班待命方式。“关口前移、站点加密、动态待命、随时出击”，变静态待命为动态待命，变被动待命为主动出击，体现出“动态、快速、专用”的特点；

⑦加强搜救队伍建设。对搜救队伍进行专业技术培训，提高搜救人员素质，提高救助行动的效果；

⑧建立干流水域地区间搜救合作机制，探索建立搜救合作层次，加强搜救交流，推行年度交流制度；

⑨实行搜救联席会议，加强与市搜救中心各成员单位之间沟通协调，每年定期召开搜救会议，总结提高搜救能力；

⑩坚持24h应急值班和领导带班制度，充实值班力量，落实各类救助力量的应急待命，切实做好“四季七节”、“两会”和“春运”等重点时段以及重点水域的搜救值班工作，确保发生水上突发事件时反应快速、处置高效；

⑪积极鼓励并有序引导社会应急力量的建设，推动“企业建设、政府租用、海事使用”的模式，加强社会防污、搜救应急力量的建设。

(6)建立健全的管理体制模式。管理体制模式宜采取交通主管部门管理的代管模式，即水电站业主在产权不变的前提下，将枢纽通航设施的管理、运行、维护、检修等业务委托给交通运输主管部门负责，双方的具体责权以合同方式明确。

(7)尽快建立通航设施管理机构。随着乌江各水电枢纽通航设施的即将建成，相关部门应尽快建立通航设施管理机构：

①新成立省通航管理局，负责全省通航设施的联合调度、运行、管理等工作。各流域设通航管理处，指导下设机构通航管理工作。各通航设施设通航管理段或通航管理所，具体负责枢纽通航设施的运行、维护、检修、技改等工作；

②整合流域航道管理力量，采取一门多牌、扩编方式，即在原有航道管理机构上加挂“通航管理局”，负责流域通航设施的联合调度、运行、管理等工作。

(8)建立并完善水上巡航检查制度：

①针对辖区通航环境特点和季节性特点，每年按照年、季、月、周制定详细的巡航工作计划，并将巡航工作任务落实到人、艇、车；

②提高巡航工作质量。制定详细的巡航检查内容，并将检查内容表格化，以方便巡航检查执法人员开展巡航检查工作有内容、有方向；巡航检查人员在巡航检查结束后，做好巡航工作台账记录，并将巡航检查情况向分管领导汇报；

③根据重点航段、重点时段和季节性特点，实行“重点水域驻守、船流高峰期上岗、相邻海事局(处)交叉巡航”的巡航工作新机制；

④加强与地方乡镇政府、安监部门、水利部门、渔政部门的联系，建立联席会议机制，经常开展联合执法行动，并形成常态化。建立与船舶检验部门的合作机制，共同建立船舶建造、检验、航行安全管理制度。建立与渔政部门的合作机制，探讨对渔业船舶、养殖网箱的安全管理。

(9)实施船舶报告制度，船舶报告制度实施后配合视频监控系统(CCTV)、船舶航行监控系统、视频调度系统等应用到重点季节性危险天气监管、水上应急处置、交通组织指挥协调、水工监管、信息提供等方面，将极大地提升通航保障水平。

(10)建立联合调度机制，保障船舶过坝安全。各水电站下泄的流量和发电时下泄的不稳定流，对船舶的正常航行和航行安全有决定性的作用。因此，建议组织相关部门尽快建立联合调度机制，并设立监管中心。各部门建立定期的协商会议制度，相互通报水电站运行调度情况和船舶航行情况，相互协商，相互配合，共同做好发电调度和航运调度相协调，做到既要保发电，又要保通航，做到水利资源的充分利用、发挥综合效益。

(11)加强人才培养和枢纽航运配套设施的建设。针对贵州河流属典型山区河流，通航设施多建在偏僻峡谷地段并多为升船机，其管理运行维护工作量大、难度大、技术复杂等特殊性，通航管理机构应及时安排枢纽通航管理部门人员参与工程的设计、施工、设备制造、安装、调试、试运行等各项工作，专门组织人员到管理机构甚至国外进行学习和培养，以求操作人员达到上岗标准的要求。同时，要加强枢纽航运配套设施的建设，如枢纽上、下游船舶待闸锚地，枢纽现场管理办公设施，贵阳或市(州)管理保障基地建设等。

(12)建立诚信管理制度。定时发布船公司、船舶黑白名单，对于诚信度良好的船舶在船舶通航、签证、过闸、安检等方面给予相关的优先措施，对于诚信度差的船舶加强针对性管理，进行重点检查。增加安全诚信公司、安全诚信船舶、安全诚信船长数量。

(13)建议与上下游海事主管机关的联动机制。在通航繁忙时期，通过上下游海事主管机关的配备，控制上下游船舶流量，避免或减少堵航事件的发生。

(14)将宣传窗口移到现场。通过有效的安全宣传，不断帮助船员、群众、旅客树立牢固的安全意识，防止事故发生。

11.3　乌江水利枢纽滞航应急方案

通过前面章节的分析可知，乌江航运最主要的风险之一就是发生水利枢纽的船舶滞航事件，其可能影响整个乌江水路运输货运的组织，引起水上交通安全事故，因此制定枢纽船舶滞航应急方案是十分必要的。

为了建立多部门应急联动的管理机制，采取有效的措施，齐抓共管，快速解决发生在贵州乌江水利枢纽河段的船舶滞航问题，确保船舶安全、快捷地通过，促进经济社会健康和谐发展，结合贵州乌江水利枢纽过船设施的实际情况，制订本方案。

11.3.1　适用范围

本方案适用于各种原因引起在贵州乌江干流各水利枢纽河段发生的船舶滞航事件。

11.3.2　工作原则

1)统一指挥，各司其职

统一指挥：在应急联动中实行统一指挥，使各方应急力量协调联动，目标明确，以利于应急联动方案的顺利实施。

各司其职：在应急事件发生时，各成员单位应落实专业专职人员履行本部门的职责，尽最大能力提高应急反应行动的及时性和有效性。

2)资源共享，团结协作

资源共享：在应急联动时，加强组织协调，共享设备资源、信息资源以及有益于解决应急事件的其他资源。

团结协作：充分发挥各方力量的优势和整体效能，相互配合，形成合力。

3)以人为本，科学决策

以人为本：在应急事件发生时，各成员单位应充分履行职能，尽可能为受损的企业和个人提供便利条件，及时发布信息，便于受损企业和个人及时调整生产、运输计划，降低社会总体损失。

科学决策：根据应急事件发生的实际情况，充分发挥各部门的技术力量，研究制订处理方案和措施，保证应急指挥决策的准确性。

4)大局为重，稳定第一

大局为重：当应急事件发生时，各成员单位应以乌江水利枢纽通航大局为重，高度重视提供强有力的人力物力支持，同时在采取一些临时控制措施时，积极争取广大船主、企业的理解支持。

稳定第一：在处理应急事件发生整个过程，各成员单位应着力保障通航安全，维护社会稳定。

5)联合执法,维护秩序

联合执法:在发生应急事件时,由海事、航道等单位联合执法,指挥船舶有序通行,对违反通航规定的船舶进行教育或处罚。

维护秩序:通过联动执法等手段,建立水利枢纽执法联动机制,维护通航秩序,对违章违规的船舶进行教育和处罚,引导船舶航行、停泊、通过依序进行。

11.3.3 应急事件主要原因及等级

1)自然因素

水利枢纽上游来水量不足,引起下游通航水位下降,下游航道、下游引航道、过船设施门槛或泥沙淤积航道水深不足,造成部分吃水深的船舶或全部船舶不能通过。因洪水期水位暴涨造成过船设施临时封航,导致枢纽上下游发生滞航事件。

2)事故因素

船舶事故因素:船舶在过船设施上下游引航道及过船设施室内沉没、搁浅或堵塞航道,从而造成引航道被迫收窄甚至临时封航,船舶通过受阻并不断增加滞航船只,形成滞航事件。

过船设施故障因素:过船设施出现运行故障或遭受损坏,导致运行效率降低甚至停止运行,造成过往船舶积压,形成滞航事件。

3)人为因素

运输船舶超航道水深装载不能通过过船设施,并阻碍其他船舶正常通过,造成过船设施通航秩序混乱引发的滞航事件。

通过船舶抢、闯等违规违章行为造成通航秩序混乱引发滞航事件。

因调度管理过失,造成通航秩序混乱引发滞航事件。

4)其他因素

贵州乌江水利枢纽河段内发生火灾、疫病、油品/化学品泄漏、过船设施重大险情故障停航抢修等突发事件,以及过船设施计划性停航岁修、大修等造成的滞航事件。

5)应急事件等级划分及应急事件解除条件

应急事件分预警级、较大(Ⅱ)级、重大(Ⅰ)级三个等级。等级划分标准及解除条件如表11.1所示。

水利枢纽通航应急事件等级划分标准及解除条件　　表11.1

等　级	应急事件分级标准(满足下列条件之一)	应急事件解除条件
预警级	(1)出现水位持续下降、过船设施故障、船舶沉没或其他突发事件,可以预见船舶滞航事件发生的情形; (2)上下游来船数量猛增,过船设施来不及疏导,可以预见即将发生滞航事件	等待通过船舶数量已恢复正常状态,且预测近期内滞航事件不会发生
较大(Ⅱ)级	(1)坝上滞航船舶数量超过50艘并持续48h; (2)坝下滞航船舶数量超过50艘并持续48h; (3)坝上下游滞航船舶数量共超过80艘并持续48h	坝上下游滞航船舶总数量已经降至50艘以下,且预测近期内滞航船舶数量不会反弹
重大(Ⅰ)级	(1)坝上滞航船舶数量超过100艘并持续48h; (2)坝下滞航船舶数量超过100艘并持续48h; (3)坝上下游滞航船舶数量共超过150艘并持续48h	坝上下游滞航船舶总数量已经降至100艘以下,预测近期内滞航船舶数量不会反弹

11.3.4 应急指挥体系及应急信息沟通机制

1)指挥机构

预警级事件发生后,由发生预警的水利枢纽开发运营单位负责处理。

较大(Ⅱ)级事件发生后24h内,成立市级层面的应急事件指挥部,负责对应急事件进行处理。指挥长由当地市人民政府负责人担任,副指挥长由当地市交通局、当地地方海事局、水利枢纽建设运营单位领导担任。指挥部办公室设在市交通局,办公室主任由市交通局领导担任(兼)。

重大(Ⅰ)级事件发生后24h内,成立贵州省层面的应急事件总指挥部,负责对应急事件进行处理。总指挥长由省交通厅负责人担任,省地方海事局、市人民政府、水利枢纽建设运营单位领导任副总指挥长。市交通局、市地方海事局、市交通局领导任总指挥部成员。总指挥部在水利枢纽设置现场办公室,办公室主任由省地方海事局领导担任(兼)。

2)工作职责

总指挥长(指挥长)职责:组织协调制定水利枢纽通航应急事件处理方案和措施;指挥相应事件级别的应急处置工作;对各成员单位的应急工作进行协调;根据形势组织研究有关决策,签发有关指令和有关公告。

副总指挥长(副指挥长)职责:具体协助总指挥长(指挥长)对省水利枢纽滞航突发事件应急工作进行策划和布置;根据总指挥部(指挥部)的决策,对相应级别的应急工作进行协调,组织系统内力量全力处置应急突发事件。

总指挥部(指挥部)办公室职责:协调各成员单位应急工作;发布应急处置公告;负责文件上传下达,情况通报,信息简报;收集相关水文、滞航船舶数量、违规船舶档案等有关信息、资料。

省交通厅职责:履行水利枢纽通航协调工作小组组长单位职责,总负责重大(Ⅰ)级事件应急处理工作;协调全省交通系统配合应急事件处理;负责向省人民政府和交通运输部汇报。

省地方海事局职责:负责组织省海事机构统一实施应急方案,配合处理船舶通航应急事件;当发生较大(Ⅱ)级、重大(Ⅰ)级事件时,组织省海事机构和协调重庆市地方海事机构有计划地限制通过水利枢纽过船设施的船舶签证数量;履行水利枢纽通航协调工作小组办公室、重大(Ⅰ)级应急事件总指挥部办公室的职责;协调各市交通局(港航管理部门)严格控制出港船舶的配载;根据需要调动水上交通船舶和航道疏浚设备。

省水利厅职责:协调各乌江各水利枢纽进行流量调度,并将流量调度信息通报各成员单位。

水利枢纽所在地市级人民政府职责:组织市有关部门积极履行本方案职责和及时做好水利枢纽河段的现场稳定工作;总负责较大(Ⅱ)级事件应急处理工作。

水利枢纽开发管理单位职责:积极处置过船设施管理区域内出现的各类险情和应急事件,将险情、事件情况第一时间向当地地方海事局和市交通局报告;负责调配公司资源支持临时水上交通管制工作;负责为指挥部办公室提供必要的现场办公场所,并配合相关管理部门处置应急事件;及时向有关单位报送每天滞航以及与通航有关的信息;加强过船设施的运行管理,采取措施提高船舶通过效率;加强船舶的报到管理和安全宣传,实行实船报到制,按航道部门公布的航道水深安排船舶通过，维护船舶通过秩序，为社会提供公平、公正、公开的船舶通过环境；负责受损过船设施维修计划编制和实施工作。

水利枢纽所在地地方海事局职责：负责对水利枢纽过船设施管理水域船舶交通安全及通航秩序的监督管理；对违反通航管理规定的船舶进行查处；负责对水利枢纽过船设施管理水域水上交通事故的调查处理；负责督促沉船、沉物所有人或经营人在限定时间内打捞清除；情况紧急时，采取强制打捞清除措施；负责过船设施管理区域外航道的应急疏浚和助航标志调整，并督促水利枢纽开发管理单位做好过船设施管理区域内的航道疏浚和助航标志调整工作；对水利枢纽河段航道内的沉船、沉物及时设置标志，情况紧急时，与海事部门共同采取强制打捞清除措施；负责航道水深通告发布，并将枯水限航期枢纽下游航道水深信息通报其他成员单位；负责对水利枢纽应急事件的初步核实，并将事件信息报告省地方海事局。

水利枢纽所在地市交通局职责：履行水利枢纽较大（Ⅱ）级应急事件指挥部办公室的职责；利用检查站向过往船舶进行宣传，争取社会各方对水利枢纽的通航应急措施的理解、支持和配合；利用检查站配合过船设施运行部门加强通过船舶的管理。

沿江各市地方海事局职责：加强现场监督，积极配合港航部门控制船舶配载，监控超航道水深的船舶航行；根据省地方海事局的指令，负责控制本港船舶出港签证数量，减轻水利枢纽船舶滞航状况的压力；利用船舶进出港签证环节，宣传通航应急措施和违反水上交通安全秩序的法律责任。

沿江各市交通局职责：负责做好向贵港市各有关生产企业、港口企业、水路运输企业宣传解释应急措施工作，减少不稳定因素；根据指挥部的指令或者公告，控制运输船舶的配载；做好应急事件发生后的物资分流、疏导工作。

3）应急事件沟通机制

预警级：水利枢纽建设运营单位应及时处理，并向市地方海事局、市交通局报告，市地方海事局经核实后将预警信息报告省地方海事局，省地方海事局向各成员单位通报事件信息。

较大（Ⅱ）级：水利枢纽建设运营单位应及时向市地方海事局、市交通局通报事件情况；市地方海事局经核实后将事件信息报告指挥长单位和省地方海事局；省地方海事局向各成员单位通报事件信息。

重大（Ⅰ）级：水利枢纽建设运营单位应及时向市地方海事局、市交通局报告事件情况；市地方海事局经核实后将事件信息报告市人民政府和省地方海事局；省地方海事局向总指挥长及各成员单位通报事件信息，省交通厅报告省人民政府和交通运输部。

4）应急事件解除

应急事件解除条件成熟后，由省地方海事局通报各成员单位，重大（Ⅰ）级事件解除由省交通厅报告省人民政府和交通运输部。

11.3.5 信息监测与报告

1）水文信息

应急联动方案启动后，水利枢纽建设运营单位应将每日下泄流量、上下游水位等水文信息及时报送指挥部（总指挥部）办公室。

办公室整理后向各成员单位通报。

省水利厅尽快协调电网，争取电网提前48h预报水利枢纽下泄控制流量，并及时通报协调结果。

2)枢纽上下游船舶动态信息

应急联动方案启动后，水利枢纽建设运营单位负责在每日10:00前将枢纽上、下游前一日滞航船舶数量和通过船舶数量上报指挥部(总指挥部)办公室，然后由指挥部(总指挥部)办公室通报各成员单位。

3)船舶违规信息

当在水利枢纽过船设施管理区域发生船舶航行违规事件时，水利枢纽建设运营单位应及时通知市地方海事局、市交通局，并登记船舶违规事实，保存电子证据，留档备查。

4)公告信息

当发生较大(Ⅱ)级和重大(Ⅰ)级应急事件后，应急指挥部或指挥部办公室负责统一发布各类公告信息。其中，航行通告由海事部门发布。

11.3.6　应急事件处置措施

1)一般规定

实行实船报到排队等候通过制度：即需要通过水利枢纽过船设施的船舶，必须到达过船设施上(下)游报到处指定水域才能报到登记，按秩序排队等候通过过船设施。

过船设施调度按报到顺序、容量最大利用的原则运行，即根据已经报到的船舶顺序和尺度，按先来先过、后来后过的秩序，以每次通过船舶量最大的要求，对船舶进行合理编队，按过船设施运行调度通知船舶通过。

非实船报到、弄虚作假、不听从过船设施运行调度的违章船舶，经指挥部办公室核实后，重新排队通过，并按规定处罚和录入所在公司台账。造成过船设施损坏的，依法向责任人追偿。

2)预警级事件处置措施

(1)加强船舶通过过船设施现场调度。

(2)加强船舶锚泊指挥和通过秩序管理。

(3)加强过船设施管理区域内航道、航标的维护管理。

(4)加强上下游船舶密集区预警信息宣传和疏导。

3)较大(Ⅱ)级事件处置措施

水利枢纽建设运营单位派专人维持锚泊地船舶停泊秩序，加强报到处管理和通过船舶合理编队工作，同时加强通航安全秩序的引导。

水利枢纽所在市地方海事局、市交通局联合执法，共同维持通航、停泊秩序，对违规船舶予以查处。

市地方海事局指导水利枢纽采取措施保障过船设施管理区域内的航道畅通。

市地方海事局加强对公共航道进行检测，及时发布航道水深通告，必要时采用工程措施保证航道通航水深和调整助航标志。

市地方海事局将水利枢纽滞航船舶的情况向省地方海事局海事局报告，省地方海事局根据船舶滞航情况，适时采取上游各港控制船舶出港签证的措施。

市交通局根据水利枢纽航道的水位情况向省地方海事局提出沿江控制船舶配载的意见，经同意，沿江各市交通局采取控制船舶配载的措施。

指挥部根据实际需要调整船舶通过方式。

4)重大(Ⅰ)级事件处置措施

根据总指挥部的建议，省地方海事局发布临时水上交通管制公告，实施临时水上交通管制。

根据总指挥部的建议，省地方海事局决定上、下游各港口海事机构控制船舶出港签证的措施，减缓水利枢纽过船设施通航压力。

根据总指挥部的建议，省地方海事局通知上、下游各市交通局采取控制船舶配载的措施，避免船舶货物装载吃水超航道水深航行。

由总指挥部向贵州电网发文，请求临时调整上游来水量和水利枢纽的出库流量。

各成员单位相关管理人员实行24h职守制，切实履行各自职责，加强现场执法力量，调配应急设备(船舶、车辆等)和应急物资，全力疏导滞航船舶。

市地方海事局、市交通局联动执法，协助维持通航秩序，对违规船舶予以查处。

5)具体事件的处置措施

一般规定：对于人为因素、船舶事故因素所发生的滞航事件，应先采取相应措施尽快恢复过船设施通航，然后再对肇事者进行查处。

过船设施损坏产生滞航事件的处置措施：当过船设施遭受损坏时，水利枢纽建设运营单位应马上组织专家鉴定和通知水利枢纽通航协调工作小组办公室确定其受损程度，并立即组织人力、设备进行修复。通航协调工作小组成员单位应支持过船设施所有人的索赔工作。

船舶搁浅沉没产生滞航事件的处置措施：若船舶在水利枢纽河段搁浅、沉没，当地市级地方海事局负责督促沉船、沉物所有人或经营人在限定时间内打捞清除，情况紧急的，可采取强制打捞清除措施，水利枢纽建设运营单位进行配合。

滞航期间发生火灾、爆炸、流行病等意外灾害事件的处置办法：当地市人民政府应立即组织相关部门进行抢救、疏散，水利枢纽通航协调工作小组应立即到位，协助市人民政府开展抢救工作。

11.3.7 应急保障措施及监督机制

1)建立信息通道

较大(Ⅱ)或重大(Ⅰ)级事件应急方案启动后，各成员单位应在24h内设立临时办公室，制作临时办公室人员信息联系卡，明确联系人及联系电话，设置应急专线电话、专线传真机号、专项电子邮箱，并保证24h畅通。

2)落实应急责任制

协调工作小组各成员单位应指派应急联络员，建立并落实责任制。

对因工作变动离开原岗位的人员应及时补充。

3)调动应急设备

应急事件发生后，各成员单位应立即调动相应的设备到水利枢纽，供应急事件处理工作使用。

4)应急经费保障

应急事件处理的费用,由各成员单位列入各自的部门预算。

5)应急监督机制

当发生较大(Ⅱ)或重大(Ⅰ)级应急事件时,由指挥长或总指挥长签发应急方案启动令,向社会宣布水利枢纽通航进入应急联动实施状态。根据应急事件的等级,各相应责任单位在一个工作日内建立信息通道,落实责任人,调配管理设备,行政执法人员应立即到场。指挥部(总指挥部)办公室负责检查各成员单位实施应急措施的效果。

11.4　乌江干流航段船舶滞航风险应对措施

船舶滞航风险是多枢纽航段最主要的水上交通安全风险,具有多发特点,且可以衍生出许多其他的事故风险,社会影响大,因此也一直是风险防范的重中之重。根据本研究前文的风险分析和评估,制定针对船舶滞航的风险应对措施如下:

(1)枢纽要采取切实措施确保通航设施正常,过船设施运行高效、安全、有序。参照现今较为科学的长江三峡通航管理模式,探索改革枢纽过船设施运行管理模式。

(2)积极做好升船机配套通航设施的建设和相关管理制度。根据各枢纽分布特点和可能引起的堵航风险程度,积极提前划定枢纽过船设施锚地、停泊区及禁航区水域范围,并即时向社会公告。以广西西江水域长洲水利枢纽通航为例,梧州海事局依法划定了长洲水利枢纽过船设施锚地及禁航区水域范围并向社会公告,并制订了《长洲水利枢纽水域船舶通航安全管理规定》,规范船舶在锚地的锚泊和通航行为。

(3)不断完善应急预案和制度。制定和完善枢纽通航水域水上交通安全突发事件应急预案,细化对于各类突发事件的应急处置方案。以长洲水利枢纽通航为例,梧州海事局出台了《长洲水利枢纽水上交通管制区水上交通安全突发事件应急预案》。

(4)局内统一指挥,划分责任区,明确工作职责。根据辖区水域特点和过船设施锚地、临时停泊区、禁航区等的分布,划定重点通航维护区域,并实行海事处分片管理,海事局统一指挥。发生堵航情况时,在这些重点区域实行24h监控,疏导船舶,应急处置险情,查处违法船舶。以长洲水利枢纽通航为例,梧州海事局出台了《长洲水利枢纽通航秩序维护工作方案》,划分了藤县港、赤水至长洲坝、长洲坝至白沙角三个维护区域,由局机关部门、海事处分别负责。

(5)主动协调,加强各相关部门的沟通与联动。应由海事部门牵头,组织航道部门召开多方联席通航协调会议,应在信息共享的基础上,进行资源优化配置:

①上游各海事部门、航运企业及时通报坝下航道水深信息,引导船舶合理配载;

②在升船机上、下游报到处公布坝下航道水深信息,让过往船舶及时掌握;

③加快了坝下航道浅点的疏浚进程,及早地提高航道通航能力;

④枢纽单位协调发电运行部门,增加发电负荷,达到提高流量的目的;

⑤要过船设施下航报到处认真核对下航船舶的吃水,避免超坝下航道水深的船舶通过,保证升船机运行畅通;

⑥海事部门加强巡航监管,及时处置出现的各种险情;

⑦推行等待船舶的分区停泊管理，合理调整船舶停泊区域，减少船舶的对遇、穿插现象，有效消除事故发生的隐患。

(6)实施二次签证，控制坝上船舶数量。为控制下航船舶数量，可对通过船舶实施二次签证，能有效地减轻升船机坝区的船舶数量和社会治安维护稳定的压力。

(7)严打违法违规行为，保证良好通过秩序。滞航事件发生时，应加大巡航力度，派执法人员、海巡船驻守升船机上、下引航道以及相关检查站和海事趸船，对通过船舶申报情况和吃水深度进行核对。派员进驻升船机中控室，及时处置船舶违法抢、闯通过情况，监督升船机调度的公平、公开。将不听指挥擅自进入交管区、抢闯通过船舶列入黑名单，实施重点监控，有效地打击非常时期的违法违规行为，保证良好的通过秩序。

(8)对于枯水季节的船舶堵航做好积极准备：

①各枢纽应提前做好枢纽调水计划，编制调水计划时尽量请交通部门参与，并提前通报贵州省交通部门，以便向社会预报航道水深，指导船舶配载；

②沿江各海事部门要加强船舶签证管理，严格按照航道通告公布的水深进行签证。发现有违章船舶要严肃处理，接到违章碍航报告后，在规定时间内到达现场处理；

③航道部门要做好当天水位公告和及时预报坝下水位，制定航道出浅紧急预案，根据水位变化，及时增设、移动助航标志；

④将检查站上移到上游库区，以加强对船舶的监管。枯水期检查站必须检测每一艘下航船舶的实际吃水，并通报过船设施管理部门。过船设施放行必须以检查站实测船舶吃水作为依据；

⑤交通、港航部门要采取有力措施加强船舶配载的源头管理，并加强对航运企业、船员的教育、引导和管理。对超过维护水深配载的船舶要采取措施进行处罚。

(9)保障通航设施运营经费：

①行政事业经费纳入省级财政全额预算管理；

②通航设施及其附属设施的运行、维护、保养、检修、安全监测等费用，每年由水电业主在水电站电力成本中列支，并交省财政转移支付给通航管理机构统筹安排。

第4篇

乌江货运船舶主要参数及设备选型论证

第12章

船舶主要要素选择时应考虑的因素

船舶的主要要素受到一系列因素的制约:航道、码头泊位和建造修理条件对主要尺度有限制;船舶的各项技术性能对主要要素有各种要求;船东的要求和设计者所采取的技术措施也影响主要要素的选择;货源、运费、造价和油价等经济因素也和确定设计船主要要素有关。各主要要素(如 L、B、D、T 和各船型系数)之间既存在着相互联系又相互制约的关系,因此选择设计船主要要素时,必须首先对限制主要要素的各种因素进行研究,进行综合分析。由于各主要要素之间是相互联系、相互制约的,所以船舶的主要要素不能孤立地一个个单独确定,而应从它们之间的相互联系出发,分析相互间的对立统一关系,通过一定的逐步近似过程,逐步揭示和解决所碰到的各种矛盾,在相互联系中逐个地或同时地把各要素确定下来。应首先针对设计船的特点,找出设计船的主要矛盾,找出确定各主要要素的主要影响因素,在此基础上选取主要尺度和系数,然后再经过重量、稳性、航速及其他性能的校核,加以修正,最后再通过分析比较加以选定。

12.1 乌江货运船型特点

12.1.1 现有货船特点

由于施工截流导致乌江航运中断,乌江现有船型几乎都是航运中断前建造而成的,仅有机动货船。

1)总体特点

为适应山区河流弯曲、狭窄、比降大、流速急、流态紊乱的特点,乌江货船船型多为尖瘦型,单位船舶功率比平原地区河流高一倍以上。货运的运输方式是机动驳,一般采用半舱或深舱形式,吨位主要为 100～300t 级,有少量 500t 级航行在彭水电站以下。主机机型一般采用 95、105、110、115 系列船用柴油机,部分采用 135、160 系列,单机功率 13～220kW,大部分为双机双桨,100t 级以上货船为液压舵,小船多采用人力舵。因为港口和装卸技术的原因,货舱设计为长大舱口,甚至单一长大舱口。货船为单甲板船,首部采用尖首平甲板形式,尾机型。

2)主要尺度特点

乌江现有货运船型尺度范围见表 3.13,代表船型见表 3.14。根据乌江航道与货运市场的发展,乌江货物运输船型应以散货为主,乌江干流乌江渡至涪陵全程将通行 500t 级船舶。

通过乌江现有船型数据的统计，长宽比 L/B 在 4.5～7.5 之间；方形系数 C_b 范围为 0.45～0.75；傅氏数 F_n 在 0.15～0.4 之间，宽度吃水比 $B/T>3.5$，属于宽浅吃水船型。

3)型线特点

乌江在各水电梯级未渠化前，现状航道滩险流急，航运条件差，航道等级低。作为航行于乌江这样的山区浅水急流航道的货船，不仅要克服速度很高的滩水流和坡降阻力，而且还要克服浅水影响。乌江货船线型具有“尖首中 U 剖面普通双尾”的特点。

(1)首部线型

满载水线的进角对满载水线首端形状有决定性作用。为了降低首部的兴波阻力，乌江货船首部区域的满载水线较为削瘦，以减少水动压力及其纵向分力。

(2)中部线型

采用平行中体，使排水量适当向船中集中，从而削瘦了船舶首尾两端，有利于降低剩余阻力。另外，采用平行中体以后，可以简化建造工艺。

(3)尾部线型

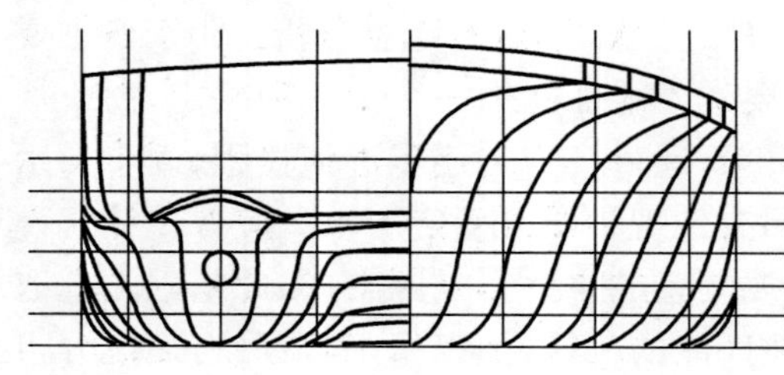

图 12.1　隧道与双尾混合船型的线型

乌江货船采用双尾型或者隧道与双尾混合尾型。采用双尾型，即把螺旋桨置于高伴流低推力减额的“单桨”单尾流场，从而大大提高船身效率，提高推进效率。双尾船型将排水量分布后移，增加进流段的长度，而尾部又有较长的尾压浪长度，减少了尾流分离，使剩余阻力明显下降。隧道与双尾混合尾型（线型特征如图 12.1 所示）与普通双尾不同之处在于，前者在螺旋桨盘面上方的船体上挖了一个浅隧道。混合尾型将隧道尾和双尾两者的优势相结合，在双尾船型的基础上，进一步加大螺旋桨直径，提高船舶快速性能，其快速性综合指标优于普通双尾船型。

(4)尾轴间距

双尾船型尾轴间距的大小对性能有一定影响，为使双尾内侧波系干扰处于有利状况，尾轴间距 b 与船宽 B 之比 $b/B=0.5$。

4)结构特点

乌江货船为单甲板船，大部分为半舱大开口。货舱区船底、舷侧、甲板部分多为纵骨架式，艏艉、机舱及甲板室部分为横骨架式。船体结构采用双底双壳，构件要具有结构重量轻、强度高、载重量大等特点。

12.1.2　乌江货运发展船型特点

根据第 5 章、第 6 章分析可知，机动货船仍然是乌江未来发展的主流船型之一，此外集装箱也将得以发展。翻坝转运方式也将是乌江扩能的主要方式之一，除滚装船需要发展外，将会可能会发展翻坝专用船型，如自卸船等。

随着梯级开发后航道条件的大为改善，乌江未来船型将向大型化、标准化、绿色化方向发展。在充分借鉴国内外优秀内河船型成果的基础上，通过技术创新和集成，将会诞生系列新一代的乌江机动货船、集装箱船、滚装船以及新型翻坝专用船型等。

1)贵州省乌江货运船舶(队)标准船型主尺度系列

为科学指导乌江船型发展,2013 年 6 月贵州省质量技术监督局颁布了贵州省地方标准《贵州省乌江货运船舶(队)标准船型主尺度系列　货船及船组》(DB52/T 810—2013)以及《贵州省乌江货运船舶(队)标准船型主尺度系列　载重汽车滚装船》(DB52/T 811—2013),具体见表 12.1～表 12.5。

乌江过枢纽干货船标准船型主尺度系列　　表 12.1

总长(m)	总宽(m)	参考设计吃水(m)	参考载货吨级(t)
53.0～55.0	10.0	1.6～1.8	500
54.0～55.0	11.0	2.3～2.5	800

注:1. 总宽可下浮不超过 2%,设计吃水为参考值,应满足主管部门的相关限制要求;
2. 在满足船舶航行安全的前提下,用户可根据实际优化配置主机功率;
3. 船舶高度应充分考虑航道、船闸、桥梁及水上过江电缆等的限制;
4. 进入其他通航水域的干货船应满足相关水域货船标准船型主尺度系列的要求。

乌江库区干货船标准船型主尺度系列　　表 12.2

总长(m)	总宽(m)	参考设计吃水(m)	参考载货吨级(t)	航行区域
53.0～55.0	10.0	1.6～1.8	500	乌江库区
55.0～58.0	11.0	2.3～2.5	800	构皮滩库区
66.0～68.0	11.0	2.4～2.6	1 000	
82.0～85.0	13.8	2.8～3.0	2 000	

注:1. 总宽可下浮不超过 2%,设计吃水为参考值,应满足主管部门的相关限制要求;
2. 在满足船舶航行安全的前提下,用户可根据实际优化配置主机功率;
3. 船舶高度应充分考虑航道、桥梁及水上过江电缆等的限制;
4. 进入其他通航水域的干货船应满足相关水域货船标准船型主尺度系列的要求。

配套的普通驳船标准船型主尺度系列　　表 12.3

总长(m)	船宽(m)	参考设计吃水(m)	参考载货吨级(t)
35.0～37.0	9.2	1.2～1.4	300
45.0～47.0	11.0	1.4～1.6	500

注:1. 总宽可下浮不超过 2%,设计吃水为参考值,应满足主管部门的相关限制要求;
2. 船舶高度应充分考虑航道、桥梁及水上过江电缆等的限制;
3. 进入其他通航水域的驳船应满足相关水域驳船标准船型主尺度系列的要求。

所推荐的干货船船组编队形式　　表 12.4

货船吨级(t)	驳船吨级(t)	编队形式
300	300	T+1
500	300	T+1
	500	T+1
800	300	T+1
	500	T+1
1 000	500	T+1

注:1. 与配套驳船组成的各船组总长、总宽应在航道许可的范围内;
2. 船组营运航速应不低于预定航程水域内可能出现的最大流速;
3. 在确保航行安全的前提下,用户可根据实际优化配置主机功率。

乌江载货汽车滚装船船型主尺度系列　　表 12.5

总长(m)	总宽(m)	参考设计吃水(m)	参考载车量级(t)
85～88	16.3	2.40	30
85～88	19.2	2.60	40
108～110	19.2	2.60	50
108～110	22.2	2.60	60

注：1. 总宽可下浮不超过2%，设计吃水为参考值，应满足主管部门的相关限制要求；
2. 在满足船舶航行安全的前提下，用户可根据实际优化配置主机功率；
3. 船舶高度应充分考虑航道、桥梁及水上过江电缆等的限制；
4. 表中总长不含跳板长度。

2)已开发的乌江500t级货船船型特点

(1)主要要素

船舶主要要素见表12.6。

贵州省乌江500t级货船船型主要参数　　表 12.6

船　型	Ⅰ　型	Ⅱ　型	船　型	Ⅰ　型	Ⅱ　型
总长(m)	55.00		排水量(t)	641.8	689.7
水线长(m)	53.86		载货量(t)	500	
垂线间长(m)	53.00		船员(人)	8	
型宽(m)	10.0	10.8	主机型号	WD615 61C-23	
型深(m)	2.50		主机功率(kW)	2×160	
设计吃水(m)	1.60/1.80		满载航速(km/h)	>16	
船型系数	0.750	0.746	浮心纵向位置(m)	0.11	0.101
航区	乌江B、C级　J_2航段				

(2)船型

针对未来乌江航道新条件和码头设施简易等特点，借鉴现有研究成果进行线型优化设计，在较优的快速性能、较合理的布置、较简化的建造工艺、装卸便利以及较低的建造成本之间寻求一种平衡，以得到一种综合性能较优的船舶型线。最终确定的船舶线型见图12.2。

乌江500t两型船均为尖首平甲板、双尾船型，船舶付氏数 F_n 约0.20，两型船浮心纵向位置 X_b 约0.10m，约为0.19%Lpp。由川江及三峡库区标准货船系列模型试验结果表明，对付氏数 F_n 不超过0.2的低速货船，其浮心纵向位置在船中附近较为适宜，可见两型船均具有良好的阻力性能。

(3)布置特点

为提高载货能力，所开发的贵州省乌江500t级货船采用尾机型、尾上层建筑的布置方式，并采用尾排烟、不设烟囱的布置方式，以减少上层建筑范围、增加载货区域的长度，最大限度发挥船型的载货能力。

两型船#18～#94肋位为货舱区域。货舱为纵通一舱开敞式半舱型，纵向舱口围板参与总纵强度计算。舱口围板距主甲板1.0m，舱深为1.25m，双舷宽度为1.2m。

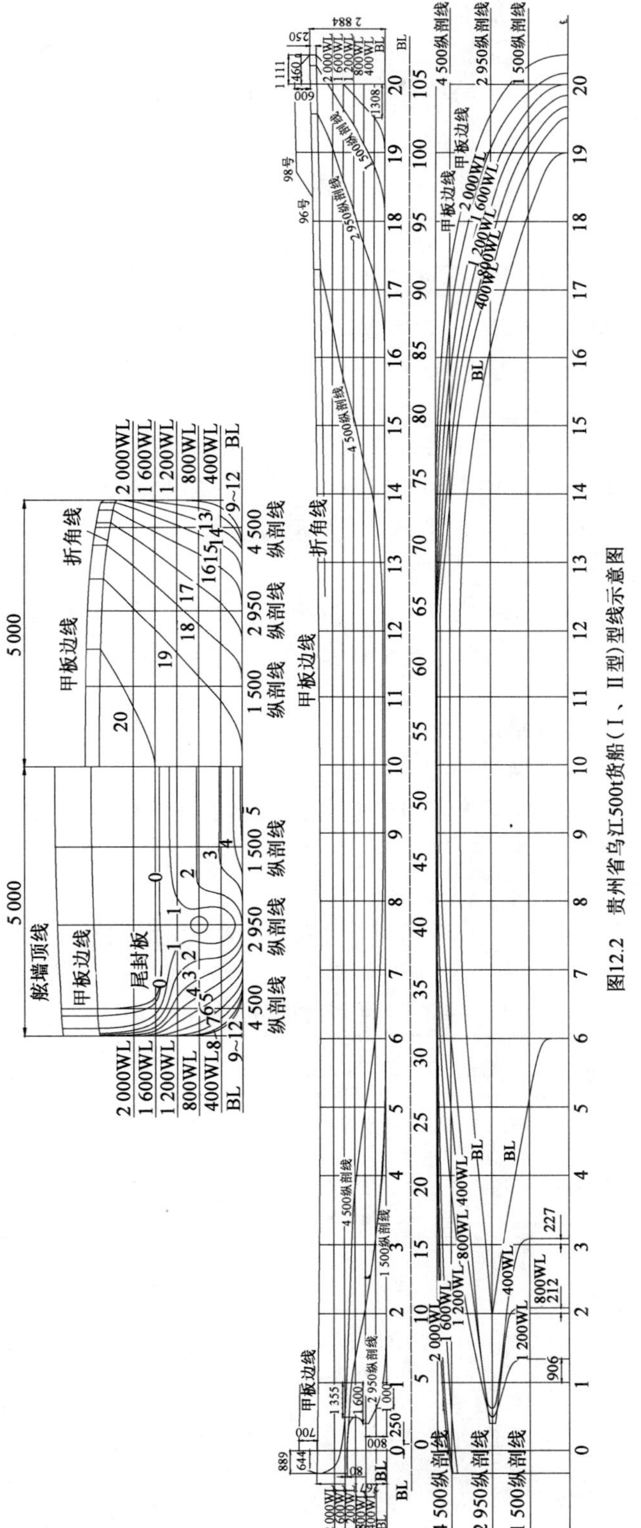

图12.2　贵州省乌江500t货船（Ⅰ、Ⅱ型）型线示意图

船舶建筑布置和造型，反映船舶的风格、功能和外观视觉效果，同时影响其经济性。针对该船特点，外观造型的基本原则是实用、简捷、统一。该船的布置较好地体现了货船追求的平稳、力量感，也符合现代人快节奏、简单、高效的生活和工作方式。具体如图 12.3 所示。

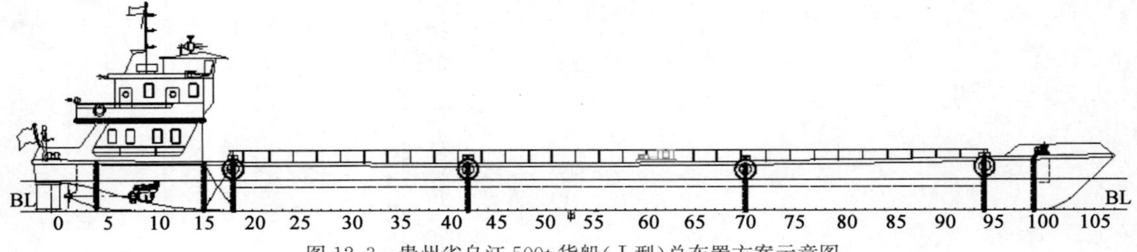

图 12.3 贵州省乌江 500t 货船（Ⅰ型）总布置方案示意图

(4)船体结构

两型船均采用钢质单甲板、双壳全电焊结构，均采用“CCS”认可的材料，主船体采用船用 A 级钢材，外板为低碳钢。结构按中国船级社《钢质内河船舶建造规范》对 B 级航区货船的要求：货舱区船底、舷侧、甲板为纵骨架式，艏艉、机舱及甲板室为横骨架式。

乌江 500t(Ⅰ型)船于 4 号、15 号、18 号、42 号、70 号、94 号、99 号肋位设 7 道水密横舱壁，2 道水密纵舱壁(舷侧内纵壁)，舱壁均上达主甲板；乌江 500t(II 型)船于 4 号、15 号、18 号、38 号、54 号、74 号、94 号、99 号肋位设 8 道水密横舱壁，2 道水密纵舱壁(舷侧内纵壁)，舱壁均上达主甲板。

为减少可能发生的振动，结构上采取下列有效措施：①所有纵向构件具有良好的连续性；②在机舱、船体尾部等均有效地设置强肋骨、强梁、桁材、支柱及钢壁；③尾尖舱内肋板和外板的焊接采用双面连续焊；④螺旋桨与船体壳板之间保留有较大的间隙，采用双尾线型改善伴流场；⑤桨叶上方船体壳板加厚等。

(5)主要轮机设备

根据开发船型的主机功率范围，从性能、功率适用性、稳定性、振动、噪声、价格、重量等多方面进行主机选型，以达到安全可靠、经济实用目的。其主机参数见表 12.7。

乌江 500t(Ⅰ、Ⅱ型)货船主要轮机设备 表 12.7

序号	名称	型号及规格	单位	数量	厂家
1	主机	型号： WD615 61C-23 额定功率： 160kW 额定转速： 1 500r/min 燃油消耗率： 197g/(kW·h) 滑油消耗率： 1g/(kW·h)	台	2	山东潍坊柴油机厂
2	齿轮箱	型号： 120C 减速比： 3:1	台	2	杭州前进齿轮箱集团有限公司
3	柴油发电机组	型号： 4135Caf 功率： 60.48kW 转速： 1 500r/m 发电机型号： MP-H-50-4 功率： 50kW 额定转速： 1 500r/m	台	1	配套商：南通飞鲸发电设备有限公司 柴油机生产厂：南通柴油机股份有限公司 发电机生产厂：上海革新·马拉松电气有限公司

(6)环保设备

①机舱污油水。

两型船机舱设油水分离器一台,用以处理机舱、舵机舱内的含油污水,油水分离器型号为CYSC-0.1,处理能力为0.1m^3/h。

②生活污水(液态生活废弃物)。

设置生化法生活污水处理装置一台,用以处理全船的生活粪便污水,型号为WCB-10。

③生活垃圾(固态生活废弃物)。

固态生活垃圾及废弃物料、工机具等生产垃圾收入配备的固态垃圾收集箱(垃圾箱),打包到港后交岸基回收部门处理。

12.2　船舶主要要素选择的原则

影响确定船舶主要要素的因素很多,主要受到设计技术任务书的有关要求、技术性能、经济性以及一些实际因素的制约,而各要素之间又互相牵制。因此,在设计初始阶段,尽可能找出各要素之间的联系规律,并针对设计船的特点及主要矛盾,初步拟定各主要要素。

12.2.1　选择船长应考虑的主要因素

1)使用条件及建造条件对船长的限制

确定设计船的长度,首先必须调查该船预定航线上码头、船闸及航道的具体情况,因为船长往往要受到这些具体情况的限制。我国通航标准规定船长是航道曲率半径的1/3～1/4。但这个问题比较复杂,除航道的曲率半径外,与航道宽度也有重大关系,与航道的流速、地形、船舶的操纵性也有关系。航道上如有船闸,则船舶进入船闸后,船闸各端应留有富裕长度Δl。选择船长时应考虑与航线各港的码头泊位长度相适应。其次,从建造角度来说,应考虑船坞及船台对船长的限制。

2)满足浮力要求

设计任何一艘船舶均应满足浮力和重力相平衡的条件,因此选取船长时,应满足浮性方程:

$$\Delta = kwC_bLBT = w_n + w_f + w_m + DW$$

3)总布置对船长的要求

船长应满足舱容和甲板面积的要求,满足布置要求的船长可以作为设计船船长的下限值。

4)船长对快速性的影响

船长对阻力有较大影响,在不同的F_n下,R_f和R_r占总阻力的百分数是不同的。对中低速船,要特别注意选用不使阻力激剧增加而经济上有利的经济船长。

5)船长对操纵性的影响

船长增加对船舶的回转性不利,因此对回转性要求高的船舶应尽量使其船长短些。从航向稳定性来说,则与回转性相反,适当增加船长则容易保持航向。

6)船长对耐波性的影响

船长主要影响船舶的纵摇和升沉。增大船长可以使纵摇减轻,因此增大船长对耐波性有利。

7)船长对抗沉性的影响

增加船长对改善抗沉性有利。

8)船长对重量及造价的影响

船长增加时,船体钢料的消耗量和船体重量增加,造价上升。

12.2.2 选择船宽应考虑的主要因素

1)航道条件和建造条件对船宽的限制

船宽的大小收到航道、闸门、桥孔、船坞等宽度的限制。内河通航标准规定:

$$B \leqslant 10\text{m},\text{富裕宽度 } \Delta b \geqslant 1.0\text{m}$$

$$B > 10\text{m},\text{富裕宽度 } \Delta b \geqslant 1.2\text{m}$$

2)满足浮力的要求

选择船宽时应满足浮性方程。因 B 对 W_f 和 W_h 的影响低于 L,故从保证浮力与布置地位及造价角度,以减小 L、增大 B 有利。当然减小 L、增大 B 有一定的可行范围。因 B 过大会使设计船的初稳性高过大,影响横摇;B 过大,L 过小,也会造成快速性上的损失。

3)总布置对船宽的要求

增加船宽,可增大舱室宽度,加大甲板面积,增加货舱口的宽度,对船舶的布置及使用一般是有利的。

4)船宽对稳性的影响

增加船宽对改善初稳性有显著的效果。但船宽偏大将使初稳性高偏大,不利于耐波性。

5)船宽对耐波性的影响

船宽对耐波性的影响主要反映在对横摇的影响。过大的船宽将引起剧烈的横摇。

6)船宽对快速性的影响

在排水量和船长基本不变的情况下,减小方形系数以增加船宽,一般对阻力有利。

7)船宽对造价的影响

如果从船体结构重量角度考虑,减小船长以增加船宽是有利的。

12.2.3 选择吃水应考虑的主要因素

1)航道及港口对吃水的限制

船舶吃水需受到航道及港口水深的限制。为避免搁浅及水底砂石触及船体,船底与河床之间应留有一定的间隙。间隙大小根据船舶的大小、航速、航道及其底部地质情况有所不同。

2)吃水对快速性的影响

从提高螺旋桨性能来说,选择尽量大的吃水是有好处的。

3)应满足浮力要求

吃水是构成设计船浮力的因素之一,选择吃水无疑应满足浮性方程。

4)应考虑吃水对其他性能的影响

在排水量一定时,若吃水增加,初稳性高度将减小。在型深不变的情况下,增加吃水会使储备浮力减小。在浅水航道中,由于吃水增加,河底与船底间隙减小,浅水阻力增加。

12.2.4 选择型深应考虑的主要因素

1)对容量、布置及使用性能的影响

型深的大小直接影响船舶的容积,增加型深是提高舱容的最有效措施。

2)型深对安全的影响

(1)型深对船舶淹湿性的影响。足够的干舷对于阻挡浪涌上甲板和减少浪花飞溅到船上起着重要作用。因此,在吃水一定时,增加型深对减少甲板上浪机会、保持甲板干燥等有重要意义。

(2)型深对船舶抗沉性的影响。型深大小表征着船舶储备浮力的大小,型深是提高抗沉性极为重要的要素。

(3)型深对稳性的影响。在实用范围内改变型深,对大倾角稳性一般是有利的。提高型深对初稳性一般不利。

3)型深对总纵强度及造价的影响

提高型深,可使船体结构的剖面模数迅速加大,所以增大型深有利于船舶的纵向强度。

4)应考虑有关规范对型深的要求

船舶建造规范对不同航区内河船的 L/D 和 B/D 范围都有相关规定。若超过规定范围表明船舶过于长而扁,抗弯抗扭能力差,则船舶结构需特别加强。

12.2.5 选择方形系数应考虑的主要因素

1)应满足浮性方程

2)对布置的影响

从保证布置地位观点看,大的方形系数有利于货船舱容的合理利用;对船体内部的舱室布置、机舱布置是有利的。

3)对船体重量及载重量的影响

当排水量一定时,增大方形系数,船舶的主尺度可减小,船体重量可减轻,钢料消耗减小,造价降低,同时空船重量轻了,载重量可相应提高。

4)方形系数对快速性的影响

增加方形系数以减小构成排水量的其他尺度,将使摩擦阻力减小,剩余阻力增加。中低速船因摩擦阻力占总阻力的比例相对较大,减小方形系数对阻力的影响不太突出,宜选用经济方形系数。

第13章

确定船舶主要要素的原理与方法

13.1 确定船舶主要要素的基本原理

13.1.1 确定船舶主要要素应满足的条件

确定船舶主要要素应满足的条件是：

(1)满足重力与浮力相平衡条件，即空船重量加载重量等于船舶在设计吃水时的浮力。

(2)满足设计船所需的舱容及建筑地位。

(3)满足对设计船各项技术性能(如快速性、稳性、操纵性、耐波性、抗沉性、最小干舷和强度等)对主要要素的要求。

(4)满足航线环境和建造与修理厂设备对设计船主要要素的限制。

(5)满足用船部门对设计船的有关使用要求。

(6)经济性要好。

13.1.2 确定船舶主要要素基本思路

由于船舶的各主要要素对空船重量、舱容及建筑地位、快速性等技术性能及经济性的影响规律是各不相同的，因此，试图一次就选定一组主要要素就能满足上述的约束条件是困难的。即使满足了全部的约束条件，也不一定是最佳方案。所以，确定设计船主要要素必须有合理的步骤和科学的方法。

确定设计船主要要素的基本思路可以归纳如下：

第一步：确立设计思想。表明船舶质量的技术性能及经济性的指标是多方面的，而技术性能之间、技术性能与经济性之间往往又存在着矛盾，而且要想得到所有性能及经济指标都是最好的设计方案也是困难的。重要的是，在一艘船的设计过程中，设计者必须自觉地明确该船设计要达到的首要要求是什么，哪些性能和要求是要争取最优的，哪些要求是要确保达到的，哪些要求只要适当照顾即可。只有明确了这些基本思想，才能对设计中所碰到的各种问题有清楚的处理原则。

第二步：根据已知的母型船或同类船舶的统计规律，粗略地估算出主要要素的第一次近似值。如果设计船是一种无相近船可借鉴的新型船舶，则只能依据船舶设计的一般原理及设计船的要求估计初始的主要要素值，然后在逐步近似过程中渐次修正。

第三步：根据各主要要素的第一次近似值核算其相应的性能，如重力与浮力是否平衡；舱容及总布置所要求的地位是偏多或偏少；是否达到要求的航速；稳性是否满足下限值要求等等，得出第二次近似的主要要素。

第四步：根据前一步的主要要素绘制总布置草图、型线草图、船中剖面图，并选定主机型号。然后根据这些草图及有关参考资料，对船舶主要技术性能作进一步较仔细的核算。并根据核算结果，调整主要要素。

第五步：根据设计船的特点，选取合适选优衡准，利用求解最佳方案的方法，进行多方案的计算比较，选取最佳方案。

13.2 确定船舶主要要素的步骤与方法

13.2.1 确定载重型船舶主要要素的步骤与方法

散货船、油船等载重量占排水量比重较大的船舶，它们的 L、B、T 等受重量所需的浮力和快速性条件所约束，而 D 则由最小干舷或舱容要求所决定。故设计这类船舶时，一般先从估算排水量入手；由算得的排水量再结合快速性、稳性、横摇等条件算出 L、B、T 及 C_b；再由最小干舷要求或舱容要求计算 D；然后，根据求出的主要要素再计算船体钢料、木作舾装、机电设备等重量，校核重量与浮力的平衡，并核算舱容、航速及初稳性等。根据具体校核的结果调整主要要素，最后计算经济指标，并进行选优。确定主要要素的步骤框图如图 13.1 所示。

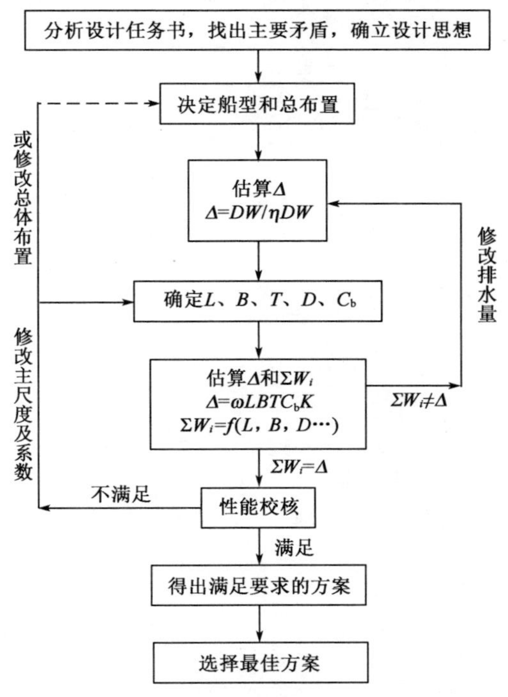

图 13.1　载重型船舶主要要素确定步骤流程图

13.2.2 确定布置地位型船舶主要要素的步骤与方法

布置地位型船舶的主要要素确定取决于主体内及上甲板以上的布置所需地位。因此，设计集装箱船、滚装船等布置地位型船舶时，都需从布置上所需的地位入手，计算所选的 L、B、D 值，然后再依据重力与浮力的平衡、快速性、稳性、耐波性、抗沉性等条件，确定合理的主要要素。确定主要要素的步骤框图如图 13.2 所示。

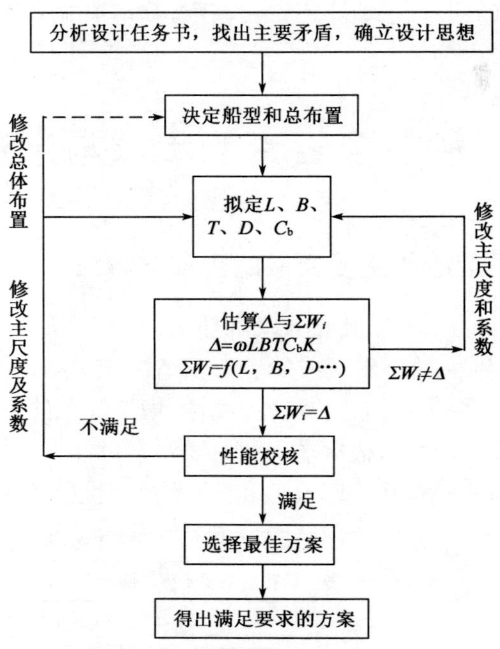

图 13.2 布置地位型船舶主要要素确定步骤流程图

第14章 最佳船型方案的选择

14.1 求解最佳方案的方法

设计船的主要要素不仅要满足任务书的要求，而且还受各种因素的制约。这些要求与限制统称为船舶主要要素的约束条件。满足约束条件的方案为可行方案。显然可行方案不是唯一的，而是处在由约束条件所决定的某一范围内的众多方案。为了得到一组技术、经济性能最优方案，在得出满足任务书要求的一组可行方案后，需对设计方案进行优化。将可行方案各主要要素进行系列变化，组成若干方案，计算每一方案的技术经济性能，并用选优衡准指标加以判别，从而得出最优方案。

用于求解船舶主要要素最佳方案的优化方法有：网格法、最优化方法、正交设计法等。

1)网格法

网格法又叫变值法或参数分析法。其做法是系列改变各设计变量，组成一系列的设计方案，对每个方案都进行技术及经济计算，然后根据设计者选定的衡准指标，在比较的基础上，权衡选优。如果变量只有 1 个或 2 个，则可画出衡准指标与变量之间的关系曲线，或衡准指标的等值线图。同时由约束条件所限定的可行域也可在图上画出，从中选出最佳方案。

网格法的优点是方法简单。当变量少时，计算量不大，这个网格上各节点处的情况均可了解。缺点是当变量增多时，方案数增加非常快，计算量加大。例如当变量数为 2，每个变量取 5 个值时，共组成 $5^2=25$ 个方案；而当变量数为 3 时，方案数将增加到 $5^3=125$ 个；当变量数较多时，方案数是惊人的。而且当最优解处于相邻节点中间时，就无法用图示法精确地找出解的位置，即网格法不具备导向最佳方案的自动搜索的性质。

应用网格法选择最佳方案时应注意几点：

(1)变值的范围不应太小，以免因计算误差或计算方法本身的误差较大，而掩盖了方案间的差异，使方案间的比较失去了真实性，造成错误的判断。一般应使变值的最大值与最小值间相差 12%～15%。若各变值方案各种系数取自母型船并保持不变(如各种重量系数及重心位置系数)，那么变值范围也不宜过大，一般应不大于 15%，否则这些系数也不可能不变，如仍按常数计算，由于误差过大，计算结果也反映不出真实情况。

(2)计算中所选用的方法及各种关系式应有足够的准确性，否则会错误地夸大某个变值的影响，而失去可比性。

(3)变值参数的选择，应结合设计船的特点，反映其主要性能。例如比较快速性，可考虑取

L、L/B、C_b 等为变值参数；当分析稳性时，则取 B、B/T 为佳。

2）最优方法

选择最佳方案的另一种方法是最优化方法。最优化方法是利用近代数学中求多自变量、有约束目标函数的极小值来求解最佳方案的一种方法。

假设 $\boldsymbol{X}$ 为船型方案中涉及参数的某个组合，$\boldsymbol{X}$ 可以理解为由某方案的 n 个参数 $x_1, x_2, x_3, \cdots, x_n$ 定义的 n 维空间中的一点，用列向量可表示为：

$$\boldsymbol{X} = \begin{bmatrix} x_1 \\ x_2 \\ \vdots \\ \vdots \\ x_n \end{bmatrix} \tag{14.1}$$

其中 $x_1, x_2, x_3, \cdots, x_n$ 称为设计变量，是指那些在设计过程中可自由选择的独立变量。设计变量一般总要受到某些条件的限制，这些限制条件统称为约束条件。设计约束一般分为两类：界限约束和性能约束。所谓界限约束，是指设计变量的许可变化范围。所谓性能约束是对设计船的技术性能及经济性所提出的一些限制条件，如初稳性的下限值，横摇周期的下限值、舱容要求，造价限制等。设计约束在数学模型中，用约束函数不等式或等式来表示：

$$\text{不等式约束条件：} g_i(x) \leqslant 0, i = 1,2,\cdots,p \tag{14.2}$$

$$\text{等式约束条件：} h_i(x) = 0, i = 1,2,\cdots,q \tag{14.3}$$

这些限制或约束将排除那些不合要求的解，所有符合约束条件的解是可接受的，称为可行的设计方案。但这些方案绝不是等价的，总有优劣之分，判断优劣的依据，通常可用一个或若干个衡准指标来表示。

衡准指标与变量间关系，可用一定的函数表达出来：

$$f(X) = f(x_1, x_2, \cdots, x_n) \tag{14.4}$$

式中，$f(X)$ 称为目标函数，是求解最优方案的衡准指标。在所有可行方案中，使目标函数达到最小（或最大）的那个 X^* 解即为最佳方案。

最优化问题的数学描述是：在满足约束条件下，求目标函数为极值时的解 X^*。图 14.1 为最优化方法求解最优解的流程图。

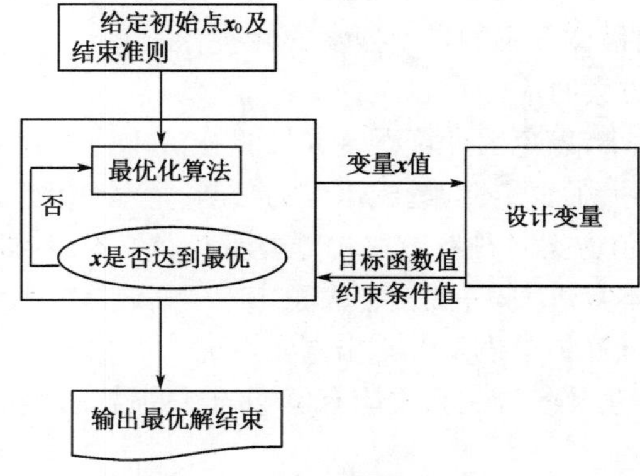

图 14.1 最优化问题解题流程图

3)正交设计法

在船型优化过程中,衡准指标具有不确定性,其数值就有与实验数据类似的特点。因此,可以参照正交试验,采用正交设计来优选船型参数。正交设计法是一种科学地安排多因素试验的方法,又叫正交试验法,它的工具是正交表。利用正交表来安排试验,计算和分析试验结果。这种设计方法可以通过少量数目的方案计算,得到各个优化变量取值范围内的所有可能搭配的结果,设计方法工作量少、直观、简便,可以根据影响的显著性全面权衡各个船型参数,求得多指标的综合优化。

正交设计法在船型优化中的应用步骤如下:

(1)确定船型变量及选优范围;

(2)确定变量水平数,选取正交表;

(3)根据正交表,进行变量搭配,确定优化方案;

(4)计算各方案的主尺度及衡准指标值;

(5)选取变量的最优搭配。

14.2　不确定性分析方法

船舶方案论证的决策结果取决于所选经济指标计算,计算经济指标的部分数据是估计预测的。估计值和实际值之间可能有很大的偏离。例如燃油价格、货运费率、转载系数等营运参数不能正确地预测确定,这是造成不确定性的一个原因。另外,在拟订方案中所采用的近似计算方法,船舶建造中的误差,以及船舶性能随船龄的增加而不确定的恶化,均会引起不确定的结果。由于技术经济参数的不确定性,使最后得到的评价指标也只是一个估计值,给投资决策带来了一定的风险。图 14.2 是船型方案优化论证过程中存在的各种不确定性因素。

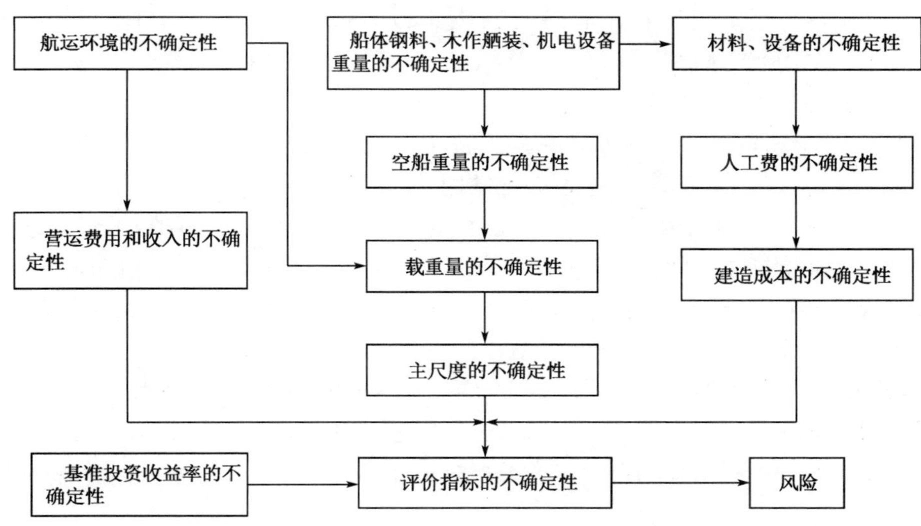

图 14.2　船型优化过程中各种不确定性因素

为了提高船舶方案经济效益评价的可靠性和准确性，降低投资的风险，提高经济决策的科学性，需进行不确定性分析。不确定性分析的主要方法有：盈亏平衡分析、敏感性分析、概率分析、期望效用分析等。而敏感性分析是应用最为广泛的不确定性分析方法。

14.2.1 敏感性分析的基本概念

在船型优化过程中，计算有关的经济衡准指标，总是要求所采用的原始数据准确而且稳定。但是由于这是对未来事件的预测，需要了解不确定性因素对最终方案选择产生的影响：

(1)参与计算的营运参数有一定范围的变动，它们的影响程度是否等同；

(2)某一个变量变更一定的相对幅度时，各不同方案所受的影响程度是否相同；

(3)某变量变化到什么程度，会影响到方案的选择。

为了回答以上问题，有必要进行敏感性分析。敏感性分析是研究船舶运输项目主要因素发生变化时，项目经济效益所发生的相应变化，以判断这些因素对项目经济指标的影响程度，以预测项目承担的风险。

设目标函数(项目的某经济指标)$Z=f(x_1,x_2,\cdots x_n)$在点 $p(x_1^0,x_2^0,\cdots x_n^0)$处取

$$\frac{|\Delta x_i|}{x_i}=K(i=1,2,\cdots,n) \tag{14.5}$$

Z 对应于 Δx_i 的增量为 ΔZ_i，若 $|\Delta Z_K|=\max(|\Delta Z_1|,|\Delta Z_2|,\cdots|\Delta Z_n|)$，则在点 p 处，变量 x_K 对 Z 较敏感。按 $|\Delta Z_i|$ 的大小顺序排队，就可找出各变量的敏感性序列。

敏感性分析可分为初步分析与详细分析两个阶段。初步分析是假定参与计算的各个变量向不利方向何有利方向变化一定的幅度，即自变量的增量为正和负。分别分析它对目标函数的影响程度和变化趋势。在初步分析的基础上，对那些敏感度大的自变量再进行详细的分析。

14.2.2 单因素敏感性分析

单因素敏感性分析是就单个不确定因素的变动而其他因素不变对项目经济评价指标的影响所做的分析。

单因素敏感性分析的步骤为：

(1)选择需要分析的不确定性因素，确定这些因素的变动范围。在实际分析中，常采用船舶投资额、燃油价格、待港时间等这些不确定性因素；

(2)确定分析指标。由于敏感性分析是在确定性分析的基础上进行的，敏感性分析指标应与确定性经济衡准指标相一致，不能超出确定性经济衡准指标的范围另立指标；

(3)计算各不确定性因素在可能变动范围内发生不同幅度变动所导致的方案经济衡准指标的变动结果，建立起一一对应的数量关系；

(4)确定敏感因素，判断方案的风险因素。一般采用相对测定法来判别。即设定要分析的每一个因素均从其原始取值开始变动，且每次变动幅度相同，如±5%、±10%、±20%等，比较在同变化幅度下每一个因素变动对经济衡准指标的影响，判断经济衡准指标对各因素变动的敏感程度。

单因素敏感性分析在计算特定不确定性因素对经济衡准指标影响时，需假定其他因素不变，实际上这种假定很难成立。可能会有两个或两个以上的不确定性因素在同时变动，此时单

因素敏感性分析很难准确反映项目承担风险的状况。

14.2.3　多因素敏感性分析

多因素敏感性分析是指在假定其他不确定性因素不变的条件下，计算分析两种或两种以上不确定性因素同时发生变动，对经济衡准指标值的影响程度，确定敏感性因素及其极限值。多因素敏感性分析一般是在单因素敏感性分析基础上进行，分析的基本原理与单因素敏感性分析大体相同。但需要注意的是，多因素敏感性分析需进一步假定同时变动的几个因素是相互独立的，且各因素发生变化的概率相同。

多因素敏感性分析要考虑可能发生的各种因素不同变动幅度的多种组合。计算起来要比单因素敏感性分析复杂得多。如果需要分析的不确定因素不超过三个，而且经济衡准指标的计算比较简单，可以用解析法与作图法相结合的方法进行分析。

敏感性分析是一种动态不确定性分析，是船型方案选优中不可或缺的组成部分。它用以分析经济衡准指标对各不确定性因素的敏感程度，找出敏感性因素及其最大变动幅度，据此判断选择方案承担风险的能力。

14.3　选择最佳船型方案的主要衡准指标

评价船型方案优劣的指标主要有技术指标、经济指标、环保指标等。船型不同，决策者所占的角度不同，选取的衡准指标也不同。

14.3.1　船舶的主要技术指标

单项的船舶技术性指标有装载能力、快速性、稳性、耐波性、操纵性以及强度、振动等。其中稳性、强度、振动方面的指标通常以满足法规和规范及使用要求为前提，对于耐波性和操纵性，虽然有关这方面的研究已有一些定量衡准的指标，但由于决定这些指标的影响因素比较复杂，所以除了对耐波性或操纵性有特殊要求的船舶外，一般不将其列入，而以满足航行和操纵使用的要求为前提。作为评价货运船舶的技术性指标主要有以下几个：

1)载重量系数、舱容利用系数

$$\text{载重量系数} = \frac{\text{载重量}}{\text{设计排水量}} \tag{14.6}$$

$$\text{舱容利用系数} = \frac{\text{货舱容积}}{(\text{水线长} \times \text{型宽} \times \text{型深})} \tag{14.7}$$

载重量系数表示船舶的载重量占排水量的百分数，它反映了运输船舶的装载能力大小，表示排水量的利用率。对同样(级)排水量的船来说，载重量系数大者，表示其载重量多。因此，载重量系数是衡量运输船舶好坏的一个标志，载重量系数越大越好。

船舶的容量指船舶所能提供的容积，是船舶的一项重要使用性能。如果容量不足，则满足不了使用要求；反之，如果容量太大则造成浪费。

2)船舶快速性

船舶快速性问题是船航行速度与所需主机功率之间的关系问题。所谓船的快速性好，就是在满足设计任务书各项要求的同时，达到规定的航速指标，所需要的主机功率小，或者是当主机功率给定时，在满足其他要求的情况下，船的航速比较高。快速性是船舶的一项重要技术指标，它对保证使用性能和营运经济性的影响很大。

船舶的快速性取决于船的阻力大小、推进性能的优劣以及船体与推进器配合，即船、机、桨配合。评价船舶快速性指标采用海军系数进行比较，海军系数是船舶的阻力与推进性能的综合反映。

$$C = \frac{\Delta^{2/3} V_s^3}{N_e} \tag{14.8}$$

海军系数指数越高越好，则其快速性能越好。

3)船舶稳性

船舶稳性问题分为初稳性与大倾角稳性。两者既有区别，也有联系。稳性校核是各国船级社法定的规范化行为，各国规范对稳性衡准指标有着严格规定，对不同船型、不同用途的船舶作了明确的表述。初稳性以初稳性高度 GM 作为衡准指标，大倾角稳性则以 $K = l_q / l_f >= 1$ 作为衡准。

初稳性：初稳心高的大小表征着小倾角时船抵抗外力的能力，是衡量初稳性好坏的指标。它必须满足下述基本条件：

(1)保证船舶安全和使用要求

初稳性的下限值是保证船舶安全和使用要求所需要的最低初稳性值。设计船舶的初稳心高度应大于或等于初稳性下限值。

(2)保证船舶能以尽可能小的摆幅作缓和的横摇

初稳性上限值是保证船舶横摇缓和的最大初稳性值。设计船舶的初稳心高度应小于或等于初稳性下限值。

横摇固有周期：

$$T_\theta = \frac{(0.55 + 0.07\dfrac{B_s}{d})B_s}{\sqrt{GM_0}} \tag{14.9}$$

式中：B_s——不包括船壳板的最大船宽(m)；

d——所核算装载情况下的船型吃水(m)；

GM_0——所核算装载情况下船舶未计及自由液面修正的初稳性高度(m)。

(3)保证必要的海损稳性

所谓大倾角稳性是指船在外力作用下，横倾超过 10°时的稳性。它涉及船在航行中能抗多大风流，或者说船横倾到什么程度将丧失稳性而倾覆。根据《船舶与海上设施法定检验规则》(2004)“内河船舶法定检验技术规则”规定要求：稳性衡准数 $K \geqslant 1$，对于不同的航区、不同的船型要求衡准的具体内容不同。如航行于 A 级或 B 级航区的船舶，其稳性衡准数 K_f 均应符合下式：

$$K_f = M_q / M_f \geqslant 1 \text{ 或 } K_f = l_q / l_f \geqslant 1 \tag{14.10}$$

式中：M_q——计入横摇影响的最小倾覆力矩(kN·m)；

M_f——风压倾侧力矩(kN·m)；

l_q——计入横摇影响的最小倾覆力臂(kN·m)；

l_f——风压倾侧力臂(kN·m)。

4)单位油耗$[FC/(DW \cdot V_s)]$

该指标主要反映了节能的要求,即单位当量油耗。船舶的运输能力可以用载重量和航速的乘积表示。日油耗量即采用燃油品种和价格表示一艘船的耗油情况。船舶的燃油消耗与发动机功率成正比。单位油耗对于主、副机载重量一定的船舶是个常数,其值越小,表示耗油越少,节能越多。

14.3.2　船舶的主要经济指标

经济评价指标是评价和比较船舶在生产过程中的经济效益的各类指标。没有一个理想的、能合乎需要且又广泛适用的经济指标,而用于评价的是一个经济指标体系。指标体系是指一系列互相联系、互相补充的指标所组成的统一整体,建立指标体系是为了对技术方案进行全面审查,对方案的经济效果进行综合评价,以判定方案的优劣,并在多种方案中选择综合效果最佳的方案,为决策提供科学依据。

1)船价的估算

船价是船舶经济性分析中的主要投资项目,其准确性和可靠性对船舶经济性分析的影响性很大。无论采用什么评价经济性指标,船舶的投资额是必须首先准确确定的。

船价估算是一项相当复杂的工作,它不仅涉及船舶设计、建造中的一些技术参数,而且还与经营、财政、政治等因素有关。根据不同设计阶段和资料的完备程度,有着不同的船价估算方法。这里仅就船舶设计初期、船舶经济性分析阶段的估价方法进行叙述。

(1)统计法

方案论证阶段,在没有进行详细的调查研究,缺乏母型船的造价和重量等资料,且对估算精度要求不高的情况下,可根据主要船型参数,采用统计公式或统计曲线进行估价。

①统计公式估算法。

$$\text{货船}\quad P = DW \times P_{DW} \times (1+f)^{N} \times 10^{-4} \tag{14.11}$$

$$\text{集装箱船}\quad P = NU \times P_{NU} \times (1+f)^{N} \times 10^{-4} \tag{14.12}$$

式中:P——船价(万元);

DW——船舶载重量(t);

P_{DW}——单位载重量造价(元/t);

f——年船价调整率(%);

N——估价时年限到所取单价时年限有的时距(年);

NU——集装箱船的集装箱数(只);

P_{NU}——单位集装箱数的造价(元/只);

P_{DW}、P_{NU}的取值取决于母型船舶价的收集。

②统计曲线估算法。

利用已统计的各型船舶造价随技术参数加载重量、排水量、主机功率等变化曲线,根据报估价船的已知参数、查阅相应曲线,从而进行估价。

(2)船价基数法

以对各种船型均具共性且其数值又与船价相关的船舶特征参数(如满载 Δ)为基础,通过确定该特征参数与船价的相关值(即船价基数 F_P),从而估算出船价。该方法即为船价基数法。

船价基数 F_P 是指单位满载排水量所支付的费用。该数值的大小表示该型船所需消耗(或具有)的材料、设备、人工、管理以及其他与船价有关的费用。

$$F_P = \frac{P_F}{\Delta} \tag{14.13}$$

式中:F_P——船价基数(元/t);

P_F——已建造完工的各种类型船舶的实际价格(元);

Δ——船舶满载排水量(t)。

对一定的船型,若已知满载排水量,可选择相应的船价基数,按下列公式估算船价,即:

$$P = \Delta \times F_P \times R \times (1+f)^N \times 10^{-4} \tag{14.14}$$

式中:P——船价(万元);

R——商情系数,与船市行情有关,一般取 0.8~1.4。

(3)分项估算法

分项估算法是一种按船舶各部分设计重量及其相应单价为计算基础的估价方法。在该方法中,将船舶建造成本划分为船舶费用、木作舾装费用、机电费用和生产专用费四大项,则:

$$P = (C_S + C_O + C_M + C_A) \times \frac{(1+RP)}{(1-t)} \tag{14.15}$$

式中:C_S——钢船体费用(万元);

C_O——木作舾装费用(万元);

C_M——机电设备费用(万元);

C_A——生产专用费(万元);

PR——利润率(%);

t——税率(%)。

各部分费用的计算如下:

①钢船体费用 C_S。

$$C_S = W_N \times P_S \times (1+f)^N \times 10^{-4} \tag{14.16}$$

式中:W_N——船体钢料实际消耗量(t);

P_S——船体钢料单位重量造价(元/t)。

②木作舾装费用 C_O。

$$C_O = [W_O \times P_O \times (1+f)^N + P_L] \times 10^{-4} \tag{14.17}$$

式中:W_O——船舶木作舾装重量(t);

P_O——木作舾装单位重量造价(元/t);

P_L——起货设备价格(台数×单价)(元)。

③机电设备费用 C_M。

$$C_M = W_M \times P_M \times (1+f)^N \times 10^{-4} \tag{14.18}$$

式中:W_M——机电设备重量(t);

P_M——机电设备单位重量价格(元/t)。

④生产专用费 C_A。

生产专用费主要包括船舶设计费、图纸费、钢材预处理费、胎架和专用具、船台、船坞、码头、下水、船检、保险等各项费用。在设计初期、方案论证阶段，可用下式计算：

$$C_A = T_C \times x \times 10^{-4} \tag{14.19}$$

式中：T_C——船舶总建造成本(元)；

x——生产专用费率，一般取 10%～15%。

⑤利润率 PR、税率 t。

利润率按市场调查实际选取，税率按有关税率标准选取。

2)船舶方案的营运和经济计算

为了评价船舶方案在投产营运时所能达到的各项经济指标，除了要预估这些方案的船价外，船舶方案的营运经济分析是船舶经济分析中必不可少的内容之一。船舶的营运情况是很复杂的，进行船舶营运经济计算时，往往把营运情况简化，例如：出航时都假设为满载到设计吃水，营运时航速不变，始终以某一服务航速营运，每年的营运天数都相等，每年的营运收入和营运支出也保持不变。实际情况与这些假设是有出入的，对船舶的营运经济会产生影响。为了使船舶工程经济分析更加可靠，必须要进行切合实际营运情况的分析计算。

(1)年货运量计算参数

①装载因数。

装载因数综合地反映了装载率和满载航行率的情况，用 f_D 表示

$$f_D = f_L \cdot f_V \tag{14.20}$$

装载率 f_L 是船舶实际载货量和设计载货量之比，即

$$f_L = \frac{\text{实际载货量}}{\text{设计载货量}} \tag{14.21}$$

货源充足的情况：船舶满载时，$f_L=1$；

货源不足的情况：船不能满载时，$f_L<1$。

为表示满载航程在往返全航程中所占的比例，可用满载航行率 f_V 表示

$$f_V = \frac{\text{满载航程}}{\text{往返全航程}} \tag{14.22}$$

②航行时、停泊时耗油量。

a. 航行时耗油量。

航行时耗油量分为主机与副机耗油量两项计算：

主机耗油量＝主机常用功率(kW)×耗油率[g/(kW·h)]×航行时间(h)×主机台数

主机常用功率一般取为额定功率的 80%～85%。

副机耗油量＝副机常用功率(kW)×副机耗油率[g/(kW·h)]×航行时间(h)×副机台数

b. 停泊时耗油量。

停泊时副机耗油量的计算式与航行时副机耗油量计算式相同(注意柴油发电机的使用台数和常用功率占额定功率的百分比)：

副锅炉耗油量＝每小时耗油率(g/h)×停泊时使用时数

在估算耗油量时，可根据资料（或船模试验）对各航段和主机功率作一个较为准确的估算，然后再根据这些数据估算航行时的耗油量。

③营运速度。

内河船舶的营运速度应考虑上、下水水流速度的影响。为了计算方便，取下、上水航速为加减水流速度。水流速度与航行季节（枯水、中水、洪水）以及航段有关。

④往返航次时间。

船舶在航线上完成一次往返运输周期所需的时间为往返航次时间，包括航行时间和停泊时间两大部分。

a. 往返航次航行时间。

往返航次航行时间 S_D 是指船舶在往返航次中，从离开港口或锚地时起，至回到原港靠泊时止的实际航行天数。包括：满载全速航行时间、空放压载航行时间、进出港及通过运河等限速航段所需时间。

$$S_D = L_D + B_D + H_D \tag{14.23}$$

式中：L_D——满载全速航行时间（d）；

B_D——空放压载航行时间（d）；

H_D——限速航行时间，根据航线上限速段的距离及其限制速度求得（d）。

$$L_D = \frac{2D_1}{24V_S} = \frac{D_1}{12V_S} \tag{14.24}$$

式中：D_1——扣除限速航段后的全速航行距离（km）。

b. 往返航次停泊时间。

往返航次停泊时间 P_D 是指在往返航次中，因各种原因在港口和途中的全部停泊时间，包括生产性（如装卸货物）、非生产性（如加油、等候泊位等）的停泊时间。

$$P_D = \frac{(P_S + N_S)}{24} \tag{14.25}$$

式中：P_S——港口作业停泊时间（h）；

N_S——非生产性停泊时间（h）；

P_S——航线上各港口装卸作业和辅助作业时间的总和，为：

$$P_S = \sum_{i=1}^{n}\left(\frac{q_1}{M_1} + \frac{q_2}{M_2}\right)_i \tag{14.26}$$

式中：q_1，q_2——分别为各港口的装货、卸货量（t）；

M_1，M_2——分别为各港口的装、卸货效率（t/h）。

港口装卸效率根据航行上各港口的实绩，统计分析得到。非生产停泊时间受自然因素（如遇雾、候潮等）和人为因素的影响，差异很大，要根据航行的实际情况确定。

⑤年营运天数。

年营运天数是指船舶全年参加营运的天数。它主要由年平均修理时间所决定，还受到通航期的影响，如冰冻期、枯水期等不能通航的天数，用 O_D 表示。

年平均修理时间为船舶在整个使用期内各类修理总时间的分摊，它与船舶使用年限、修理周期、每次的修理时间直接相关，同时亦随船舶类型、主机类型和航区不同而变化。

在船舶技术经济分析中，年营运天数可根据同类型船舶的营运实际，分析而取。

$$\text{年营运天数} = 365 \times \text{营运率} \tag{14.27}$$

⑥年航次数. 。

年航次数 R_T 是指定航线上一年内完成的往返航次数。

$$R_T = \frac{O_D}{S_D + P_D} \tag{14.28}$$

式中：R_T——年航次数（次）；

O_D——年营运天数（d）；

S_D——往返航次航行时间（d）；

P_D——往返航次停泊时间（d）。

(2)船舶营运总成本

多年来，在船舶工程经济分析中，船舶营运总成本分六项计算，包括与船价有关的费用（折旧费、修理费、保险费）、船员费、燃润料费、港口费、事故损失费以及航运企业管理费和其他费用。

①与船价有关的费用。

与船价有关的费用包括折旧费、维修费和保险费三项。因这三项均按船价进行计算，故称与船价有关的费用，在营运费用中占较大的比重。

a. 折旧费（基本折旧）。

$$F_Z = P \cdot R_Z \tag{14.29}$$

式中：F_Z——折旧费（万元）；

P——船价（船舶投资金额）（万元）；

R_Z——折旧率，即船舶按年分摊的折旧费比率，其大小主要取决于折旧年限与折旧方式，常用直线折旧法。

折旧年限为船舶使用年限，按直线折旧法计算，则有

$$F_Z = \frac{P - L}{N_Z}$$

$$R_Z = \frac{P - L}{N_Z \cdot P} \tag{14.30}$$

b. 修理费。

在船舶技术经济论证中，为了使各个方案之间具有可比性，年度修理费一般可按船价的一定比例提成，即

$$F_W = P \cdot X_R \tag{14.31}$$

式中：F_W——年维修费（万元）；

X_R——修理费提存率，按有关规定计提。

c. 船舶保险费。

保险金额不等于船价，一般根据船舶原价，随船舶使用情况、船龄和技术状态而异。但在论证阶段，假设与船价相等，则年度保险费可取为船价的一个比率，即

$$F_{BX} = P \cdot X_I \tag{14.32}$$

式中：F_{BX}——年保险费(万元)；

X_I——年保险费率，一般取为0.45%～1.0%。

②船员费。

船员费是每年支付在船上工作(包括培训人员)的船员所发生的各种费用，包括基本工资、津贴、工资附加费等。

$$年船员费 = 船员人数 \times (年平均工资 + 年津贴 + 年工资附加费) \tag{14.33}$$

各航运公司船员费用的标准不同，论证时可参照母型船年度实发工资数估算。

③燃润料费和材料费。

燃润料费是指船舶动力装置消耗的燃料和润料费用，可分别按航行、装卸作业与停泊时主机、副机、锅炉的功率和单位油耗量，由营运计算得到的使用时间，按照当时的燃润料价格，求得航行与停泊时的燃润料费，进而求得年燃润料费。

在一般的经济分析中，常把润滑油费取为燃料费的一个百分数R_e。

$$年燃润料费 = 年航次数 \times (航行时燃料费 + 停泊时燃料费) \times (1 + R_e) \tag{14.34}$$

式中：R_e——润料费率(%)。

材料费是指船舶营运和日常事务耗用的各种材料、物料、低值易耗品以及船员自修船舶耗用的材料、物料费用。

④港口费。

港口费是指船舶在港口发生的各种使用费和其他支出款项的总和，可分为三类：

a. 有关船舶的费用。

是与船舶进出港口或在港内停泊，按规定交纳税金、手续费和补偿港口各种开支向船方征收的费用。主要与船舶登记吨位或净吨位有关，如港务费、引航费、灯塔费、运河通行费、停泊费、系解缆费等。

b. 有关货物的费用。

是与货物的装卸、保管和管理有关的费用，通常称货物费。其主要与船舶的载货吨有关，如货物港务费、装卸费、驳运、存储保管、理货、特殊平舱、货物检验等费用。其分担方法由航运公司明确规定，或由航运公司负担，或由货主承担。

c. 其他支出款项。

在船舶技术经济论证中，为简化计算，这些费用可归纳成为船舶吨位有关的费用及与载货吨有关的费用两大类，分别按比例于净吨位或总吨位计算和按年运量吨数计算并依赖货种而不同。

$$\begin{aligned}港口费 = {} & 年航次数 \times 航次与船净吨位有关的费用 + 年航次数 \times \\ & 航次与船货运吨有关的费用 + 其他费用\end{aligned} \tag{14.35}$$

⑤事故损失费。

事故损失费是指船舶发生海损、机损以及运输过程中发生的货损、货差等事故损失，包括对外赔偿费用、船舶损坏部分的修理费用，以及抢救和善后处理等费用。

⑥航运企业管理费和其他费用。

航运企业管理费是航运企业管理部门按一定比例向船舶提取的费用。航运企业管理部门为组织和管理运输及运输以外的各项业务工作所支出的各项费用，在船舶工程经济计算中，可按其统计数占船舶年度总成本的百分数来计算。

航运企业管理费和其他费用约占年总成本的15%，对不同企业，比率有较大不同。

⑦年总成本。

$$C = \frac{1}{0.85}(\text{与船价有关的费用} + \text{船员费用} + \text{燃润料费和材料费} + \text{港口费} + \text{事故损失费}) \tag{14.36}$$

(3)船舶营运收入

①运输能力。

船舶运输能力通常用年货运量和年货运周转量表示，即船舶在一年内所完成的货运量或货运周转量。

年货运量是指船舶在一年内实际运送的货物吨数：

$$Q = R_T \cdot Q_t \tag{14.37}$$

式中：Q——年货运量(t)；

R_T——年航次数(次)；

Q_t——每个往返航次货运量(t)。

年货运周转量是指船舶在一年内实际完成的货运吨海里(km)数：

$$Q_D = R_T \cdot Q_{Dt} \tag{14.38}$$

式中：Q_D——年货运周转量(t·nmile或t·km)；

Q_{Dt}——每个往返航次货运周转量(t·nmile或t·km)。

a.往返航次货运量计算。

$$Q_t = Q_{tg} + Q_{tb} \tag{14.39}$$

式中：Q_{tg}——去程船舶实际载货量(t)；

Q_{tb}——回程船舶实际载货量(t)。

b.往返航次货运周转量计算。

$$Q_{Dt} = Q_t \cdot D_t \tag{14.40}$$

式中：D_t——该航段运距(nmile或km)。

②年营运收入。

$$\text{营运收入B} = \text{年货(客)运量(t)} \times \text{货运费率(元/t)} \tag{14.41}$$

或

$$\text{营运收入B} = \text{年货(客)运周转量} \times \text{货运费率(元/t·km)}$$

3)常用的静态经济指标

(1)单位运输成本(Unit Cost of Transportation)

单位运输成本即船舶完成单位运量(或周转量)所支出的成本。

$$C_1 = \frac{C}{Q} \tag{14.42}$$

$$C_2 = \frac{C}{Q \cdot D_A} \tag{14.43}$$

式中：C_1——单位运量的运输成本(元/t)；

C_2——单位周转量的运输成本[元/(t·km)]；

C——年总成本(元)。

(2)年利润

年利润是年营运收入扣除年总成本的余额，用 A_P 表示，$A_P = B - C$。这个指标中的年总成本未考虑资金的时间价值，亦未考虑投资应有一定的收益，因而削弱了投资金额的影响，导致尺度过大、航速过高的船型。

(3)千吨海里(公里)燃料消耗率

千吨海里(公里)燃料消耗率指标是以单位运量计算的燃料消耗量，用 R_F 表示，单位为 10^3 t·km。

$$R_F = \frac{Q_F}{Q \times D_A \times 10^{-3}} \tag{14.44}$$

式中：Q_F——船舶年燃料消耗量(t)；

Q——运输能力(t)；

D_A——运距(km)。

4)常用的动态经济指标

(1)平均年费用

平均年费用是将投资的现值用复利计算平均分摊到每年，再加上每年平均的营运费用。该指标适用于功能相同或接近而使用期不同，以及不考虑收入或收入相等或接近的船舶工程方案的经济分析比较，用 AAC 表示，单位为元。在船舶经济分析中，一般假设船舶是一次投资，每年营运费用相等。

$$AAC = (P - L)(A/P, i, n) + L \cdot i + Y \tag{14.45}$$

式中：P——船价(万元)；

L——船舶营运年限折旧后的残值(万元)；

i——基准投资收益率(%)；

n——船舶营运年限(年)；

Y——年营运总成本(万元)。

(2)必要运费率(RFR)

必要运费率是为达到预定的投资收益利率，单位运量所需要的收入。它尤其适合于收入不能预估的船舶工程经济分析和方案比较的，用 RFR 表示，单位为元/t。

$$RFR = \frac{P \times (A/P, i, N) + Y}{Q} \tag{14.46}$$

式中：A——年收益(万元)；

Q——年运量(t)；

i——贷款利率(%)；

N——还款年限(年)；

$(A/P, i, N)$——资金回收因数。

(3)运输效率($YSXL$)

$$YSXL = W_c \cdot \frac{V}{ZBHP} \tag{14.47}$$

式中：W_c——载货量(t)；

V——航速(km/h)；

$ZBHP$——主机总功率(kW)。

(4)千吨公里油耗(NYH)

$$NYH = \frac{OILCOST \cdot BHP \cdot time}{Q \cdot DA} \tag{14.48}$$

式中：NYH——单位油耗[kg/(kt·km)]；

$OILCOST$——主机油耗[g/(kW·h)]；

BHP——主机实际发出的总功率(kW)；

$time$——每航次航行时间(h)。

(5)净现值

净现值是把船舶整个营运期历年的收入与支出，按投资收益利率折现后相减的差值。若净现值为零时，方案的收支现值相抵，恰能达到预期的投资收益率。

$$NPV = -P + A(P/A,i,n) + L(P/F,i,n) \tag{14.49}$$

(6)投资偿还期

投资偿还期是指由船舶在营运中所得的收益，偿还其投资所需的时间，用 PBP 表示，单位为年。

$$PBP = -\frac{\lg(1-\frac{p \cdot i}{A})}{\lg(1+i)} \tag{14.50}$$

14.3.3　船舶能效设计指数(EEDI)

2011 年 7 月 15 日，国际海事组织(IMO)海洋环境保护委员会(MEPC)第 62 次会议通过了国际海运温室气体(GHG)减排措施强制性规定的 MARPOL 公约附则 VI 修正案，该修正案将于 2013 年 1 月 1 日起生效，确定了新船设计能效指数(EEDI)和船舶能效管理计划(SEEMP)两项船舶能效标准，两项标准将于 2015 年起施行。届时，所有 400 总吨或以上国际航行新船，必须达至新的 EEDI 要求，将能效指数降低 10%，2020 年～2024 年再降低 10%，2024 年后要达到减排 30%的目标；已下水的国际航行船舶，也要符合 SEEMP 中列明的准则。

为倡导发展和应用绿色技术，促进造船业、相关制造业和航运业产业结构优化升级，促进航运企业对新建船舶和现有船舶采取具有成本效益的技术和管理措施，提高运输船队营运的绿色度，在安全的前提下实现船舶的低消耗、低排放、低污染、工作环境舒适的目标。中国船级社根据国内船舶实际情况制定并于 2012 年 7 月颁布了《绿色船舶规范》和《内河船舶能效设计指数(EEDI)评估指南》。

EEDI(Energy Efficiency Design Index)即新船能效设计指数，是衡量船舶 CO_2 能效的一个指标。EEDI 反映船舶满载正常航行过程中，单位载重吨(TEU)或人、单位航程的主机和辅机消耗燃料排放的 CO_2 质量。其值越大，表明船舶能效水平越低；反之，船舶能效水平越高。

基本的计算公式为：

AttainedEEDL＝

$$\frac{(\prod_{j=1}^{n} f_j)(\sum_{i=1}^{nME} P_{ME(i)} \cdot SFC_{ME(i)} \cdot C_{FME(i)}) + (P_{AE} \cdot SFC_{AE} \cdot C_{FAE} *) + ((\prod_{j=1}^{n} f_j \cdot \sum_{i=1}^{nP_{PTI}} P_{PTI(i)} - \sum_{i=1}^{neff} f_{eff(i)} \cdot P_{AEeff(i)}) SFC_{AE} \cdot C_{FAE}) - (\sum_{i=1}^{neff} f_{eff(i)} \cdot P_{eff(i)} \cdot SFC_{ME} \cdot C_{FME} **)}{f_i \cdot f_c \cdot Capacity \cdot V_{ref} \cdot f_w} \tag{14.51}$$

式中：Attained EEDI——达到的能效设计指数(g/t・n m)；

$P_{ME(i)}$——主机功率(kW)；

$P_{PTI(i)}$——如果安装了轴马达，则 PPTI(i)是每台轴马达的额定功率消耗的75％除以发电机的加权平均效率。

$SFC_{ME(i)}$——第 i 台主机在 75％额定功率下的燃油消耗率(g/kW・h)；

$C_{FME(i)}$——第 i 台主机所用燃油的 CO_2 转换系数；

$P_{AE(i)}$——船舶辅机功率(kW)；

$SFC_{AE(i)}$——与 PAE(i)相对应的辅机的燃油消耗率(g/kW・h)；

$C_{FAE(i)}$——第 i 台辅机所用燃油的 CO_2 转换系数；

neff——船舶所采用的新能源、新技术的种数；

$f_{eff(i)}$——第 i 种新能源、新技术的可获得性，对废热回收系统，取 1.0；

$P_{eff(i)}$——由于采用第 i 种能效创新技术而减少的主机功率(kW)；

$P_{AEff(i)}$——由于采用第 i 种电力能效技术（如太阳能发电、废热利用等）而产生的船舶电站功率可以减少的辅机功率(kW)；

Capacity——载运能力(t)；

V_{ref}——在无风无浪的平静水域下，船舶在满载工况（载运能力）及主机按75％额定功率推进的情况下在深水中的航速(knot)；

f_j——用于补偿船舶特殊设计因素的修正系数，取 1.0；

f_i——对 Capacity 的修正系数，一般取 1.0；

f_c——舱容量修正系数，当不必要授予该修正系数时应取 1.0；

f_w——表示船舶在波高、浪频和风速的代表性海况（如蒲氏等级 6）下的航速降低的无刚量系数，一般取 1.0。

＊如果正常最大海上负荷部分由轴带发电机提供，则对该部分功率可使用 SFC_{ME} 和 C_{FME} 替代 SFC_{AE} 和 C_{FAE}。

＊＊如果 $P_{PTI(i)}>0$，则($SFC_{ME} \cdot C_{FME}$)和($SFC_{AE} \cdot C_{FAE}$)的加权平均值应用于 P_{eff} 的计算。

14.4 主要设备选型论证

主要设备选型对于全船的技术经济性能有重大影响，因而在船型论证中占有十分重要的地位。例如，主机功率的大小与船舶航速和燃油消耗直接相关；主辅机设备的尺度、重量与全船的布置、重量密切相关；机电设备的造价占全船造价的 20％～40％；动力装置的燃润料费用占全船营运费用的 40％～50％；机电设备自动化，则是提高船员劳动生产率降低船员工资费用的关键，且可增加运行的可靠性。

14.4.1　主机选型

1)选型原则

(1)主机安全可靠,运转平稳,起动性好,利于操纵,便于检修;

(2)耗油率低,经济性好,国产机为优,销售价合理;

(3)外形尺寸小,重量轻,布置紧凑;

(4)产品生产规模大,销售服务网络布局面广,配件供应渠道畅通,服务及时;

(5)兼顾资金投入和回收的关系,做到节约资源,有效发展。

2)主柴油机技术经济比较

(1)主柴油机型号及参数

根据经济发展现状及货种特点,乌江货运船舶应属于经济型船舶,根据这一特点,可选择满足各种船型主机功率覆盖范围的若干种低燃油耗率的机型进行比较。

(2)标准环境状况对功率的影响

国产机型功率标定时的环境条件绝大多数引用的是《往复式内燃机 性能 第1部分:功率、燃料消耗和机油消耗的标定及试验方法 通用发动机的附加要求》(GB/T 6072.1—2008),也有引用的是国际船级协会(IACS)的标准环境条件,即CCS钢质海船入级与建造规范中对无限航区柴油机功率标定环境要求,此要求趋近于CCS《钢质内河船舶入级与建造规范》规定的环境条件要求,如TBD604BL6柴油机。

按照CCS相关规范要求,柴油机制造厂提供了按CCS规范基准条件下对柴油机功率的修正值,其结果显示:按《往复式内燃机 性能 第1部分:功率、燃料消耗和机油消耗的标定及试验方法 通用发动机的附加要求》(GB/T 6072.1—2008)机型的标定功率修正后有8%~14%的减幅,而引进生产的TBD604BL6基本不变。这一结果对价格比较有隐形影响。同时,功率的选定要适度调整。

(3)价格因素

需要考虑到因标准环境状况对功率的影响,国产机型的价格应有8%~10%的修正增加幅度,但即使如此处理后的价格和进口机型相比较仍有较大的差别。同时,应考虑到价格高的引进机型其备件价格相对偏高的规律。

柴油机推进主机是船舶动力装置核心设备,其安全可靠性及经济性等技术经济指标对船舶的总体性能有重大影响。主机选型主要考虑以下方面:

①纳入选型的柴油机应具有相当规模和生产历史的厂家,产品设计合理,检测手段俱全,加工工艺完善,质量可信度高,产品保有量大,服务网络通畅;

②机型应具有较长的研发历史基础,可靠性、可维护性、操纵性、大修周期等经实践认证已得到用户广泛认可;

③主机燃油耗率低,均在200g/(kW·h)左右;

④建议选用国产主机,因配件为国内配套生产,价格低廉,船舶维修费用相对减少;

⑤国产机整机购置价格与引进生产高速机相比减少35%以上,与国产同功率中速机相比减少40%以上,可降低船舶投资额度;

⑥选用外形尺寸小、质量轻的主机,更适宜浅吃水船舶,同时可减少机舱面积,有利于船舶

平面布置；

⑦高速机对大气环境的污染相对较少，其 NO_X 排量低于中速机 40%～60%，有利于乌江库区环境保护。

14.4.2 柴油发电机组之柴油机选型

柴油发电机组的选型涉及船舶的安全性和经济性。柴油发电机大部分是在部分负荷运行，故在机组柴油机的选型时不把耗油耗率作为绝对因素考虑。

14.4.3 辅助设备的配置与选型

1)选型原则

(1)保证船舶安全运行及主辅机正常运转；

(2)设备选型力求精简，根据主要设备配置特点，简化系统配备，系统设计应考虑设备间互为备用，单项多能，在保证功能和满足规范的前提下降低船舶投资；

(3)注重改善船员生活条件，其主要生活区域有冷暖空调设备，有温水洗浴条件。

2)动力系统

考虑到纳入选型范围的主机基本都自成滑油淡水冷却系统，故在滑油系统、淡水系统设计上适当简化，以“备用泵”(备用泵总成)形式取代“备用泵”。燃油系统、海水系统、压缩空气系统、排气系统等在满足规范前提下按最低要求配置。

3)空调系统

考虑到船舶主要航区的气候特点，在船员舱室、会议室、餐厅、驾驶室设置了壁挂式冷暖空调器。为减少室外机数量，部分舱室按布局特点选用了“一拖二”形式。此方案保证了船员生活舒适度，与中央空调方案相比投资额度较小。

4)生活供水系统

生活用水的清水、卫生水、热水均采用重力供水方式，设有相应的泵组及重力水箱，此举可降低船舶投资，也适应船舶船员数量不多的特点。

因船舶未设置锅炉，故全船的生活热水供应充分利用主机废气余热，考虑到废气锅炉的购置费用较高及对主机排气背压的不利影响因素，因而建议采用排气管热水套方案。其投资少、热水产生量足以满足不同季节船员生活需要，在停泊时热水供应可由电辅助加热装置提供。

14.4.4 舵设备

舵设备与船舶的操纵性紧密相关，在选择标准船型的舵设备时，综合考虑舵的水动力性能及维修保养等方面的因素。

14.4.5 电气设备的优化

1)蓄电池组的选择

目前市场上蓄电池种类较多，适合于船上使用的蓄电池主要有船用铅酸蓄电池、全密封免维护铅酸蓄电池和镉镍碱性蓄电池 3 种，其主要性能比较见表 14.1。

蓄电池组性能比较　　表 14.1

项　　目	船用铅酸蓄电池	全密封免维护铅酸蓄电池	镉镍碱性蓄电池
额定电压	较高(6V、12V)	较高(2V、6V、12V)	较低(1.2V)
单体电池体积	较大	较小	较小
维护	较烦琐	基本不需要	精细
使用寿命	较短	较长	长
保管	须注意有酸液腐蚀	方便	方便
放电	不可在长期放电状态	可长期放电	可长期放电
忍受短路性能	好	好	较差
电液	不需调换	不需调换	需调换
环保	有酸雾溢出	无污染、无腐蚀	无污染、无腐蚀
工作温度范围	小	大，−40℃～+60℃	大，低温性能好
价格	较便宜	适中	较贵

经过综合比较，若选用镉镍碱性蓄电池，尽管其使用性能最优，但因为单体放电电压低，组成同容量、同电压蓄电池组所需单体电池的数量多，设备体积大，初期投资很高，一般船东难以承受，故不作考虑。从航运事业的长远规划及船用产品的发展趋势来看，推荐采用全密封免维护铅酸蓄电池，这是国际上 20 世纪 80 年代末研制成功的一种新型蓄电池，可完全取代传统的酸性蓄电池。尽管这种全密封免维护铅酸蓄电池的价格比较传统酸性蓄电池高出两倍，但使用寿命则比传统酸性蓄电池长好几倍，而且不需要维护，可大大减少船上工作人员的维护工作量。另外，全密封免维护铅酸蓄电池无酸液泄漏和气体析出、阻燃，对环境无污染、无腐蚀，使用安全、方便、可靠，完全符合本标准船型研究在“安全、环保”方面的原则和要求。随着近几年在制造材料和技术的不断改进和提高，全密封免维护铅酸蓄电池的性能越来越优良，价格越来越低廉，已在国防、科研、冶金、化工等领域广泛应用，同时也逐渐为船舶交通行业的人士所认识和接受。船舶选用何类蓄电池，关键在于船东或用船单位在考虑船舶经济效益上对设备配置性价比的认识，所以不能一概而论，若在初投资资金紧张时，也可考虑选用性能较低的但经济适用的传统铅酸蓄电池。

2)充电装置的选择

随着现代电子技术的不断发展，充电装置的使用也发生了较大的变化。目前，船舶使用的充电器既有传统的硅整流和磁饱和老式产品，也有采用新一代高频开关电源技术的模块化充电装置。传统的硅整流和磁饱和充电装置其动态特性、可靠性以及平均无故障时间均不能满足用户的要求，并且存在设备体积大、功耗大、效率低、电磁污染严重、管理维护较困难等先天缺陷，目前正逐步被淘汰，故本船对这两类充电装置不作考虑。

高频开关电源充电装置是近几年来出现的一种新型充电装置，它采用先进的 PWM 技术加谐振转换软开关技术，具有优良的动态响应特性及可靠的工作性能。它的体积仅为传统设备的 1/5 左右，重量仅为传统设备的 1/6 左右，可内置于充放电板，而且无噪声、效率高、稳流稳压精度高、过载保护能力强、环境适应性广、操作方便，并且有抗干扰和无电磁污染等优点，能够有效地保护被充蓄电池及用电设备，还可兼作稳压电源使用。其价格与老式产品相仿，但性能、质量、稳定性等有很大提高，所以标准船型首推选用高频开关电源充电装置。

高频开关电源充电装置可分为稳流稳压型和恒流恒压型，在不同的使用场合发挥着各自不同的特点和性能。其中，稳流稳压型充电装置输出电压电流精度高，纹波峰值小，具有均衡充电功能，可提升蓄电池组中个别性能不好的单电池活力，使整个蓄电池组寿命大大延长，适合于对多个蓄电池组成的蓄电池组同时充电。另外，稳流稳压型除作充电用途外，也可当作稳压电源使用，故采用连续浮充制充电的蓄电池组适宜用稳流稳压型充电装置充电。

3)驾驶室集中控制台

由于驾引人员操作及使用习惯的原因，很长一段时间以来，船舶在驾驶室前面设主机遥控台、舵机操纵台各一座，而在驾驶室靠后壁设驾驶室集中控制屏一座成为一种常规模式。实际上，这种相对分散的布置形式并不方便船舶驾引人员集中操作，也不便于驾驶室充分利用有效面积。此外，设备间的进出电缆连接零散且距离较长，不利于集中检修，多个设备从价格上也便宜不了多少，还不能完全保证驾驶室电气设备工作的可靠性和统一性。所以，推荐采用驾驶室集中控制台，具体到本标准船型而言，考虑采用一字型的结构。

驾驶室集中控制台的制作以“集中驾驶、方便操作、模块组合、布置合理、美观适用、符合人机工程要求”等为准则，采用国际流行款式，造型新颖，结构合理，维修方便，使用可靠。驾驶室集中控制台内设主机遥控操纵头、舵机遥控单元、助航控制单元、航行信号灯控制单元、磁罗经、备用车钟、雷达、测深仪、甚高频无线电话、扩音机、声力电话、分电箱等主要单元，可实现对主机、舵机的操纵和监测以及各种通讯导航设备的统一使用。整个驾驶室集中控制台的布置按功能进行分区，台面布置疏密有致，满足人机工程原理，将视觉、判断误差和操作失误减至最低限度，真正做到简洁适用、操作便利，从而提高了驾驶安全性。

第15章 确定乌江货运船舶主要要素的实例

从未来发展看，乌江货运船舶主要有货船、集装箱船和滚装船等。

15.1 乌江货船主要要素的确定

15.1.1 主要要素初定

由于乌江货船为载重型船，可以采用图 13.1 步骤来确定其主要要素。

1)载重量系数的确定

由母型船确定载重量系数：

$$\eta_{DW} = \frac{DW_0}{\Delta_0} \tag{15.1}$$

对于载重型船舶来说，载重量系数的变化比较稳定，可统计型船资料的载货量系数，初估排水量。

$$\Delta = \frac{DW}{\eta_{DW}} \tag{15.2}$$

式中：Δ——满载排水量(t)；

η_{DW}——载重量系数。

可以多算几条型船的载货量系数，统计并绘制成载重量与载重量系数曲线图，如图 15.1 所示，直接从曲线中得到该载重量相对应的载重量系数，也可以取统计值的均值来确定系数。

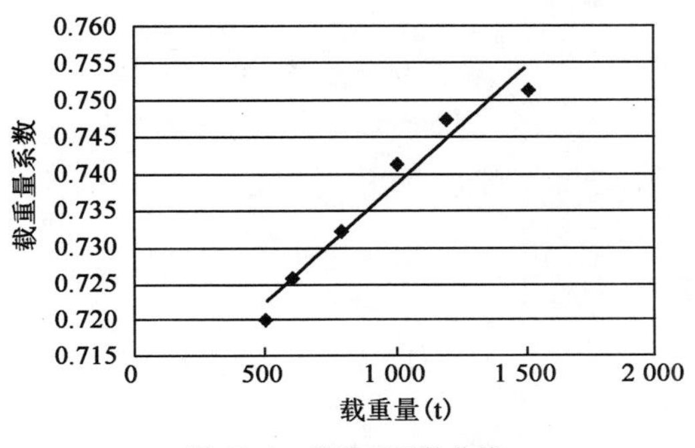

图 15.1 载重量系数曲线

2)主要尺度

在Δ估算出来后,可以采用与母型船尺度比来进行换算。如果新船与母型船的航速、载重量差别不很大,可以通过L、B、T与$\Delta^{1/3}$成正比的关系来估算新船的尺度。并根据乌江航道现状及未来规划情况,综合考虑航道上过船设施限制条件以及现有船型特点,进行初步估算。

$$L = L_0\left(\frac{\Delta}{\Delta_0}\right)^{\frac{1}{3}} \tag{15.3}$$

$$B = B_0\left(\frac{\Delta}{\Delta_0}\right)^{\frac{2}{3}} \tag{15.4}$$

$$D = D_0\left(\frac{\Delta}{\Delta_0}\right)^{\frac{1}{3}} \tag{15.5}$$

$$d = d_0\left(\frac{\Delta}{\Delta_0}\right)^{\frac{1}{3}} \tag{15.6}$$

在确定型深D时,由于船舶常年航行于贵州省乌江B、C级航区J_2级航段,因此型深选取应满足下面条件对应的最大者:

(1)以最大吃水按现行规范对最小干舷的要求确定;

(2)满足$L/D \leqslant 30$和$B/D \leqslant 4.5$的要求;

(3)满足舱容要求。

为充分考虑贵州省乌江干线航道特点,可以采用变吃水技术,以提高船舶的经济性能。

3)船舶重量重心估算

初步设计阶段,估算新船的重量重心一般参照母型船换算。船舶重量分为空船重量与载重量,空船重量分为船体钢料重量、木作舾装重量和机电设备重量三部分,这三部分的重量可以采用下面方法进行初估。

(1)船体钢料重量

$$W_H = C_H \cdot L \cdot B \cdot D \tag{15.7}$$

式中,C_H为船体钢料重量系数,可统计母型船的W_H与$L \times B \times D$(即立方数)求得。

(2)木作舾装重量

$$W_E = C_E \cdot L \cdot B \cdot D \tag{15.8}$$

式中,C_E为木作舾装重量系数,可统计母型船的$W_H/(L \times B \times D)$值求得。

(3)机电设备重量

$$W_M = C_M \cdot P_B \tag{15.9}$$

式中,P_B为新船的主机总功率;C_M为机电设备重量系数,可以通过统计母型船的机电设备重量除以主机总功率求得。C_M不仅与船型有关,而且还与所选机型有关。

估算空船重心高度一般按母型船的重心垂直值与型深的比值来换算得到新船的重心高度。

4)燃油、滑油重量计算

(1)燃油重量

根据主机功率、续航力、航速、耗油率等计算:

$$W_F = g_0 \cdot P_1 \cdot t \cdot k \cdot 10^{-3} \tag{15.10}$$

式中：t——航行时间(h)；

k——一般可取1.1～1.2；

g_0——一切燃油装置的耗油率，g/(kW·h)，可取主机耗油率的1.15～1.2倍；

P_1——主机常用额定功率(kW)。

(2)滑油重量

设计初始阶段粗估滑油重量，可取燃油重量的某个百分数。

$$W_L = \varepsilon W_F \tag{15.11}$$

5)船舶性能效核

(1)重量校核

重量校核是判断Δ是否与船舶重量相平衡，即：

$$\Delta = K \cdot C_b \cdot L \cdot B \cdot T_\rho = \sum W_i \tag{15.12}$$

(2)稳性校核

在设计初期，稳性衡准一般利用近似公式估算新船的初稳性高。

$$\overline{GM} = a_1 T + a_2 \frac{B^2}{T} - \zeta D \tag{15.13}$$

式中，a_1、a_2 为船型系数，可按型船选取，或按统计公式估算；ζ 为系数，ζD 为新船估算的重心垂直值。

(3)舱容效核

①双层底高度

根据《钢质内河船建造规范》中规定：船长大于40m，航行于J级航道，应设双层底，双层底的高度应不小于700mm。

②积载因数

主要用于乌江航道，建筑材料和工业原料的运输；而所航行流域煤矿、木材资源丰富，积载因数选取以主要货种为依据，如可取 $\mu_c=1.2$。

③机舱长度

一般估算机舱长度，是根据主机尺度加系数来选取，该系数要根据机舱位置、主机类型和功率、螺旋桨数目及相近的母型船确定。

④艏、艉尖舱

根据《钢质内河船建造规范》中的规定来选取艏、艉尖舱的长度。

因此，船舶能提供的货舱容积为：

$$V = K[L_{pp} - (l_a + l_f + l_m)]B(D - h_d) \tag{15.14}$$

式中：L_{pp}——垂线间长(m)；

l_a、l_f——艏、艉尖舱长度(m)；

l_m——机舱长度(m)；

h_d——双层底高度(m)；

K——系数，参考母型船选取。

15.1.2　最佳船型方案选择

本论证在各变吃水方案下，参考已有优秀船型尺度比例范围，确定出各吨级货船船型主尺度的变化区间，进行变值计算（网格法），按分层序列法进行多目标综合评价，最终得到船型参数变化范围内较优的货船主尺度优化方案。

15.1.3 技术经济论证参数

从系统与科学的观点，要对船型做出客观公正的综合评价，关键是在统一的研究平台下选取适宜的目标、主要评价指标、营运经济参数等。在对方案进行论证时，应考虑外部因素可能出现的变化，对其做出相应的经济敏感性分析。论证所用的参数多由统计和调查得来，因客观条件的不同，不可避免地会和实际情况有所差异，但是只要相对值和相对规律基本正确，在此统一的平台下，一般不会影响方案的相对比较结果。

1)计算航线、航距

根据航线调查，本论证选取的计算航线、航距见表 15.1。

计算航线、航距　　表 15.1

计 算 航 线	航　距（km）
乌江渡—涪陵	600

2)船型

为提高船舶的快速性能，本论证选用内河优秀的双尾船型。双尾船型在 20 世纪 80 年代中期被广泛应用于长江中下游航线，是一种优秀船型。由于该船型推力减额下降、伴流提高，因而有较高的船身效率。经实船应用及试验研究表明，在傅氏数 $F_n=0.15\sim0.4$ 的速度范围、宽度吃水比 $B/T>3.5$ 的各类型双桨船舶均可采用双尾船型，在快速性、操纵性、稳性及总体布置上的收益将能使船舶获得优异的技术经济指标。

3)吃水

为充分考虑贵州省乌江干线航道特点，采用变吃水技术，以提高船舶的经济性能。

4)型深

论证船舶常年航行于贵州省乌江 B、C 级航区 J_2 级航段，因此型深选取应满足下面条件对应的最大者：

(1)以最大吃水按现行规范对最小干舷的要求确定；

(2)满足 $L/D\leqslant30$ 和 $B/D\leqslant4.5$ 的要求；

(3)满足舱容要求。

5)营运率

营运率取 85%。

6)贷款利率、还款年限

贷款利率为 5.94%、还款年限为 10 年。

7)船舶造价

乌江货船属于内河中小型船舶。在船舶设计初期，根据船舶主尺度、航区、级别、主要机电设备及舱室布置等要求，对船舶进行一个总造价估算。在这个阶段没有完整图纸参考，所进行的报价也不分系统项目，是一种粗略的估算方法。但在船舶尺度论证阶段，因为各个方案是在同一个平台进行比较，所造成的误差对选择方案的影响并不太大。

在实践应用中，常采用整船比较法对船价进行简单估算。也就是选用合适的母型船，利用载重量、排水量、立方数等之间一定的比例关系来估算船价。

$$C = \frac{P_0}{L_0 \cdot B_0 \cdot D_0} \tag{15.15}$$

式中：P_0——母型船船价(万元)；

L_0——母型船垂线间长(m)；

B_0——母型船宽(m)；

D_0——母型船型深(m)；

C——船价系数。

经统计计算，并考虑通货膨胀因素，C 取 0.207，得

$$P = 0.207 \times (L_{pp} \times B \times D) \tag{15.16}$$

8)年运输成本

船舶年运输成本计算方法见表 15.2。

运输成本构成表(2010 年数据)　　表 15.2

序　号	计 算 参 数	取　值
1	船员工资	1 500 元/月
2	燃油费	6 300 元/t;润料按燃料耗量的 2%计提
3	折旧费	5.28%(使用年限 18 年，残值 5%，直线法折旧)
4	修理费	以造价的 3.5%计
5	材料费	以营运收入的 2%计
6	港务费	以 6.6 元/(kW·h)计
7	其他费用	以营运收入的 2%计
8	企业管理费	以营运收入的 6%计
9	税金	营业税及附加计 3.24%

15.1.4　衡准指标

本论证选取必要货运费率、运输效率和千吨公里油耗作为衡准指标，同时考虑提高船闸运行效率。本论证的必要货运费率采用迭代方式计算，即为达到预定投资基准收益率单位运量所需要的运价。各指标计算方法见第 15 章第 15.3 节。

15.1.5　主机选型

1)柴油机技术经济比较

以 500t 级货船为例，遵循主机选型原则(见第 14 章第 14.4 节)，进行柴油机技术经济比较。

(1)主柴油机型号及参数

库区船型属经济性船型的特点，为节约初投资，本标准船型主机均选用转速为 1 500～1 800rpm的高速船用柴油机。经比选，将功率满足设计航速的四种机型及参数列于表 15.3，其中一种为国内开发机型，其余三种为引进技术生产机型，主机型号及参数见表 15.3。

主柴油机型号及参数(2010 年数据)　表 15.3

项目	单位	机型Ⅰ	机型Ⅱ	机型Ⅲ	机型Ⅳ
型号		WD61561C-23	YC6112ZLC	YC6M240C	6135AZCa-1
冲程数		4	4	4	4
气缸数		6	6	6	6
环境条件		GB1105	GB1105	GB1105	GB1105
额定功率	kW	160	160	176	162
额定转速	r/m	1 500	1 800	1 500	1 500
燃油耗率	g/(kW·h)	197	215	189	202
滑油耗率	g(/kW·h)	≤0.5	≤1.5	≤1.5	≤1.0
最低稳定转速	r/m	540		540	540
启动方式		电起动	电起动	电起动	电起动
烟度		≤1.2	≤2.1	≤2.9	≤2.2
噪声	dB(A)	≤108dB(A)	≤117dB(A)	≤117dB(A)	≤140(A)
外形尺寸	mm	1 650×774×827	1 620×839×1 271	1 415×877×1 075	1 646×797×1 171
净重	kg	1 056	1 200	1 200	1 280
大修期	h	14 000	12 000	12 500	12 000
整机参考价	万元	9	6	6	5

(2)燃油耗率

四种机型的燃油耗率在 197～215g/(kW·h)的范围。前三种机型之间相差幅度为 1.5%,根据《往复式内燃机 性能 第 1 部分:功率、燃料消耗和机油消耗的标定及试验方法 通用发动机的附加要求》(GB/T 6072.1—2008)对燃油耗率误差为 5%的规定而言,各机型之间差幅尚不如任一机型的允差,故耗油率不足以作为这三种机型之间优劣的影响因素。

(3)价格

如表 15.3 所示,标定功率相近的四型柴油机中,机型Ⅳ最低,机型Ⅱ～Ⅲ大致相同,机型Ⅰ与Ⅳ相比高出 4 万元。

(4)大修周期

柴油机大修周期的长短对船舶的营运率与经济性有直接影响,表 15.3 显示了三种机型大修周期的情况。其中,最短的Ⅱ型机的大修周期也在 1 万 h 以上,为 1.2 万 h。

(5)柴油机机型

柴油机的推进主机是船舶动力装置的核心设备,其安全可靠性及经济性等技术经济指标对船舶的总体性能有重大影响。根据本标准的设计原则及航行区域航道,考虑经济水平等因素,四种机型均可纳入主机选型范围,其主要原因归纳如下:

①四种柴油机均具有相当规模和生产历史的厂家,产品设计、检测、工艺、质量可信度较高,产品保有量大,服务网络通畅;

②四种机型都具有较长的研发历史基础,可靠性、可维护性、操纵性、大修周期等在目前长江航运中得到用户认可;

③燃油耗率低，均在200g/(kW·h)左右，和目前国产中速柴油机燃油耗率同比稍低或在相同水平；

④四种机型完全国产化，配件为国内配套生产，价格低廉，船舶维修费用相对减少。国产机整机购置价格与引进生产高速机相比减少35%以上，可降低船舶投资额度；

⑤外形尺寸小，重量轻，适宜浅吃水船舶，同时可减少机舱面积，有利船舶平面布置。其中，机型Ⅰ最好；

⑥对大气环境的污染水平相对较少，其NO_X排量低于中速机40%～60%，有利于库区环境保护。

2)乌江500t级货船标准船型设计方案主机选型

根据设计航速要求及机型比选，500t级货船标准船型方案选用表15.3中机型Ⅰ为主柴油机。虽然初投资高一些，但综合指标较优。用户也可根据其个性化特殊要求，在机型Ⅰ～Ⅱ中进行优选。其他机型也可备选。

15.1.6　船型主尺度优化

优化论证时，首先通过市场调研，以母型船为基础建立各吨级船数学模型，通过网格法计算，按分层序列法进行多目标决策，最终优化出贵州省乌江各吨级货船船型主尺度及主要参数。

1)变尺度计算

(1)论证参数范围的确定

根据舱口货船的设计特点，本论证选取垂线间长L_{pp}、型宽B、吃水T、主机功率BHP、载货量W_c作为论证参数。论证参数范围的确定是基于对现有优秀船型及相关标准尺度特点分析，具体取值见表15.4。

各吨级货船船型尺度范围　　表15.4

船型吨级(t)	L_{pp}(m)	B(m)	航速要求V(km/h)
200	35.0～40.0	5.5～7.0	≥16
300	43.0～48.0	7.0～8.5	
500	50.0～57.0	9.5～11.0	

各吨级货船的主尺度选优方法和过程相似。下面以航行于乌江渡—涪陵航线的500t级货船为例加以说明，其余船型优化过程从略。

对现有典型货船进行统计分析，为充分挖掘乌江航道潜力，提高货船的技术经济性出发，采用变吃水设计，论证中取值见表15.5。

各吨级船变吃水方案　　表15.5

船　型	200t	300t	500t
设计吃水	1.3～1.7	1.4～1.8	1.5～1.9

(2)计算结果及分析

根据载重型船舶主尺度优化步骤(见图14.1)，采用网格法进行变值计算，在上述确定的参数变化范围内，经编程计算出500t级不同吃水下的船型的技术经济指标，剔除航速不满足要求的方案后，按照必要货运费率、运输效率和千吨公里油耗各指标值排序的船型方案见表 15.6。

船型方案技术经济指标　　表 15.6

序号	垂线间长(m)	型宽(m)	设计吃水/结构吃水(m)	型深(m)	方形系数	单机功率(kW)	航速(km/h)	必要货运费率(元/t)	运输效率[t・km/(kW・h)]	千吨公里油耗[kg/(kt・km)]
1	54.00	10.00	1.6/1.8	2.50	0.788 1	135.00	17.17	78.19	26.11	12.36
2	53.00	10.00	1.6/1.8	2.50	0.799 3	135.00	16.97	78.47	25.83	12.48
3	52.00	10.00	1.6/1.8	2.50	0.810 9	135.00	16.74	78.83	25.52	12.62
4	54.00	10.40	1.6/1.8	2.50	0.765 2	135.00	17.25	78.94	26.15	12.36
5	53.00	10.40	1.6/1.8	2.50	0.776 0	135.00	17.09	79.09	25.94	12.46
6	51.00	10.00	1.6/1.8	2.50	0.823 0	135.00	16.50	79.28	25.17	12.78
7	52.00	10.40	1.6/1.8	2.50	0.787 2	135.00	16.91	79.31	25.69	12.57
8	51.00	10.40	1.6/1.8	2.50	0.798 8	135.00	16.69	79.74	25.40	12.73
9	54.00	10.80	1.6/1.8	2.50	0.744 1	135.00	17.23	80.01	26.06	12.42
10	53.00	10.80	1.6/1.8	2.50	0.754 4	135.00	17.11	80.81	25.90	12.65
11	52.00	10.80	1.6/1.8	2.50	0.765 2	135.00	16.96	80.87	25.71	12.73
12	51.00	10.80	1.6/1.8	2.50	0.776 4	135.00	16.79	80.96	25.49	12.83
13	54.00	10.00	1.6/1.8	2.50	0.788 1	160.00	17.74	85.00	22.92	14.14
14	53.00	10.80	1.6/1.8	2.50	0.754 4	135.00	17.11	80.81	25.90	12.65

注：以上为双机方案。

为尽量减少碰撞，保持闸壁和闸门的安全，船队在船闸内不宜占满船闸的有效尺寸，通常需留有一定的富裕长度和宽度。富裕长度和宽度的选取与船舶(队)的大小、密度、船闸上下的水域状态、推船和船闸设备的技术水平以及操作水平等因素有关。参照国内外相关规定，船闸(升船机)长度方向富裕值控制在 4m、宽度方向控制在 0.6m 左右。

建筑物主要技术参数如下：船舶的总长应不超过 55m，总宽应不超过 10.8m；由于各枢纽回水变动区仍存在自然航道，因此设计航速不得小于 16km/h(上水营运航速不低于 18km/h)；同时，综合考虑船舶技术经济性能以及与川江及三峡库区干散货船标准船型主尺度系列(见表 15.7)协调性。

从表 15.6 可知，第 1 个方案尽管技术经济性能较好，但其总长大于 55m，不能满足枢纽通航建筑物对船长的限制条件，将其删除后的第 2 个方案具有较好的航道适应性和技术经济性能。若考虑船闸(升船机)的运行效率以及与川江及三峡库区干散货船标准船型主尺度系列(见表 15.7)的协调性，方案 1 具有更好的综合性能，其船长和方案 2 一致，船宽为 10.8m。但据实地调研反映，受现行航道航宽的限制，该宽度船舶双向运行有困难。因此，综合考虑各方面因素，最终选择方案 2 为贵州省乌江 500t 级货船优选船型。若航道条件许可，可选择方案 1。本论证将对方案 2 进行进一步分析。

川江及三峡库区干散货船标准船型主尺度系列(部分)　表 15.7

船型分级(载货吨级)	总长 L_{OA}(m)	船宽 B(m)	设计吃水(m)	参考设计载货量(t)	设计航速(km/h)	参考主机功率(kW)
500	50～55	8.6	2.2～2.4	400～650	≥18	(110－180)×2
800	55～58	10.8	2.4～2.6	750～900	≥18	(180－200)×2

注:本系列船型采用平板型护舷材,船舶总宽 B_{OA}=船宽 B+2 倍平板型护舷材厚度。

①成本分析。

根据表 15.2 所列的运输成本构成,对优选船型方案进行成本分析,得出成本构成份额如表 15.8 和图 15.2 所示。

成 本 构 成 表　表 15.8

成本	燃润料费	工资成本	船舶折旧	其他	总成本
数值(万元)	90.2	21.12	13	32.27	156.59
所占总成本比例(%)	57.60	13.49	8.30	20.61	—

由图 15.2 及表 15.8 可以看出,燃油费用占整个运输成本的比重最大,约为 58%。若要提高船舶营运经济性,采取节油措施是最有效的。此外,也可选用与船型匹配的主机、采用经济航速营运等方法提高船舶营运经济性。

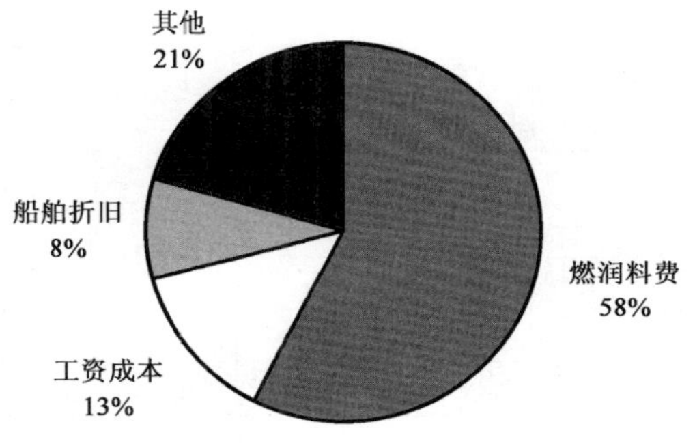

图 15.2　贵州省乌江干流 500t 级货船运输成本构成图

②敏感性分析。

为进一步探讨市场变化对船舶技术经济性的影响,论证中分析了燃油价格、船价、营运成本等经济参数变化对最优方案的影响。以表 15.6 中选出的最优船型方案为基准,将各参数上下浮动 50%时,计算最优船型必要货运费率(*RFR*)具体见表 15.9 和图 15.3。

RFR(相对值)敏感性分析　表 15.9

参数变化幅度	－50%	－30%	－10%	10%	37%	50%
营运成本变化	0.869 4	0.912 9	0.956 5	1.043 5	1.087 1	1.130 6
油价变化	1.039 9	1.025 1	1.011 9	0.989 2	0.979 4	0.970 5
船价变化	0.919 7	0.946 5	0.973 2	1.026 8	1.053 5	1.080 3

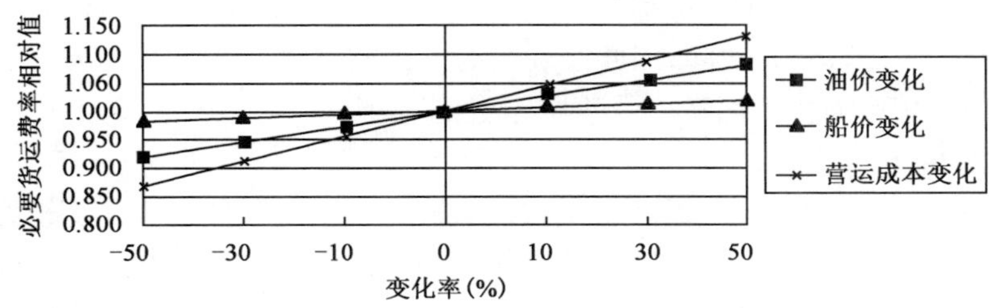

图 15.3　参数变化对必要货运费率的影响曲线

从图 15.3 可见，必要货运费率（*RFR*）对营运成本变化最为敏感，其次是油价、船价。因此，可通过合理配员、采用合适营运航速和加强船舶管理与维护等方面控制运输成本，并采用节油有效措施控制耗油，这对改善船舶营运经济性有十分重要的意义。

2)各吨级货船优化论证

采用贵州省乌江 500t 级货船船型尺度优化方法和思路，对其他吨级货船进行了技术经济论证，其最优方案见表 15.10。

贵州省乌江各吨级货船优化船型主要技术经济性能 表 15.10

经济指标	吨　级		
	200t	300t	500t
航线	乌江渡—涪陵		
垂线间长(m)	36.60	44.00	53.00
型宽(m)	6.40	7.80	10.00
型深(m)	2.30	2.40	2.50
设计吃水(m)	1.4	1.5	1.6
结构吃水(m)	1.6	1.7	1.8
方形系数	0.830	0.797	0.799
载货量(t)	200	300	500
主机功率(kW)	80	90	135
设计吃水时航速(km/h)	16.37	16.6	16.97
必要货运费率(元/t)	111.9	89.76	78.47
运输效率[t·km/(kW·h)]	17.70	22.94	25.83
千吨公里油耗[kg/(kt·km)]	18.30	14.13	12.48

15.2 乌江载货汽车滚装船主要要素的确定

由于乌江货船载货汽车为布置地位型船，可以采用图 13.2 步骤来确定其主要要素。

15.2.1 论证前提

1)船型、航速

滚装船的航行时间较短，大部分时间处于码头待车状态，高航速不能体现出优势，反而会造成船舶造价、运营费用的增加。据对川江及三峡库区滚装船运输市场的调研分析，现有的滚装船航速大都在 21～25km/h 之间，因此滚装船的设计航速定为不小于 21km/h。

本论证船型采用内河优秀船型——双尾船型。

2)船舶舷伸甲板

对船舶建造而言，采用舷伸甲板后，甲板特别是首部的外飘可减少，施工较为简单，这是舷伸甲板的优点。但是规范规定，舷伸甲板不可作为载车区域，仅可作为通道。型深主要受船长和机舱布置要求的限制，型宽不是其决定性因素。据研究结果显示，以双机型滚装船为例，在型深相同时，采用舷伸甲板所减少的钢料重量有限，约占全船总钢料的 1%。

采用舷伸甲板，可减小水线面宽度，加大了长宽比，这对阻力性能是有利的；同时采用舷伸甲板后，同样载量下船舶方形系数将变大，这对阻力性能是不利的。试验结果表明，与长宽比相比，方形系数是阻力的主要影响因素。

舷伸甲板的主要缺点是：甲板强度比不采用舷伸的稍弱，特别是对滚装船，为得到最大的载车面积，上甲板围壁尽量靠近舷边，这样整个上层建筑就落于舷伸甲板上，需要对舷伸甲板进行加强。

综上所述，本论证采用无舷伸甲板形式。

15.2.2　技术经济参数

1）平均运距

根据航线调查，本论证选取的计算平均航距取为170km。

2）型深

论证船舶常年航行于贵州省两江一河B、C级航区J_2级航段，因此型深选取应满足下面条件对应的最大者：

（1）满足最小干舷的要求；

（2）满足$L/D\leqslant 30$和$B/D\leqslant 5.5$的要求；

（3）满足机舱布置要求。

3）营运率

营运率取为90%。

4）船舶造价

按母型船换算

$$P = 813 \times \frac{(L_{pp} \times B \times D)^{0.6667}}{(89.5 \times 19.2 \times 4)^{0.6667}} \tag{15.17}$$

5）年运输成本

船舶年运输成本计算方法见表15.11。

运输成本构成表（2010年数据）　　表15.11

序　号	参　数	单　位	取　值
一	营运参数		
1	船舶营运率	%	90
2	年营运天数	d	330
3	天可航行时间	h	24
4	装卸效率	辆/h	120
5	港口非生产性停泊时间	h	1
二	经济参数		
1	船员工资及福	元/(人·年)	20 000
2	船舶年折旧费		按n=20年直线折旧，5%残值
3	燃料费	元/t	6 300

15.2.3 船型主尺度优化

1)变尺度计算

(1)论证参数及变化范围

仍选取必要货运费率(*RFR*)(采用迭代方式计算)、平均运输效率(*YSXL*)、千车公里油耗(*PERCOST*)。根据滚装船的设计特点,选取垂线间长 L_{pp}、型宽 B、吃水和主机功率 BHP 作为论证参数。

滚装船的装载物为汽车,虽然装载的汽车尺寸及重量都不相同,但作为一种普遍性的研究方法,取一种标准车型作为整个设计的依据。根据收集的资料,以规范选取的红岩牌CQ1301C45-30t 三轴重载车作为标准车型,其平面尺度为 10.3m×2.5m(长×宽),总重 32t,前、中、后三轴负荷分布为 1∶2∶2。

本船布置形式采用无舷伸甲板形式(其布置简图见图 15.4),根据标准车外形尺寸,就可能的排列方式进行总体布置,从而得到各载车数和相应的平面尺度(见表 15.12)。

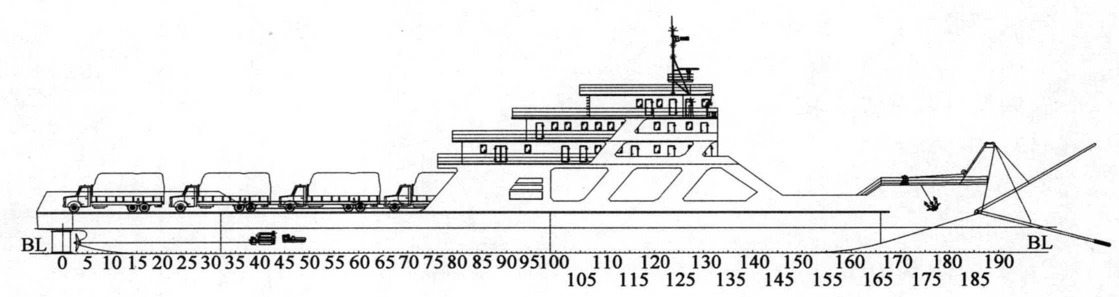

主甲板

图 15.4 载货汽车滚装船典型布置形式

不同载车数最小平面尺度(总长不含跳板长) 表 15.12

载车量级	排列形式(列×行)	实际载车数(辆)	$L_{pp} \times B$ (m)	$L_{OA} \times B_{OA}$(m)
30	5×7	31	78×16.2	85×16.2
40	6×7	38	78×19.2	85×19.2
50	6×9	50	100×19.2	108×19.2
60	7×9	59	100×22.2	108×22.2

注:采用双机。

规范对允许载车区域及消防通道都有明确的规定。规范要求车辆装载处所的两舷边沿船长方向应设置至少850mm的通道。另外，载车处所内沿船宽方向车辆与车辆之间应具有不小于500mm的通道，同时载车处所内应具有两条沿船宽方向不小于700mm的横向通道，以便于巡逻与消防。除上述要求外，车辆与车辆之间沿船长方向的间隙应不小于300mm。

论证参数范围的确定是基于对现有优秀船型及相关标准尺度特点分析，具体取值见表15.13。

各船型论证参数变化范围　　表15.13

船型	载车数（辆）	L_{pp}（m）	B（m）	T（m）	主机总功率（kW）
1	31	78～90	16.2～18.4	2.2～2.6	555～855
2	38	78～90	19.2～21.4	2.4～2.8	750～1 050
3	50	100～110	19.2～21.4	2.4～2.8	900～1 200
4	59	100～110	22.2～24.4	2.4～2.8	1 170～1 470

（2）计算结果及分析

采用网格法分别对30车位级、40车位级、50车位级、60车位级等4种载货汽车滚装船船型进行方案组合，然后通过多目标综合选优，确定出各车位级船型对应的较佳船型方案。

各车位级载货汽车滚装船船型尺度优化过程相似，下面以40车位级载货汽车滚装船为例，对其尺度优化过程进行阐述。剔除不满足航速要求的方案后，40车位级滚装船按必要货运费率、运输效率和千车公里油耗指标排序前15位方案的技术经济指标如表15.14所示。

排序前15名船型方案技术经济指标　　表15.14

序号	垂线间长（m）	型宽（m）	吃水（m）	型深（m）	方形系数	单机功率（kW）	航速（km/h）	必要货运费率（元/车）	运输效率[辆·km/(kW·h)]	单位油耗[t/(千辆·km)]
1	79.00	19.20	2.6	3.90	0.646 7	441.00	21.08	714.09	1.07	0.281 5
2	80.00	19.20	2.6	3.90	0.642 6	441.00	21.14	714.47	1.07	0.280 7
3	80.00	19.20	2.8	4.10	0.611 9	441.00	21.56	714.70	1.09	0.275 2
4	78.00	19.40	2.8	4.10	0.616 4	441.00	21.40	715.30	1.09	0.277 3
5	81.00	19.20	2.6	3.90	0.638 6	441.00	21.19	715.55	1.08	0.280 0
6	78.00	19.40	2.6	3.90	0.647 4	441.00	20.97	715.64	1.06	0.283 1
7	81.00	19.20	2.8	4.10	0.608 2	441.00	21.60	716.12	1.10	0.274 6
8	79.00	19.40	2.8	4.10	0.612 6	441.00	21.45	716.62	1.09	0.276 7
9	82.00	19.20	2.6	3.90	0.634 7	441.00	21.24	716.74	1.08	0.279 4
10	82.00	19.20	2.8	4.10	0.604 6	441.00	21.63	717.66	1.10	0.274 2
11	80.00	19.40	2.6	3.90	0.639 2	441.00	21.08	717.71	1.07	0.281 6
12	83.00	19.20	2.6	3.90	0.630 9	441.00	21.29	717.93	1.08	0.278 8
13	80.00	19.40	2.8	4.10	0.608 8	441.00	21.49	717.94	1.09	0.276 1
14	78.00	19.60	2.8	4.10	0.613 3	441.00	21.33	718.53	1.08	0.278 2
15	81.00	19.40	2.6	3.90	0.635 3	441.00	21.13	718.80	1.07	0.280 9

注：以上为双机方案。

从表中可见方案1具有较好的技术经济性能，对其进行进一步分析。

①成本分析。

根据表15.11所列运输成本构成，对优选船型方案进行成本分析，成本构成份额如表15.15和图15.5所示。

成 本 构 成 表 表15.15

	燃润料费	工资成本	船舶折旧	其他	总成本
数值(万元)	277.7	48	34.9	74	434.6
所占总成本比例(%)	63.90	11.04	8.03	17.03	—

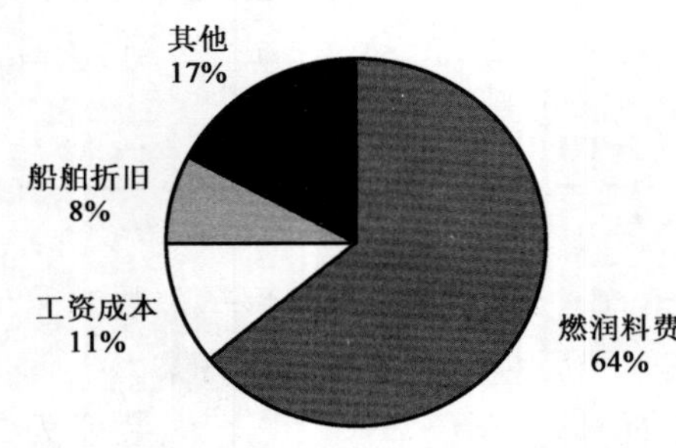

图15.5 贵州省乌江40车位级载货汽车滚装船运输成本构成图

由图15.5及表15.15可以看出，燃油费用占整个运输成本的比重最大，达63.9%。若要提高船舶营运经济性，采取节油措施是最有效的，也可选用与船型匹配的主机，采用经济航速营运等方法提高船舶营运经济性。

②敏感性分析。

为进一步探讨市场变化对船舶技术经济性的影响，论证中分析了燃油价格、船价、营运成本等经济参数变化对最优方案的影响。以表15.14中选出的最优船型方案为基准，将各参数上下浮动15%时，计算最优船型必要货运费率(*RFR*)的变化情况，具体见表15.16和图15.6。

***RFR*(相对值)敏感性分析** 表15.16

参数变化幅度	−15%	−10%	−5%	5%	10%	15%
营运成本变化	0.867 3	0.911 5	0.955 8	1.044 2	1.088 5	1.132 7
油价变化	0.800 9	0.867 2	0.933 6	1.066 4	1.132 8	1.199 1
船价变化	0.971 0	0.980 7	0.990 3	1.009 7	1.019 3	1.029 0

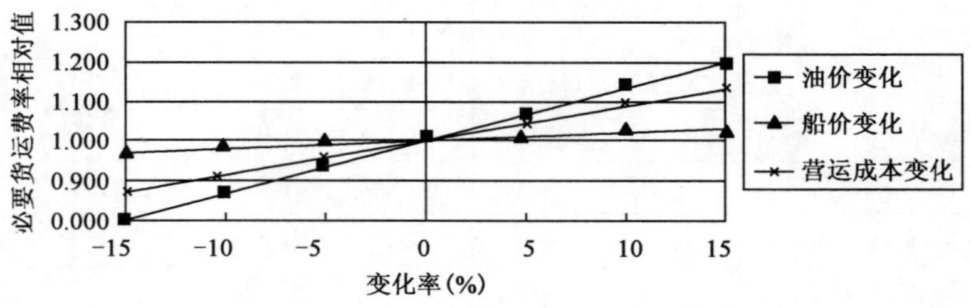

图15.6 参数变化对必要货运费率的影响曲线

由图15.6可见，必要货运费率(*RFR*)对油价变化最为敏感，其次是营运成本、船价。因此，控制耗油对改善船舶营运经济性有十分重要的意义，同时可通过加强船舶的维护与管理，以有效控制运输成本。

2)各车位级船型优化论证

根据贵州省两江一河 40 车位级载货汽车滚装船船型尺度优化方法和思路，对其他船型进行了技术经济论证，其最优方案见表 15.17。

各车位级载货汽车滚装船优化船型主要技术经济性能　　表 15.17

经 济 指 标	开 发 船 型			
	30 车	40 车	50 车	60 车
垂线间长(m)	78.00	79.00	100.00	100.00
型宽(m)	16.20	19.20	19.20	22.20
型深(m)	3.70	3.90	3.90	4.05
设计吃水(m)	2.4	2.6	2.6	2.6
方形系数	0.643	0.647	0.643	0.644
载车量(辆)	31	38	50	59
主机功率(kW)	330×2	441×2	500×2	662×2
设计吃水时航速(km/h)	21.05	21.08	21.71	21.13
必要费率(元/车)	782.97	714.09	687.40	690.02
运输效率[辆·km/(kW·h)]	1.09	1.07	1.21	1.10
千吨公里油耗[t/(千辆·km)]	0.277 6	0.281 5	0.247 6	0.276 0

15.3　乌江集装箱船主要要素的确定

集装箱船也是布置地位型船，除满足布置要求外，但还必须满足载重的要求。其主要要素确定的思路与步骤与滚装船相似，仅是货物单元不同，且技术标准要求有差异，在此不再叙述。标准集装箱参数见表 15.18，集装箱布置图见图 15.7，不同排列形式下的船型方案的最小平面尺度见表 15.19。

标准集装箱参数　　表 15.18

名　称		高　度		长　度		宽　度		最 大 质 量	
		mm	ft	mm	ft	mm	ft	kg	mm
20’	1C	2 438	8’	6 058	20’	2 438	8’	24 000	2 438

注：1. ft＝0.304 8m。

不同排列形式下的船型方案的最小平面尺度　　表 15.19

序号	排列形式(行×列×层)	最大载箱量(*TEU*)	L_{OAmin}(m)×B_{min}(m)
1	3×3×3(机舱 4)	30	38×9.6
2	5×3×3(机舱 4)	50	50×9.6

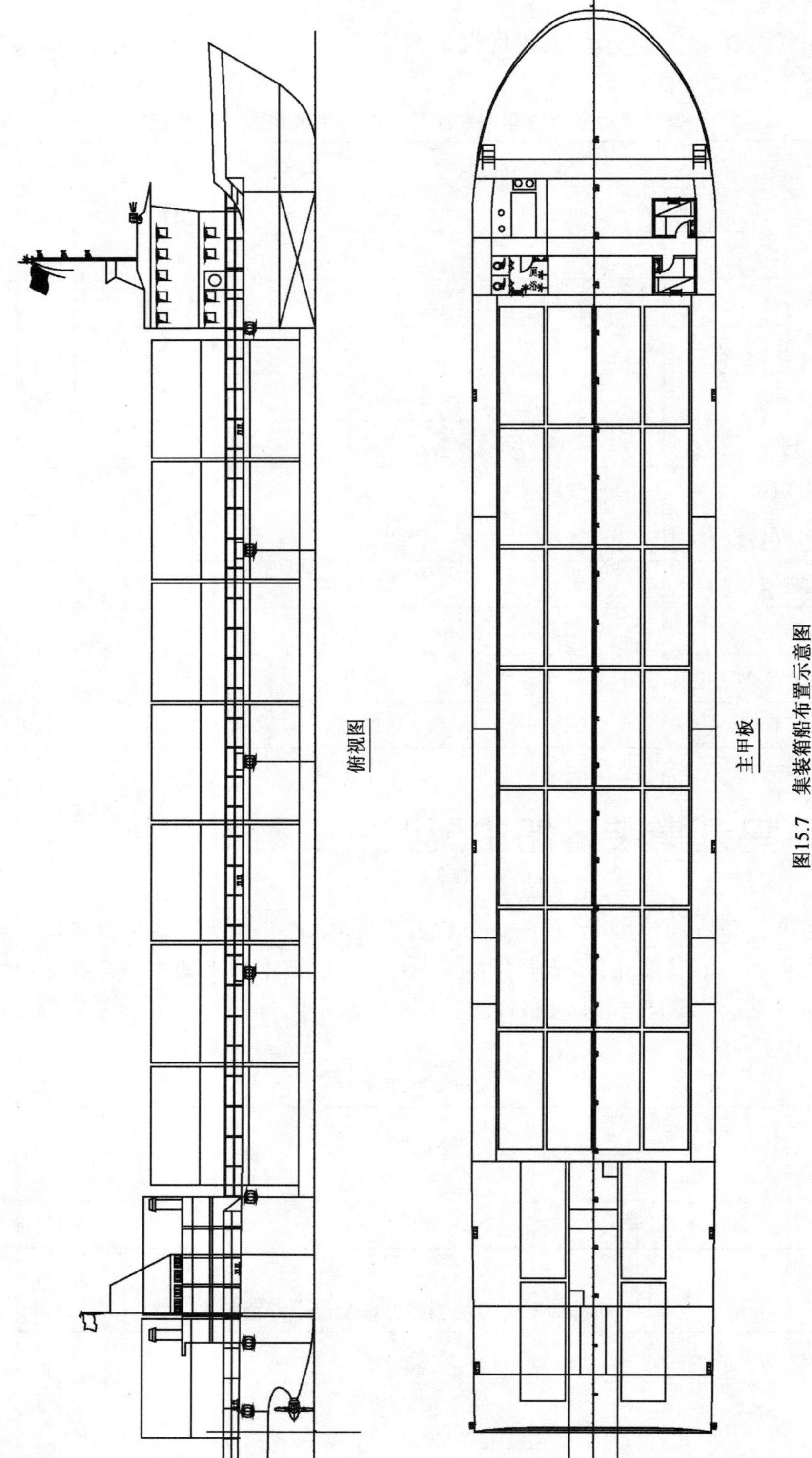

图15.7　集装箱船布置示意图

第5篇

乌江货运船舶型线设计技术

第16章 型线设计要素确定

16.1 乌江货船线型特征

船舶线型与船舶的快速性、适航性、稳性、航向稳定性、回转性、装载客积、舱室内部布置以及施工工艺等有关。型线设计是船舶总体设计的重要内容之一，船体型线的好坏对船舶的技术性能和经济性有重要影响。内河船由于受航道限制，型线的优劣还与浅水航行中层部下沉、急流航道中抗泡漩有关，并对尾部车叶供水等性能有直接影响。

在 20 世纪 90 年代之前，乌江是全国有名的山区性河流，河谷呈 V 形与 U 形交错性出现的形状，滩多水急，比降大，流态紊乱，河谷狭窄，航道弯曲，洪、枯水位变幅大。为适应水浅流急的航道特点，乌江中上游货船一直采用隧道尾型（如图 16.1 所示），该船型曾为乌江流域的经济发展做出了一定的贡献，然而其推进性能仍较低。在“八五”联合科技攻关项目《乌江船舶运输方式及船型研究》中开发了双尾船型与隧道尾船型相结合的混合船型（如图 16.2 所示），模型试验及实船营运结果都表明其具有较佳的快速性能。

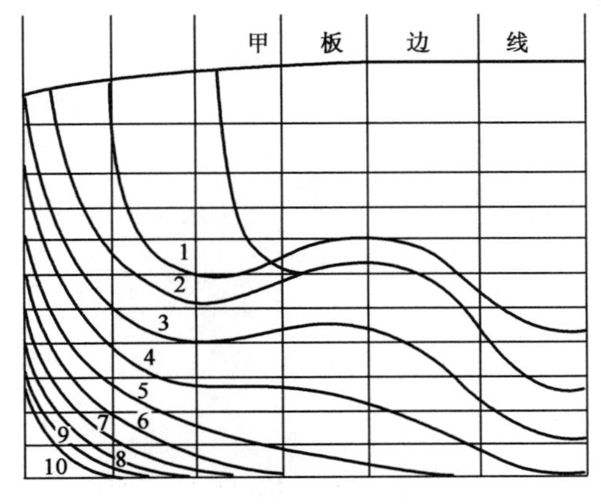

图 16.1 隧道尾船型（乌江 413）

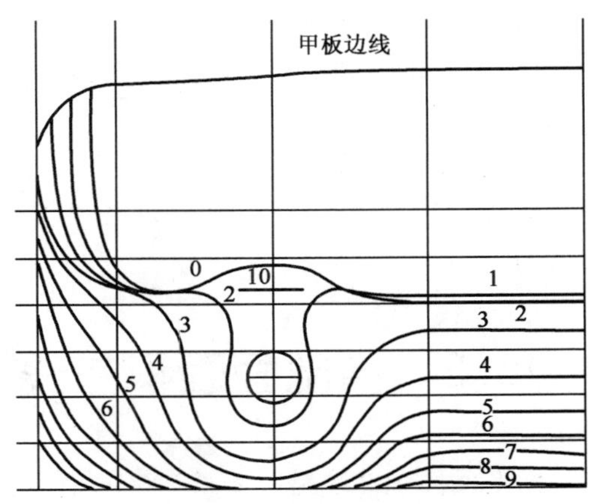

图 16.2 双尾与隧道尾结合的机动驳船型

随着梯级电站的逐步建设完工，配合航道整治，乌江航道条件得到逐步改善，乌江船型得以进一步的发展。2013 年交通运输部发布了《长江水系过闸运输船舶标准船型主尺度系列》并予以正式实施，配合尺度系列的实施，相关单位组织开发了 500t 多用途货船的标准线型（见图 16.3），模型试验显示其具有优良的快速性能。目前，该船型正在建造之中。

经过渠化和航道整治，乌江航线航运条件已得到极大改善，但由于内河河道季节性特征非常明显，导致乌江部分航段有时也表现出自然航道的特点，这就需要在进行乌江货船型线设计时综合考虑以协调各方面的矛盾。在具体绘制型线时，一定要分清主次，权衡轻重，首先满足基本性能要求和营运的需要，适当顾及其他因素，参考优秀的实船资料，以绘制出适宜的型线。具体应注意以下几点：

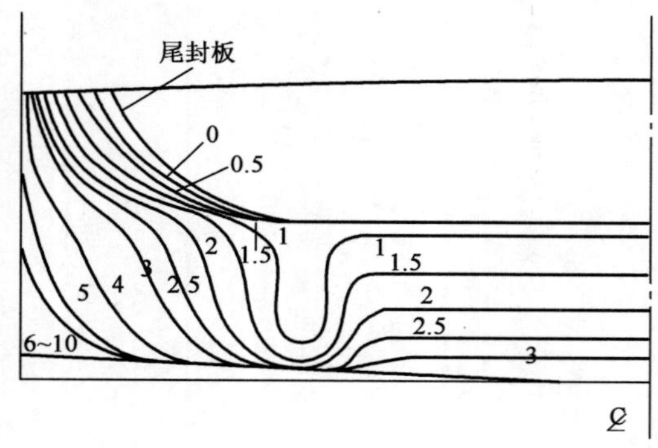

图 16.3　标准货船双尾船型

(1)保证新船具有良好的快速性。乌江航道货运船型快速性是船舶性能中的主要矛盾，要把快速性放在首位来考虑，并要根据船舶营运特点适当兼顾深浅水性能。

(2)满足总布置要求。与总布置有关的甲板地位、船舱尺度、机舱和设备的布置、浮态调整等的要求都应在型线设计中加以考虑。由于船舶大型化趋势越来越明显，乌江船型又受到过坝尺度系列的制约，总布置与性能对型线的要求经常发生矛盾，此时，宜适当地降低某些性能的要求，来满足总布置的需要。

(3)考虑船体结构的合理性和施工、维修的方便。由于乌江沿线船厂生产设备相对落后，复杂船体的建造质量难以保证。因此，除非特别需要，乌江货运船舶应尽量避免复杂多变的船体形状，以从设计的源头保证施工质量。

(4)在型线设计时，在不增加船舶建造成本的前提下适当考虑船舶外形的美观。

型线设计的结果以型线图来表示，型线图可以充分说明船体外形的几何形状。控制船体型线的要素主要包括：

(1)横剖面面积曲线；

(2)设计水线和甲板边线；

(3)横剖线形状；

(4)侧面轮廓线。

因此，型线设计应首先考虑和确定以上要素。选择好这些要素，在生成型线时就可以得到有效的控制。

16.2　横剖面面积曲线

横剖面面积曲线是以船长为横向坐标、设计水线下各横剖面面积为竖向坐标所绘制的曲线，其形状如图 16.4 所示。

该曲线具有下列特征：

(1)横剖面面积曲线与横向坐标轴间所包围曲面积为设计水线下型排水体积 ∇；

(2)横剖面面积曲线的丰满度系数为船在设计水线下的纵向棱形系数 C_p；

(3)横剖面面积曲线与横轴所包围的面积的形心横向坐标表示了浮心纵向位置 X_b；

(4)丰满船的横剖面面积曲线的中部有一平行段,称为船的平行中体长 L_P,平行中体前后两段长度分别称为进流段长 L_E 和去流段长 L_R。方形系数小的船一般都没有平行中体,最大横剖面常在中后;

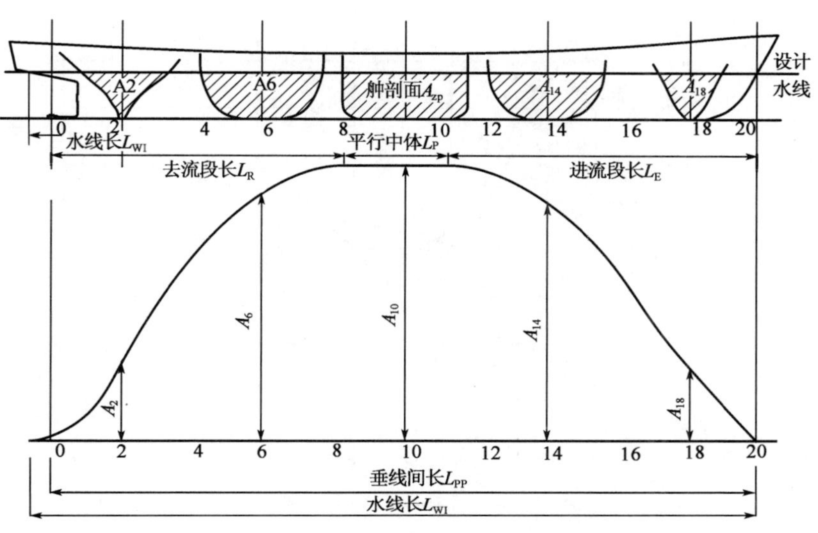

图 16.4　横剖面面积曲线

(5)进流段和去流段端部形状。

实用中,船舶横剖面面积曲线通常采用长度为 l,最大剖面面积为 1 的无量纲方式描述。此时,横剖面面积曲线与横向坐标轴间所包围面积即为纵向棱形系数,横剖面面积曲线与横轴所包围的面积的形心横向坐标表示了浮心纵向相对位置(X_b/L_{pp})。

16.2.1　菱形系数 C_p 和中剖面系数 C_m 的选择

菱形系数 C_p 表征了排水体积沿船长的分布。在 L_{pp} 和 C_b 一定时,C_p 小,表示排水体积集中在船中部,首尾端削瘦;C_p 大,则表示排水体积沿船长分布较均匀,首尾两端较丰满。

在方形系数 C_b 已确定的情况下,因 $C_p=C_b/C_m$,所以 C_p 的选择必须与中剖面系数 C_m 的选择一起来考虑。从对阻力的影响来看,C_m 是不重要的,因此,C_m 的选择很大程度上是考虑与 C_p 的配合。

菱形系数 C_p 对船的剩余阻力影响很大,而对摩擦阻力影响较小。C_p 对剩余阻力的影响主要反映在兴波阻力与形状阻力上,它是随船的相对速度 F_n 而变化的。一般在不同速度段,有一使剩余阻力最小的最佳菱形系数与之相对应,而且随着速度的降低,最佳菱形系数 C_p 变小。实际上,速度较低的货船方形系数较大,最佳 C_p 与 C_b 间几乎不可能配合,因此对低速货船一般会采用比最佳 C_p 要大得多的菱形系数,如图 16.5 所示。在保持同样的 C_b 时可选取较大的 C_m 值以尽可能降低 C_p,这也是低速货船采用尽可能大的 C_m 值的理由之一。C_p、C_m、C_b 的关系曲线见图 16.6。

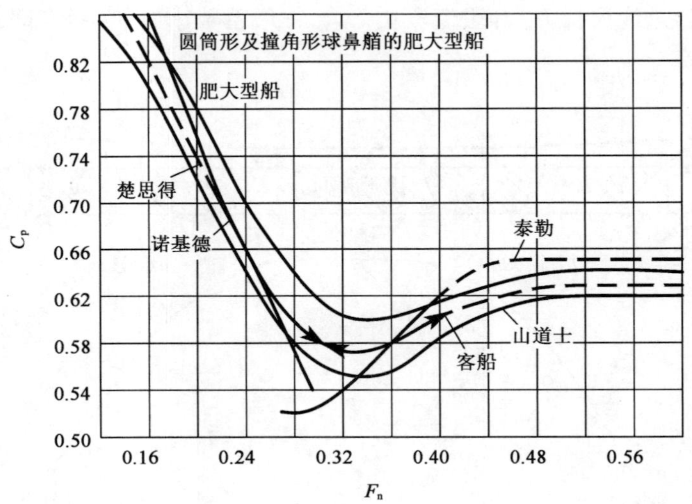

图 16.5 C_p 与 F_n 的配合曲线

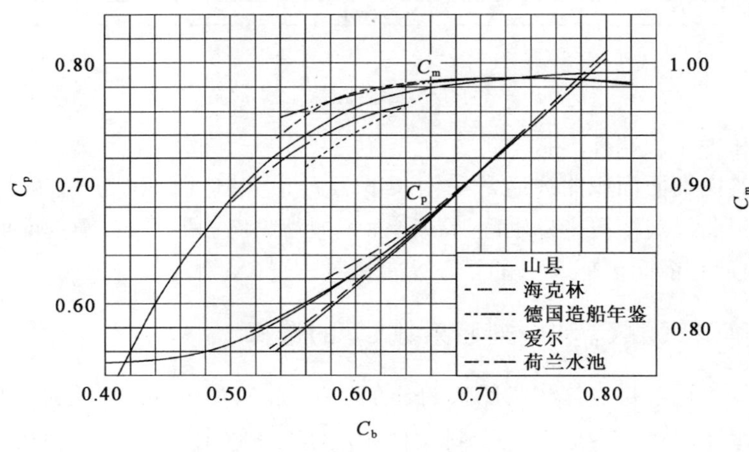

图 16.6 C_p、C_m、C_b 的关系曲线

16.2.2 浮心纵向位置的选择

浮心纵向位置 X_b 决定了船前后半体的相对丰满度。X_b 的选择主要从快速性上有利的最佳浮心位置和与总布置所确定的重心纵向位置相配合这两个方面来考虑。

从阻力方面看，当浮心位置改变时，前体兴波阻力和后体形状阻力的相对比例发生变化。浮心位置向后移动，前体丰满度就减小，后体丰满度增大，因而形状阻力由小变大，而兴波阻力由大变小。因此，对应于给定速度的船，存在着一个阻力最小的最佳浮心位置。图 16.7 为单桨船最佳浮心纵向位置的资料，双桨船最佳浮心位置比相同速度的单桨船最佳浮心位置约后移 1% L_{pp}左右。从图 16.7 中看到，不同船型的最佳浮心位置有一定的差别，这主要与型线的其他特征不同有关。

从推进效率上看，浮心位置稍后于阻力上最佳位置是合适的，这样可增大伴流，但过分后移也会产生不利影响。

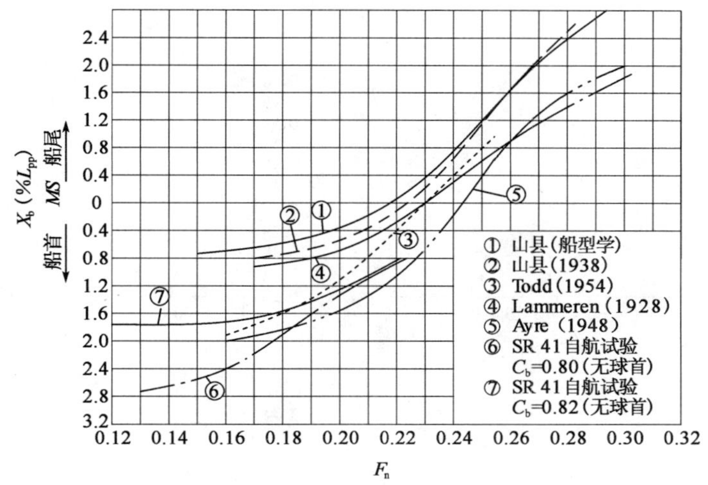

图 16.7　最佳浮心纵向位置与 F_n 的关系

浮心位置的选取，除了考虑快速性因素以外，还应与重心纵向位置相配合，使船有适宜的浮态。当阻力上最佳的浮心位置与重心配合不当而引起不允许的纵倾时，如果在总布置方面调整有困难，通常做法是适当地损失快速性而去兼顾布置上的适宜性。X_b 偏离最佳位置不大时对阻力影响很小。如图 16.8 所示，X_b 在图中阴影部分范围内移动时，对阻力的影响一般不会超过 1%。

图 16.9 为部分双尾货船快速性模型试验结果。从图 16.9 中可以看出，随着浮心位置前移，其单位排水量有效功率总体上是下降的，但推进因子则是逐渐恶化。现有试验结果表明，从快速性角度看，对 F_n＝0.15～0.2 左右的双尾货船，其浮心纵向位置控制在 0.5% L_{pp} 的范围内较为合理。

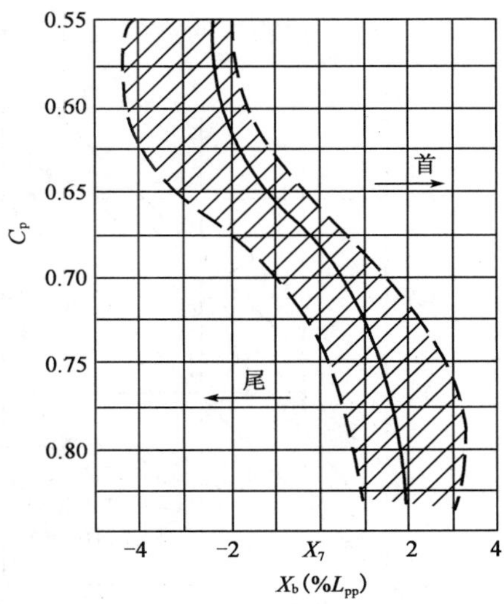

图 16.8　较佳浮心纵向位置范围

16.2.3　平行中体长度和位置

在一定的 F_n 范围内，船体采用适量的平行中体，无论从阻力性能方面还是在使用和建造方面都是有利的。从阻力方面看，将排水体积适当地向中部集中，采用一段平行中体，对于前体可使进流段尖瘦些，降低兴波阻力；对于后体，可削瘦去流段的船体形状，有利于改善形状阻力。但是，设置太长的平行中体后，过短的进流段和去流段，会使平行中体的两端形成过硬的“前肩”和“后肩”，这对降低阻力是不利的。在船舶的使用方面，因平行中体一段的横剖面形状完全相同，故使中部的船舱方整，便于装载货物。

设置平行中体还简化了工艺和降低建造成本。因此,从实用出发。平行中体长度希望取长些,但以不引起阻力性能恶化为限。

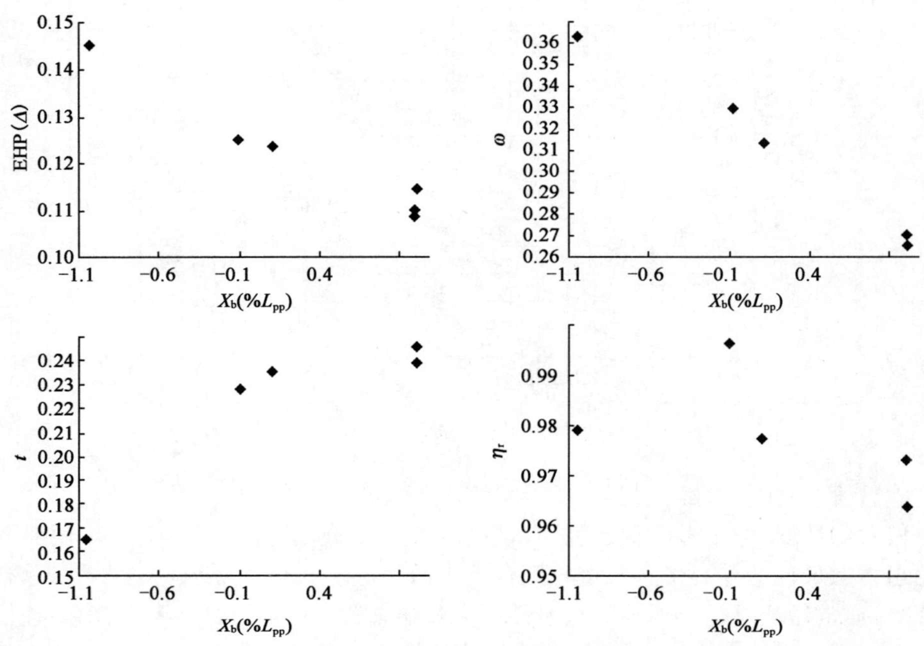

图 16.9 双尾船型浮心纵向位置对阻力与推进性能的影响

通常在型线设计中,平行中体长度和位置可以根据优良的母型船资料并参照上述原则来选择。一些系列船型的资料也可参考,如图 16.10 和图 16.11 所示。

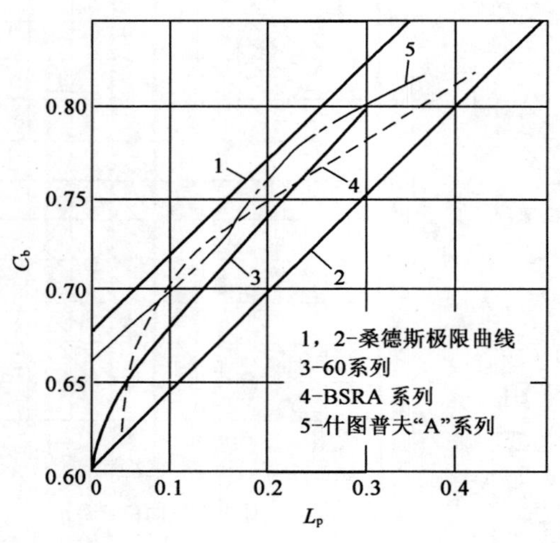

图 16.10 平行中体长度

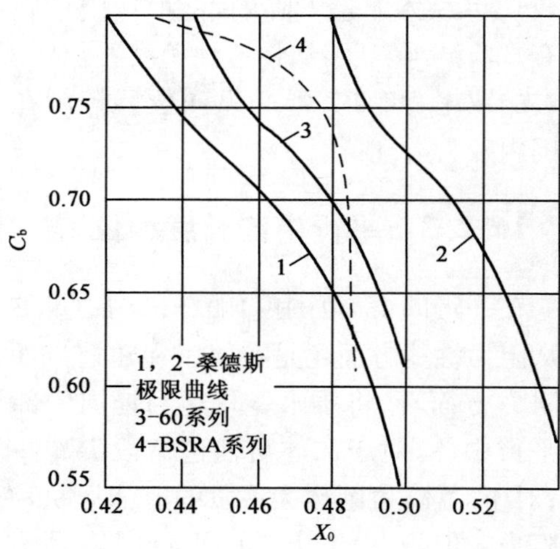

图 16.11 平行中体的位置

16.2.4　横剖面面积曲线两端形状

贝克尔曾对横剖面面积曲线两端形状对剩余阻力的影响作过详尽的船模试验，根据试验结果推荐的面积曲线两端形状见表16.1。需要说明的是，现代船舶很多采用球首，特别是采用大型球首后，进流段面积曲线形状会发生变化。

横剖面面积曲线两端形状　表16.1

C_p	F_n	横剖面面积曲线两端形状	说　明
>0.785		两端均用直线	前肩曲线尽量小
0.75～0.78	<0.182 >0.182	两端均用直线 前端微凹，后端直线	据爱末生（Emerson）试验，C_p=0.7～0.78时前肩曲度尽量小，船首下部切去使船首倾斜，对降低阻力有利
0.70～0.75	<0.238 >0.238	前端微凹，后端直线 前后端均应微凹	F_n<0.209时，后端形状稍变对阻力影响不大
0.65～0.70	0.164～0.253 >0.268	前端以凹为佳，不能用直线；后端为直线或微凹 前端为直线，后端直线或微凹均可	
<0.65	0.224～0.253 0.283～0.313 =0.358 =0.537	前后端均宜用微凹 两端均应用直线 前端为直线，后端微凸 前后端均微凸	此时后端对阻力影响较微

16.3　设计水线

近水面处的水线形状对兴波阻力影响较大，通常以设计水线为代表进行研究。设计水线的特征和参数与横剖面面积曲线相似，主要有水线面系数C_w、平行中段长度、端部形状、半进流角i_E以及尾部的纵向斜度等。

16.3.1　水线面系数C_w

水线面系数C_w的选取与航速有关，同时，C_w值的大小也直接影响稳性。

从快速性方面看，F_n大者，C_w应取小些。图16.12给出了几个系列船型的C_w与C_p的关系曲线。从图16.12中看出，C_w有一定的取值范围，这与不同系列船型的横剖面形状的UV度不同直接有关。

从稳性方面看，大的C_w对稳性有利。对稳性要求较严格的船，配合大的甲板面积需求，可考虑相对较大的C_w以改善船舶稳性。

总之，C_w的选取不应单独从某一方面来考虑，应根据船型特点，综合各方面因素来权衡利弊。

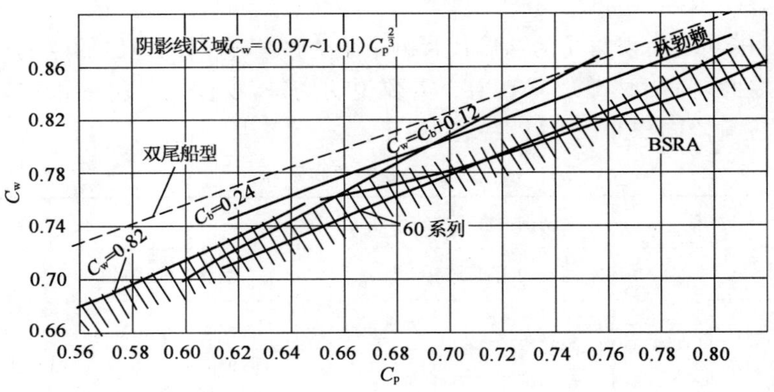

图 16.12 C_w 与 C_p 关系曲线

16.3.2 设计水线的首端形状和半边流角

设计水线首端形状有凸形、直线形和凹形。其形状与阻力的关系和横剖面面积曲线首端形状的分析相似，凹形的水线有利于减小首波压力沿船前进方向上的分量，从而降低阻力。

当船速增大后兴波向后扩展，压力增高区扩大，所以高速船必须削瘦整段首部水线，且水线应为直线形。丰满的低速船兴波阻力所占比例较小，且大的 C_p 对应的水线面系数也大，如采用削瘦的首端水线反而会造成严重的水线突肩，对阻力性能不利，故常用凸形或接近直线形。从阻力方面看，适宜的首段水线形状特征如下：

(1) F_n=0.16～0.19，由凸形到直线形；

(2) F_n=0.20～0.22，直线形或微凹形；

(3) F_n=0.22～0.32，微凹形。

设计水线半进流角与 C_p 的关系曲线见图 16.13。

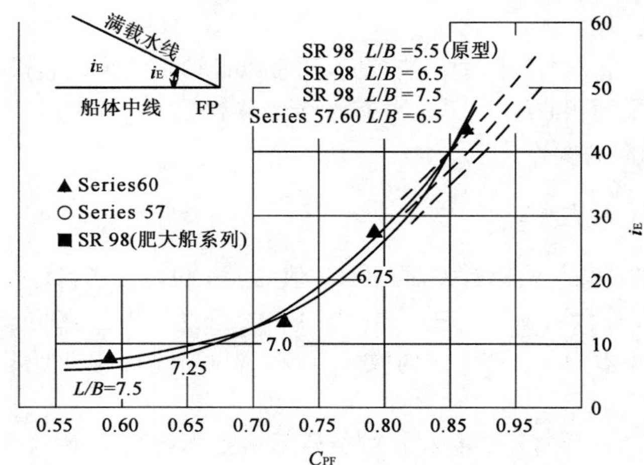

图 16.13 设计水线半进流角

16.4　侧面轮廓线

型线的侧面轮廓线包括首柱轮廓、尾端和尾框轮廓、龙骨线、甲板中心线和甲板边线。侧面轮廓线是船体型线最基本的边界线，也是船体形状特征的重要控制要素之一。侧面轮廓线的设计也同样关系到船舶的性能。甲板边线与总布置关系密切，设计中必须与总布置设计相互协调。

16.4.1　首轮廓线

常规船不带球首的首部侧面轮廓线基本形状如图 16.14 所示。现代船最常用的首轮廓线形状是前倾型首。这种形状的船首相对直立型而言，优点是：水线以上船首可以较为尖瘦，具有劈水作用；具有较好的防撞作用，减少了两船碰撞时水下部分破损的危险性；增加了储备浮力和甲板面积；外形显得较为美观。图 16.14 中直立型和梅尔型是 20 世纪 30 年代前后流行的首柱形状，相对前倾型而言是两种极端。

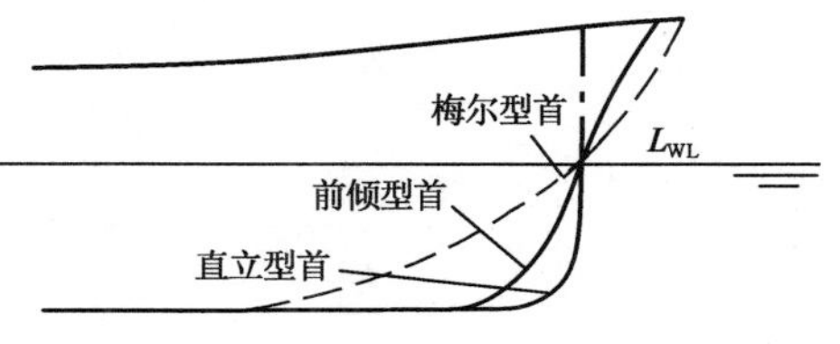

图 16.14　首轮廓线形状

值得注意的是，目前国内内河主要通航水域过坝运输船舶的平面尺度都有限制要求。在有限尺度范围内尽可能提高运输船舶载量成了一种设计趋势。其中一项技术就是采用近似于直立首的形式，再配合适当的首部线型，从而在保证船舶快速性的前提下充分利用船舶长度，增加船舶排水量，提高船舶载量。

16.4.2　尾轮廓线

船尾轮廓线形状的选择要充分考虑舵和螺旋桨的布置以及与横剖型线的配合。相对于应用于单桨运输船巡洋舰尾（或切平的巡洋舰尾），内河内使用较多的隧道尾、双尾（鳍）船型要复杂得多，如图 16.15 所示。

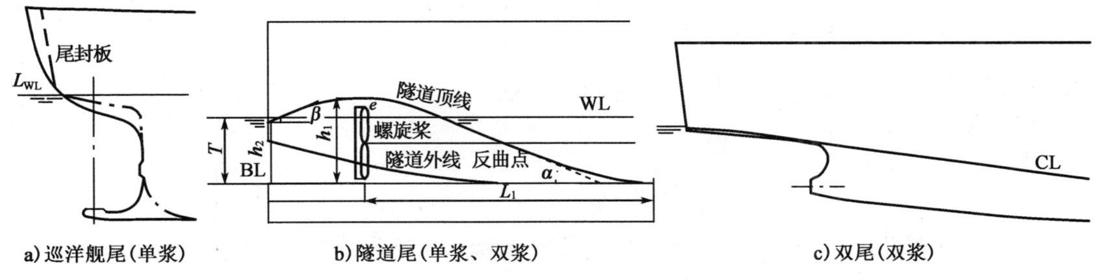

图 16.15　尾轮廓线示意图

为避免桨叶诱导的船体震动，CCS 建议单桨船的螺旋桨桨叶与外板的间隙建议不小于 $0.1D$（D 为螺旋桨直径），隧道型船舶的螺旋桨桨叶与外板的间隙可适当减小。双桨船的螺旋桨叶与外板间隙 C 建议不小于按下式计算所得之值：

$$C=K_1K_2D\frac{0.1166\sqrt{N_e}+10}{100} \tag{16.1}$$

式中：N_e——主机单机额定功率(kW)；

D——螺旋桨直径(m)；

K_1——螺旋桨叶数修正系数：三叶，$K_1=1.2$；四叶，$K_1=1.0$；五叶，$K_1=0.85$；

K_2——船型修正系数：船长小于或等于 30m 的船舶取 $K_2=0.8$；船长大于 30m 的船舶取 $K_2=1.0$。

尾封板下沿距水面高度对船舶阻力影响很大。图 16.16 为双尾船型 $1+k$ 对尾封板尺度的统计资料。从图 16.16 中可以看出，尾封板沉深相对于宽度而言对形状阻力的影响趋势更为明显。

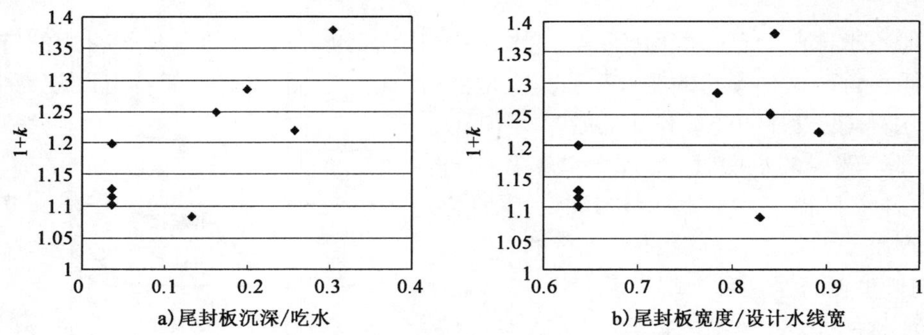

图 16.16 尾封板尺度对 $1+k$ 的影响

按照此思路，对某 300t 级货船进行改型并进行阻力试验。图 16.17 为改型前后型线对比，其中主要是适当减小了尾封板的沉深。模型试验结果显示，在 $F_n=0.19\sim0.23$ 的范围内，其总阻力系数平均下降约 13.1%。

16.4.3 甲板线

甲板线包括了甲板中心线和甲板边线，如图 16.18所示。甲板边线是一条空间曲线，在侧视图上反映其高度，在平面图上表示甲板宽度。甲板边线的宽度根据总布置的要求结合水上部分横剖线的形状来决定。对于大开口的船或者甲板布置集装箱时，甲板边线宽度的确定更应与总布置配合好。甲板边线的高度根据首尾舷弧确定。

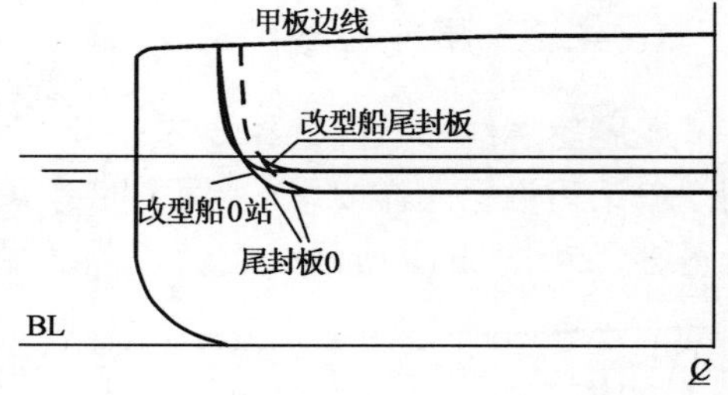

图 16.17 尾封板对阻力的影响

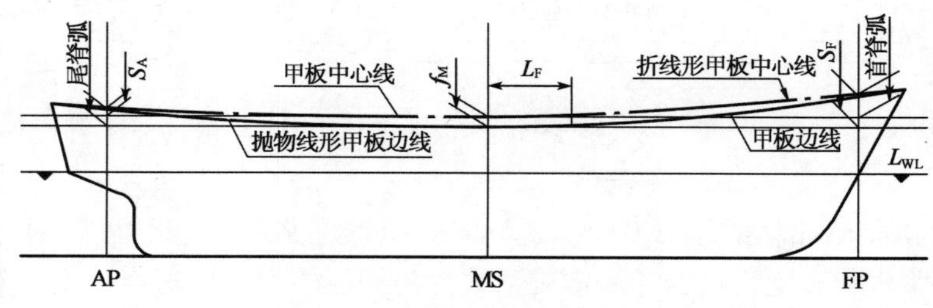

图 16.18 甲板线示意图

16.5　横剖线形状

构成同样剖面面积及水线宽度的横剖线形状千差万别。根据剖面面积上下分布均匀程度，横剖线形状大致可分为 U 形、V 形、中 U 形、中 V 形等，如图 16.19 所示。

1）中剖面形状

对于有平行中体的船或最大剖面位于船中时，中剖面也就是最大剖面。中剖面的形状根据平板龙骨宽度和舭部升高及中剖面系数 C_m 确定。通常，中剖面舭部采用圆弧或抛物线形状。当采用圆弧形状时，根据几何关系（如图 16.20 所示），容易得到各参数的关系：

$$R=\sqrt{\frac{Bd(1-C_m)-\left(\frac{B}{2}-f\right)h}{2\left[1-\pi/4-\frac{h}{B-2f}\right]}} \tag{16.2}$$

当 $h=0$ 时，则

$$R=\sqrt{\frac{Bd(1-C_m)}{2\left(1-\frac{\pi}{4}\right)}} \tag{16.3}$$

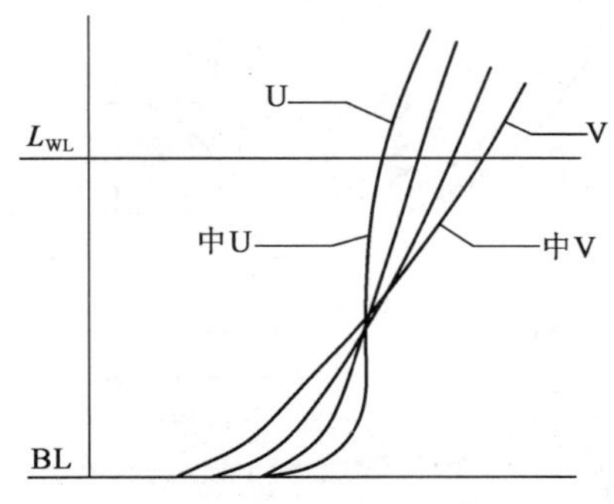

图 16.19　横剖线形状

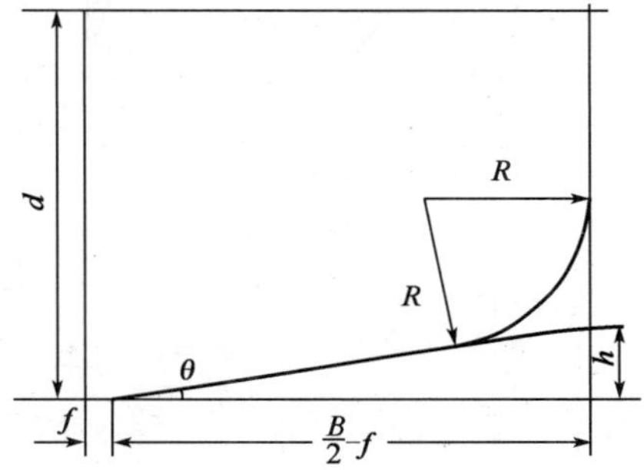

图 16.20　具有圆弧形舭部的中剖面形状

当方形系数不是很大时，内河船常采用具有斜底圆舭的中剖面形式，这对改善浅水航行性能尤其有效。

2）首部形状

对比 U 形剖面或球形剖面而言，V 形剖面湿面积较小，钢料重量较轻，曲面曲率减缓，外钣加工费较低，同时可提供相对较大的首部甲板面积。但对货船而言，由于方形系数相对较大，从实用角度更多采用中 U 形、U 形或球形，以增大船舶排水量，提高载重能力。

3)尾部形状

从桨轴前尾部形状看,目前常见的尾形包括U形、V形或球形尾,如图16.21所示。

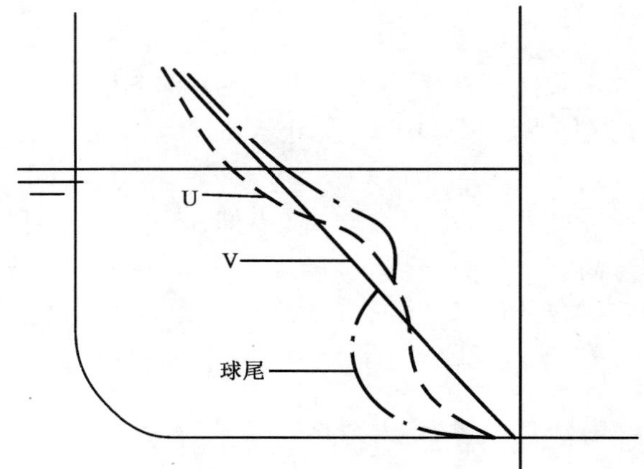

图16.21 尾部典型剖面形状

对内河船而言,目前常见的双尾船型进一步细分有如图16.22所示的四种典型船型。对双涡尾船型,由于建造工艺较复杂,该船型强烈依赖于船舶载况,目前该船型除在部分客船等一类吃水变化不大的船型上有成功应用案例外,在货船上未得到使用。其他三种尾型在货运船型中都有许多应用案例。

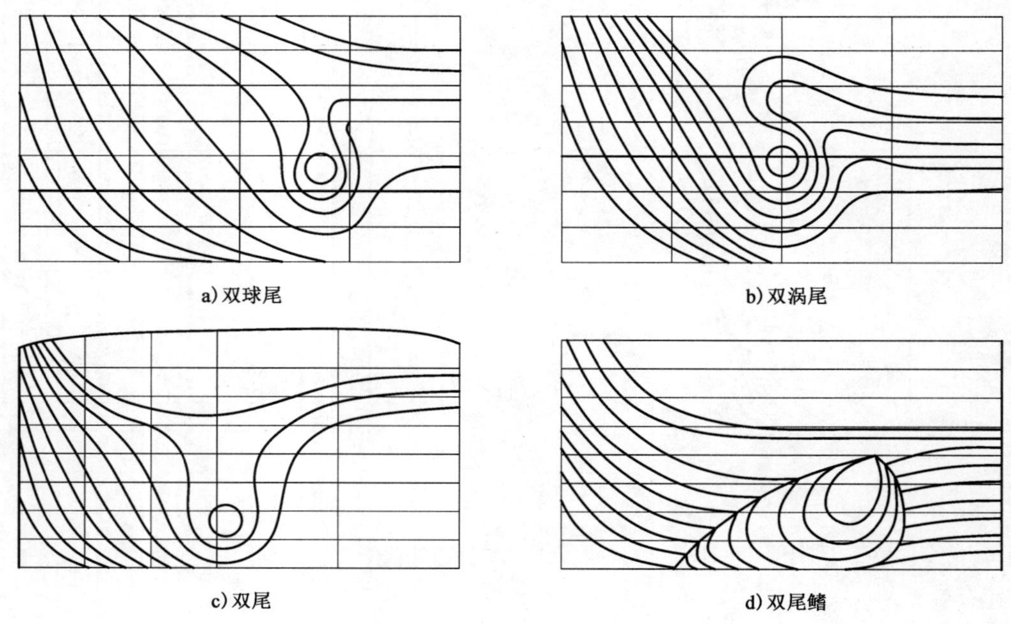

图16.22 内河双桨船型常见典型剖面形状

第17章 型线设绘的母型改造方法

17.1 型线设绘方法简述

选择了设计船的型线特征和参数后，就可绘制型线图。型线设计与生成的方法主要有自行设绘法、母型改造法、系列船型方法以及数学型线方法等。各种方法不能截然分开，究竟选择何种方法，则应根据所掌握的型船资料和设计者的实践经验等具体条件而定。在很多情况下，可能将各种不同的方法穿插应用。

1）自行设绘法

自行设绘法即根据新船的具体要求，按型线设计的基本原则和规律，参考相近船型的优良型线资料，设计者经分析和思考，对新船型线特征有所把握后，自行设绘型线图的方法。

当缺乏相近母型资料或船型比较特殊时，一般采用自行设绘法。在设绘时，通常从构造横剖面面积曲线开始，以确保船舶排水量、浮心位置等基本要求；在此基础上构造一些关键边界线如设计水线、甲板线、中纵剖线或桨轴所在纵剖线；以此为基础，依次构造各站横剖线；然后通过绘制其他水线以检验横剖线的光顺性，并修改完善各横剖线、水线。在初步完成横剖线、水线的光顺性后，进一步绘制其他纵剖线、斜剖线，并进一步检验光顺性，修改型线。在完成全部的光顺工作后，再进行其他的设绘和计算工作。

2）母型改造法

母型改造法即利用与新船相近的优秀母型船的型线资料，应用适当的修改方法，将其改造成符合设计要求的新船型线的方法。

当有相近的优秀实船（或船模）的型线资料时，一般采用改造母型法设计型线，既简便又能保证船舶性能。在使用母型船改造时要注意母型船的选择，它要求母型船性能优良且 F_n、C_p、B/T、L_{pp}/B 等参数与设计船相近。按此法设计时先设计船体水下部分，再满足设计船的舷弧、布置、上层建筑等要求。具体步骤和方法见下一节。

3）系列船型方法

系列船型方法即选择与新船船型特征相近的系列船型，直接应用系列船型的型线资料，查得设计水线以下及部分设计水线以上的船体型值，需要时作局部修改而生成型线的方法。

由于系列船型一般都经过较为广泛的系列船模试验，其阻力、推进等试验资料较全面，因此，若系列船型能符合设计船的设计要求，则采用系列船型法设计型线既简单又可靠。

早前各国通过系列试验，获得了一些船型的系列试验图谱，具体见表 17.1。使用时应注意各试验图谱的适用范围，若超出这些范围，则系列船型的优越性能就不能保证。

各典型系列船型试验图谱的适用范围　　表 17.1

船型系列	适合范围
Toylor 系列	双桨运输船，$L/B=4.0\sim15.1$，$B/T=2.25\sim4.5$，$C_b=0.44\sim0.8$，$L/\Delta^{(1/3)}=5.2\sim10$
Todd-60	单桨运输船，$L/B=6.5\sim8.5$，$B/T=2.5\sim3.5$，$C_b=0.6\sim0.8$，$v/(L_w)^{0.5}=0.4\sim1.0$
BSRA 系列	单桨运输船，$L/\Delta^{(1/3)}=4.3\sim6.25$，$B/T=2.0\sim4.0$，$C_b=0.55\sim0.85$，$v/(L_{pp})^{0.5}=0.4\sim0.9$
SSPA	单桨运输船，$L/B=6.18\sim8.35$，$L/\Delta^{(1/3)}=5.0\sim7.0$，$B/T=1.5\sim6.5$，$C_b=0.525\sim0.75$，$F_n=0.16\sim0.3$
我国长江客货轮系列	我国内河双桨客货船 $L/B=4.6\sim7.0$，$B/T=3.6\sim6.0$，$C_b=0.52\sim0.64$，$F_n=0.2\sim0.32$

4)数学型线方法

数学型线方法即应用数学函数来表达水线或横剖线或船体曲面，通过控制形状特征参数，编制计算机程序来完成型线生成工作的方法。用数学方法表达船体线型，使之能在满足设计要求的前提下求出实用的和光顺的优美船体型线，而且还能直接提供船体水动力学计算和建造施工所需的前期数据。

目前，国内外船型的数学表达形式已有多种，总的来说，现在的船体曲面几何表示方法通常可以分为两类：①曲线方法，是由一组按某种规律变化的平面曲线构成船体曲面，由曲线方程表示；②曲面方法，直接用曲面方程来描述船体曲面。

无论采用何种型线设计方法，现在都可以借助计算机来进行型线图的设绘。目前，国内外已开发应用的许多船舶 CAD 软件系统中，很多具有型线设计的功能。

17.2　母型船改造法

在进行型线图设绘时，大多数情况下都会有相近的母型船做参考。因此新船的型线一般都是基于母型船的型线改造而来。

在进行母型船改造时，一般可能包括了主尺度、船型要素（X_b、C_p、C_m）以及局部的光顺修改工作。

17.2.1　主尺度不同时的修改

当新船与母型船的主尺度不同时，需作尺度变换，常用的是线性变换，即：

长度：　$X=X_0(L_{bp}/L_{bp0})$

宽度：　$Y=Y_0(B/B_0)$

吃水：　$Z=Z_0(d/d_0)$

式中带有下标“0”者为母型船。

尺度经线性交换后，船型系数（C_b、C_p、C_w 等）和浮心纵向相对位置 X_b 都保持不变。

但是，如果设计船和母型船的长宽比不同时，则经过上述线性变换后水线半进流角和去流角已有所改变；当设计船和母型船的宽度吃水比不同时，船舶的剖面形状会发生变化。尤其是对船舶尾部形状，当设计船和母型船的宽度吃水比相差较大时，局部型线要做比较大的修改。

主尺度的改造也可以用非线性变换的方法，但非线性变换方法对船型系数较难控制，非线性变换后对性能的影响也难以直接估计，所以较少采用。

17.2.2　横剖面面积曲线的修改

横剖面面积曲线在很大程度上确定了船舶技术性能。当设计船和母型船的浮心位置 X_b 和中线棱形系数 C_p 不同时，我们可以通过修改母型船的横剖面面积曲线得到。

本书采用的是母型变换法，母型变换法（$1-C_p$ 法或 Lackenby 法）是船体型线设计中最常用的方法，如图 17.1 所示。它具有使新型继承母型的一些优秀特征，并且方法简单和实用的特点，所以无论在手工设计还是在 CAD 中都被广泛应用。$1-C_p$ 法要求已知母型型线的详细描述，由设计者指定设计船型的前、后的棱形系数（C_{pf} 和 C_{pa}）；同时它假定母型和子型的中横剖面系数 C_m 相同，通过改变母型的行中体长度和进、去流段的棱形系数来得到具有设计要求的方形系数或棱形系数的新船型。母型变换法还能有效地控制设计船的平行中体长度。可以说母型变换法能够较好地在给方形系数 C_b 和浮心纵向位置 L_{cb} 的条件下产生出新船型。

母型变换法于 1950 年提出，是用二次多项式来计算各剖面的移动量，它可以同时满足设计船的菱形系数，浮心纵向位置，前、后平行中体的变化要求。

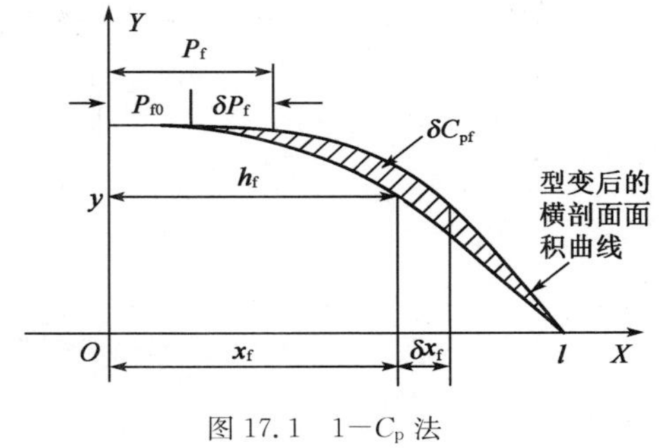

图 17.1　$1-C_p$ 法

母型变换法采用的函数为

$$\delta x=c(1-x)(x+d) \tag{17.1}$$

根据边界条件 $x_y=1$ 时，$\delta x_f=0$；$x_f=P_{f0}$ 时 $\delta x_f=\delta P_f$，$\int \delta x_f dy=\delta C_{pf}$，

经演算可推得：

$$\delta x_f=(1-x_{f0})\left[\frac{\delta p_{f0}}{1+p_{f0}}+\frac{x_{f0}-p_{f0}}{c_{pf0}(1-2x_{bf})-p_{f0}(1-c_{pf0})}\times\delta c_{pf}-\delta p_f\frac{c_{pf0}}{1-p_{f0}}\right] \tag{17.2}$$

由于增加的 δC_{pf} 对中的力矩值 $\delta C_{pf}h_f$ 和变换前后总的力矩平衡，增加或减小的 δC_{pf} 的对中矩

$$\delta C_{pf}h_f=\int_0^1\delta x_f\times(x_{f0}+\frac{\delta x_f}{2})\mathrm{d}y\approx\int_0^1 x_{f0}\times\delta x_f\mathrm{d}y \tag{17.3}$$

可得

$$h_f=B_f-C_f\frac{\delta p_f}{\delta c_{pf}} \tag{17.4}$$

其中 $B_f=C_{pf0}[2\overline{x}_{bf}-3k^2-p_{f0}(1-2\overline{x}_{bf})]/Af$

$C_f=[B_f(1-C_{pf0})-C_{pf0}(1-2\overline{x}_{bf}]/(1-p_{f0})$

$k^2=\frac{1}{3}\int_0^1 x^3\frac{dy}{C_{pf0}}$　　$A_f=C_{pf0}(1-2\overline{x}_{bf})-p_{f0}(1-C_{pf0})$

设总棱形系数变化量为 δC_p，浮心纵向改变量为 $\delta\bar{x}_b$，则应满足条件

$$\delta C_p=\frac{1}{2}(\delta C_{pf}+\delta C_{pa})\text{和 }2\times C_{p0}\times\bar{x}_{b0}+h_f\times\delta C_{pf}-h_a\times\delta C_{pa}=2(C_{p0}+\delta C_p)(\bar{x}_{b0}+\delta\bar{x}_b)\tag{17.5}$$

经过计算，可得

$$\delta C_{pf}=\frac{2[\delta C_p(B_a+\bar{x}_{b0})+\delta\bar{x}_b(C_{p0}+\delta C_p)]+C_f\times\delta p_f-C_a\times\delta p_a}{(B_f+B_a)}\tag{17.6}$$

$$\delta C_{pa}=\frac{2[\delta C_p(B_f-\bar{x}_{b0})-\delta\bar{x}_b(C_{p0}+\delta C_p)]-C_f\times\delta p_f+C_a\times\delta p_a}{(B_f+B_a)}\tag{17.7}$$

给定 δC_p，$\delta\bar{x}_b$，δp_f，δp_a 后，即可求得 δC_{pf}、δC_{pa}，求出的 δC_{pf}、δC_{pa}，作为非线性方程组求解初值赋给下面的非线性方程组，从而求得 δC_{pf}、δC_{pa}的值。

母型变换法的优点是可灵活的按需要来改变面积曲线的特征要素，精度能达到实用要求。但该方法同样存在与其他变换法一样的问题，对棱形系数变化量 δC_p，$\delta\bar{x}_b$，δp_f，δp_a 等量变化的控制，方法本身不能预测它们之间的可行性，要人们凭经验或小范围内调试，但也要注意它们的配合变化，因此本次设计采用非线性方程组求解 δC_f，δC_a。

第18章 基于三维设计平台的型线设计

随着中国大国经济的崛起，中国同国际船舶制造业市场的竞争也日趋白热化，努力提高船舶产品的质量，加快船舶产品的研发速度，缩短船舶的建造周期始终是船舶制造业面临的一个巨大难题。近年来，国内船舶行业虽在基础设施、制造设备以及其他硬件条件方面得以迅速发展，并逐步缩小了与国际先进船舶企业的差距，但在信息化程度和管理效率方面仍落后于其他船舶制造业发达的国家，此种状况严重阻碍了国内船舶行业的核心竞争力和船舶企业的可持续发展能力，因此寻求更科学、更高效、更智能的设计手段或者设计平台已然成为各企业在竞争中取胜的法宝。

伴随船舶行业的迅速崛起和发展，各种专业的船舶设计软件也得到了陆续的应用和发展，最具代表性的如 AutoCAD、TRIBON、CADDS5、NAPA、MAXSURF 等软件已然成了船舶制造企业和设计单位的核心工具，近年来异军突起的 FORAN 软件经过大量的推广已经成为船舶设计和开发的主导平台，与前述软件相比，其专业性更强、专业涉及面更广、设计效率以及质量也更高。

18.1 FORAN 软件简介

FORAN 系统是由西班牙 SENER Ingenieriay Sistemas SA 公司(简称 SENER 公司)研究和开发的船舶 CAD/CAM/CAE 集成软件，SENER 公司是目前西班牙最大的私营独资工程公司，至今已有超过 45 年船舶设计的经验。经过 SENER 公司的推广和努力，目前 FORAN 系统用户的足迹已遍布全球 25 个国家，有超过 130 家的船厂、设计院所和高校，其中不乏相当一部分是军用舰艇的设计和建造企业与机构，这些企业和机构利用 FORAN 系统完成了各种类型的舰艇设计工作，帮助本国和盟国巩固国防的同时，还节省了大量的设计和建造费用，同时大幅提高了效率。通过多年的推广和合作，FORAN 用户与 FORAN 系统开发商之间得到很好的交流，用户的信息和需求也直接反馈到软件开发人员的手中，使 FORAN 系统得到逐步地完善，并成为当今船舶设计软件中的主流。

18.1.1 国外研究现状

FORAN 系统作为先进的民用船舶和军用舰船的设计和建造软件，目前其用户主要集中于欧洲和南美洲两大地区，主要利用 FORAN 软件完成舰艇设计和建造工作。FORAN 系统涉及的专业知识面甚为广泛，其能够完成设计和建造的舰艇种类繁多，从排水量几百吨的小型巡逻艇到排水量上万吨的巨型航母，从传统的单体船舶到双体船、多体船，甚至新型船舶，FORAN 系统的表现都无可挑剔。

由于 FORAN 系统适合于各种类型船舶的设计与建造工作，因此在 FORAN 系统的诸多客户中，有相当一部分客户利用 FORAN 系统从事着与军用舰艇等设计和建造相关的工作。在 FORAN 的新老客户中，其中不乏具有世界顶级影响力的船舶设计与建造企业和机构，比如英国的 BAE 系统公司、俄罗斯的北方设计局、波罗的海造船厂和北方造船厂、德国蒂森·克虏伯集团下属的布隆＋福斯船厂、挪威的阿克造船集团、西班牙纳凡蒂亚集团和美国的盖都·派朗与联合有限公司等。下面简要叙述几个 FORAN 系统在舰艇建造过程中所取得成功的案例。

(1)西班牙纳凡蒂亚公司中所有的军用舰艇都采用 FORAN 系统进行研发和设计。众所周知，西班牙纳凡蒂亚公司是西班牙国内第一大造船集团，同时该集团在世界船舶制造业中也颇具影响力。2005 年，纳凡蒂亚公司收购了西班牙本国的伊萨尔造船集团，从而提升了其在军船建造方面的实力。纳凡蒂亚公司利用 FORAN 系统建造了所有的军用舰艇，其中包括轻型护卫舰、重型护卫舰、航空母舰、两栖多用途舰艇、巡逻舰艇、支援舰艇和潜水艇等。“阿斯图里亚斯亲王”号航母就是其中典型的代表。此外，纳凡蒂亚公司也在 2007 年 6 月份赢得了澳大利亚军方 3 艘防空驱逐舰和 2 艘两栖登陆舰的新合约，根据合约规定，这些舰艇也是采用 FORAN 系统进行设计和完成建造的。

(2)俄罗斯的波罗的海造船厂也在 FORAN 系统基础上完成了“基洛夫”级核动力巡洋舰的全部设计和建造工作。波罗的海造船厂始建于 1856 年，是俄罗斯目前为数不多并能够完成建造排水量超过 10 万吨级商船的船厂，其主打船舶产品为大型核动力军用舰艇和核动力破冰船。到目前为止，波罗的海造船厂利用 FORAN 系统完成了 5 艘“基洛夫”级核动力巡洋舰的建造任务。如今，波罗的海造船厂也正在利用 FORAN 系统对印度海军新订购的 3 艘护卫舰实施建造工作。

(3)俄罗斯北方造船厂采用 FORAN 系统完成俄罗斯“现代”级导弹驱逐舰的设计和建造工作。俄罗斯北方造船厂是俄罗斯圣彼得堡的第三大造船企业，同时也是前苏联时期和俄罗斯现代主要水面舰艇的建造企业，作为俄罗斯军事定点供应机构，其新型的“现代”级导弹驱逐舰均沿用 FORAN 系统完成建造。

18.1.2 国内研究现状

相比较于国外，FORAN 在中国的发展经历比较艰辛坎坷，目前尚处于起步阶段，可以说国内大多数的船舶制造企业和设计单位还尚未全面认识到该软件的重要性。为了与世界船舶制造业水平接轨，中国正在慢慢地接受和使用 FORAN 软件。

国内第一家引进 FORAN 系统的单位是江苏科技大学，早在 2007 年 9 月，SENER 公司便向江苏科技大学赠送了价值约 500 万元的 FORAN 软件，并将其列为国内首家 FORAN 教学试点单位。在此基础上，江苏科技大学的陈宁做了 FORAN 在船舶数字化设计全流程中的应用技术研究，简要分析了 FORAN 软件的特点以及主要功能模块的作用。江苏科技大学虽然是率先引进 FORAN 系统的单位，但在引进之后并没有将 FORAN 系统大量地应用于实船设计工作，也未曾对其做进一步的研究及开发工作。

随着FORAN在国内的不断推广，中国船舶重工集团公司第701研究所在民品（近海多用途拖船、海事巡逻艇）设计中首次引入FORAN软件，成为国内首家使用FORAN专门从事设计工作的单位。经过近两年时间的摸索和探寻，中国船舶重工集团公司第701研究所在FORAN应用方面积累了大量宝贵的经验，并由该所的涂跃红、邓爱民等人对该软件在船舶总体设计以及船体结构设计中的应用做了较详细的研究，可以说中国船舶重工集团公司第701研究所是FORAN系统在国内的首个应用大户。

2010年7月，SENER公司又同哈尔滨工程大学（HEU）达成共识并签署了合作协议，SENER为哈尔滨工程大学设在北京的船舶数字实验室提供FORAN软件的应用许可。从此哈尔滨工程大学获得了一套完整模块的FORAN软件系统，而且获得SENER公司在船舶造型、船舶美学、船体结构、船用机械和船用装配、电气设计、建造规划、虚拟现实、先进结构设计与船舶制图、设计修改与访问控制等方面的使用授权，成为国内真正意义上最大、最完整的一家FORAN用户。由于哈尔滨工程大学之前一直使用TRIBON软件进行船舶设计工作，并且技术已经十分成熟，虽然其拥有FORAN系统的全模块使用权限，但对此软件的应用和研究一直落后于其他FORAN用户。

2010年10月，SENER公司与武汉理工大学签署协议，并赠送30余套FORAN造船软件作为船舶教学使用软件并提供技术支持，同时联合成立Foran中国技术支持中心。经过半年多时间的应用和对理论方面的研究，武汉理工大学用FORAN软件已经完成几条实船的初步设计工作，并与中国船舶重工集团公司第701研究所进行二次开发以及相关模块提供技术支持的合作关系，如对FBUILDS模块的应用以及相关模块本土化工作。虽然武汉理工大学引进FORAN软件的时间最晚，但在FORAN软件二次开发，尤其在FBUILDS模块的应用研究方面已经取得了丰硕的成果，成为FORAN系统本土化过程中强有力的推动者。

经过多年的技术支持和推广，FORAN在国内的用户已经从开始的一家增至好几家，并且还有一些用户正拭目以待，努力尝试该软件带来的效益和成果。

18.2　FORAN系统及设计模块

FORAN软件系统由西班牙最大私营独资的SENER工程公司开发，该公司集50余年船舶设计经验于一身，浓缩精华技术并与计算机辅助设计技术相融合，保证向船舶设计客户提供更快、更好、更省的高效工具集和解决方案。

18.2.1　FORAN系统概况

FORAN软件系统囊括了船舶制造领域所有的专业设计过程，包括总体设计、船体结构设计、管路及HVAC、船舶舾装、船用设备、轮机、电气、居住舱室等。并且在船舶设计过程中有效地运用了拓扑化技术，实现了船体结构、船舶舾装、管路、电气、居住舱室等各种组件之间，以及各组件的相互关系和相对位置的定义，当设计过程中对某一组件进行修改时，FORAN系统可以根据先前的约束条件对相关组件进行自动修改，如此便极大程度地提高了船舶设计的质量和设计效率。同时,由于 FORAN 系统使用的是外部链接的 Oracle 数据库结构,因此,船舶设计过程中所有数据可以独立于系统平台单独存在,另一方面设计数据具有完整的可移植性,可以在不同的 FORAN 软件系统平台之间转移数据存储信息而不会破坏原有数据的完整性。基于 Oracle 数据库的分布式数据存储特性,FORAN 软件系统可以在异地构建起相同船舶结构的并行设计联盟,即在统一的 FORAN 工程下,身处异地的不同专业的设计人员可以随时了解其他专业的设计进度,完成专业之间的协调设计。全船的 3D 产品模型有效地保证了船舶设计的一致性和数据的精准性,同时可随时随地进行干涉检查,最大限度避免设计中存在的错误,从而提高下料的精度、减少切割和焊接的余量。这样便可以大量节约船舶设计和生产的时间,也大幅度的节省原材料,为以中间产品(IPs)为对象的船舶模块化设计与制造、壳舾涂一体化的制造管理模式提供了坚实的技术基础和支撑。总体来讲 FORAN 系统所具备的设计功能强大,设计模块较为完善,是目前名副其实集成化、智能化的船舶专业设计软件,其主要能完成的设计功能如表 18.1 所示。

功 能 一 览 表 表 18.1

功　　能	概念设计	初步设计	详细设计	生产设计
船用技术规格书	√	√	√	√
中横剖面图		√	√	√
机舱布置图		√	√	√
舱室布置图		√	√	√
空船重量		√	√	√
舱容计算		√	√	√
载况计算		√	√	√
完整稳性计算		√	√	√
破舱稳性计算		√	√	√
总纵强度计算		√	√	√
航速计算		√	√	√
航海性能计算		√	√	√
总布置图	√	√	√	√
型线图	√	√	√	√
板和型材清单			√	√
建造方针			√	√
结构标准和工艺要求定义			√	√
管路标准			√	√
设备三维模型建模			√	√
管路的材料定义			√	√
P&I 图所需的符号定义			√	√
分段及区域划分			√	√
编码定义			√	√

续上表

功　　能	概念设计	初步设计	详细设计	生产设计
船体三维结构建模			√	√
管路和通风管系设计			√	√
电气设计			√	√
居住舱室设计			√	√
材料控制信息和材料订购			√	√
绘制各个系统的P&I图			√	√
送审图纸			√	√
施工图纸				√
铁舾装件信息				√
电缆托架和通风管的信息				√
数控切割图和指令				√
弯板和弯管信息				√
精度余量控制				√
材料和文件信息管理				√
管路装配图和小票图				√
干涉检查和干涉保护功能				

1)系统特点

FORAN软件作为世界上应用最为广泛的大型三维造船专业软件之一,近年来以较快的速度在全球推广,深受船舶设计单位以及船舶制造企业的欢迎,并有独领船舶设计与制造鳌头的趋势,究其原因,其主要具备以下特点:

(1)FORAN是由专业的船舶设计师研发,并为船舶设计师所使用的软件,符合广大的船舶设计工作者使用要求,符合船厂的工作模式和生产特点。

(2)FORAN团队于2000年重新编写了系统的内部算法和代码,基于Windows、C++语言、OpenGL图形语言、NURBS数据表达、Oracle数据库等开发,形成了一整套先进的软件体系,为用户提供了更友好的操作界面。用户可在FORAN集成环境中根据需要选择合适的语言,另外,FORAN支持用户自定义开发,其二次开发环境非常便利易于掌握和使用。

(3)FORAN软件囊括了造船领域的所有专业,涵盖了总体设计、船体结构、管路及HVAC、舾装、船用设备、轮机电气、居住舱设计等内容,同时FORAN软件也可以满足和完成初步设计、送审设计和详细设计或者生产设计的全部需求,是名副其实的船舶三维专业设计软件。

(4)全三维的船舶结构模型建立于Oracle数据库基础之上,FORAN系统中的数据管理自始至终都是由Oracle数据库完成,确保了数据模型的统一性,同时也为与其他应用软件系统进行数据交换提供了便利的接口。FORAN系统支持分布式数据存储和管理,支持并行工程,并可以有效完成异地协同设计的要求,换言之,不同专业的设计人员可以随时了解并查看其他专业的设计进度,协调各专业之间的配合进程。

(5)全船的3D产品模型保证了设计工作的一致性和存储数据的精准性，在前述条件下又可随时对三维结构模型进行干涉检查，可在极大程度上发现并避免设计中的错误、提高下料精度、减少切割和焊接余量，极大程度节约船舶设计和生产的时间，节约原材料，减少建造成本，为船舶的模块化生产、分段制造以及实现壳、舾、涂一体化等提供了坚实的技术支撑。

(6)先进的 Topological(拓扑化)技术在全船设计中的应用，实现了船舶结构、舾装、管路、HVAC、电气、居住舱室等各个组件之间以及组件、结构之间相互关系和相对位置的定义。

(7)FORAN 系统提供强大的"实时漫游检查"功能，可允许船舶设计人员随时随地通过漫游方式检查全船的外观以及船体的各个零部件，也可对船上人员的活动、维修、维护、烟雾流向以及灯光效果等进行虚拟仿真，并支持随时修改。

(8)FORAN 软件将船舶设计和生产环节紧密联系在一起，使得在任何的设计阶段可以随时根据需要进行零部件套料、管路制造和安装等工作，并且可以生成小票图、材料详细清单、自动生成数控加工路径和相关程序，根据字段信息，还可以自动计算和统计出每一分段或者模块的重量重心，为实际生产提供依据。

(9)FORAN 系统提供了完整的、可定制的船舶建造策略(建造方针)功能，对于同一个项目可以制定出多种不同的建造策略，管理人员可根据船厂生产特点和能力方便快捷地定义船舶分段、组立模块、中间产品及其生产流程，以此作为组织生产的依据，为船舶建造提供前期的规划和准备。

(10)FORAN 软件提供强大的产品数据管理 PDM 系统，其功能主要包括船厂的文档管理、工作流程管理、软件版本管理、船东信息变更管理等，根据上述信息的改变可以随时更新管理数据，提高船舶管理的时效性。

(11)FORAN 软件提供了一系列的数据接口，主要用于实现同其他各种软件系统之间的数据交换功能，其中包括最常用的如 IGES、DXF、DWG、STEP、XML 等文件。另外 FORAN 系统的 Oracle 数据库完全面向用户开放，用户可以根据需要提取相应的数据信息，实现与其他船舶管理系统如 PDM、ERP、物流管理等的有效集成。

2)主要功能模块分析

FORAN 软件功能较齐全完善，且有效的融合了船舶设计中的船体、轮机、电器各个主要专业，FORAN 主要包括以下设计模块：

(1)总体设计：FSURF 型线设计模块、HYDROS 性能计算模块、VOLUME 舱容计算模块、LOAD 载况计算模块、FLOOD 破舱稳性计算模块、SEAKP 完整稳性计算模块、LAUNCH 下水计算模块和 POWER 主机功率计算模块。

(2)结构设计：NORM 标准库模块、NEST 套料模块、FHULL 结构建模模块。

(3)管路设计：FMODEL 模块、FPIPE 管系设计模块等。

(4)电气设计：FCABLE 模块、EPOWER 模块等。

(5)出图：FDESIGN、FBUILDS 模块。

(6)生产设计：FBUILDS 模块。

①NORM 模块：本模块主要用于定义船体结构的材质、板和型材库、结构节点的标准(包括标准肘板、规则的人孔、型材的端部削斜、板材的剖口、贯穿孔等)，然后是对库存信息的管理，以及在后面的船体三维结构建模中所需用的相关参数的设置，包括定义 Block、新增板材、

型材类型等信息。

②FHULL 模块:本模块主要用于船体结构建模,在此模块中可以完成船体各种结构,如外板、平板、舱壁、肋板、肋骨、横梁、纵骨、纵桁、面板、人孔、通焊孔、肘板等信息的定义,经过该模块处理就可以生成一个完整的船体结构模型,并附带必要的生产工艺信息。

③FBUILDS 模块:用于定义船舶建造方针,装配虚拟仿真,零部件模板出图以及制定焊接计划,该模块是最接近船厂建造和施工的环节,因此在定义建造方针,虚拟装配时必须充分考虑船厂的生产实际要求。

④FHINFO 模块:主要用于船体外板及曲面板架的展开工作,也用于定义和生成胎架,为船舶建造服务。

⑤NEST 模块:依据船厂的生产和加工标准对板材和型材施行套料工作。

⑥FREPHULL 模块:主要用于后续生成船体构的材料件清单列表,便于统计空船的重量和材料明细。

⑦FDESIGN 模块:主要用于生成船舶的结构图纸,包括甲板结构图、横剖面图、纵剖面图等,也可用于生成船舶的总布置图。另外,利用该模块还可以完成生产设计中各零部件结构的出图,此种出图方法必须结合出图模板使用,而且只适合生产设计过程出图,配合前一种出图方式方能完成各种图纸的生成。

3)功能模块间的联系

FORAN 系统内部功能模块繁多,各功能模块在船舶设计中相互独立,彼此之间通过互访 Oracle 数据库中的数据信息实现对结构模型的调用,最终完成整条船舶的设计工作,各功能模块之间的关系如图 18.1 所示。

图 18.1 清晰地表达了 FORAN 系统中各功能模块之间的关系,需要特别指出的是,图中也描述了个功能模块的数据与数据库之间的交换关系,其中 FHULL、NORM 模块只能将结构模型的数据存入数据库中,此过程不可逆,简而言之,不能通过修改数据库中的数据信息而改变 FHULL 模块中的模型结构。而 FDESIGN 及 FHINFO 模块则只能从数据库中调用结构模型,不能对结构模型进行任何修改,这在一定程度上保证了 FROAN 系统中结构模型的完整性。

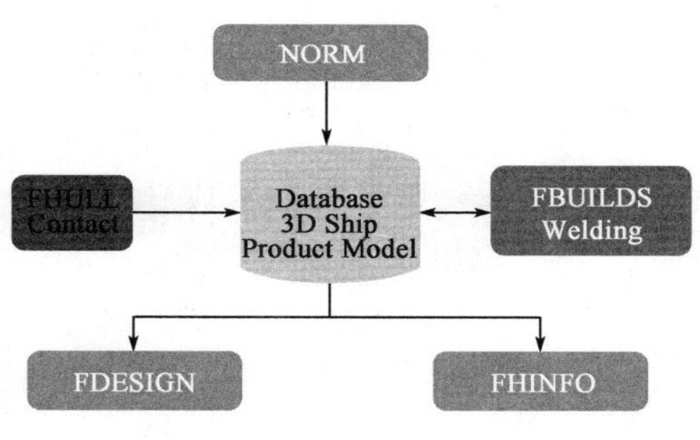

图 18.1　FORAN 模块关系图

18.2.2　FORAN 系统船舶设计过程分析

FORAN 软件系统的三维结构建模模块强大的拓扑化功能使结构模型的定义变得十分容易、便捷。比如在船舶平行分段结构建模中就可以把某一肋位上的结构利用拓扑化关系复制到具有相同结构的肋位上,还可以对结构进行统一的修改和编辑。优化的拓扑化建模方式还可以很方便地在典型剖面上快速创建船体结构模型,相应的其他肋位上的结构也会根据事先选择的复制肋位自动完成计算并生成合理的构件。

同样,船体结构建模与船体线型之间也应用了拓扑化结构关系,当船体线型发生改变时,只需要在 FSURF 模块中相应的更新一下线型信息，船体的三维结构模型也会随之改变。在完成船舶三维结构建模后，FORAN 系统也提供了强大船体分段划分和生成高度精确的装配信息的功能，在此功能的支持下可以快速地获得所有与船体建造、预装配、管系安装、材料清单管理、建造计划和质量控制等必要的船舶建造信息。在 FORAN 系统中所有的船舶结构都会根据现实需要定义一些相关的属性，诸如材质、尺寸规格、焊接收缩量、补偿因数、弯曲余量等，这些都是完成船舶精确建造的必要保障。

在 FORAN 软件系统中能够完整而准确的定义一个三维船体结构模型，包括船体外板、甲板板、舱壁和强肋骨框架等船体所有结构。FORAN 软件系统在船体结构设计中必须遵循 FHULL 结构建模模块的规定和约束，只有在 FORAN 软件系统自带的 Oracle 数据库管理模式中建立和添加新的工程、用户并分配任务，并依照船体结构标准和工艺的要求进行三维船舶结构建模设计，在此过程注重对结构材料的控制，最终才能依据设计流程完成设计图纸和材料明细表等的生成工作。图 18.2 为 FORAN 软件系统船体结构设计的工作流程。

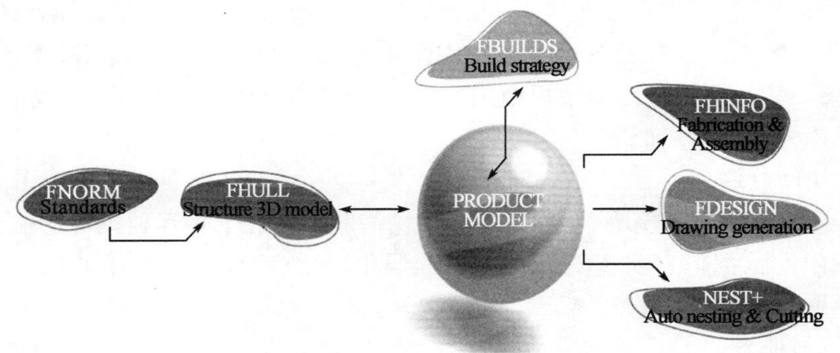

图 18.2　FORAN 系统船体结构设计工作流程图

从图 18.2 中可以看出，在 FORAN 系统的船体结构设计过程中首先是利用 NORM 和 FHULL 模块建立三维船体结构模型，然后将此模型存储于独立的数据库中，FBUILDS 模块通过调用数据库中的结构模型来制定船舶建造策略计划，指导船舶的实际生产。最后通过 FDESIGN 模块对已建立的三维船体结构模型进行出图，生成对应的二维结构图形，如外板展开图、甲板布置图等。下面，将对船体设计过程中涉及的主要功能模块作进一步详细的阐述。

1)标准库的建立

在船体结构建模之前，首先需要建立标准库。FORAN 软件系统允许在数据库中创建各类标准库，也可以创建符合用户实际情况的标准库，包括：板规格、型材规格、板和型材的装配方法、开孔、剖口、建造装配信息和船厂特殊的工艺要求信息等。图 18.3 分别为 NORM 模块中的型材端部切割形式、开孔库和贯穿切口库。不同于传统绘图软件的是，在设计中可以根据用户自己的需求，选择合适的标准库，标准库具有可移植性，并不需要重复每个工程的标准库信息。

2)船舶结构建模

FHULL 模块是 FORAN 软件中专门用于三维船体结构建模的一个模块，主要用于定义包括舱壁、甲板、船体外板等所有结构在内的部分。FHULL 模块分为 2 种模式：Shell and decks 模式和 Internal structure 模式，即传统意义上的平面建模以及曲面建模两种模式。在建模过程中，根据创建结构的类型选择相应的建模模式。图 18.4 为 FORAN 软件 FHULL 模块提供的工作模式选择界面。

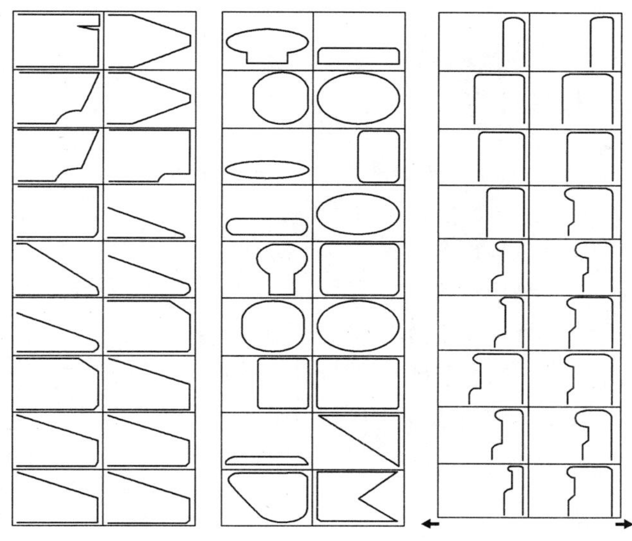

图 18.3　NORM 标准库

(1)Shell and decks 模式主要功能介绍

①工作区域的划分和定义；

②创建船体外板板缝线；

③创建船体外板、船底纵骨、舷侧纵骨、普通肋骨等；

④创建具有梁拱或艏艉弦弧的甲板板、甲板纵骨、甲板普通横梁等；

⑤定义透气孔、流水孔、通焊孔等；

⑥定义板的坡口样式、型材的端切形式、型材的贯穿切口、装配余量、弯曲余量、焊接收缩量等。

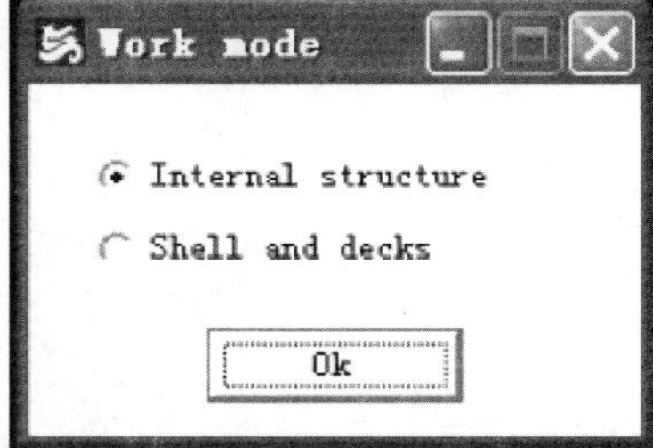

图 18.4　FHULL 建模模式界面

(2)Internal structure 模式主要创建的内容

①创建平面结构的舱壁板、舱壁扶强材、扶强材肘板等；

②创建设有梁拱或艏艉弦弧的甲板板、甲板纵骨、甲板普通横梁等；

③平台板、平台上的型材等；

④肋板、加强筋等；

⑤强横梁等；

⑥门、人孔、透气孔、流水孔、通焊孔等；

⑦各类肘板、补板等；

⑧设备机座等(也可以在 FPIPE 模块做)；

⑨特殊的画线(如板的变形校核线)；

⑩板的坡口、型材的端切形式、型材的贯穿切口、装配余量、弯曲余量、焊接收缩量等。

18.3 基于FORAN的三维型线设计

18.3.1 FSURF模块建模

FORAN系统中三维型线设计是有FSURF模块完成的，该模块是FORAN软件进行船舶总体设计的核心部分，它不仅是总体性能计算的基础，也是结构设计、管路设计、电气设计等模块的基础。FSURF模块包括一整套用一个或多个三维NURBS曲面进行三维船体建模的工具，可使船舶设计师快速、精确地设计并优化出各种船舶型线。图18.5为利用FSURF模块生成三维型线的流程图，图18.6为FSURF模块主界面。

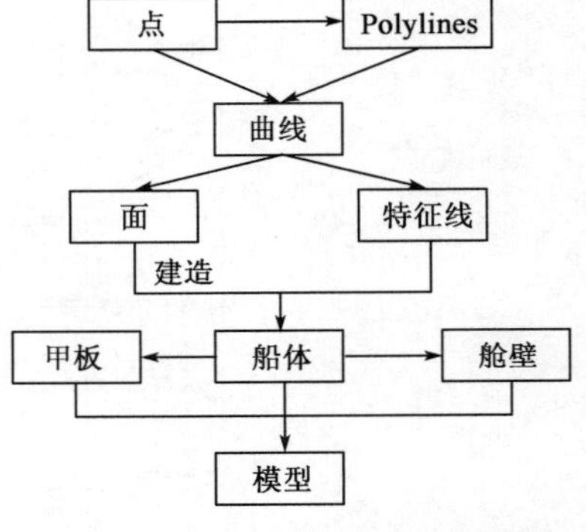

图18.5　FSURF模块型线建模流程图

18.3.2 实例应用

FORAN系统中船体模型(Ship)由Forma(型线)和Frame System(肋位系统)组成；Forma(型线)由Form Surfaces(型线实体)和Work Space(工作区域)组成；Form Surfaces(型线实体)由Bulkheads Group(舱壁)、Decks Group(甲板)、Hull Group(船壳)和Superstructures Group(上层建筑)组成；Hull Group(船壳)由patches(船壳面)、Appends Group(附体)、Surface Lines(关键线)组成。下面以实例说明Hull Group(船壳)的构建过程。

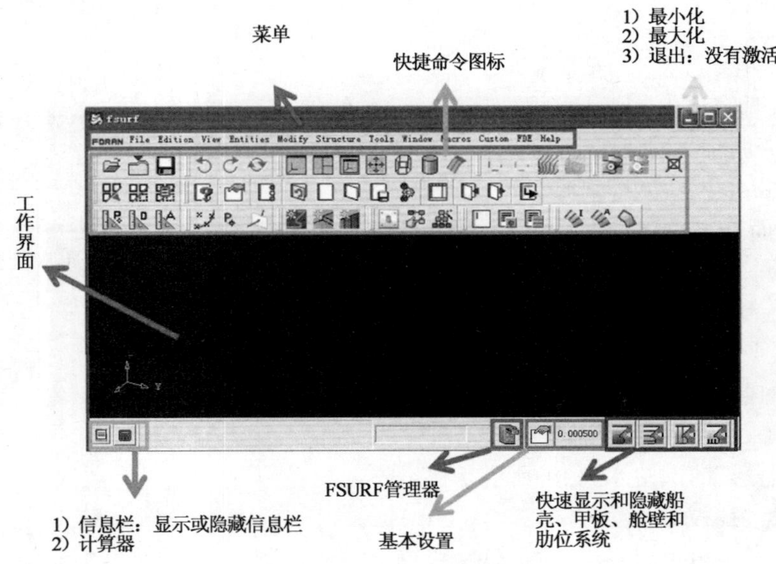

图18.6　为FSURF模块主界面及说明

以从 AUTOCAD 导入现有型线为例来说明 FSURF 构建三维型线的过程。

1)船壳型线预处理

为了便于将所给的船体型线图导入到 Foran 中,需要将型线图进行预处理,删除多余的信息,留下所需要的横剖面图,如图 18.7 所示。

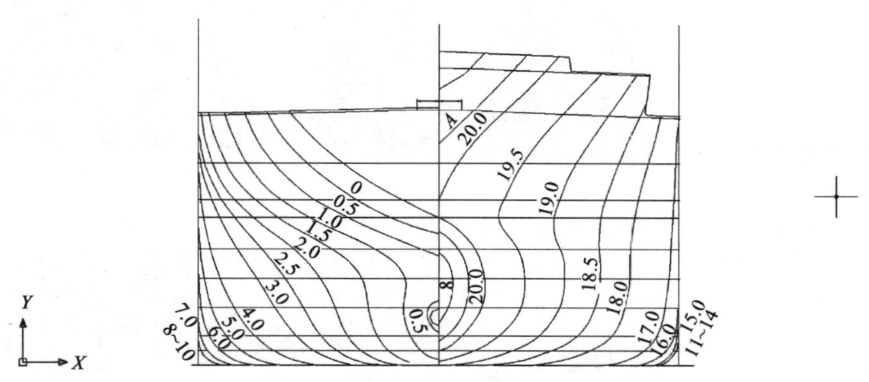

图 18.7 横剖线图

建议将 CAD 图中的型线都调整到 1∶1 的图形比例。进入 CAD 三维模式视图,通过三维旋转及移动将各横剖线移到相应位置,如图 18.8 所示。

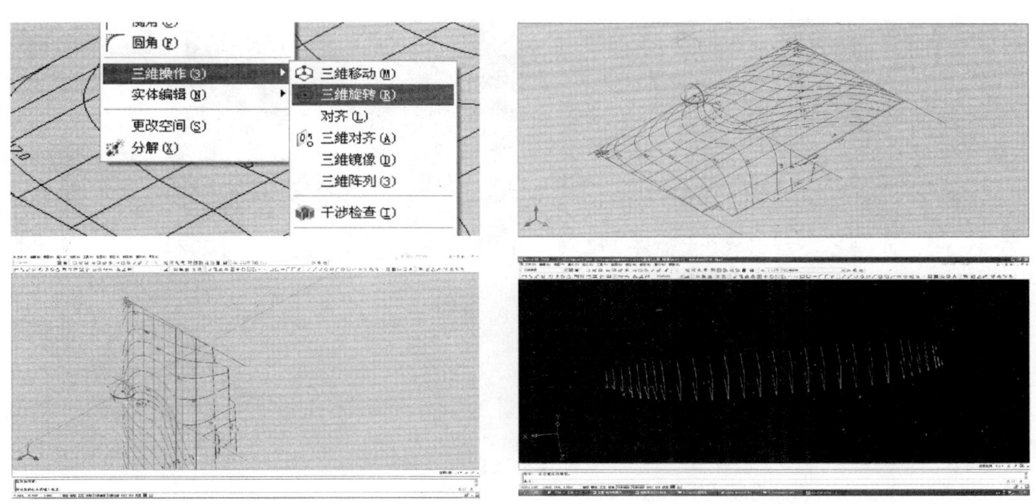

图 18.8 AutoCAD 中预处理横剖线过程

在 AutoCAD 中进行型线预处理后应将文件保存为 DXF 格式。而且必须注意所有的线条必须转换为 PloyLine 形式。因目前的 Fsurf 模块在导入 DXF 文件时只能识别该格式的线条信息。

2)船体型线导入及处理

将之前得到的空间型线 DXF 文件导入到 FORAN 中。此过程中注意确保坐标和度量正确,同时需要对导入的型线进行修改与光顺,如图 18.9 所示。注意光顺好后的所有用于构建曲面片的线条类型应为 CURVE。

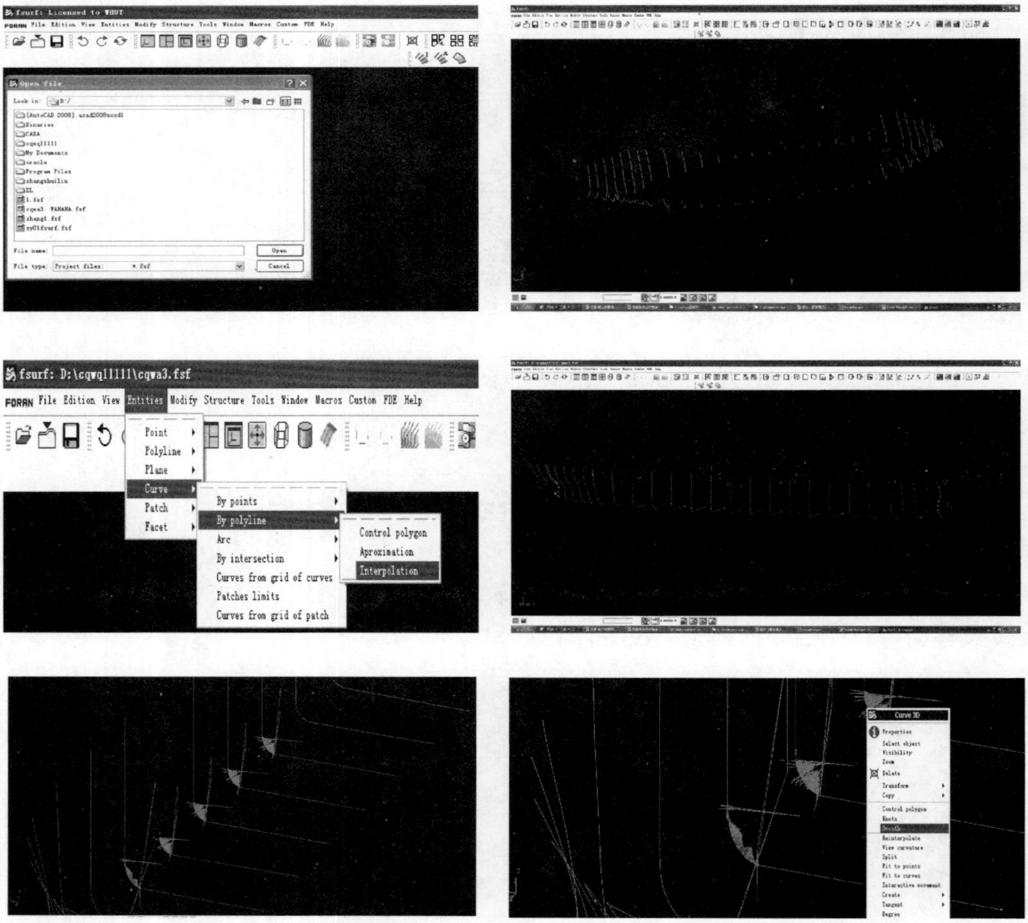

图 18.9　FSURF 模块中处理横剖线过程

3)船壳模型曲面生成

通过现有的 curve 来生成相应的 patch,如图 18.10 所示。此过程要根据船舶型线特点将船体分成几块。

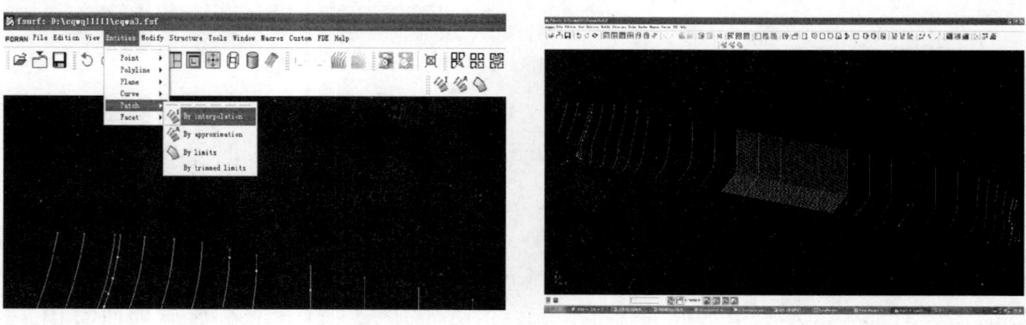

图 18.10　曲面片(patch)生成过程

生成基本的曲面片后接着需要的操作是进行编辑、光顺及缝合。该过程是一个比较烦琐和耗时的过程，除需要有专业知识外，外需要足够的耐心。图 18.11 为生成的船体曲面。

4)船壳模型构成

生成完各曲面片后，需要将这些曲面片构建成船壳模型(Hull Group)。在构成船壳模型之前，还需要生成关键线，并检查缝隙及曲面方向。

FSURF 模块中定义了各种类型的关键线，包括 Profile(中纵剖面线)、Boundary(边界线)、Knuckle(折角线)、Bottom(底线)和 Side(边线)。其中，Profile(中纵剖面线)是必须定义的关键线，如图 18.12 所示。

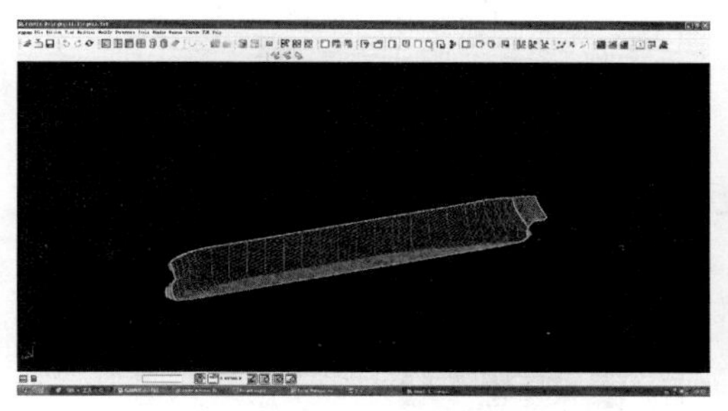

图 18.11　船体曲面片

图 18.12　关键线构建

完成关键线的构建后，接着就可利用管理器(Manager)对生成的关键线、曲面片等信息进行管理，如图 18.13 所示。

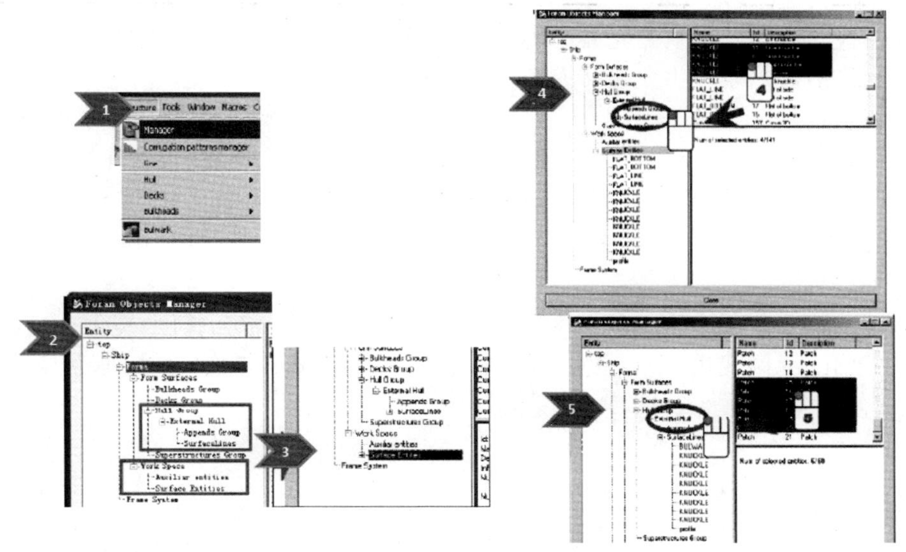

图 18.13　管理器操作过程

5)肋位系统生成

肋位在船体模型中属于定位系统。Fsurf 模块提供了方便完善的定义肋位系统的功能，如图 18.14 所示。

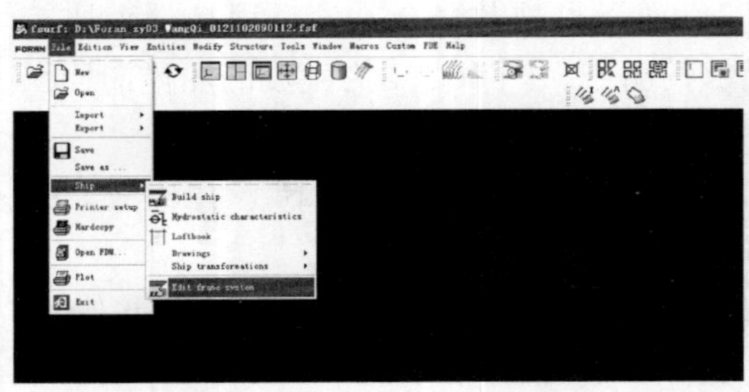

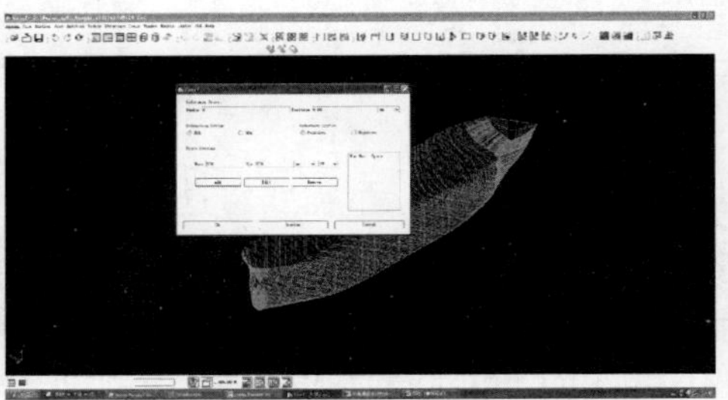

图 18.14　定义肋位系统

6)船体模型(Ship)创建

完成以上工作后,就可创建船体模型(Ship)了,如图 18.15 所示。

图 18.15　创建船体模型(Ship)

在创建船体模型时需要填入一些基本信息,并提供一些功能检查船壳曲面如曲面片之间连接的质量(是否存在缝隙)、船壳曲面的方向、进水里检查是否有重合的实体、检查关键线定义。若所有检测通过,则可生成船体模型。

7)静水力计算

当船体模型建好之后,就可计算及查阅静水力信息。Fsurf 模块提供了丰富的计算及查阅功能,如任意纵倾下的静水力数据。若用户定义了波浪尺度,Fsurf 模块还能提供该波浪下船舶静水力数据。

8)母型船修改

Fsurf 模块还提供了丰富的基本母型船的型线生成方法。包括长度、宽度、深度($X/Y/Z$)方向的比例变化、纵倾变化、浮心位置变换、C_b 变换、Quadratic(二次)变换、基于横截面积曲线的变换等。

第19章 船舶模型试验验证与实船测试

船舶型线是关系船舶性能的全局性设计项目之一。因此,除理论分析外,模型试验和实船测试是验证船舶性能是否达到预期的有效手段之一。

19.1 模型试验

19.1.1 概述

船舶性能主要内容为船舶的快速性能、耐波性能和操纵性能。内河船舶性能与海船要求有所不同,特别是山区河流航道的船舶,其耐波性能不是主要问题,而主要是船舶的深浅水的快速性能和操纵性能。在研究乌江等山区河流船舶性能时,必须研究多工况。各种工况下船舶快速性能和操纵性能的要求也不尽相同,各所侧重,因此必须有针对性开展试验工作。

本节以典型 300t 级机动货船船型开发为例加以阐述。该类船舶上水航行多为空载或轻载工况,而下水多为重载工况航行,即为三种工况:设计状态、上水航行状态和下水航行状态。而这三种工况对于船舶快速性能和操纵性能的要求也不尽相同,各所侧重。上水航行状态即轻载工况,吃水浅,要求能克服滩口急流上水航行,因此对于船舶快速性能要求比较高,而船舶的操纵性能要求相对低些;下水航行状态,即重载工况,吃水深(超过设计吃水),对于操纵性能要求比较高,其特点是低速操纵性能,因为下水航行,船相对水的速度偏低,如低速船舶的转首应舵性能、回转性能等,而对于船舶快速性能要求不那么重要。总之,山区河流船舶,对上水航行船舶的快速性要求高,对下水航行船舶的操纵性要求高。

开发船在主机功率 2×110kW 不变的前提下,要求比现有同类优秀船(即对比船)每千瓦载货量提高 40%～60%。

为此进行船舶性能试验研究的基本思路为:围绕对比船、设计船进行多工况下深浅水快速性和操纵性系列试验对比研究。对比船和设计船主尺度如表 19.1 所示。

对比船和设计船主要特点为双桨、主机功率相同为 2×110kW。对比船为隧道型尾平板舵。设计船为对称双尾型,带制流板组合舵。

实船主要尺度

表 19.1

主尺度 \ 船名	对 比 船	设 计 船
总长 L_{OA}(m)	34.6	45.84
水线长 L_W(m)	31.9	44.052
型宽 B(m)	6.6	8.0
吃水 T(m)	1.2	1.30
方形系数 C_b	0.763	0.765
浮心纵向位置(m)	−0.133	+0.218
排水量 Δ(t)	193.966	344.372

19.1.2 试验内容

1)模型试验船模缩尺比 λ

对比船 λ=7.166 7;设计船 λ=7.142 9。

2)模型试验工况

进行了三种工况的模型试验,即:设计状态、1/3 载货量上水航行状态(带尾倾)和重载下水航行状态。

模型试验设计工况船模主尺度如表 19.2 所示。

船模主要尺度

表 19.2

主尺度 \ 船名	对 比 船	设 计 船
水线长 L_W(m)	4.451	6.167
型宽 B(m)	0.921	1.12
吃水 T(m)	0.167 4	0.182
方形系数 C_b	0.763	0.765
排水量 Δ(kg)	526.95	944.94

(1)深水快速性试验

①对比船。

试验工况:设计状态和 1/3 载货量上水航行状态(尾倾 1.1°)。

试验内容:

a. 设计状态:阻力试验、螺旋桨敞水试验、自航试验、升沉测量、波形测量。

b. 1/3 载状态:阻力试验、自航试验。

②设计船。

试验工况:设计状态、1/3 载货量上水航行状态(尾倾 1.397°)和重载下水航行状态。

试验内容:

a. 设计状态:阻力试验、螺旋桨敞水试验、自航试验、升沉测量、波形测量。

b. 1/3 载状态:阻力试验、自航试验。

c. 重载状态:阻力试验、自航试验、升沉测量、波形测量。

(2)浅水快速性试验

①对比船。

试验工况:设计状态,水深吃水比 $h/T=1.5$。

试验内容:阻力试验、螺旋桨敞水试验和自航试验、升沉测量。

②设计船。

试验工况:设计状态(水深吃水比 $h/T=1.5$,$h/T=2.5$,$h/T=3.5$)和1/3载状态(尾吃水的水深吃水比为 $h/T=2.5$)。

试验内容:

a. 设计状态:阻力试验、螺旋桨敞水试验、自航试验以及升沉测量。

b. 1/3载状态:阻力试验和自航试验。

(3)深水操纵性试验

①对比船。

试验工况:设计状态。

试验内容:深水回转试验、Z形试验和倒车制动试验。

②设计船。

试验工况:设计状态、重载状态。

试验内容:深水回转试验、Z形试验和倒车制动试验。

(4)浅水操纵性试验

①对比船。

试验工况:设计状态(水深吃水比 $h/T=1.5$)。

试验内容:浅水回转试验、Z形试验和倒车制动试验。

②设计船。

试验工况:设计状态(水深吃水比 $h/T=1.5$)和重载状态(水深吃水比 $h/T=1.5$)。

试验内容:浅水回转试验、Z形试验和倒车制动试验。

操纵性试验中回转试验取操舵角为35°、25°和15°,测量在相应舵角下的回转运动轨迹;Z形试验为10°/10°、15°/15°和20°/20°三种,得到相应的Z形试验典型记录曲线;倒车制动试验得到相应的运动轨迹。

19.1.3　快速性试验结果分析

船舶快速性能主要由船舶阻力性能和推进性能两部分组成,为此着重对设计船和对比船在不同工况深水阻力性能和推进性能试验结果进行分析比较。

1)深水快速性试验结果分析

(1)深水阻力性能试验结果分析

从表19.2可知,设计船的船长、船宽和吃水均比对比船大,方形系数相近,主功功率均为2×110kW。在满载设计吃水情况下,对比船载货量为147t,设计船为250t,即设计船载货量为对比船的1.7倍,而排水量对比船为193.966t,设计船为344.372t,设计船的排水量为对比船的1.77倍。

根据深水模型试验可分别绘制出满载设计状态和1/3载状态下对比船、设计船有效功率比较曲线，具体见图 19.1、图 19.2。由图可知设计状态下在航速 V_s＝16～18km/h 范围内，设计船有效功率略小于对比船。在 1/3 载货量上水航行状态时，对比船与设计船十分相近。

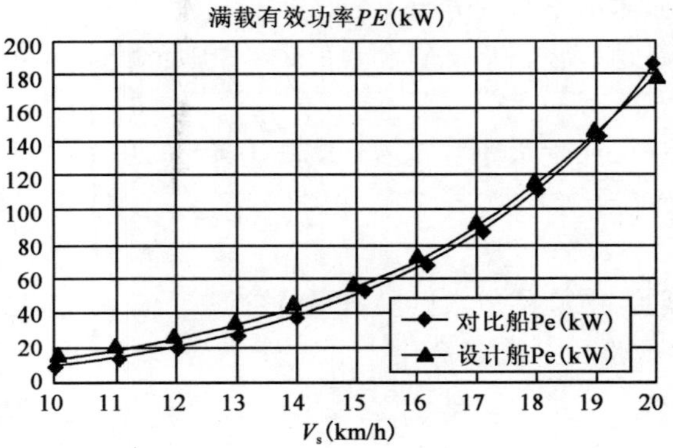

图 19.1 满状态下有效功率对比曲线

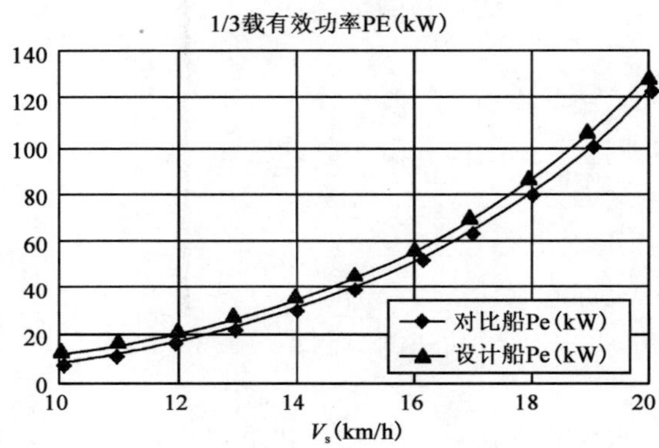

图 19.2 1/3 载状态下有效功率对比曲线

在满载设计状态和 1/3 载状态下，对比船、设计船单位排水量阻力及剩余阻力系数随傅汝德数 F_n 和航速变化比较曲线如图 19.3～图 19.5 所示。由图可知，在相同的航速下，设计船的单位排水量阻力小于对比船，剩余阻力系数设计船明显低于对比船。

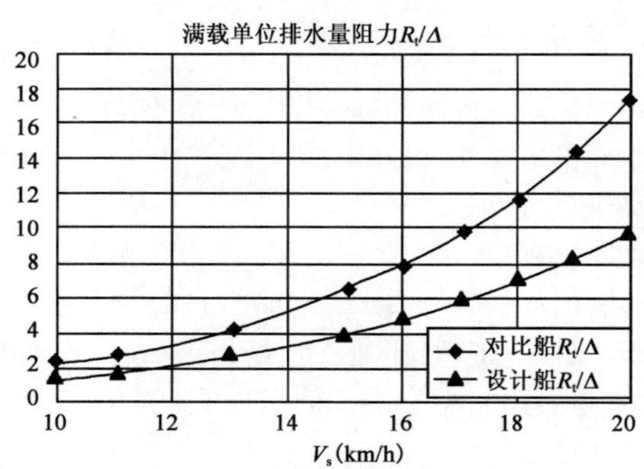

图 19.3 满载状态下单位排水量阻力对比曲线

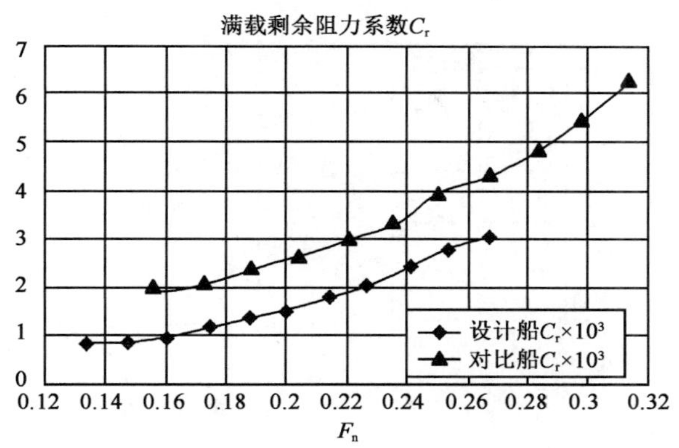

图 19.4　满载状态下剩余阻力系数对比曲线

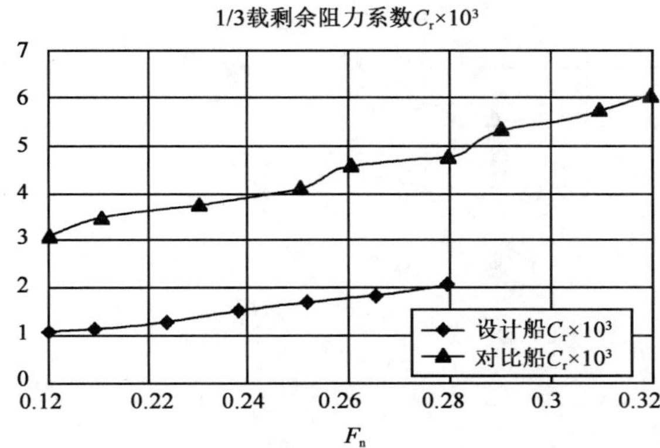

图 19.5　1/3 载状态下剩余阻力系数对比曲线

试验结果显示设计船的阻力性能与对比船相比十分相近,并略有改善。尽管设计船的排水量是对比船的 1.77 倍,但由于设计船进行了型线的优化设计,使船舶剩余阻力大幅度减少,使得设计船的总阻力得以改善。

(2)深水推进性能试验结果分析

船舶推进性能主要通过推进因子来体现,如伴流分数、推力减额、船身效率、相对旋转效率、螺旋桨敞水效率等,推进因子是通过船模自航试验结果给出的。最后通过螺旋桨设计来预报航速。

两种船满载设计状态和 1/3 载上水航行情况下伴流分数、推力减额分数、船身效率、相对旋转效率随航速变化比较曲线如图 19.6～图 19.13 所示,设计船与对比船推进因子比较见表 19.3。

设计船与对比船推进因子比较　　表 19.3

试验工况	满载设计状态下 V_s=17km/h 附近时				在 1/3 载状态 V_s=18～19km/h 附近时			
推进因子	伴流分数	推力减额	船身效率	相对旋转效率	伴流分数	推力减额	船身效率	相对旋转效率
设计船	高	低	高	略低	高	略高	高	略低

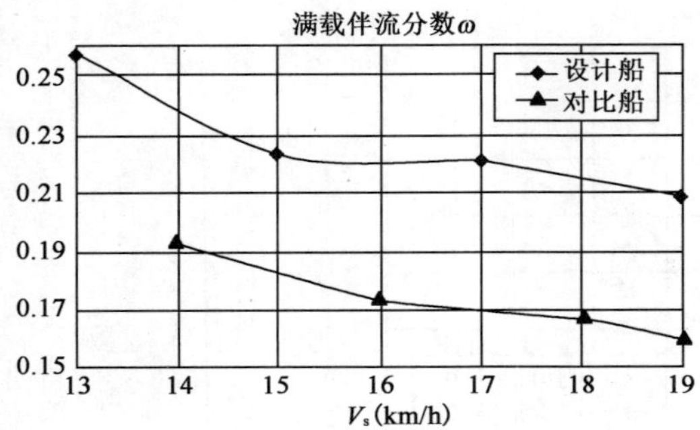

图 19.6　满载状态下伴流分数对比曲线

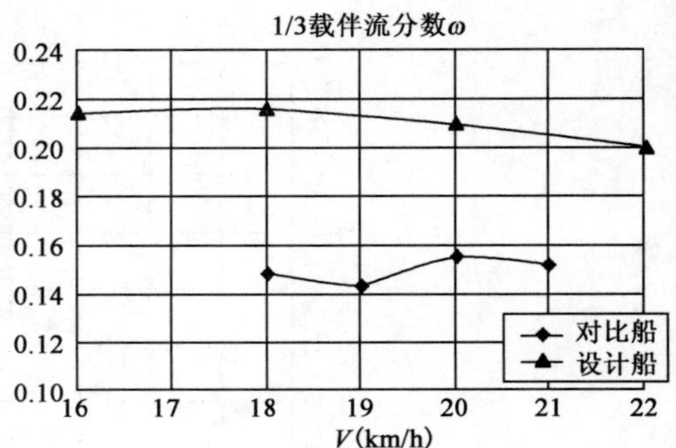

图 19.7　1/3 载状态下伴流分数对比曲线

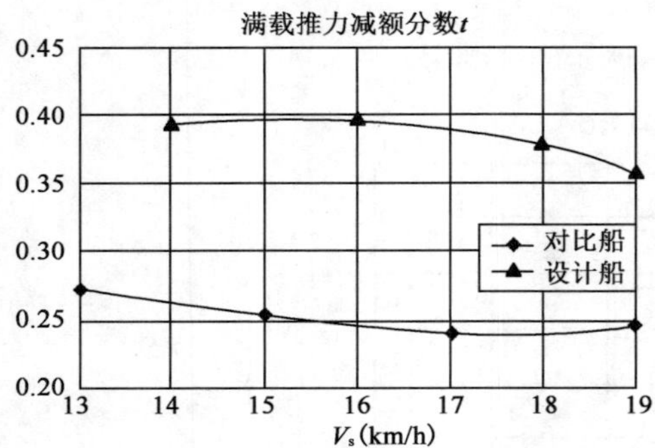

图 19.8　满载状态下推力减额分数对比曲线

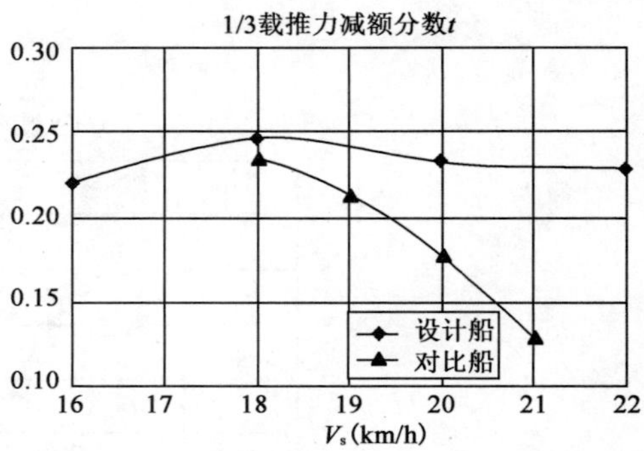

图 19.9　1/3 载状态下推力减额分数对比曲线

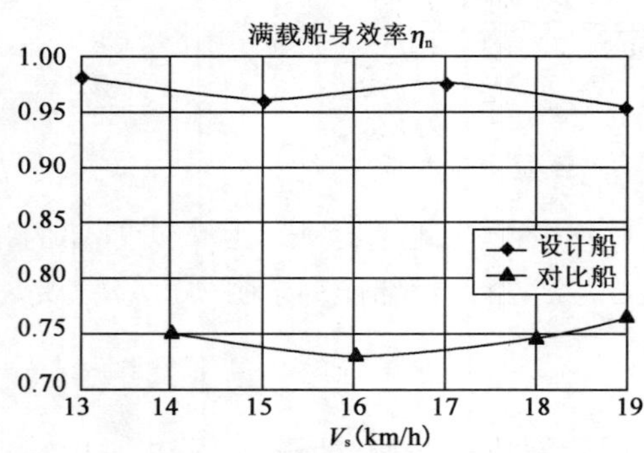

图 19.10　满载状态下船身效率对比曲线

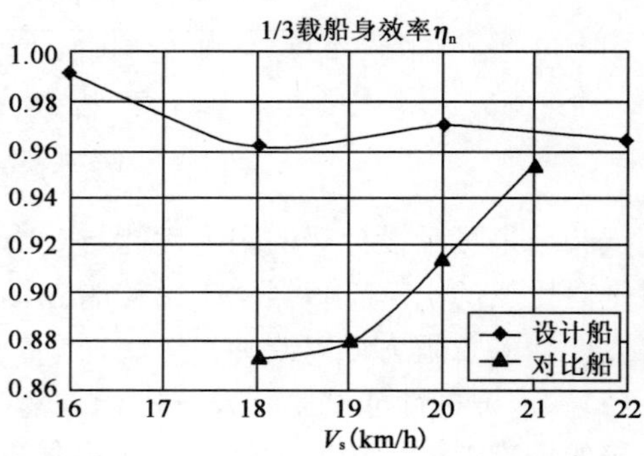

图 19.11　1/3 载状态下船身效率对比曲线

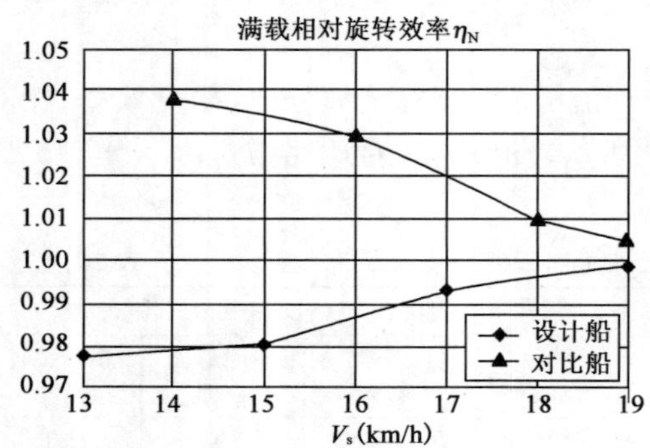

图 19.12　满载状态下相对旋转效率对比曲线

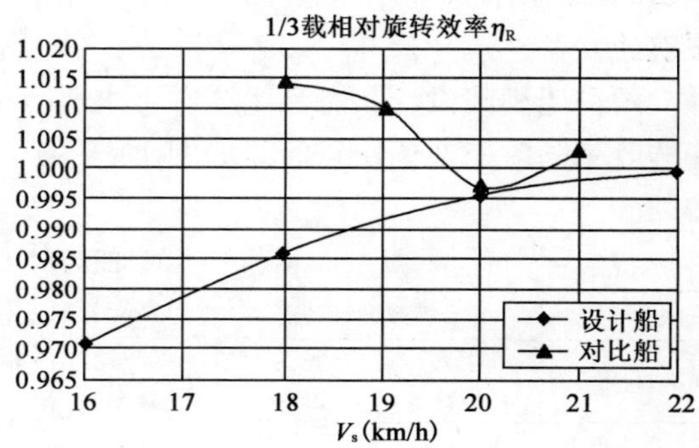

图 19.13　1/3 载状态下相对旋转效率对比曲线

经计算在满载设计状态下，设计船实船 Q. P. C＝0.52，对比船实船 Q. P. C＝0.35。设计船的推进性能优于对比船。

(3)实船航速预报

实船航速预报首先根据船模深水快速性的试验结果进行实船推进因子预报，再通过螺旋桨优化设计进行航速预报。

经满载设计状态和1/3载状态下两种螺旋桨设计工况论证分析比较后，设计船最终选用1/3载状态作为螺旋桨设计工况。设计的螺旋桨主要参数为：主机功率为2×110kW，转速为1 500r/min，螺旋桨直径 $D=1.1$m，盘面比 $A_e/A_0=0.43$，螺距比 $P/D=0.77$，螺旋桨效率 $\eta_0=0.611$。

对比船和设计船实船航速预报结果如表19.4所示。

实船预报航速　　表19.4

工况 \ 船型	对比船	设计船	航速提高幅度(%)
设计载量/排水量(t)	147/193.966	250/344.372	—
满载设计吃水(km/h)	15.9	17.6	10.69
1/3载工况(km/h)	17.8	19.15	7.58

2)浅水快速性试验结果分析

(1)浅水阻力性能试验结果分析

①船型对阻力性能影响。

水深吃水比 $h/T=1.5$ 时，对比船和设计船满载浅水阻力性能比较如图19.14～图19.16所示。图19.14为有效功率随航速变化的曲线，可知在航速小于9km/h时，设计船和对比船的曲线基本重合，当航速大于10.7km/h时，设计船的有效功率远小于对比船。设计船模型试验结果预报实船航速为11.5km/h，其有效功率远小于对比船。图19.15为单位排水量阻力随傅汝德数变化的曲线，当 F_n 小于0.12时，设计船的单位排水量阻力比对比船的小，F_n 在0.12～0.17范围内，对比船的单位排水量阻力比设计船的小，从趋势看 F_n 大于0.17时，设计船的单位排水量阻力比对比船的小。图19.16为剩余阻力系数随傅汝德数变化曲线，它们的曲线规律与图19.15相似。

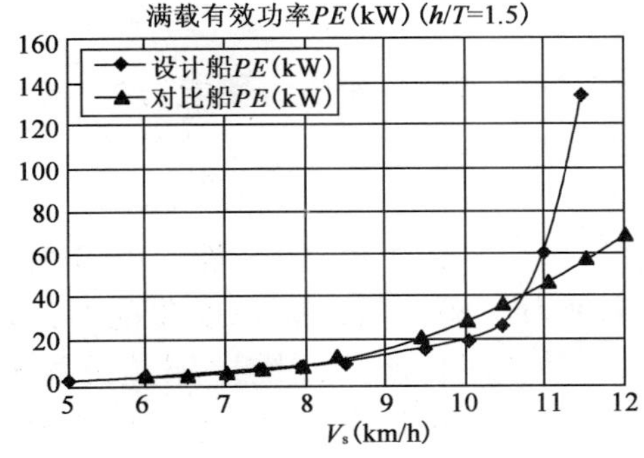

图19.14　满载状态下有效功率对比曲线

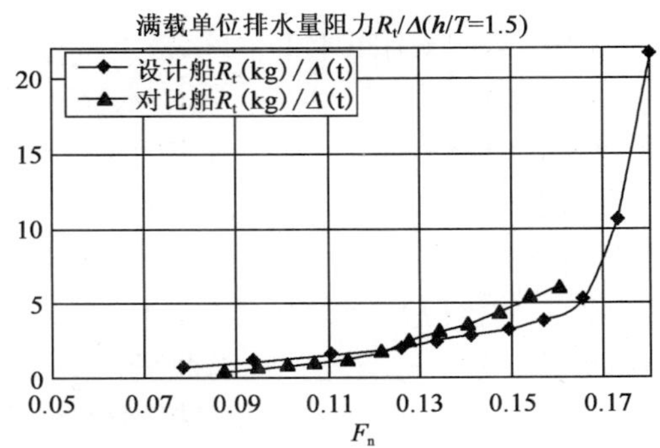

图19.15　满载状态下单位排水量阻力对比曲线

②水深吃水比的不同对阻力性能影响。

水深吃水比对阻力性能影响如图 19.17～图 19.19 所示。图 19.17 是不同水深吃水比情况下的设计船满载有效功率随航速的变化曲线。由图 19.17 可知，浅水导致有效功率的增加，随着 h/T 减小，其有效功率是增加的。图 19.18 是不同水深吃水比情况下的设计船满载单位排水量随傅汝德数 F_n 变化的曲线，浅水对单位排水量阻力的影响规律与对有效功率的影响规律相同。图 19.19 是不同水深吃水比情况下的设计船满载剩余阻力系数随傅汝德数 F_n 变化的曲线，浅水对剩余阻力的影响规律与对有效功率的影响规律相同。

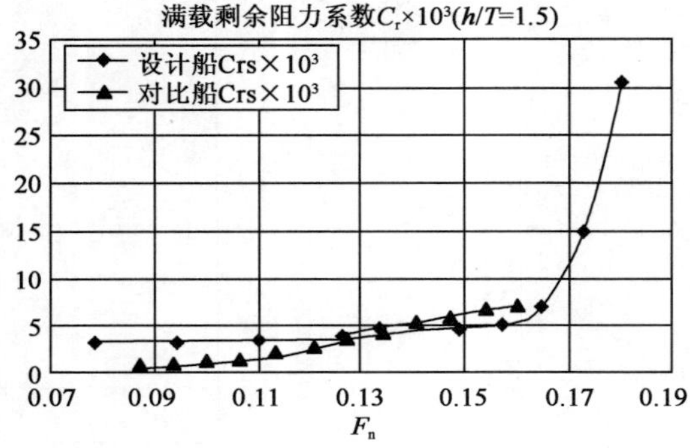

图 19.16　满载状态下剩余阻力系数对比曲线

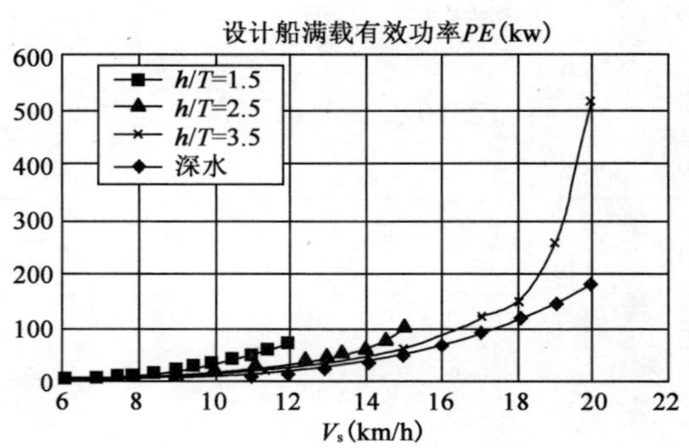

图 19.17　不同水深吃水比情况下有效功率变化曲线

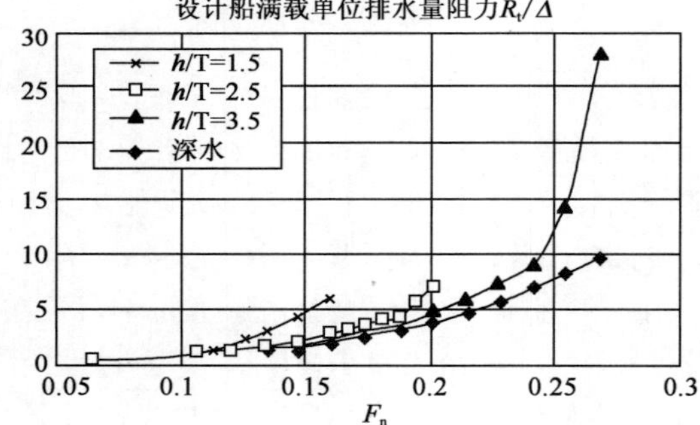

图 19.18　不同水深吃水比情况下满载单位排水量变化曲线

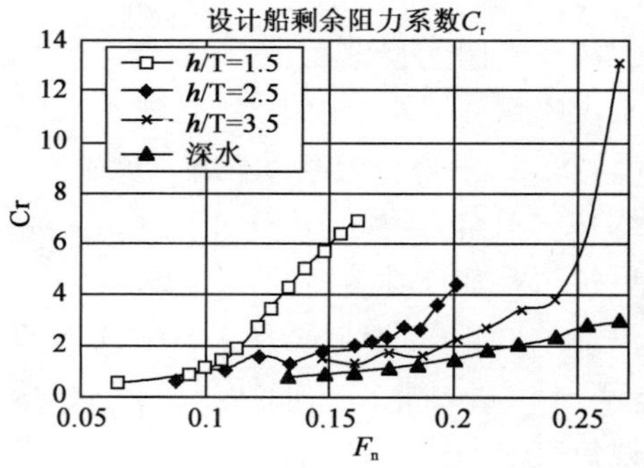

图 19.19　不同水深吃水比情况下满载剩余阻力系数变化曲线

③不同载况对阻力性能的影响。

图 19.20～图 19.22 为水深吃水比 $h/T=2.5$ 时不同装载情况对阻力性能的影响曲线。由图可知，装载小，阻力小，且减小的幅度与深水的情况相差不大。

(2)浅水推进性能试验结果分析

水深吃水比 $h/T=1.5$，设计船和对比船满载推进因子如图 19.23～图 19.26 所示。图 19.23是伴流分数随航速变化的曲线，图 19.24 是推力减额分数随航速变化的曲线，图 19.25是船身效率随航速变化的曲线。由图 19.23 可知，在相同航速下设计船的伴流分数比对比船的大。由图 19.24 可知，在相同航速下设计船推力减额分数比对比船的小。由图 19.25 可知，在相同航速下设计船的船身效率明显高于对比船。图 19.26 是相对旋转效率随航速变化的曲线，由图 19.26 可知，在相同航速下设计船和对比船的相对旋转效率差别不大。

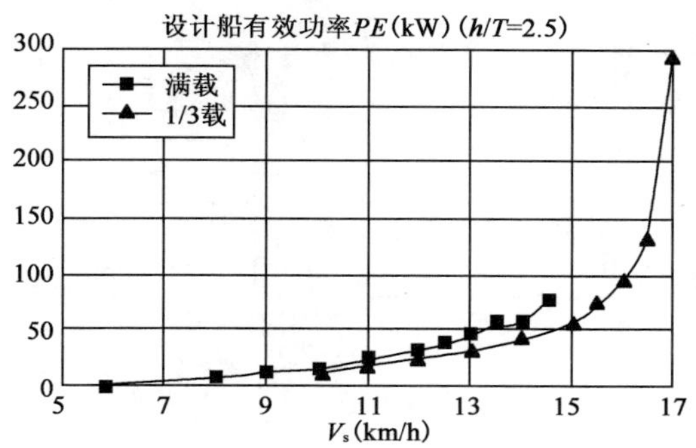

图 19.20　水深吃水比 $h/T=2.5$ 时有效功率对比曲线

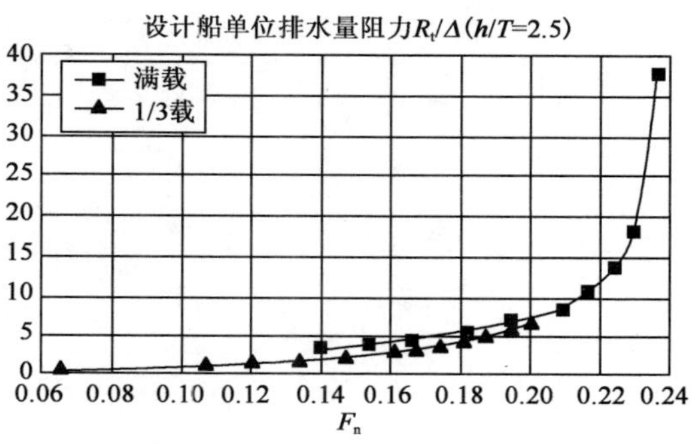

图 19.21　水深吃水比 $h/T=2.5$ 时单位排水量阻力对比曲线

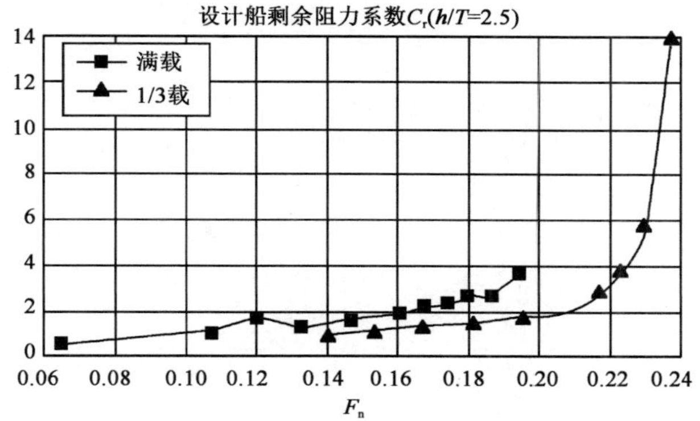

图 19.22　水深吃水比 $h/T=2.5$ 时剩余阻力系数对比曲线

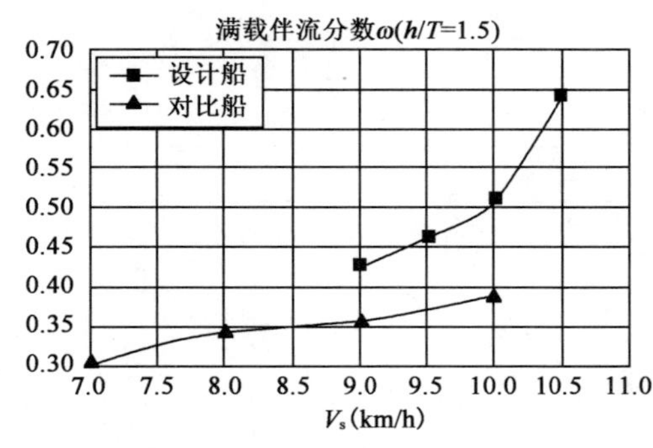

图 19.23　满载状态下伴流分数变化对比曲线

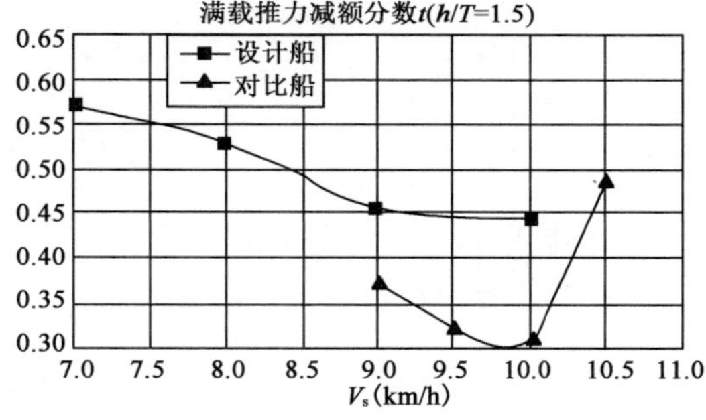

图 19.24　满载状态下推力减额分数变化对比曲线

通过上述分析不难看出，设计船的阻力性能在设计航速附近优于对比船的，而推进性能明显优越于对比船。例如在设计航速情况下，设计船实船 Q. P. C=0.32，对比船实船 Q. P. C=0.21。

(3)浅水航速估算

对比船和设计船，对于满载设计状态进行实船航速预报结果如表 19.5 所示。

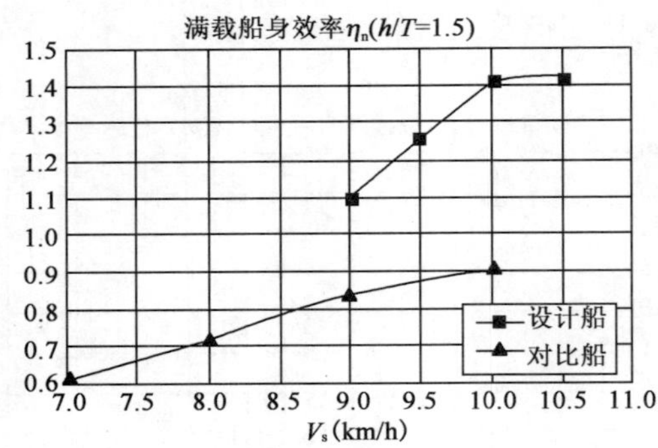

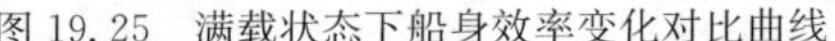
图 19.25 满载状态下船身效率变化对比曲线

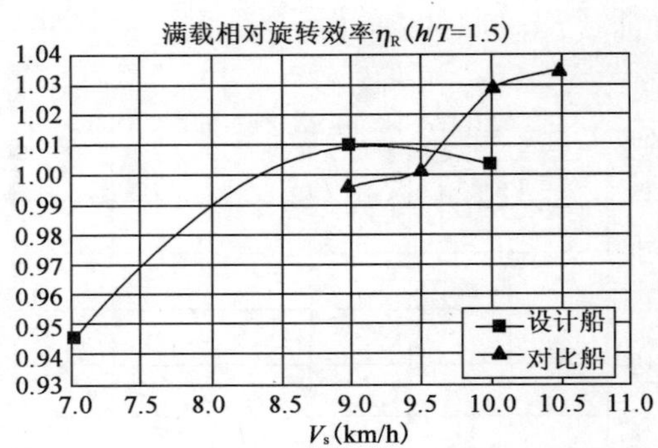

图 19.26 满载状态下相对旋转效率变化对比曲线

浅水实船预报航速(h/T=1.5)　　表 19.5

船型 工况	对比船	设计船	航速提高幅度(%)
满载设计吃水(km/h)	10.5	11.5	9.52

19.1.4 船模操纵性分析

1)试验模型舵要素

试验模型舵要素见表 19.6。由表 19.6 可知对比船船模的舵为平板舵,设计船船模采用带制流板组合舵,但前者的舵面积系数 μ 比后者的要大 1/4。

试验模型舵要素　　表 19.6

项　目	设　计　船	对　比　船
形式	带制流板组合舵	平板舵
舵高 h(m)	0.134 4	0.105
舵宽 b(m)	0.210	0.222
展弦比 λ	0.640	0.473
平衡比 k	0.333	0.252
舵面积系数 μ	5.029%	6.272%

根据操纵试验得到相应的操纵性指数,对试验船模的操纵性做出评判比较。

2)操纵性指数及评判标准

(1)操纵性指数

对于航行于内河航道的船舶,由于航道特点,首先应保证船舶具有良好的航向改变性和航向保持性,其次应满足回转性的特殊需要以便在有限宽度的航道内掉头靠离码头。

①航向改变性指数。

航向改变性又称应舵转首性,它可由设定一舵角航向改变一定角度的快慢程度来表示,亦即船舶的初始回转能力。此种性能可由操舵后航向改变一定角度所需的时间即初转期 t_a 表示,也可由操舵后航向改变一定角度这段时间内的平均角速度 $\bar{r}$ 表示,t_a 的值越小、$\bar{r}$ 的值越大则船舶的航向改变性越好。t_a 和 $\bar{r}$ 的值可由 Z 形试验典型记录曲线(图 19.27)求得。

②航向保持性指数。

航向保持性即船舶的偏航纠正和航向保持能力。它可由纠偏操舵时起到船舶向要求的航向开始转首时至，船舶在原航向上转过的角度（超越角 Ψ_{ov}）和相应的时间（超越时间 t_{ov}）表示，数值越小则航向保持性越好。Ψ_{ov} 和 t_{ov} 的值可从 Z 形试验典型记录曲线上量取。

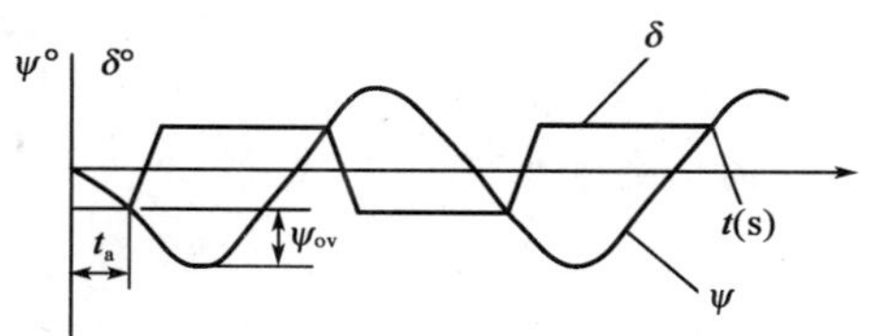

图 19.27　Z 形试验典型记录曲线

③回转性指数。

船舶的回转性是指操一定舵角的船舶的最终回转能力。通常以满舵角（常取为 35°）时的定常回转直径 D（亦可取为战术直径 D_T）表示，D 值越小则回转性越好。

对制动性应以倒车制动纵程 S_H 表示，S_H 值越小则制动性越好。

因为船舶的尺度和速度不同，因此在作实际评判比较时应采用无因次量，如：

$$t'_a = t_a V_0 / L, \bar{r}' = \bar{r} \cdot L / V_0, D' = D/L, S'_H = S_H / L$$

式中：V_0——船舶的初始直航速度（m/s）；

L——船舶的水线长（m）。

(2)船舶操纵性标准

①国际海协（IMO）于 1992 年对船长 $L \geqslant 100$m 的海船及任何长度的化学品和液化气体运输船提出操纵性衡准要求如下：

回转能力：纵距 $\leqslant 4.5L$，战术直径 $\leqslant 5L$。

初始回转能力：操左 10°舵角或右 10°舵角，首向角从原航向改变 10°，船舶纵距应不超过 $2.5L$。

偏航纠正和航向保持能力：

10°/10° Z 形操纵试验测得的第一超越角应不超过：

10°，如 $L/V_0 < 10$

20°，如 $L/V_0 \geqslant 30$

$\left(5+\frac{1}{2}L/V_0\right)^\circ$，如 $10 \leqslant L/V_0 < 30$

10°/10°Z 形操纵试验测得的第二超越角应不超过 25°。

20°/20°Z 形操纵试验测得的第一超越角应不超过 25°。

紧急倒车制动能力：全速倒车制动试验测得的航迹长度应不超过去 $15L$。

此衡量标准已被我国船检部门采用。

考虑到 10°舵角引起的船舶速降不大，则上述衡量标准对初始回转能力的要求相当于要求 $t'_a \ngtr 2.5$。

②对单船提出操纵性衡量标准要求如下：

航向改变性：15°/15°Z 形操纵试验测得的 $\bar{r}'_{0-15} \geqslant 0.11$

回转性：回转试验测得的 $D/L \leqslant 3.5$

制动性：倒车制动试验测得的 $S_H/L \leqslant 3.5$

实际上，$\bar{r}'_{0-15}$ 和 15°/15°Z 形操纵试验测得的 t'_{a15° 之间有着确定的数量关系，上述对 $\bar{r}'_{0-15}$ 的

要求相当于 $t'_{a15°} \leq 2.38$。与国际海协要求相比,《河船操纵性》要求更为严格,尤其是制动性。

3)试验结果与分析

(1)试验结果

Z 形试验结果见表 19.7,回转试验结果见表 19.8,倒车制动试验结果见表 19.9。表中 V_0 是船模初始直航速度,V_s 是实船初始直航速度。

Z 形试验结果 表 19.7

项目		深水			浅水(h/T=1.5)		
		设计船		对比船	设计船		对比船
		满载	重载		满载	重载	
V_0(m/s)		1.80	1.70	1.692 1	1.0	0.9	0.901 3
V_s(km/h)		17.32	16.36	16.307	9.62	8.66	8.686
10°/10°Z 形试验	t'_a	0.831 8	0.982 2	0.902 9	0.875 6	0.707 8	0.860 6
	Ψ_{ov1}(°)	4.295	3.47	5.668	2.90	6.25	3.660
	Ψ_{ov2}(°)	4.645	4.27	7.705	2.125	5.08	4.545
15°/15°Z 形试验	$\bar{r}'_{0\text{-}15}$	0.312 5	0.280 7	0.305 3	0.302 9	0.398 2	0.309 3
20°/20°Z 形试验	Ψ_{ov1}(°)	14.20	11.595	17.400	9.99	11.89	11.380

回转试验结果 表 19.8

项目		深水			浅水(h/T=1.5)		
		设计船		对比船	设计船		对比船
		满载	重载		满载	重载	
V_0(m/s)		1.80	1.70	1.692 1	1.00	0.90	0.901 3
V_s(km/h)		17.32	16.36	16.307	9.62	8.66	8.686
35°舵角	D/L	2.092 5	1.934 8	2.285	1.916 3	1.939 2	1.860
	A_d/L	2.562 3	2.417 0	2.940	2.156 3	2.099 4	2.060
25°舵角	D/L	3.005 6	2.566 7	3.615	2.769 8	2.539 1	2.700
	A_d/L	2.982 0	2.691 3	3.355	2.464 4	2.391 0	2.100
15°舵角	D/L	5.484 0	4.728 9	5.820	6.588 9	4.053 5	4.025
	A_d/L	4.052 1	3.855 6	3.850	3.937 1	3.114 0	3.200

注:表中 A_d 为纵距。

倒车制动试验结果 表 19.9

项目	深水			浅水(h/T=1.5)		
	设计船		对比船	设计船		对比船
	满载	重载		满载	重载	
V_0(m/s)	1.80	1.70	1.692 1	1.00	0.9	0.901 3
V_s(km/h)	17.32	16.36	16.307	9.62	8.66	8.686
S_H/L	2.162 0	1.804 7	1.637	1.799 3	1.375 2	1.249

在分析比较试验船模的操纵性时，采用10°/10°Z形试验的t'_a和15°/15°Z形试验的$\bar{r}'_{0-15}$表示航向改变性，10°/10°Z形试验的Ψ_{ov1}表示航向保持性，35°舵角的D/L表示回转性，S_H/L表示倒车制动性。t'_a、Ψ_{ov1}、D/L和S_H/L的值越小，$\bar{r}'_{0-15}$的值越大，则相应的操纵性能越好。其余参数作辅助说明。

（2）结果分析

①总体分析。

总体分析是指所试验船模的操纵性是否符合上述有关标准，将表19.7～表19.9中有关操纵性指数值与上述标准相比较表明，设计船船模和对比船船模的t'_a、$\bar{r}'_{0-15}$、Ψ_{ov1}、D/L和S_H/L值均满足要求，即所试验船模的航向改变性、航向保持性、回转性和倒车制动性满足要求。

②设计船船模和对比船船模操纵性比较。

指满载设计吃水状态两船模的操纵性比较，分深水和浅水两种情况。

对深水情况，设计船船模的t'_a比对比船船模的要小7.87%，而设计船船模的$\bar{r}'_{0-15}$则要大2.36%，可见两船模的航向改变性相近，设计船船模稍好些。设计船船模10°/10°Z形试验的Ψ_{ov1}比对比船船模的要小24.22%，结合Ψ_{ov2}和20°/20°Z形试验的Ψ_{ov1}，可见设计船船模的航向保持性明显优于对比船船模。设计船船模35°和25°舵角的D/L值比对比船船模的分别要小8.42%和16.86%，说明设计船船模的回转性优于对比船，但对比船船模的倒车制动性明显为优。

对浅水低速情况，设计船船模的t'_a比对比船船模的稍大，而设计船船模的$\bar{r}'_{0-15}$则稍小，应该说两船模的浅水低速航向改变性相近。设计船船模的10°/10°Z形试验的Ψ_{ov1}比对比船船模的要小20.77%，结合Ψ_{ov2}和20°/20°Z形试验的Ψ_{ov1}，可见设计船船模的航向保持性明显优于对比船船模。设计船船模35°和25°舵角的D/L值比对比船船模的稍大，应该说两船模的浅水低速回转性相近，但对比船船模的倒车制动性明显为优。

在满载设计状态，设计船排水量比对比船增大77.54%，设计船与对比船相比，船长增大32.49%，L/B增大11.21%，L/T增大24.43%，舵面积系数小19.82%。如果同样采用平板舵，则设计船的操纵性明显要低于对比船。为了提高设计船的操纵性，采取了如下措施：一是采用高性能的带制流板流线型组合舵（该舵最大法向系数比普通流线型舵大47%，失速角大61%）；二是展弦比增大35.31%；三是采用首部加肥，从而使设计船的操纵性有了明显改善。

4）结论

（1）设计船船模和对比船船模的深浅水操纵性能符合要求，包括设计船船模的重载航行状态；

（2）在深水中，设计船船模的操纵性能整体上优于对比船船模（除倒车制动性外）；

（3）在浅水中，设计船船模的航向保持性明显优于对比船船模，航向改变性和回转性与对比船船模相近（除倒车制动性外）。

19.2 实船测试

19.2.1 密性试验

根据中国船级社《钢质内河船舶入级与建造规范》有关船体密性试验的规定,按照密性试验大纲要求,分别进行压水试验、冲水试验、淋水试验、油密性试验,全船无渗漏现象。密性试验前,船体结构各部分及焊缝应清除焊渣,打扫清洁,对水密焊缝不得涂刷油漆或敷设隔热材料及水泥等涂料。试验应接受船检的检查监督,并取得认可的合格证书。船体水下部分以及凡是在下水后不能检查修复缺陷的船体部分,其密性试验应在下水前进行,其他部分应在船体建造完毕后进行,并尽可能在下水前进行。

压水试验:用水灌至规定的压头上持续 15min 以后,在该压头下检查渗漏情况。该试验可以用充气试验代替。

冲水试验:在喷水出口处的压力至少为 0.2MPa,喷头至试验项目的距离 1.5m。冲水试验也可用涂煤油试验代替。

淋水试验:将水泼在被试验的表面上。

涂煤油试验:在焊缝一面涂上以白粉水溶液,待其干燥后在再反面涂以煤油,在 30min 内间隔一定时间观察白粉表面是否油斑或渍纹。

密性试验出现渗漏现象需进行修补,修补后用涂煤油试验作为补充密性试验。

19.2.2 倾斜试验

该试验是为了确定空船状态的重量和重心位置。在试验前应根据《船舶倾斜试验》(CB/T 3035—2005)中的有关规则编制倾斜试验大纲试验。

1)气候条件和试验环境

试验应在平静水域和良好的天气下进行,风力一般不大于蒲氏风二级。如果确实很难达到,经现场验船师同意后,也可在不大于蒲氏风三级的条件下进行。

需确认船舶在试验过程中处于自由漂浮状态,水域相对平静而无潮流,水域码头、河床周围环境、来往航行的船舶等无影响试验因素,不致触及任何障碍物。系船的系缆应尽可能放长,并系于船首的中线面上,系缆必须放松。

2)试验准备和组织

试验由船厂完成,现场应有船检验船师和船东代表出席,对于首艘船舶,设计部门应派人参加。试验时应尽可能使船舶处于完工状态,所有的主要设备、装置和试验载荷位于其正确位置,其他的所有工具和物品均应从船上移去。除机器和管路中的润滑油液压油等,应清除所有油水舱中的液体,甲板上不可有水或冰雪积聚。

应尽量减少多余重量及不足重量,多余或不足重量应不超过空船排水量 1%,并应将其每项的名称、重量及重心位置详细记录。

船上的起重机吊臂及救生艇等可以摇动或滚动或悬挂的装置、设备及物件均应加以固定。

所有机械设备应尽量处于可工作状态,即管路及系统内的油水到位,但需关好阀门。

除试验所必需的液舱以外的其他液舱应予打空。确实未注满的液体舱,应计及自由液面修正计算。

试验时该船的原始横倾角应尽可能小于 0.5°。纵倾值超过 0.6m(约船长的 1%)时,船体的静水力参数均需按照实际纵倾状态进行计算。必要时可将首尾部分压载水舱注满压载水进行调节,以达到较好的试验吃水和浮态。

倾斜试验开始以前,应由船东代表和船检验船师对船舶作全面检查,确认船舶已符合倾斜试验的要求。

3)倾斜试验步骤

(1)观察并测量风向、风速、流速以及周围水域状况,确定其已满足试验环境条件和系泊条件。

(2)试验前须先测量吃水。为确定空船重量,参加试验的人员应固定在规定的位置上,记录其重量和重心,不参加试验的人员应离船。在这种状态下,使用舢板靠近船舶两舷的首、中、尾水尺标志处,准确测量吃水值。测得的吃水需换算到船舶首尾垂线。经船东和船检批准,也可利用已有的"吃水测量系统"来测量吃水值。同时测量试验水域的水密度。

(3)倾斜试验所有的固体移动重量应使船舶产生不小于 2°～4°的横倾(特殊情况下应产生至少 1°的横倾),平均地分为 4～6 组。移动重量按图 19.28 所示次序左右移动,共需观测 9 次读数。

(4)当试验处于稳定状态时,试验应尽可能快开始。试验指挥员发出命令:"就位"和"松缆",参与试验的人员应站在规定的位置上,系泊索处于松缆状态。当船舶摆动稳定时,观测者应读数并记录读数于表中。移动重量一次,记录读数一次。每次应记录 5 次来回地读数。

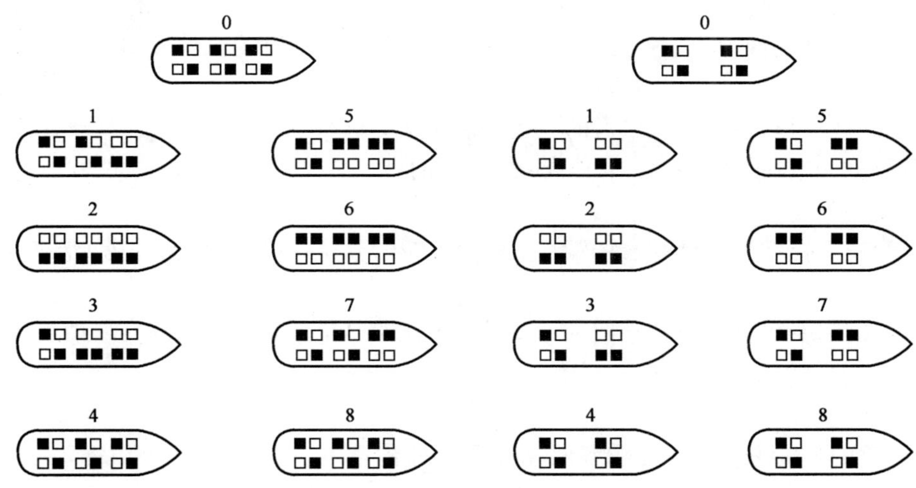

图 19.28　试验移动重量分布及移动次序

4)测量方法

当采用U形管测量装置进行测试。在首尾处各设一套测量装置,装置的两端分别置于上甲板同一横剖面的两舷,尽量靠近舷边,其间用塑料透明连通软管连接,玻璃管旁设置一根有厘米和毫米的标尺,以此来测量读数,此标尺在试验中不得有任何移动。测量时水箱和玻璃管应做适当固定,软管不得有极度弯曲和打结,且应排除空气,以免产生气泡,如在严寒天气试验,应在水中加注酒精,以防结冰。

当采用挂锤法测量时,挂锤线的长度、直径及其他设置技术要求按标准。摆锤的摆幅应在每次重量块的移动开始之前及完成以后读取。

5)误差校核和误差允许值

为了保证测量结果的正确性,应在试验过程中同时进行误差检查。按《船舶倾斜试验》(CB/T 3035—2005)绘制试验图表,检查试验数据直线偏差是否在4%范围内,如超过,应查找原因并全部或部分重做试验。

6)试验报告

本船《倾斜试验报告书》由施工单位编制。报告书应提交设计方,验船部门和用船单位,其格式参见中国船检局《船舶倾斜试验》(CB/T 3035—2005)的附录。

19.2.3 系泊航行试验

试验前应根据《柴油机动力内河船舶系泊和航行试验大纲》(GB 3221—2010)中对系泊和航行试验的有关要求编制试验大纲。

1)试验的前提及准备工作

(1)试验由船舶建造厂主持会同验船部门、使用部门和设计部门商定及参加,且应在船检监督下进行并由船检认可。

(2)试验前船厂应向验船部门和使用部门提供机电设备、船舶设备、船舶各系统的材质及船用产品检验合格证件,制造过程中的各种试验证件及装船后的试验安装测量记录卡以便交验。

(3)试验应在船舶各项试验项目的工程安装完毕后进行。

(4)航行试验应在全船各项工程全部竣工、系泊试验合格后,并经倾斜试验和稳性校核合格,取得验船部门同意方可进行。

(5)试验应选择在天气良好、风力不超过蒲氏三级、水流平缓、来往船只较少和有足够水深的水域进行。

(6)试验后由船厂将各种试验记录、试验报告、试验结论整理完毕后提交验船部门,使用部门及设计部门各一份备查。

2)系泊试验

系泊试验的目的主要在于船舶各项设备效用的鉴定。

(1)锚泊设备

核对锚的形式、数量、重量、钢索长度及直径,锚卸扣和连接卸扣或连接环等备品数量,钢印标志应符合规范规定。检查起锚机械、钢索卷车、系缆桩等安装相对位置的正确性及可靠性。检查锚链链节之间卸扣连接的可靠性。

(2)舵设备试验

检查舵机、操舵装置,传动装置安装的完整性。检查舵轮转向与舵的转向,船舶转向是否一致。检查电动舵角指示器与舵转角的误差应不大于±1°,零位时不应有误差。检查舵角限位器安装是否正确,牢固可靠。操舵试验左右满舵不少于1次,检查传动系统和舵的灵活性,记录0°～左(右)满舵的最短时间。对于应急操舵装置进行30min的操舵试验,并检查电动液压舵机。

(3)救生设备

检查救生设备的各项转换,联锁装置的工作可靠性。核对救生衣,救生圈等设备的数量,合格标记及属具的完备性及安装位置的正确性。

(4)消防设备

核对消防用品(用具、灭火机)配备数量,规格及分布位置。

(5)其他

检查全船栏杆、扶梯、扶手、门、窗等安装的正确性及安全可靠性。检查厨房炉灶安装正确性、安全性并作炉灶效用试验。其他未尽事项根据船检部门要求会同使用、设计部门商讨检查。

3)航行试验

航行试验的目的是为船舶的航行技术性能鉴定。

(1)速率试验

速率试验应在测速区按叠标法进行。测速区一般应选择在水深大于船舶吃水5倍、航速水域宽度大于船宽的20倍水域为宜。测试时主机应在额定转速工况下进行,测速次数不少于三个航次,要求每次航迹线基本一致,并将连续测深和各次速率采用再平均计算方法算出平均速度。

(2)回转试验

全速左、右满舵各回旋一圈,测定回转直径、最大动横倾、最大静倾角和回转时间。测定双车一正、一倒车满舵回转直径和回转时间。

(3)惯性试验

测定全速正车→停车,从停车令发出至船舶停止前进时惯性冲程和滑行时间。测定全速正车→全速倒车令发出至船舶反向转折点(船舶由前进到后退时的停止点)时的惯性冲程和滑行时间。

(4)航向稳定性试验

本试验的目的在于求得置舵于零位时,首向偏航达到5°时的延续时间和航向稳定后5min内维持直航所操的平均舵角。

①在无横风横流条件下保持船舶航向不变,全速航行5min,测定船舶与保持直线航向所必需的抄舵次数和操舵角,一般平均操舵次数每分钟不大于10～20次,操舵角不超过2°～3°,顺逆流各做一次。

②保持正舵不变,全速直航3min,测定偏离原航向的角度,顺逆流各做一次。

③一机全速,一机停车,测定保持直线航行的压舵角,左右机顺逆流各做一次。

(5)抛、起锚试验

①做抛起锚效用试验，检查有无跳动，翻扭、振动等情况，以及轻便性与可靠性。

②检查锚抛出后未触及河床前急刹的功能。

③检查锚抛妥后钢索受拉时各受拉部位的局部强度。

④如该船采用犁锚，则免做抛、起锚试验。

(6)操舵试验

①操舵速度试验。

此试验目的在于检验舵机转动的速度是否达到规定的要求。此试验应在全速逆流情况下按以下程序操舵：

0°→左满舵；左满舵→0°；0°→右满舵；右满舵→左满舵；左满舵→右满舵；右满舵→0°。

测定舵一舷35°至另一舷35°时的操舵时间，应满足操舵时间≤12s。

②Z形操舵试验。

此试验目的在于测得航向不稳定回线环的高度。在船舶全速正车航行时，按如下程序操舵：

a. 0°→右15°，保持舵位直到船舶航向偏右15°。

b. 右15°→左15°，保持舵位直到船舶航向从原有航向偏左15°。

c. 左15°→右15°，保持舵位直到船舶航向从原有航向偏右15°。

d. 右15°→左15°，保持舵位直到船舶航向从原有航向恢复至正舵时，测定各过程舵开始转动至停止的操舵时间和舵保持在舵位至改变船的偏航方向到规定值为止的时间。整个Z形操舵试验完成一个循环可继续的时间不少于30min。

第6篇

乌江货运船舶总布置设计技术

第20章 总布置特征、设计原则与内容

20.1 货船总布置特征

总布置设计是船舶总体设计中最基础、最重要的设计环节。船舶的总布置对于船舶的使用功能、技术性能和经济性能有着至关重要的影响，并且是船舶性能、结构和其他设计和计算的主要依据。因此，在船舶设计任务书中都会对船舶的布置特点和布置标准提出要求。在选择船舶的主要要素时，对船舶的总体布置方案，需要绘制总布置草图。

20.1.1 技术层面

货船由总布置所确定船舶的各项重量分布，影响船舶的纵倾、横倾及重心高度，进而影响船舶的浮态和船舶的稳性。货舱容积的大小、甲板面积的大小、设备布置的合理性、货物装卸及交通路线是否方便等，直接影响船舶的使用功能。

总布置设计涉及面广，贯穿船舶的各个阶段。比如为提高货船的装卸效率，可考虑加大舱口宽度，但需解决纵向强度问题；增加货舱长度，可以减少货舱数目，节省设备，但会带来装卸时间增加、强度降低及影响船舶抗沉性等不利后果。所以，总布置设计需根据船舶的各种要求，抓住主要矛盾，总揽全局，全面合理地处理和协调各种问题。

乌江货船航行于特定的水域环境，属于中小型货船。与一般货船相比较，自身重量较轻，对货船的重量分布极为敏感。因为港口和装卸技术的原因，货舱设计为长大舱口，甚至单一长大舱口，强度、抗沉性条件相对较差。

20.1.2 文化和经济层面

船舶总布置反映船舶的地域特点和历史沿革，体现了流域船民的使用心理和操纵习惯，进而影响船舶的布置形式和船型特点，最终影响了船舶的使用特点和经济特点。

比如长江中下游，航道宽、水域广、水深条件好，有一定的风浪。长江货船为适应和利用大江大河的特点，船舶尺度大，载量大，干舷富余量足，钢板厚度较大，船体重量重。设计要求上速度与载量并重，造型风格上粗犷、厚重、气势恢宏，如关西大汉。如图 20.1 所示，长江货船体量大，上层建筑发达，操纵视野开阔，布置地位相对宽松。

再如西江航道宽、水域阔、风浪小、流速缓、水深大。西江货船（见图 20.2）设计上追求载量大，不特别强调速度。因此船型肥大，C_b 达到了 0.9 以上。布置紧凑，实用第一，效益至上。

造型风格敦实、厚重、巨大的“西瓜首”具有极强的流域特点，显得稳、重，如大佛打坐。

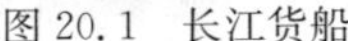

图 20.1　长江货船

图 20.2　西江货船

而对于乌江流域的货船，历史上，乌江水域属山区河流，河道具有滩多、弯曲、狭窄、比降大、流速急、流态紊乱等特点，在乌江各水利枢纽建设前建造的乌江货船，为适应航道特点，当地船民总结出空载吃水小、速度快、船型尖瘦、便于在急流中上滩的实用船型，即所谓“雅长”船，为母船的非直舷型（柳叶型船）。与之相适应的船舶布置形式也随之而生，造型纤细、苗条，似柳叶迎风。

另外，根据地方水运经济的发展以及码头装卸条件等特点，该流域水运的主要货种多为散装和小件包装货。这些都直接影响了货船布置的形式和特点，如图 20.3 所示。

随着流域经济的发展和航道条件的改善，乌江货船也正朝着大型化、标准化的方向发展，但乌江船型仍保留有明显的地方特点。与其他地区的货船相比较，乌江货船的布置具有适用、简捷、便利和地方特色突出的特点，具体包括：

图 20.3　乌江柳叶型货船

(1)乌江货船属山区河流中小型货船。船型尖瘦、狭长，速度快。船体长宽比大，型深相对较小，甲板宽度窄，不利于舱室和设备的布置与安排。

(2)货舱多为单一开敞式长大舱口(此结构为超规范布置结构，需进行相应的结构加强和理论计算)。为适应部分港口的人力装卸条件，货舱设计采用半舱形式。

(3)为提高货船的经济性，船舶上层建筑采用尾机型布置。且结构紧凑、空间条件有限，不太有利于操纵和生活。

(4)船舶型深不大。尤其是近年来，新设计的库区船型，尾部采用双尾型线，相对于本地传统船型，机舱高度受限。为便于机舱布置，上层建筑设计采用多层甲板形式。主甲板机舱部分采用大开口结构，以提供机舱的工作空间，改善工作环境。

20.2　乌江货船总布置设计原则与主要内容

20.2.1　总布置设计原则

(1)根据乌江船甲板宽度窄、船型尖瘦、狭长的特点，为尽可能提高和满足船舶的使用功能,鉴于目前的经济发展水平,乌江货船多设计成开敞式长大舱口。合理地、最大限度地保证和利用货船的货船舱容,充分考虑装卸条件,提高装卸运输效率,保证运输质量率。这是总布置设计的基本出发点。

(2)保证货船具有较好的航行性能。充分利用国内外船型研究的最新成果,采用双尾、涡尾等优良内河船型技术。利用这些新技术的同时,注意保证适宜的浮态和安全性。合理布置舱室,以改善船舶的抗沉性和结构强度;保证良好的驾驶视线,以提高操纵安全性。

(3)因为乌江货船船体长宽比大,型深较小,所以设计中应注意满足规范要求,注意满足功能与结构合理性的协调,尤其要保证乌江货船长大舱口的结构可靠性和安全性。

(4)保证船舶各部位良好的可达性和加工、维修的工艺性。总布置设计中,应考虑重量的合理分布,避免结构的不连续性和纵向构件截面突变,改善应力集中。各舱壁、围壁和支柱的设置应综合考虑其对结构强度、振动和施工的影响。

(5)考虑乌江货船的地方特点,尽量提高居住环境的舒适性和人机关系的合理性。

(6)体现地域特点,在经济、适用的前提下,注意外观造型的美观与地方特色相协调,提高人机关系和人与自然之间的和谐性。

20.2.2　总布置设计的主要工作

(1)区划船舶主体、设置上层建筑。包括确定机舱、货舱、液舱、各种居住和工作舱的布置和地位,即设置纵横舱壁及各层甲板。

(2)调整船舶浮态,合理安排船舶的各部分重量高船长方向的分布,以及舱室内外各种设备的布局,控制重量的分布。

(3)规划交通路线,即设计各部分的通道和梯道。

(4)布置船舱和设备。包括各种居住舱室和工作舱室的内部布置,以及舱内和甲板上各种船舶设备的布置。

(5)船舶外观造型设计和内部环境及装饰艺术设计。

第21章

总体区划与建筑形式选择

总布置的第一步是总体区划，即根据设计船的功能和技术要求，参考型船资料，在满足规范和法规的框架下，对船舶空间进行合理地组织和布局。

考虑乌江货船的特点，货船的区域划分主体主要是纵向船舱的区划，上层建筑的重点是垂向的区域划分。

21.1 主体舱室划分

乌江货船为单甲板船。主体划分影响全局，既要满足功能和性能要求，又要符合法规和规范的要求。主体划分的工作主要是确定货舱、机舱和首尾舱，进而根据规范确定水密舱壁的位置和数量。从满足抗沉性要求考虑，分舱的根据是初步的可浸长度曲线。

为保证船舶安全和结构强度要求，主体内需设一定数量的水密舱壁，将船体划分为若干水密空间。乌江流域属内河 B(库区)、C 级航区 J_2(自然河段)级航段。《钢质内河船舶建造规范》和《内河小型船舶建造规范》对由船底设至主甲板的水密横舱壁作了具体的规定：

(1)船长大于 30m 船舶，在船首应设置一道水密(防撞)舱壁，其位置一般在距首垂线 0.05～0.1L 范围内；小于 30m 船，防撞舱壁位置一般在距首垂线 0.1L～3m 范围内。乌江货船所采用的柳叶型船型，首部长度较长，如图 21.1 所示。设置首尖舱壁时，应注意满足规范的要求，控制在允许的范围内，以保证船舶的安全性。

(2)尾部设置一道水密舱壁。为了尽量增大舱容，乌江货的尾部长度相对较短，但也应考虑船舶停靠和碰撞的情况，留足适当的尾舱舱长。对小型乌江货船，机舱后端壁可兼做尾舱舱壁。对大、中型乌江货船，为保证压载时的浮态，会设计一定的尾压载舱，此时的尾舱壁则应综合考虑。

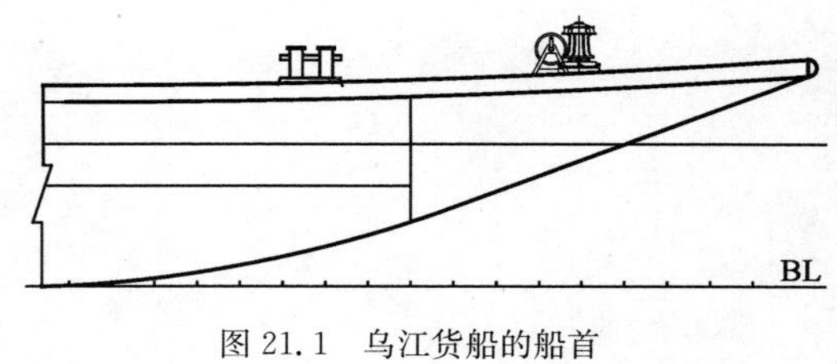

图 21.1 乌江货船的船首

(3)船舶机舱前后舱壁应为水密舱壁。

(4)主甲板下横舱壁间距不大于：

$$l = K_1 D_1 \tag{21.1}$$

式中：K_1——系数，$K_1 = 5.93 - 0.94(L/B) + 0.164(L/B)^2$；$K_1 > 6$ 时，取 $K_1 = 6$；

D_1——船长中点处沿舷侧自平板龙骨上表面量至强力甲板下表面的垂直距离(m);对小于 30m 的船舶,水密横舱壁间距不大于舱深的 6 倍。

法规对舱壁的设置主要从分舱及破舱稳性的要求出发,具体规定可详见内河法规的相关章节。

航行于乌江船舶的水密舱壁数量应根据上述要求确定。例如本书第 13 章第 13.1 节所述的乌江 500t 机动货船,其主尺度见表 13.6,计算船长为 53m。

(1)首尖舱距首垂线位置:

$$l=(0.05L_{pp}\sim 0.1L_{pp})=(2.65\sim 5.3)\text{m} \tag{21.2}$$

实设舱壁位于#90,实取首尖舱长 $l=2.91$m。

(2)尾部机舱后壁兼做尾舱舱壁,为水密舱壁。

(3)机舱前端壁也为水密舱壁。

(4)货舱长:按 $l=K_1D_1=6\times 2.5=13$m,应分为 3 个舱。实际按使用要求,只取了一个长货舱,为超内河规范布置结构,需进行相应的结构加强和理论计算。

(5)首防撞舱壁后,乌江部分自然河段要求绞缆上滩,故需设置绞关机舱,绞关机舱后壁即货舱前端壁。这一设置,既能实现功能要求,绞船上滩,节约主机功率,保证安全性;同时也使得货舱位置相对后移,使重心在各种状态下变化不大,稳定了浮态。虽然付出了损失舱容部分的代价,但对船舶的操纵性和安全性有一定好处。这也是乌江水域船舶布置中,为适应水域特点而具有的船舶主体舱室的布置特点。

最终,本船共设置 4 道水密横舱壁,如图 21.2 所示。

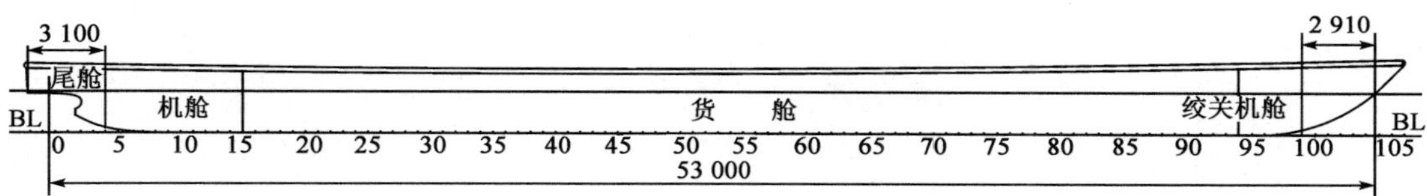

图 21.2　乌江 500t 货船主体分舱示意图

21.2　肋骨间距确定

在船长范围内确定划分肋位、肋骨间距,这是总布置设计首先要完成的工作。乌江货船的骨架形式多采用横骨架式。根据规范"结构设计原则"的规定,乌江大于 30m 船长的货船,肋骨间距不大于 600mm;小于 30m 船长的货船,肋骨间距不大于 500mm。

实际设计中,实取肋距是在上述规定的基础上,考虑布置和施工等因素来确定。

船舶的舱壁、骨架等横向结构件均应位于肋位上。

21.3　机舱位置和长度的确定

机舱位置不同,不仅会影响其他舱室布置甚至整艘船舶的形式变化,还会影响船舶的浮态和结构,从而影响船舶的使用效能和经济技术性能。机舱位置可分为尾机型、中尾机型和中机型几种。一般普通货船多采用尾机船布置，而专用集装箱船也有采用中尾机型的。乌江货船普遍采用尾机型机舱布置。这也是现代货船最广泛采用的机舱布置形式。

货船采用尾机型可保证船中部较规整的部位设置货舱。这种布置既充分利用舱容，便于装卸货物，又便于清舱和理货，有效地提高货船的使用功能和经济效益。尾机型机舱，还能缩短轴系长度提高轴系效率，有利于结构的连续性和工艺性。

尾机型的不足处主要有：

(1)浮态调整相对比较困难。机舱内各种机电设备集中于尾部，使得重量大，空载和满载重心变化很大，导致空载尾倾过大，首部吃水不足甚至首部出水，可能产生首抨击，影响航行性能和破坏船体结构。乌江货船船型瘦长，上层建筑不太发达，首部保留有绞关机舱，空船重量分布相对比较均匀，不会因此产生过大的、影响浮态的首尾吃水差，也基本不需要进行压载，避免了压载导致的静水弯矩过大而对结构强度产生的不利影响。

(2)由于船尾型线收缩，机舱布置地位的利用效率不高，使得机舱长度增加。对于采用双尾线型的乌江货船，这一点尤为明显。这些不足需要通过其他技术手段加以弥补。

乌江货船为中小型货船，其机舱长度，主要通过比对同类动力相近的优秀货舱的机舱长度来确定，也可通过统计回归方式确定机舱舱长。

21.4 上层建筑的划分

上层建筑的区划与布置指对其形式、尺度、层数的划分与布置。

尾机型货船的上层建筑与机舱位置相关。传统上，上层建筑都设计在机舱的上方。这样的布置，对于乌江货船而言，既可以少占用甲板面积，又能利用上层建筑的舱室，保证机舱空间高度，有利于改善轮机人员工作条件。

近年来，在长江、珠江流域，货船很多地采用首驾驶式(即背载式)的上层建筑布置，如图 21.3所示。首驾驶货船整个上层建筑位于首部，驾驶操纵、停泊控制均在首部，集中布置，方便工作和管理；远离机舱，利于消防控制；驾驶盲区小，有利于驾驶操控；首尾重量分布较均匀，能够很好地保持和调整浮态。这种上层建筑的布置形式，对于乌江流域的货船，也具有参考价值。尤其对未来乌江集装箱货船，采用这种布置形式，对减小盲区、提高操纵安全性，实用前景很好。

21.4.1 上层建筑的形式

上层建筑形式指上甲板以上各种围蔽建筑物的统称，分为船楼(也称上层建筑)和甲板室。其中，甲板室是指侧壁向内缩进距离＞4％船宽的上层建筑。

乌江货船的船宽较小，由于内部尺度受限，主通道只能设计为外走道。因此，乌江货船的上层建筑多采用甲板室形式，即上层建筑的围壁由两舷向内缩，船侧留置外走道，如图 21.4 所示。

图 21.3　背载式集装箱货船上建

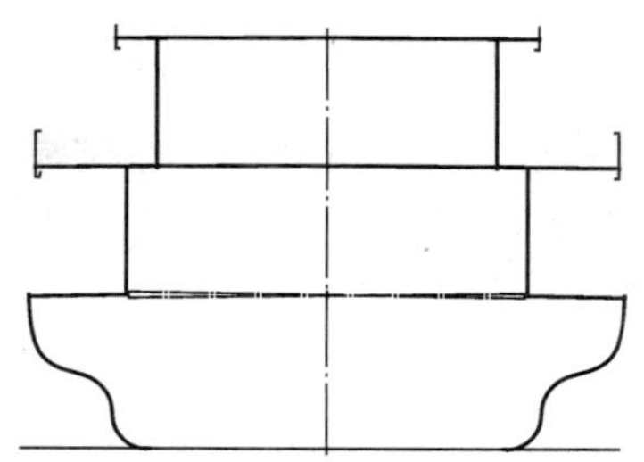

图 21.4　乌江货船甲板室型上层建筑

21.4.2　上层建筑的尺度

尺度即上层建筑的大小与高度。确定尺度要考虑如下几方面的因素：

(1)布置功能需求。满足设备、属具布置和船员工作与生活的基本空间，这是决定上层建筑尺度的主要因素。结合法规对布置和安全的相关要求确定尺度。乌江货船目前吨位不大，船舶尺度相对也不大。但规范和法规中对人员的生活、工作空间的最小尺度要求是一定的。所以在布置上，既要满足功能和规范要求，又要考虑安全和外观特点，同时也要顾及与主船体的比例协调。

(2)重心高度和受风面积。这是协调稳性和舒适度，保证功能和安全的重要因素。

(3)驾驶视线。乌江货船驾驶室通常设置于甲板室的最上层，以保证驾驶员的视线。从驾驶员眼睛到船上最高挡物引直线与水面交点到首垂线的距离所扫过的区域称作“盲区”。一般货船盲区满载时，不大于 $1.25L_{pp}$，压载时不大于 $2L_{pp}$。有可能在急流和浅滩中航行的乌江货船上层建筑尺度不大，而船型相对瘦长，所以布置上层建筑时要特别关注盲区的问题。在可能的条件下，乌江货船采用首驾驶形式布置上层建筑，对于减小驾驶盲区，是一项不错的选择。图 21.5 显示了采用首驾驶形式的集装箱货船的布置情况。

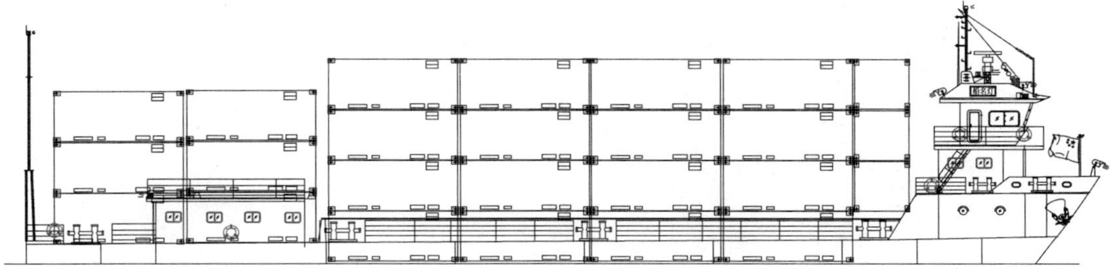

图 21.5　首驾驶式集装箱货船的上层建筑侧面布置图

21.4.3　上层建筑的内部划分

乌江货船上层建筑的内部划分，应根据使用功能并考虑尺度要求来确定。

1)层数与层高

上层建筑的层数是根据布置所需地位和上层建筑的尺度等各种因素而确定的。层高应满足法规对舱室净高度的要求。乌江货船在考虑人员活动和工作的空间要求、结构构件的尺寸(甲板纵桁、通风管等)和内装要求(天花、灯具)等因素时，设计时净空高度不得小于 1.9m。

2)舱室划分

上层建筑各舱室的划分和布置,应根据船舶的使用要求和特点结合交通路线的布局来考虑。乌江货船多用尾机型,因而,上层建筑布置于机舱之上,为保证机舱工作空间、保证驾驶视线、减少对居住区振动和噪声的不利影响,布置多层甲板室。图 21.6 显示了乌江 500t 货船的布置情况。

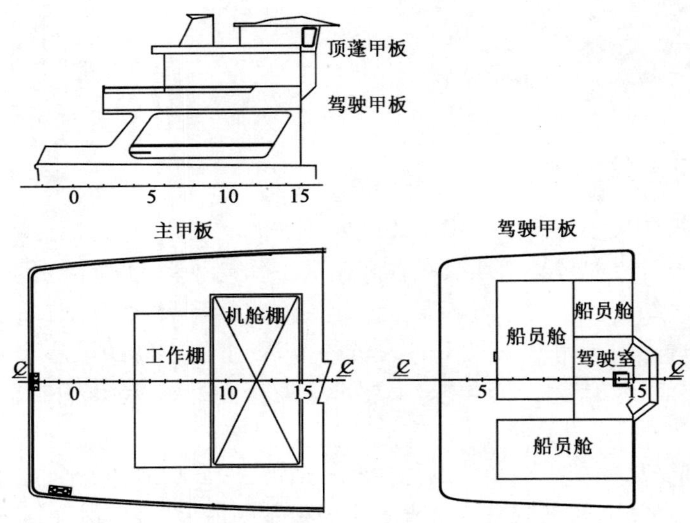

图 21.6 乌江 500t 货船上层建筑布置图

本船因为主体部分机舱型深净空不足 2m,不利于机务人员工作和通行,为此,主甲板位于机舱上方开有 3m×6m 的机舱棚开口,提供机舱工作空间。故人员居住舱室放在了驾驶甲板。

第22章

纵倾调整

纵倾调整是为了保证在各种载况下具有适宜的浮态，有一定的尾吃水，保证尾部螺旋桨有足够的沉深，不至于在纵摇或垂荡中产生“飞机”现象而影响推进效率。如空载到港时，至少应保证桨有3/4浸在水中；有一定的首吃水，船首在纵摇或垂荡中不会出水或产生抨击。乌江货船空载到港时，至少应保证$0.025L_{pp}$首吃水，不会因浮态影响载荷的变化，从而对船体强度和船舶稳性造成危害。

在航道无影响的情况下，适当的尾倾对快速性可能是有利的。

22.1 浮态计算

浮态计算在不同设计阶段略有不同。方案设计阶段，可以根据型船资料，估算船舶的重心及浮心，以计算船舶的浮态；详细设计阶段，利用型线图计算各舱形心位置，利用技术设计结果，计算船体重量重心并完成浮态的计算。计算货船在某一装载状态下的重量及重心可按表22.1进行。

货船装载状态下重量及重心计算表 表22.1

重量项目	重量	重心高	垂向距	中前(+)		中后(−)	
	W_i(t)	Z_{gi}(m)	M_{zi}(t·m)	x_{gi}(m)	M_{xi}(t·m)	z_{gi}(m)	X_{xi}(t·m)
空船							
货舱							
…							
人员							
总计							
	$\Delta=\sum W_i$	$Z_G=\sum M_{xi}/\Delta$		$X_G=\sum M_{xi}/\Delta$			

计算步骤：

(1)空船重量重心由前面章节的方法求取。

(2)计算载货量W_{ci}和相应的重心位置x_{gi}、z_{gi}。其中，载货时由相应的货舱型容积乘以容积折减系数后，再根据货物类型除以货物积载因数而得。

(3)计算油、水等各液舱的重量 W_{oi} 和重心位置 x_{oi}、z_{oi}。液舱计算按相应的液舱型容积乘以液体的重度和型容积利用系数而得。

(4)计算人员、行李、食品等重量重心。

(5)压载水按不同载况计算重量重心,方法与液舱计算相同。

22.2 纵倾调整步骤与方法

在计算重量重心的基础上,即可计算各载况下和浮态及初稳性。计算表见表 22.2。

货船装载况浮态及初稳性计算表 表 22.2

序号	项　目	公　式	单　位	数　值
1	排水体积	V	m^3	
2	排水量	Δ	t	
3	平均吃水	d	m	
4	重心纵向坐标	X_g	m	
5	浮心纵向坐标	X_b	m	
6	纵倾力矩	$\Delta(X_g-X_b)$	t·m	
7	每 cm 纵倾力矩	MTC	t·m/cm	
8	纵倾值	$\Delta d=\Delta(X_g-X_b)/MTC$	m	
9	漂心纵向坐标	X_f	m	
10	首吃水增量	$\Delta d_f=(L/2-X_f)\Delta d/L$	m	
11	尾吃水增量	$\Delta d_a=-(L/2+X_f)\Delta d/L$	m	
12	首吃水	$d_f=d+\Delta d_f$	m	
13	尾吃水	$d_a=d+\Delta d_a$	m	
14	重心垂向坐标	Z_g	m	
15	稳心垂向坐标	$Z_m=r+Z_b$	m	
16	初稳性高	$h_0=Z_m-Z_g$	m	
17	自由液面修正值	δh	m	
18	修正后初稳性	$h=h_0-\delta h$	m	
19	横摇周期	T_θ	s	

乌江货船在不同的载况下有不同的浮态。乌江船舶的典型装载情况有:满载出港、满载到港、空载出港和空载到港 4 种。其中,满载出港的浮态应保证基本平浮或略有尾倾,不允许首倾。尾机型船液舱为减短管路,液舱多设于尾部,这种情况下,如满载出港正好平浮,到港时会产生首倾。因此,通常会将满载出港设计成略有尾倾的浮态,待到港时油水耗尽,正好平浮。空载状态下的吃水较浅,为保证螺旋桨的吃水,必须有一定的尾倾。乌江中型以上的货船多数会在尾部设一压载水舱,以保证尾吃水。乌江货船首部保留有绞关机舱,重量较大,多不设首压载舱。

其他载况不产生首倾。浮态调整的步骤和方法主要有:

(1)改变液舱的纵向布置,调整重心纵向位置以改变浮态。对于主机功率大、航程远的货船,由于油水储量大,特别要注意出港和到港的浮态变化。乌江货船航行里程相对较长,且由于部分河段还处于自然河道,存在急流、浅水和浅滩,航速要求较高,约在18km/h以上,相应的燃油储量也会较大。所以,各载况下的浮态变化明显。

乌江货船吨位不大,船舶的长度相对较长,满载工况时,液舱调整的富余度较大,效果明显。只是要同时兼顾满载到港的工况,或尾部备留适当的压载空间,以保证桨沉深。其他工况根据现有船舶的统计情况分析,比较容易满足。

(2)调整机舱布置。

因为乌江货船多为尾机型船,重心距中较远,且机舱质量较大,所以调整机舱长度和纵向布置位置对浮态的改变效果显著。但纵移机舱必然影响货舱的大小与重心位置,进而影响船舶的经济效益。根据现有乌江货船的机舱布置地位分析:机舱长度基本上已缩至最小,尾舱也设计的很短,且还要争取尽可能大的货舱舱容,调整机舱以满足浮态的可能性不大。

(3)压载调整浮态。

压载调整浮态是通过设置压载水舱、改变其数量、位置和大小来实现的。乌江货船的首尾舱、半舱船的底舱、J_2航段双壳货船的边舱等处所,都可以布置为压载舱。

压载舱的设计要注意:尽量减小对船体结构强度和影响;压载舱大小合适,不采用部分压载,以减轻自由液面对稳性的影响。

(4)调整浮心位置。

如果以上方法都无法满足浮态要求,或者对布置合理性产生较大影响时,另一种最直接和最有效的方法是调整浮心位置,以损失部分快速性(改变快速性最佳浮心位置)换取布置地位的合理性。在型线设计之前,这是最有效调整浮心纵向位置的措施;而型线设计完成后,这种调整方法是不得已的终极措施。一般在初步设计时,依据优秀型船进行浮态设计和型线设计,是能够避免在后面设计中通过修改型线来改变浮心位置的。

移动浮心解决浮态问题通常是针对满载工况的。

第23章

舱室及交通路线布置

总布置设计完成区域划分后，即可以进行交通路线规划与舱室布置。舱室布置是在交通路线规划布置设计的基础上完成的。合理地组织、利用和分配空间，规划交通路线、布置各种舱室，充分提高空间的利用率，对于货船的经济性和消防安全性都具有重要的意义。

23.1 交通路线规划

交通路线规划设计包括平面通道设计和垂直通道（梯道）设计。乌江货船的交通路线相对较为直观、简单。

室外通道主要考虑船员工作方便、到达迅速。货舱区利用舱口两侧甲板作为走道，交通上层建筑和首锚、系泊区。因为乌江货船甲板室空间有限，上层建筑区域主要能过外走道交通各处。需要或条件允许时，也可以设置内走道。通道宽度一般不小于 0.8m。露天甲板外走道均应设置舷墙或栏杆，高度不低于 0.9m。图 23.1 显示了乌江货船常见的通道布置情况。

图 23.1 中可以看出，乌江货船基本上都采用外回廊型的走道形式，尤其是 300t 以下的小型货船。吨位稍大一些的货船，可以设计中走道，以方便驾驶室人员工作需要。

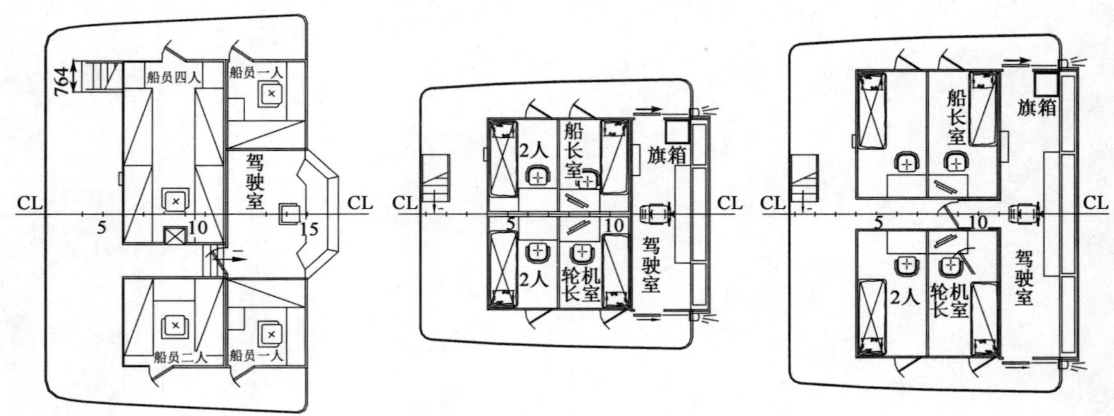

图 23.1 乌江货船常见的通道布置情况

室内通道要求脱险方便，直通少弯。

梯道根据用途和处所不同，种类和式样也不同。机舱、居住舱、上层建筑各层甲板的通达梯一般采用倾斜扶梯；货舱、主甲板以下各个功能舱、空舱以及人员不常到达的处所，如上达顶篷甲板的梯道，采用直梯。

各种船员梯道的尺寸如图 23.2 和表 23.1 所示。

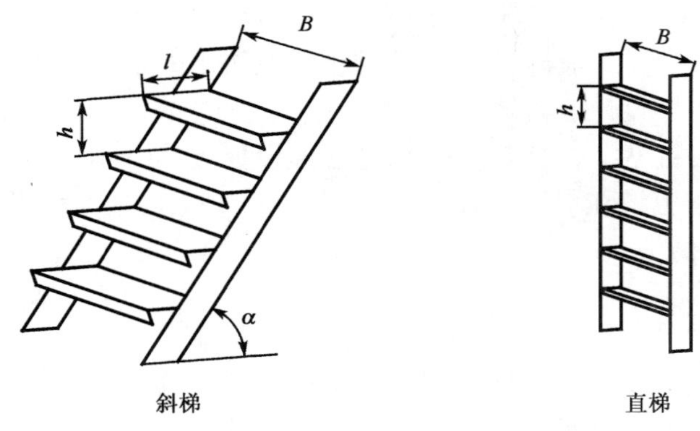

图 23.2　货船梯道示意图

船员梯道尺寸范围和极限值　　表 23.1

船员梯类型		梯宽 B(mm)	仰角 α(°)	踏步高 h(mm)	踏步宽 l(mm)
斜梯	适宜值	800	45～55	190～235	145～210
	极限值	600	60	245	136
直梯		500	90	300	

23.2　舱室布置

船舶舱室可分为工作舱室和生活舱室。舱室设计的目的是在适用、经济的前提下，尽可能改善船员的生活和工作条件，力争舒适、方便和安全。同时要满足法规有关“船员舱室设备”的有关规定。

乌江货船多为中小型船舶，上层建筑布置紧凑，舱室种类较少。不少船舶的生活舱室甚至还达不到“船员舱室设备”的相关要求，如船长和轮机长设单间等。乌江货船的典型生活舱包括：船员居住舱、餐厅及厨房、卫生间和小型会议室等；典型工作舱室包括：驾驶室、机舱、绞关机舱等。

23.2.1　生活舱室

船员舱室面积和属具标准根据船员职务等级、人数、吨位大小以及航运公司的习惯、航线、航距等情况而定。

乌江货船船员居住舱一般布置在上层甲板。高级船员居住在上层靠前部，普通船员居住在下层或上层靠后的区域。通常习惯上，船长及驾驶部船员布置于船的右舷；轮机长和轮机部船员布置于船舶的左舷。普通船员一般为 2～4 人间，船长和轮机长尽可能设置单人间。关于居住面积，法规给出了内河船员卧室面积的最低标准，如普通船员居住面积不小于 2.35m^2/人。

船员床内缘最小净尺寸为1.9m×0.8m。

乌江货船的航程相对较长，船员需在船上较长时间地工作和生活。设计中，应在保证最小面积的基础上，尽可能改善船员的居住条件，创造和谐、舒适的工作和生活环境。随着乌江航道标准的升级、船舶吨位的增大，乌江货船居住条件较差的现状将会不断改善。

乌江货船的餐厅及厨房一般没有分开，应保证非在岗船员能同时就餐的基本面积，大小可参考同类型船厨房与餐厅设计。如果船上设有小会议室，可兼做餐厅。餐厅及厨房的布置从消防和振动噪声等各种因素综合考虑，一般布置于主甲板上、机舱棚之后。

卫生间的布置应避免设在船员居住舱、厨房与餐厅之上。卫生设备：每6人设大便器1只、淋浴器1个。大便器每只占地面积不小于0.8m^2。

23.2.2 工作舱室

货船工作舱一般按驾驶和轮机两个不同工作部门分别布置。货船的驾驶室一般位于最上一层功能甲板上。视线不受遮挡，便于操纵和观察。驾驶部围绕驾驶室布置；轮机部布置于机舱周围，位于主甲板上。现在在航的乌江货船舱室简单，工作舱室较少，没有十分明显的分类，随着船舶吨位的增大，船舶功能舱室数量和功能的增加，工作舱室的合理设计布局，将直接影响船员的工作效率和安全管理。

绞关机舱是乌江货船特有的舱室。为方便绞滩，布置于船舶首部，防撞舱壁之后。

图23.3显示了乌江500t货船各层甲板的布置情况。

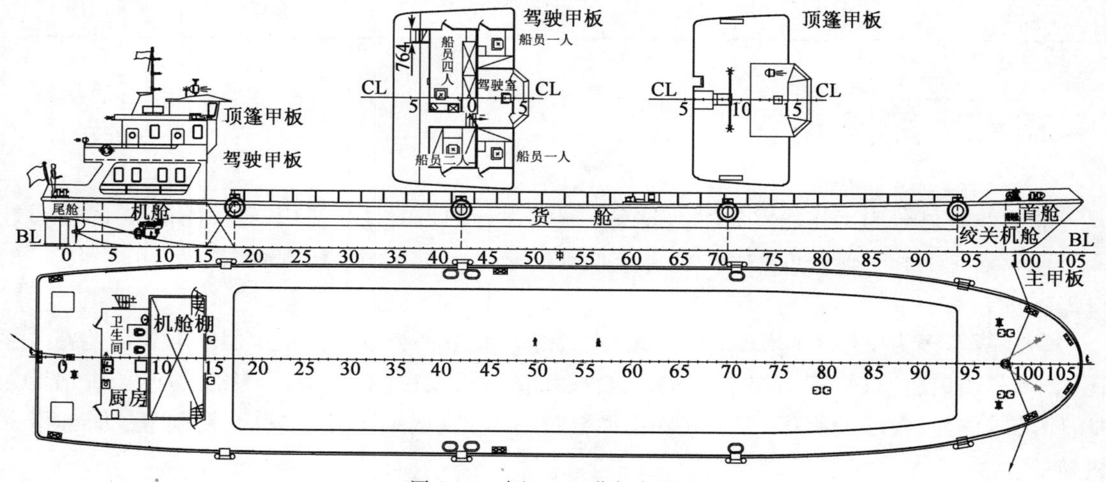

图23.3 乌江500t货船布置图

主甲板尾～4号为尾甲板机械及系泊区；4号～9号左舷设卫生间，围壁外设上达斜梯，以便于上层甲板人员使用；右舷为厨房。9号～15号为机舱棚；15号～18号设主甲板横向通道；18号～94号为货舱口；94号～首为首甲板机械及锚泊系泊区。

驾驶甲板：2号～6号设外走道，尾设梯道；6号～11号左右分设4人和2人船员间；11号～15号两舷设有单人船员室2间，中部设升高驾驶室。这种驾驶室布置在保证驾驶盲区要求的前提下，能够降低重心，节省空间、节省材料。为便于观察船舶两舷，将驾驶室前封头突出，以保证视线不致完全遮挡。

第24章 船舶主要舾装设备布置

船体舾装设备包括甲板舾装设备(外舾装)和舱室舾装设备(内舾装)。乌江货船因为其自身的特点,设备相对简单。甲板设备主要依据规范和法规选择和配备。舱室设备除满足法规要求外,仅限于满足基本的生活必需。

24.1 舵设备布置

船舵用于实现船舶的操纵性,保证航态。船舵类型很多,应根据船舶的用途、大小和船尾型线来确定。为提高舵效,舵一般置于桨后高速水流区,舵的数量与桨的数量相同。根据乌江的航行条件,传统乌江船舵的形式主要为悬挂式单板舵。结构简单,舵压力较大。随着货船吨位的加大,一些优秀的舵型也逐渐在该地区推广开来,如流线型悬挂舵、加上下制流板的流线型舵、西林舵等。乌江货船常用舵型见图 24.1。

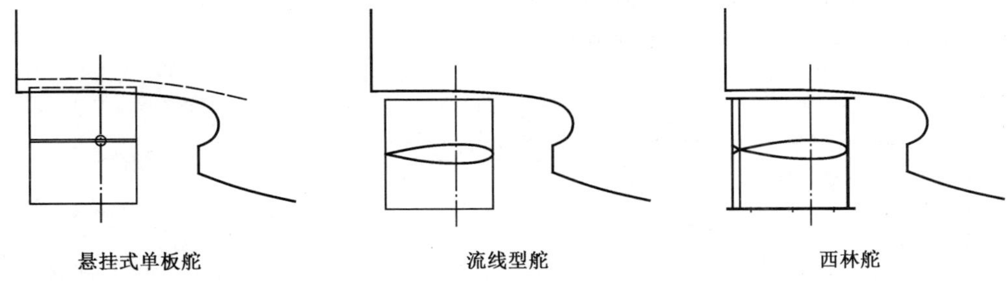

图 24.1　乌江货船常用舵型

舵面积的选择,需按照操纵性要求和实践经验确定。常用的方法还是舵面积系数法,即:

$$A_r = \mu L_{pp} d \tag{24.1}$$

式中:A_r——舵面积(m^2);

L_{pp}——垂线间长(m);

d——设计吃水(m);

μ——舵面积系数,乌江货船舵 $\mu = 4\% \sim 6\%$。

随着双尾船型的推广,舵面积有所增大。对提高船舶的操纵性效果十分显著。

由于吃水受河道所限,乌江船舵的展舷比较小,一般在 $\lambda = 1$ 左右。

舵布置于桨尾流区,对提高舵效、整流改善推进效率有利。对于乌江浅水航道船,在布置舵时，下缘一般不超出基线，不高于桨叶最低点；上缘尽量靠近船体，减少舵叶翼端绕流影响提高舵效，并能够减小舵杆弯矩；舵叶随边不超出船体，以保护舵叶不受船上降落物体的损坏。

24.2 停泊设备布置

停泊设备包括锚泊设备和系泊设备。停泊设备根据规范要求，按舾装数选配。

$$N=K_1(2D+B)L_S+K_2(bH+0.1S) \tag{24.2}$$

式中：L_s——满载设计水线长(m)；

B——船宽(m)；

D——满载设计吃水(m)；

K_1、K_2——航区系数，根据规范选取；

b——上层建筑及甲板室围壁的最大宽度(m)；

H——在船体中纵剖面处满载水线以上主体及上层建筑(甲板室)各层宽度大于 $B/4$ 舱室的高度之和(m)；

S——满载设计水线以上侧投影面积(m^2)。

$$S=FLS+\sum l_i h_i \tag{24.3}$$

式中：F——船长中点处干舷高度(m)；

l_i——各层上层建筑及宽度大于 $B/4$ 的甲板室围壁侧投影长度(m)；

h_i——各层上层建筑及宽度大于 $B/4$ 的甲板室围壁的高度(m)。

计算出舾装数 N 后，按规范相应表格，确定锚泊和系泊的主要参数。乌江水浅，船舶型深小，不便于设置锚链筒。因而，货船锚放置于甲板之上并固定好；或置于船首锚架上。图 24.2 显示了乌江 250t 货船停泊设备的布置情况。

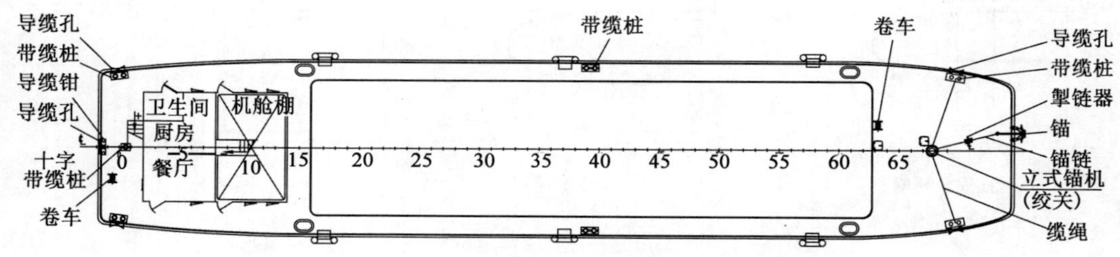

图 24.2 乌江 250t 货船停泊设备的布置图

24.3 救生设备布置

乌江货船救生设备主要是个人救生设备，包括：救生衣、救生圈、救生浮等。配置数量和方式按法规要求，每位船员配 1 件，放置于个人生活区域。同时另配船员人数 20％的救生衣，放置于工作岗位。

货船救生圈根据航区和货船船长配置，见表 24.1。

救生圈、救生环配备表　　表 24.1

航区/航段	船长(m)	救生圈+气胀式救生环(只)			
		每层甲板			
		总数	带救生浮索	带自亮灯	其中气胀式救生环不超过
A、B、J_2	20≤L<30	2	1	1	1
	30≤L<60	4	2	2	2
	≥60	6	2	2	4

24.4　信号设备布置

信号设备包括：号灯、号型、号旗和声响信号等。船上的桅用作布置各种信号设备。船长≥50m时，需设前、后两处桅杆。信号设备的类型和数量需按法规及《航行避碰规则》配备。乌江货船信号灯的基本配置见表 24.2。

基本号灯配备表(单位：盏)　　表 24.2

船舶种类＼数量＼号灯	白桅灯	红舷灯	绿舷灯	白尾灯	白环照灯	红环照灯	绿环照灯	红闪光灯	绿闪光灯	白闪光灯	红旋转闪光灯
乌江货船	1	1	1	1	1	2	1	1	1	1	—

船长≥50m 时，前后桅各配 1 盏白桅灯，另配 2 盏白环照灯作前后锚灯。图 24.3 显示了船长<50m 乌江货船信号灯安装尺寸；图 24.4 显示了船长≥50m 乌江货船信号灯安装尺寸。

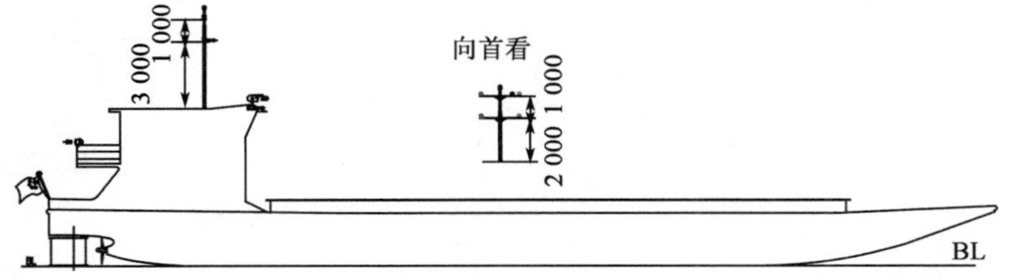

图 24.3　30≤船长<50m 乌江货船信号灯安装(尺寸单位：mm)

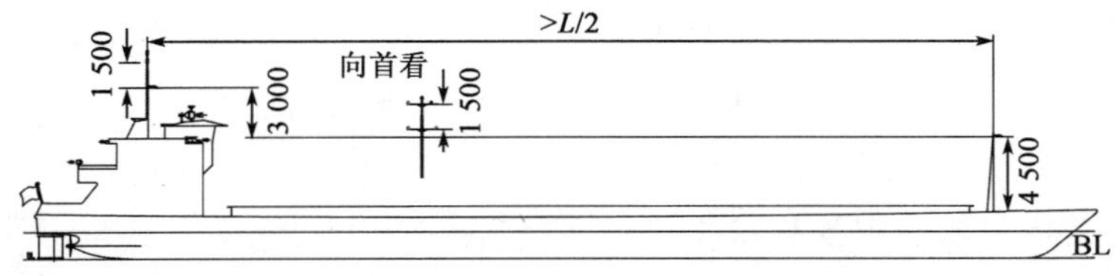

图 24.4　船长≥50m 乌江货船信号灯安装(尺寸单位：mm)

第25章 船舶造型

船舶是运动的水上建筑，船舶的外观和内部环境的艺术设计是从总体设计开始贯穿整个设计全过程的重要部分。乌江货船虽然造型简单，但也应给予一定的关注。通过艺术设计，改善船舶的外观形象，改善工作环境中的人机关系，提高舒适度，均有重要的意义。

25.1 外观设计

船舶作为漂浮在水中的建筑物，其建筑形象和特点取决于船舶的外观造型。上层建筑的大小和层数对船舶的外观具有直接的影响。总体布局时，除考虑功能方面的使用要求外，还必须根据船舶的用途、尺度和速度等，将船舶主体、上层建筑以及桅杆、信号设备等单元体，从总体外观上进行研究和设计，使不同用途的船舶在外观上具有反映其特点和风格的形式，即满足船舶精神功能方面的需求。货船外观对造型的要求虽不如客船那么高，但作为总布置设计的一项重要内容，也不可等闲视之。

乌江货船的外观造型设计，应保证船舶整体轮廓鲜明、完整，主次分明并具有稳定和向前的速度感。上建与主体之间应均衡、协调、紧凑，整体与局部、局部与局部、首尾、上下的尺度与比例均衡。外观能够反映时代精神、体现地域特点和民族风格。同时，必须考虑简化工艺和降低造价。

船船外观由三部分构成：

(1)水上部分主体，即首尾形态、舷弧线和舷墙形成船体外轮廓。

(2)上层建筑，形成风格的主要造型要素。

(3)各种甲板和舷边设备，依靠这些元素丰富画面，画龙点睛。

三者在用线、色彩、构图等方面要求统一与协调。

乌江货船属常规货船。因为吃水浅，船长较长，上层建筑不太发达，所以具有较好的视觉外观尺度比，即长高比较大，外观协调。根据乌江货船外观的特点，船舶的外观造型主要依据下列基本原则：

(1)以功能需求为设计出发点，按照实用、简洁、经济的原则确立造型风格。

(2)反映船舶的地域特点和历史沿革，体现了流域船民的使用心理和操纵习惯，参照现有在航货船的造型特点，设计造型方案。

(3)遵循货船的共有特征,突出本船个性特点,适当考虑其审美属性。

处理外观造型的方法:

(1)利用线条的属性,突出主体的速度感。

(2)采用直线和方箱形外观形态,突出上层建筑的稳重、朴实的风格。为避免过于呆滞,在舷侧设置适当宽度的斜撑,配合船体尾部内倾的舷墙加以调和,同时与首柱和顶篷前端外斜的檐口板相互唤应,使侧面轮廓稍显活泼。

(3)注意各造型部分的比例相同和尺度的协调。

(4)认真处理舱室属具,如门、窗、开孔的节奏和韵律感。

(5)处理好吊檐、栏杆和舷墙等要素之间的虚实对比感。

(6)运用色彩的心理和生理特性体现外观的属性,引起良好的联想,从而表现船舶的主体风格。船舶外观主色调不得超过三种,注意配色的稳定感和调和性。可在舷墙和吊檐上用船体的同相色拉出色带。可以起到分割上层建筑视觉高度、加强视觉稳定性的作用,还能改变上层建筑色调过于单调的缺陷。

案例分析:以往的乌江货船对外观的艺术设计不太重视,仅仅只从实用、经济的目的处理外观,单一、雷同、视觉整体感较差。图 25.1 是在航的某乌江货船的侧面图。该船的比例和均衡感都不错,但是视觉比较零乱,缺少整体感。各种线条不够协调,如后仰桅杆的角度视觉上较为别扭,与整体不一致;大面积的栏杆显得虚面太多,缺少虚实对比的想象空间。

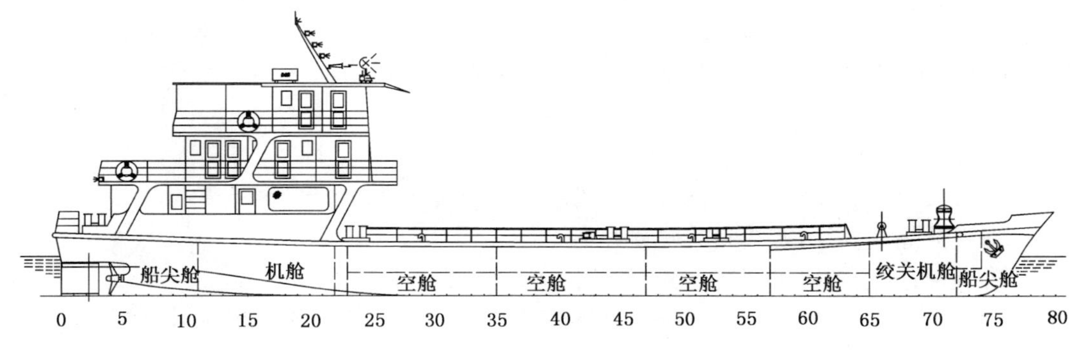

图 25.1　乌江货船原造型侧面图

在不增加施工难度、基本保证上层建筑功能不变的前提下,对外观作了几处造型和改进:

(1)修改首部舷墙阶梯造型,改用斜线,减少视差,加强统一感。

(2)减小侧面栏杆面积,代之以实面的半舷墙加小栏杆,增强上层建筑的视觉整体感。

(3)改变顶篷吊檐形式,保持上层建筑的风格统一。

(4)主甲板两斜撑与舷墙做成一个平面并前移,增强统一感、改变上部分建筑的视觉不平衡感。图 25.2 是改变造型后的乌江货船侧面图。

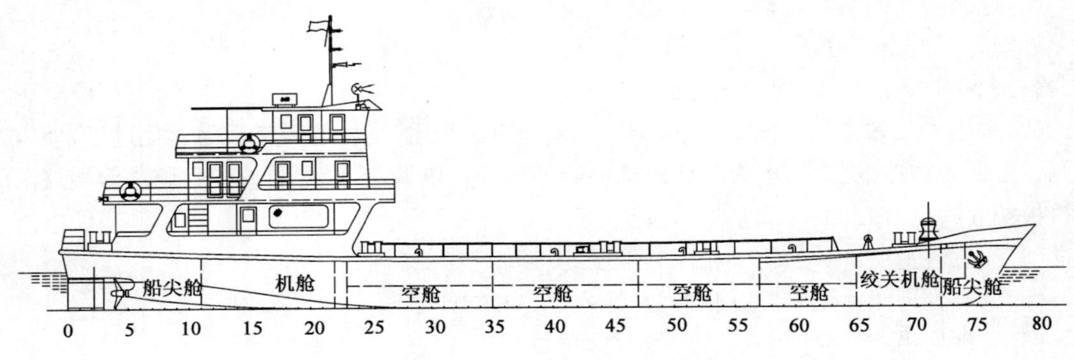

图 25.2 乌江货船改进造型侧面图

25.2 内装设计

内装设计内容包括:空间的处理(尺度、体形、分隔等的处理);家具的造型、材质、色感和布置;平面和立面修饰(即天花板、地面、四壁的修饰);装潢(灯具、纺织物、小五金等)处理和艺术修饰(装饰的选配、色彩协调、灯光配置、质感处理、细部点缀等)。

内装设计应遵循的原则有:内装体现舱室功能,表现内部环境的主体风格;以人为本,符合人机关系;合理地处理内部空间和属具的尺度和比例关系;布局均衡、有变化有统一。

乌江货船的舱室内部都相对简单,没有太多的装饰。随着科技和材料工作的开展,随着人们生活水平和审美情趣地不断提升,船员对船舱内部的舒适度和要机协调要求也会不断提高。乌江货船内装设计的主要矛盾是:物理空间的局限性与舒适性;室内环境的不协调与心理和谐。

设计方法有:

(1)通过大面积的室内环境处理,建立船东要求的建筑风格。

(2)通过分隔、色彩改变空间的视觉大小。

(3)合理地选配、布置尺度适宜的家具,创造人机关系协调的小环境。

(4)利用色彩改变视觉效果,影响船员情绪,创造和谐的生活氛围、舒适的居住条件。

第7篇

乌江货运船舶节能减排实用技术

第26章

国内外内河船舶主要节能减排技术

26.1 国内外航运企业节能减排进展综述

当今社会，能源是人类生产、生活不可或缺的资源，能源问题已成为世界各国政府、实业界和科技部门高度关注的重点问题。我国正处在工业化和城镇化加快发展阶段，能源消耗强度较高，消费规模不断扩大，特别是高投入、高消耗、高污染的粗放型经济增长方式，加剧了能源供求矛盾和环境污染状况。作为能源消耗大国，我国每年能耗约占世界总能耗的1/3，节能是缓解能源约束、减轻环境压力、保障经济安全、实现全面建设小康社会目标和可持续发展的必然选择。发展低碳经济、节能减排、应对气候变暖已成为全人类赖以生存与发展的内在要求和迫切需要。2012年8月6日，国务院颁布《节能减排“十二五”规划》，提出到2015年，单位工业增加值（规模以上）能耗比2010年下降21%左右的目标，节能减排已上升为国策。

加快构建以低碳排放为特征的工业、建筑、交通体系等，已成为全球范围内发展低碳经济的重要内容之一。交通行业是耗能大户，而且以消耗成品油为主，大约占全社会油品消耗量的28%左右。随着经济发展和人民生活水平的提高，交通行业对于石油的消费需求将快速增长，从而进一步增加了资源约束矛盾，交通行业节能减排刻不容缓。

随着航运业的快速发展，船舶的油污水、废气、生活污水、固体垃圾、噪音等对水域环境的污染问题日趋突出。2013年1月1日起，国际上实施新船能效设计指数（Energy Efficiency Design Index，EEDI）要求，并在近期密集出台了一系列相关公约、法规、规范、标准，标志着21世纪的航运业将进入绿色、高效、节能的时代。

内河航运发展历史悠久，是我国综合运输体系和水资源综合利用的重要组成部分，长期以来为促进内陆地区的经济发展，推动社会进步发挥了重要作用。经过多年的建设与发展，我国初步形成了以长江、珠江、京杭运河、淮河、黑龙江和松辽水系为主体的内河航运体系。作为国务院确定的领域之一，作为交通运输行业重要组成部分的内河航运节能减排势在必行。为此，交通运输部制定了在“十二五”期间，营运船舶单位运输周转量能耗下降15%，CO_2排放下降16%的发展目标，还颁布了《内河运输船舶标准船型指标体系》，将燃料消耗和CO_2排放作为新建船舶的强制性指标，以降低航运业对环境带来的不利影响。

近年来，船舶行业围绕绿色环保，在节能减排方面均取得了重要进展，呈现出了多目标融合发展的态势。船东也将更加注重节能降耗，可以肯定绿色环保仍将是未来船舶发展的主线。各航运强国都不遗余力地加紧相关技术的研发，推动各项技术的发展。未来我国内河船舶节能减排技术的应用将贯穿于船舶全生命周期。结合国情，借鉴国外成熟技术，经科技攻关而形成的各项节能减排实用技术将得以广泛推广应用，并将产生显著的社会、经济和环保效益。

目前，内河船舶节能减排实现的路径主要体现在降低船舶阻力、提高推进效率、系统配置优化、节能设备研究、新型能源利用等；船舶油污水、生活污水和压载水处理新技术应用，柴油机排气后处理技术应用；新概念船舶应用以及船舶效能管理技术应用等方向。各种实用技术均有其各自的适用范围，多种技术的叠加使用并不一定产生最佳的收效，应综合考虑各地区经济发展水平、通航环境条件、船舶技术特点、节能减排实用技术成熟度和可靠度以及应用成本等多因素，经优化论证科学选择。

26.2 国内外内河船舶主要节能技术

国内外内河船舶主要节能技术措施如图 26.1 所示。

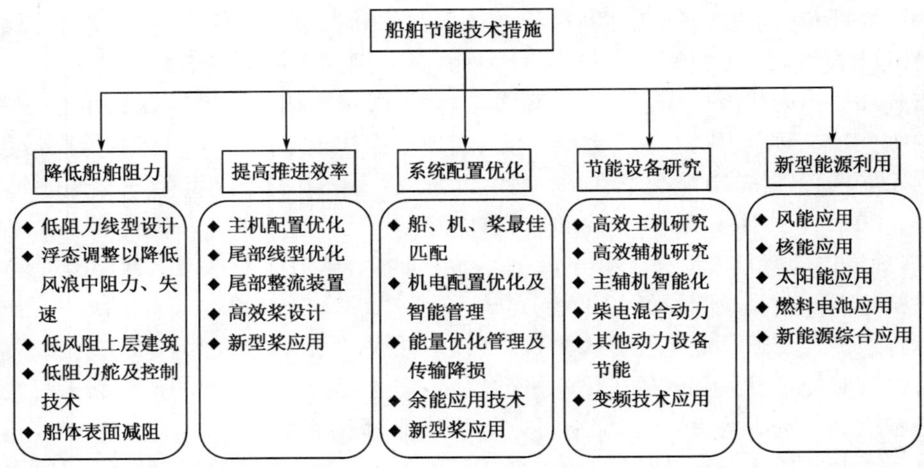

图 26.1　国内外内河船舶主要节能技术措施

26.2.1　国内外内河船舶主要节能技术

1)船型标准化

目前营运船舶中，船龄在 15 年以上的老船、旧船占比很大，其中一大批 20 世纪建造的旧船，船只的技术状态落后，它们的能耗比先进船舶高 30%左右。老旧船舶的装机功率占 35%，但只完成 15%的运量，使能源单耗居高不下。自“十一五”以来，各个航运部门都在抓住船舶更新换代的机遇，大力推进船型标准化工作，建设一支装备较为先进的内河船队。

2)优化船舶的主要尺度和线型

目前，内河采用较多的船型与线型有球鼻首船型、尾端球船型、球尾及双尾鳍船型、纵流船型、双体船及小水线面双体船、不对称尾部线型、浅吃水肥大船型、双尾船和平头涡尾等。此外，还出现了可变球鼻首，其球鼻可上下移动，或者是自由摆动，并且可以按照吃水与航速变化来改变球体形状，以达到节能的效果。因此，在充分总结现有成果的基础上，应进一步研发节能船型并加以推广，如双尾鳍船型利用2个尾鳍支撑推进轴，它的后体就像2艘并列的单桨船尾，使得伴流大大增加，船身效率随之提高，接近甚至超过了单桨船的船身效率，降低了主机功率。

3)减小船舶阻力技术

(1)减阻球鼻

这种新型的球鼻首采用了双球鼻结构，被称为减阻节能球鼻首。它能有效地减小阻力，获得优良的减阻效果，具有广阔的应用前景。

(2)微气泡减阻

用一层空气膜把船体和水隔开，以减小黏性阻力。这种新技术是在船首底部预设小孔，通过喷出的空气在船底形成一层薄薄的微小气泡(直径0.5～1mm)，从而减小船舶阻力，节省燃油消耗。

(3)最佳纵倾法

船舶在装载量一定的情况下，纵倾变化时，船体水线长度和水下几何形状发生变化，引起阻力和推进效率的变化，在排水量和航速一定时，存在着最佳纵倾状态，在该状态下所需的功率最小。船舶在最佳纵倾状态下航行时，船体阻力降低，推进效率提高，可大幅度节省主机功率。

(4)球尾船型

该船型的特征是在船体满载吃水线的尾部区设有一个长1%～2%L(L为船长)、宽度极小的尾端形体。它是根据流体力学原理，利用球尾产生与船尾尾波相反的等幅波，以降低兴波高度。其主要作用，其一是消波压浪，使船尾波的起波点后移，导致尾波扩散面大大减小，从而减少能量损失，以降低船舶阻力；其二是改善尾流，起整流作用，以提高船舶的推进效率。

(5)新型涂层技术

为了降低能耗并进一步减少废气排放，油漆公司继推出不含生物杀虫剂的有机硅不沾污涂料Intersleek1700后，又最新研制出了Intersleek1900涂料，这是一种全新的、独一无二的专利含氟聚合物不沾污涂料。含氟聚合物技术代表了不沾污技术的最新发展，也不含生物杀虫剂，不会对水生物造成影响，在环保节能方面，它也有了突破性的提高。

(6)改善船舶本身结构及材料

改善船舶的材料及结构，可以减少船舶本身重量以及其在运行过程中遇到的阻力。目前，我国内河船舶常用的结构优化技术主要是基于有限元直接计算结果，结合结构优化理论，对船舶结构形式，构件的布置及构件尺寸、船体板的尺寸和高强度的使用进行优化设计，以达到结构重量的最小化。此外根据船舶使用功能及船型，选择适宜的材料如钢质、铝合金、玻璃钢、高强度钢、复合材料等。

(7)减少船体的粗糙度

据粗略统计，由于粗糙度的增加，每年要多耗燃油30%左右。可以通过电解海水防污，通过电解装置将海水分解出氯气，杀灭海生物；定期进坞清底；水下清洗（刮船底)；水面刮刷和补涂技术来防止污底。通过正确选择合理的涂料系统；提高油漆施工的质量；对船壳水下部分实行阴极保护；对船壳板进行打砂等防止粗糙化。

(8)采用船尾附体（如加鳍、导流管等）

采用船尾附体，不仅能改善尾部流场，从而降低黏压阻力，而且可使螺旋桨的推进效率提高，例如首部消波水翼可以改变船舶纵向姿态，尾压浪板可以减少船舶尾波高度等。目前采用的附体有反作用力鳍、前置导管、附加推力鳍、尾端球及整流舵加鳍和桨后固定叶轮等。

4)高效柴油机动力技术

由于主机的能耗在整个动力装置中所占的比例最大，因而主机的优选对提高动力装置的效率影响最大。目前，各发动机制造厂在材料选择、设计结构、优化系统、试验研究和加工制造等方面做了许多工作，并取得了显著进步，其发展趋势大致为：采用系列化设计，并通过变形满足多用途需要；不断开发新的节能型绿色柴油机，适应船舶市场的供需变化；严格整机的耐久试验，提高工作的可靠性；提高强化系数，提高柴油机使用的经济性；采用各种不同的喷射装置或喷射方式，完善燃烧过程，降低 NO_x 的排放量，适应日益严格的节能环保要求；采用电子喷油系统装置，电子喷油系统装置采用微机控制，可即时将柴油机工况的各类参数输入微机进行综合分析处理，从而得出最佳的喷油压力和提前角以及喷油量，实现燃油在气缸内的燃烧过程的最佳控制，达到节能效果。另外，复合增压技术、可变涡轮增压技术、电控涡轮复合增压技术和可变气门系统等新型技术的应用，为船舶动力装置节能开辟了新的途径。

这类新型节能环保船用柴油机，由于成功采用了增压中冷技术，使柴油机功率提高了25％，油耗降低了5％～6％。

5)优选主机

目前无论是低速、中速或高速柴油机，其耗油率均有较大幅度的降低，但各种机型间的差别也是明显存在的。因此，在建造船舶时应根据船舶具体情况，选择性能稳定，经济性好的主机。由于主机的能耗在整个动力装置中所占的比例最大，因而主机的优选对提高动力装置的效率影响最大。目前，柴油机主机趋向低转速、长冲程，其目的主要是降低耗油率，同时该类主机与低速大直径螺旋桨匹配效果较好。

6)提高传动效率

提高从主机到螺旋桨的传动效率也是一种常用的措施。一般来说，船舶尽可能采用直接传动；如采用间接传动，应提高传动设备(如减速装置、联轴节等)的效率，保证传动轴系的对中良好；采用高效的轴封装置，减少轴封对漏油及传动效率的影响。

7)主机优化调整技术

船舶推进所耗能量占船舶总能耗的大部分，保持主机在高效率下运行是船舶节能的首要任务。主机在任何偏离最佳运行状态下工作都会降低其效率，增加油耗。严格地监视主机的参数，经常进行调整以保证良好的主机性能。

8)采用柴油机排气管扩压管节能技术

在主机的排气管出口端，增加一段排气扩压管，使扩压管小径与主机的排气管连接。这段扩压管使加大的排气管气流速度减小，可减小流阻损失。在气体流量不变的情况下，由于管中流速减小，则排气管出口处的流体压力增大，促使排气管中残留废气排出。实践证明，效果良好。

9)优化船机桨配合，提高船舶的推进性能

优化船、机、桨的配合特性，在船型设计时，要充分考虑船体的浸水体积，也就是要考虑船舶的线型和吃水深度，以尽量减低船舶航行时阻力，以提高柴油机的有效功率，从而达到节油的目的。在选用主机机型时，当选定适合特定船型的合理营运航速后，尽量选配储备功率较低的主机；在螺旋桨选配时，尽可能增加螺旋桨的直径，适当降低螺旋桨的转速；在选择时，可以采用可调螺距桨;在此基础上优化设计螺旋桨,使船、机、桨的匹配最佳;此外,还可以采用船体附件,比如安装如导流管等;减少螺旋桨的粗糙度,这些方法都将使船舶推进效率提高。

10)采用新型螺旋桨,提高推进效率

为了提高推进效率,国内外都在研究有别于常规螺旋桨的各种新型高效推进装置,如低转速大直径螺旋桨、适伴流可调距螺旋桨、导管螺旋桨、无梢涡螺旋桨以及部分浸水螺旋桨等。

(1)采用低转速大直径螺旋桨

由螺旋桨工作原理可知,其转速越低,则负荷越轻,敞水效率越高。使推力减额因数增加以及增大伴流分数,提高船身效率,对于高速船舶,设计安装低转速大直径螺旋桨,可获取最佳的船舶推进效率。在满足航速不变的情况下,采用低速大直径螺旋桨可以取得节能效果。转速降得越低,燃油节约效果就越显著。例如,转速由100r/min降至60r/min,节油率约在12%左右。降低螺旋桨转速一般有两种方法:一是选用低转速主机;二是在主机与螺旋桨之间的传动系统中加装减速齿轮箱。

(2)可调距螺旋桨

在航行状态发生改变时,船舶的阻力将增大或减少,此时通过调整桨叶的位置改变其螺距,可以改变来流的攻角,使得主机在转速不变的情况下充分发挥主机的功率。

(3)螺旋桨前置导流管节能技术

在船尾螺旋桨上方两侧各装置一个半环形导流管,可使螺旋桨上部流速加快,减缓周围水流速度,这样螺旋桨整个盘面的流速均匀,尾流获得一定程度的预旋,可提高推进效率。同时,它对降低船体形状阻力也有一定作用,综合节能效果约8%。

(4)螺旋桨修边节能技术

船舶经长期航行后,包括螺旋桨在内的船体表面粗糙度增加,加大船舶航行的阻力,使主机比油耗上升。为此,可切割螺旋桨叶梢以缩小其直径,或进行其他修整工作,达到减轻负荷、增加转数和提高螺旋桨及主机效率的目的。另一方面,对于主机老化严重、负荷重、工况差、转速下降过多的船舶,应对船舶螺旋桨进行削边改造,以达到船、机、桨重新匹配,使主机处于良好的工作状态,提高燃油的燃烧率,减少油耗,从而达到节能的目的。采取该项节能技术,一般可节油5%左右。

(5)部分浸水螺旋桨

半浸式螺旋桨推进装置由半浸式螺旋桨和驱动装置两大部分组成,半浸式螺旋桨在水面附近运行,桨叶一部分时间在水中而另外部分时间在空气中旋转;位于水面上方的驱动装置除包含桨的传动轴系外,通常还有调节轴系纵倾角和横倾角机构,通过调节螺旋桨轴浸深来调节螺旋桨与航行状态的匹配,而螺旋桨处于横倾角状态运行时提供的横向推力,可比舵更加有力地完成对船艇航向的操纵。

(6)采用内旋桨

国内研究双尾船配内旋桨的结果表明,采用内旋桨的船身效率比采用外旋桨的提高20%左右。对于MAU型和B型螺旋桨而言,采用内旋桨的船身效率比采用外旋桨提高了2.4%左右,旋转效率提高了3%~5%。其机理主要是产生一种反桨效应,因为内旋螺旋桨与来流流入桨盘的切向速度方向相反,螺旋桨的转速相对水流的旋转速度增加,使螺旋桨推力增大,从而提高船舶推进效率。若巧妙设计最佳的船尾形状,更好地改善伴流场,提高伴流分数值,降低推力减额分数值，使螺旋桨处于稳定高伴流区工作，则船舶推进效率的提高会更加显著。

(7)桨前后加装节能附体

在桨前后加装附体，增加预旋或者吸收螺旋桨尾流提高推进效率。节能附体从工作原理上分主要有以下几种形式：第一类，装于螺旋桨前，用于改善螺旋桨进流速度场，使速度场均匀或产生预旋，以达到提高螺旋桨效率的目的，同时也收到减振的效果，如前置导管、补偿导管、桨前固定导轮、船艉桨、前预旋片、导管前置导流片等；第二类，分割和衰减各类旋涡，以达到减少旋涡阻力，提高推进效率的目的，如装于螺旋桨毂帽上的毂帽鳍、消涡助推器(子母桨)可以分割衰减毂涡；装于螺旋桨叶梢的端板可以抑制梢涡，从而设计出"无梢涡螺旋桨"；装于船艇适当位置的预旋圆柱，可以消除舭涡等；第三类，装置在螺旋桨后，用以回收螺旋桨后周向旋转能量。周向旋转能量约占螺旋桨损失的1/2，如能回收一部分，其效益将是可观的。属于这类装置的有桨后固定导轮、导管后置导流片、舵装推力鳍(助推舵)、反应舵、格林导轮、分节式导管导轮等。

11)船舶减速航行

船舶在航行时能否节油，关键是航速，而船舶主机功率与螺旋桨转速的3次方成正比，因现在使用的一部分大功率、高航速船舶的燃油单耗非常高，适当降低航行速度可以节约大量的燃油。

使船舶在降速航行的同时，主机又能在较佳的工况下运行，降低主机的比油耗，总体上可取得较为显著的节能效果。例如，在满足运输任务的前提下，航速降至一半时，同样航程的耗油量可节约20%。

12)改烧重油(燃料油)

有些船舶在动力装置允许的条件下，改烧劣质油，在目前油料价格居高不下的情况下，带来的经济效益十分明显。

13)主机轴带发电机技术

在航行途中采用主机轴带发电机，轴带舵机油泵等技术，尽可能不开付机发电，使用这种方法，可以大幅度的节省燃油，使用有轴带发电机的主机来驱动普通定距桨时，用稳频稳压系统来保证在转速改变时电压和频率的稳定。

14)利用船舶推进节能装置，提高船舶推进效率

提高船舶的推进性能通常有两种方法：一种是尽量减少船舶航行时的能量损失，也就是尽量降低船舶航行阻力和提高推进效率；另一种是回收损失的能量，这主要是使船体、螺旋桨和舵三者之间保持优化匹配。采用节能装置，可降低船舶航行阻力、提高推进效率、回收损失的能量，使船体、螺旋桨和舵三者之间保持优化匹配。

(1)舵球

安装在螺旋桨后面舵叶的导边，螺旋桨轴线处，与螺旋桨帽相对，端部为球体，向后延伸部分为锥体，并使球体与舵叶流线型过渡为主。试验表明，在螺旋桨后面存在一个低压区，当舵球尺度、安装位置选择合适时，正好填补了这个低压区，使桨叶前后的压力差减小，从而提高螺旋桨的效率。舵球尺度选配得当，节能效果可达2%～3%。

(2)扭曲节能舵

扭曲舵的基本思想是充分利用螺旋桨尾流的能量，把舵的形状控制成在未打舵角时阻力

尽可能小,同时能够提供尽可能大的附加推力,而在打舵角时又不影响舵效。

哈尔滨工程大学展开了对称扭曲式反应舵的研究工作,进行了系列的模型试验和理论研究。708所展开了带有导流罩推力鳍的扭曲舵研究,在500t沿海货船上加装时得到了满载航行时节能8.9%的效果。

(3)桨前导流鳍

为了改善桨前水流对螺旋桨的不利影响,德国、日本相继研究了桨前导流鳍来减少舭涡和斜流造成螺旋桨推力和力矩的脉动,变化螺旋桨前导流鳍由与水流成一定攻角的鳍叶组成,通过改变水流的方向改善船舶伴流或在桨前形成一个与螺旋桨旋转方向相反的预旋流,提高螺旋桨的效率,减小振动,可提高航速或节省主机功率5%左右。

(4)桨后自旋助推叶轮

桨后自旋助推叶轮是一种回收螺旋桨旋转尾流能量的一种装置,它可将一部分尾流能量转换为船舶前进的附加推力。此装置采用滚柱轴承支撑安装在螺旋桨轴的末端,在螺旋桨尾流的作用下,可自由地在桨轴上转动,以产生附加推力,从而提高船舶推进效率。模型和实船结果表明,加装助推叶轮的节能效果可达5%~10%。助推叶轮节能效果显著、安装方便、结构可靠、有利于减少振动。除了新船建造时可以直接安装助推叶轮之外,旧船也可以加装助推叶轮。

这些节能装置的作用主要有:①改善螺旋桨进流,使之更加均匀;②减少船尾的水流分离现象;③使桨前流预旋,把原来尾流中损失的旋转能转化为推力功;④产生附加推力。

15)提高船舶电站的效率

船舶电站的能耗在整个船舶动力装置中占有一定的份额,提高船舶电站的效率不应忽视。合理使用发电机,避免柴油机在低负荷下运行,提高柴油机的运行经济性;正确选择各种电动机容量;采取补偿装置提高功率因数;采用控制机构提高电动机效率,提高船舶供电系统的功率因数。

16)余热利用

船上柴油主机的余热包括两部分:尾气排放带走的热量和主机冷却水带走的热量。冷却水的温度较低,约70℃左右,可用于预热燃油。尾气中的热量约是主机总能耗的30%左右,而且温度高达300~400℃,可利用余热锅炉就地提供船上所需的各种热源和汽源。已研制使用的强制循环余热锅炉和热管余热锅炉,它们的热效率达到40%左右,比常规余热锅炉的效率提高了将近一倍。余热利用大约可获得2%的节能效果。

排气余热的利用:最常用的方法是通过废气锅炉产生蒸汽,满足船上加热、保温和生活杂用。但在功率较大的大型船舶上,由于排气余热量大,产生的蒸汽量会有多余,因此可采用蒸汽轮机发电的余热利用系统,以充分利用排气余热。冷却水余热的利用:利用冷却热作制淡装置的热源;利用冷却热作加热器的热源;利用冷却热作吸收式制冷装置的热源;利用冷却热作氟利昂透平系统的热源。

17)新型油料节能技术

(1)燃油节能新技术。目前主要是采用在燃油中加添加剂的方法节能,新的添加剂技术主要有纳米技术和核磁共振技术:①纳米技术。在反应瓶中加入一定量的金属纳米微粒和表面活性剂,加入适量溶剂,在一定条件下反应1~2h,并经处理后即可得到表面修饰金属纳米微粒添加剂。该添加剂以0.01%质量分数加入柴油中,能显著提高燃料燃烧效率5%~5.8%,

试验确定平均节油率为2.1%～2.7%，效果良好；②核磁共振技术。该技术利用核磁共振处理异辛酸稀土活性复合物，提高该活性物质的催化活性，可作为添加剂，试验表明，可提高柴油燃烧效率，节油可达2%～5%，并能降低有害排放。

(2)润滑油节能新技术分为：①新型电子注油器；②新型陶瓷金属润滑油；③新型纳米金刚石润滑油石添加剂。

(3)使用化学添加剂。

在燃油中添加燃料添加剂可以改善燃油品质，提高燃烧性能，另外，使用燃油添加剂无须增加装置或改变发动机结构，因此被认为是一种便捷、有效的节能减排措施。对柴油机而言，目前使用的燃油添加剂主要有十六烷值提升剂、燃烧促进剂、消烟剂、流动性改进剂、抗氧化稳定剂、抗微生物剂等几种。

润滑油添加剂一般采用金属磨损自修复技术，具有减磨抗磨、原位职能自修复、减少排放、降低污染等功能。使用润滑油添加剂可以延长机件寿命，降低能源消耗，延长维护周期。

18)混合动力装置

混合动力装置主要由主机、轴带发电机、电动机、废气锅炉、动力透平、蒸汽透平发电机、电站管理系统、主机离合器等组成。

混合动力装置热能回收系统利用主机缸套水和扫气空气的热能为锅炉给水加热，利用回收的排气热能产生蒸汽，驱动蒸汽透平。部分废气则直接提供给一个动力透平，该动力透平和蒸汽透平通过一个减速齿轮箱共同驱动发电机。

混合动力装置工作模式如下：

(1)当热能回收系统提供的电能大于船舶辅助设备所需电能时，多余的电能可以提供给轴带电动机，增加螺旋桨输出功率；

(2)当热能回收系统提供的电能低于船舶辅助设备所需电能时，缺少的电能可以通过轴带发电机补充(轴带电动机运行在发电工况)；

(3)当所需的推进功率大于主柴油机可以提供的功率时，可以利用热能回收系统和副机产生的电能驱动轴带电动机，增加螺旋桨的输出功率；

(4)当主柴油机的离合器处于脱开状态时，由副机向轴带电动机提供电能，为船舶航行提供动力。

采用混合动力装置具有以下优点：①可以降低主柴油机的安装功率；②在一定程度上提高了推进装置的冗余性；③优化的电站管理系统提供船舶运行工况所需的电能；④安装灵活(为船舶设计提供更多的自由度、缩短机舱长度、优化船体线型)；⑤提高冰区航行的级别；⑥通过主机排气余热回收系统减少油耗量；⑦能够方便地在已经投入运行的船舶上进行动力装置的改装；⑧在柴油电力推进模式下，能降低对环境的污染。

19)船舶柴油机使用代用燃料

船舶动力装置如何脱离石油，采用清洁燃料如液化石油气(LPG)、压缩天然气(CNG)和液化天然气(LNG)等代用燃料是船舶动力装置节能和能源技术发展方向。

天然气/柴油双燃料船用发动机，用天然气作为船用发动机的燃料，扩大了船舶燃料的来源，有利于解决发动机排气对环境的污染问题，能够满足对船用发动机节能环保的要求，改用混合燃料作船用柴油机燃料，由于燃料价格的优势，节省燃料费潜力较大，对提高企业经济效益收效明显。

二甲醚作为一种新兴的清洁代用燃料，近年来也引起了广泛关注。研究表明，DME 的十六烷值高，其分子结构中无 C—C 键，雾化性能好，在柴油机燃用可以完全消除碳烟排放，并能有效地降低 NO_x 排放和发动机的运行噪声，因此非常适合作为柴油机的代用燃料。

当前，乙醇燃料已成为国际上普遍公认可降低和取代石油能源的主要资源，含水酒精是利用可再生的生物资源纤维素生产的，将成为今后世界内燃机采用的主流能源。含水乙醇通过催化重整，制取以氢为主体的混合气作燃料，在发动机进行稀薄燃烧，经过相应的优化措施后，其能耗可降低 15%左右。

20）可再生能源的充分利用

新概念船舶将充分利用燃料电池、太阳能、风能以及波浪能等零污染或可再生能源，为船上所有设施提供能量，完成船舶的所有操作。

（1）燃料电池：燃料电池技术目前发展迅速，尤其在汽车工业中的应用已非常广泛，这为船舶上的充分利用奠定了基础。

（2）太阳能：太阳能将通过设置在船帆上的太阳能电池板等装置获得，当不需要通过风能推进时，船帆通过改变角度获得更多的太阳能。太阳能将被转化为电能直接应用或储存起来。

（3）风能：风能将通过由轻质合成材料制成的船帆直接获得。船帆将可以向上、向外折叠，能够通过旋转桅顶来寻找最佳的位置，吸收通过拖曳力、升力或是两者的合力所产生的风能。

（4）波浪能：通过合理布置减摇鳍，结合波浪、减摇鳍与船舶的相对运动，将波浪能转化为不同形式的能，如氢能、电能或机械能。同时，减摇鳍又通过这些能量起到对船舶的推进作用。

21）采用岸电供应

对在港口靠泊的船舶提供岸电供应，可以减少船舶排放，而且该方案对各个类型的船舶和港口都是适用的。船舶在港使用岸电可以将 CO_2 的排放减少至 50%以上，并且在大多数的情况下船舶使用岸电的收益大于成本。目前，已经有部分港口实施岸电供应，而且有关部门也已经开始制订船舶岸电供应的国际标准。

22）信息化管理技术

船舶信息管理系统（SIMS）是一种地面系统，用以监控船舶航速，燃油消耗及船舶运行中的其他情况。通过监控运行状态和共享船岸信息，可以优化船舶运行条件，降低燃油消耗。

23）EEDI 和 SEEMP

营运船舶能效指数（EEDI）是通过消耗燃油所排放的 CO_2 总量与货物周转量[$t/TEU/$（人·mile）]的比值，来衡量阶段时期内船舶能效高低的指标。EEDI 强调的是提高燃油利用效率，从而降低单位运输作业的 CO_2 排放。EEDI 是针对现有船能效水平的监测工具，通过建立相关的管理体系并通过 EEDI 这样一个监测工具，来逐步实现对现有船与能效相关的操作、设备和管理的最优化，并在可能的范围内，促进现有船的技术改造和升级，提高现有船能效水平。

船舶能效管理计划（SEEMP）的目的，是作为一种管理手段，帮助公司对其船舶在营运期间的能效进行管理，船舶所有人、经营人和其他相关方，应为各艘船舶制定有针对性的计划，通过计划、实施、监控和自我评估这四个步骤，提高船舶能效。

24）绿色船舶

随着国际环保组织越来越重视环保，一些有利于环保的规定越来越多，船舶设计因此做出了很多改进,如压载水的排放要求、碳排放要求等。一些新概念船舶应运而生,如无压载水船舶、太阳能船舶、风能船舶等。

利用风力资源,采用风帆助航是船舶节能的另一条途径。随着电子计算机和自动化技术的发展,用计算机自动控制风帆的操纵及风帆与动力装置的优化配合已经成为现实,为风帆船的发展提供了有力的支持。

无压载船舶(NOBS)是通过船型设计,减少甚至不带压载水航行,以减少压载水带来的海洋生态环境的污染。早在 2001 年,SRCJ 就开始对该船型进行研究和开发,应用于该船型的专利已被世界多数国家所接纳。自 2003 年以来,该研究工作还得到了日本船舶技术研究协会以及私人企业的支持。目前,无压载水船已被证实可以应用到现实中,主要适用于大型船舶,如苏伊士油轮和 VLCC,并且有希望获得较好的经济效益。

26.2.2 国内外船舶主要节能技术应用概述

1)国外概况

日本大阪商船三井(MOL)公司开发的“ISHIN－III”号大型环保铁矿石运输船,通过采用优化主机系统、采用废热能再利用技术、采用新型燃料添加剂、采用新一代超低摩擦船底涂层、优化航程支持系统、安装新开发的桨毂帽鳍、优化船体设计和在尾部甲板安装太阳能电池板等一系列节能环保技术,大幅度的节省燃料和减少 CO_2 排放。

另外,MOL 公司还开发了采用新能源推进的混合汽车运输船“ISHIN-Ⅰ”和环保型渡船“ISHIN-Ⅱ”,这两种船型都可以减少 50%的 CO_2 排放。同时在“维新-Ⅰ”号滚装船和“维新-Ⅲ”号 VLOC 采用其自主研发的超低摩擦船底涂料“LF-Sea”,其主要成分是纯天然的水凝胶材料,其最重要特性是能够填充船体的微小刻痕,进而减小摩擦阻力。新涂料提高了近 4%的燃油效率,实现 CO_2 减排达 8%～12%。同时,研发出了一种新型隔热涂料(heat-shielding paint),该涂料试用于一艘大型渡轮的甲板上,能有效地降低渡轮内部温度,降低船舶空调系统负荷,节省电能,从而节省燃料,减少 CO_2 排放。

此外,该公司与东京大学、日本海事协会、材料制造商、船厂等联合开展了“风能挑战者项目”,以开发一种能够减少 50%以上 CO_2 排放的风能推进船。

三菱重工建造的世界上第一艘搭载太阳能电池面板的 6 200 车位汽车船“AU 鄄 RIGALEADER 号”已经于 2008 年末下水,年减少 CO_2 排放约 40t。

2008 年日本邮船则提出“CoolEarth”项目,计划通过提高发动机效能、改进船体线型、使用燃料电池、应用“水下空气洞”技术、安装太阳能电池板、改善螺旋桨管理、利用风力等一系列措施,大幅减少 CO_2 排放。

丰田和三菱公司耗资 1.5 亿日元研制出全球首个以太阳能为动力的大型货船“御夫座领袖号”(Auriga Leader),该船于 2009 年年初在日本西部城市神户的船坞下水,进行试航并取得成功。船上装配有由 328 块太阳能电池板组成的电源主电网,虽然太阳能还并不是其动力的全部来源,但这是全球第一艘从太阳光中获取能量来驱动的商用船只。

2010 年,日本今治造船厂发展一种配有混合鳍船的油船,混合鳍附依在螺旋桨之后,帮助渠化流水量经过舵,可以提高螺旋桨效能,节省 6%的燃油。使用附设鳍的螺旋桨的最新散货船,除降低燃油使用外,可减少 12%的碳排放量,并提高货容量。

日本海上技术安全研究所在日本东海运输公司的“太平洋海鸥”号水泥运输船上进行了微泡沫船舶节能新技术试验。这种新技术是在船艏两侧安装长10m的微缝板，通过喷出的空气在船底形成一层薄薄的微小气泡，从而使船舶受到水的摩擦阻力减小12%，节省燃油8.5%。

韩国三星造船在2009年9月宣布已成功研发出一种名为“绿色之梦”的生态环保船舶，可以减少CO_2排放45%，并使燃油效率提升41%。近期，STX造船也开发出了一套名为“三星最优航线评估系统”的软件，这一系统能够根据船舶航行状况选择出最优航行路线，从而最大限度地降低能源消耗。

瑞典Stena Bulk航运公司联合其他公司共同开发了一种具有低排放、低能耗和完全冗余特点的成品油船E-MAXair，该船设计特点包括：优化船体结构（已获得专利），并采用2个大型低速螺旋桨以降低油耗；AirMax概念，船底部设计有一个可产生“气垫”的空腔，并采用新开发的球鼻首（已获得专利）使船体下方形成有利水流；鼓风机控制和产生空泡，由于水流和空气之间的摩擦阻力小于水流和船体之间的阻力，从而产生降低船体阻力的效果；采用LNG燃料，可以减少35%～40%的CO_2、90%的NO_x、99%的微粒以及100%的SO_x排放。采用特制的风帆以利用风能推进，降低油耗。相比同尺度的普通油船，E-MAXair油船可以减少油耗7t/d，其中优化船体可以减少油耗2.5t/d，AirMAX概念减少油耗1～1.5 t/d，采用LNG燃料减少油耗2t/d，风能推进减少油耗0.5～1t/d。

欧洲Wallenius Wilhelmsen物流公司开发的E/S Orcelle是一艘采用新能源推进的零排放环保概念型汽车运输船。该船的技术特点包括采用燃料电池、风能、太阳能和波浪能作为能量来源，推进系统采用2个吊舱推进装置和12个振荡鳍。为了实现零排放，E/S Orcelle汽车运输船考虑的主要设计因素包括新能源利用、货物容量的优化、采用五体结构船型和新的推进系统以实现无压载水航行。

2010年4月，挪威船级社（DNV）推出未来环保型集装箱船“Quantum”，采取了多种技术以提高船舶的效率和环保性。在船体设计方面，增加船宽以提高稳性和降低对压载水的需求，采用创新的Widedeck设计以提高装箱量，采用狭小的舷顶边舱设计以提高破舱稳性和减少钢材重量，优化船型和球鼻首以获得较小的方形系数（仅为0.57），破浪器采用空气动力学设计以减小风阻力。主机和推进方面，“Quantum”将配置4台双燃料发电机组，采用船用柴油和LNG作为燃料，以驱动2个电动吊舱推进装置。

伦敦一直致力于环保型涂料的研发工作，推出了SeaQuantum无锡自抛光防污漆。该防污漆具有特别的自光滑性能，随着船舶的航行，涂有该产品的船体表面平均粗糙度会持续降低，进而在船舶保持一定航速的前提下，使船舶的燃油消耗量降低，实现节能减排。

2007年12月15日，德国“天帆”公司和“白鲸”轮船公司在“白鲸天帆号”上安装超轻合成纤维巨型风筝，可上升至300m高空，把风力和风向输入船上的计算机，指挥风筝沿围绕货轮的轨道移动，从不同方向拉动货轮，减少轮船的引擎负荷。根据风力状况可节省10%～35%的燃料，风力最理想的短期间甚至可节省50%的燃料。

丹麦马士基航运公司采取的节能减排措施包括：①减速航行，船舶航速降低20%，可使碳排放量减少40%；②购入新型3E级集装箱船舶，该船船型巨大，内体呈U形，载箱量超过普通集装箱船舶，通过提高单箱能源效率可使碳排放量减少50%；③对集装箱船舶进行技术改造，包括对球鼻首进行改造，以提升燃油能效，节约燃油成本。马士基对集装箱船舶进行“削鼻”改造的方式亦得到现代商船的认同：现代商船将 10 艘 8600TEU 级集装箱船舶的“球鼻”改造成“海豚鼻”，此举最多可节油 3%，每年可降低 22%的成本，节约 8 700t 的燃油，减少约 26 000t 的 CO_2 排放。

荷兰交通运输部联合其他部门在瓦赫宁根举办了内河航运节油比赛，想通过比赛让各船公司和船长认识到他们在节油事务中的重要性。整个比赛历时 8 周，有 42 艘内河船舶参加，共耗油 650 万 L，平均节油 14%，折合资金 50 万欧元，同时减少 CO 排放量 3 360t。

2008 年欧盟的一个科研项目设计一种模块化组装的船舶。模块化组装船舶可以根据运营需要改变船舶用途，调整最佳航速和载荷，以此提高船舶运营效率、降低近海航行成本。根据变化的用途、船速等因素设计优化船舶性能是其中的关键技术。

2010 年，美国密歇根大学机械工程学院的气泡专家史蒂芬—塞斯尔发明了一种可被称为“空气润滑系统”的方法，使空气从船的外壳上的小孔中被快速泵出，这时蜂巢状的气泡会迅速联合起来，并在船体外形成 1～2cm 厚的一层空气层。由于空气的阻力远远小于水，因此这样可以减少轮船航行时的阻力。当轮船向前移动时，附着在船体上的空气层则向后滑动，并最终从船体底部的表面移走。由于补充新的气泡所需的能量并不多，所以采用这种方法可以节省大约 5%～10%的燃料。

达飞轮船的“马可波罗”号、“亚历山大·冯·洪堡”号和“儒勒·凡尔纳”号集装箱船配备了电子控制发动机和排气旁路系统，在船舶慢速航行时可以提高能源效率，并可使船舶的 CO_2 排放量降低 1.5%左右。此外，先进的方向舵还能通过优化水流提高船舶的流体力学性能，从而进一步减少能源开支和碳排放量。

2013 年初，新加坡东方海皇(NOL)力图通过采用燃油添加剂来控制船舶燃油成本，其麾下的美国总统轮船(APL)与新加坡上市公司 China Auto Corp 的下属公司 Neftech 达成协议，通过采用“纳米微粒添加剂”，为其集装箱船的副机节能减排提供帮助，而另一家班轮公司太平船务则在 1 艘 4250TEU 集装箱船上对该燃油添加剂进行主机节能测试。紧密契合船舶能效管理指标 EEDI 要求，以提高燃油利用效率、降低单位运输作业 CO_2 排放为重心，对船公司而言，在当下全球航运持续低迷的背景下，更具有降本增效、提升效益的意义。

印度尼西亚索特碳补偿设计公司(Sauter Carbon Offset)正在推进零排放绿色船舶设计项目。公司旨在设计一种适合于大型港口的环保型旅游船，该船将用于旧金山港“美国杯”活动的零排放观光平台，可以装载 149 位乘客、船员 6 人。船上安装有 100kW 的光电电池和 30kW 的涡轮推进器，能源能够直接输送至电网或者储存在电池中。该船采用 2 台 373kW 的 Duramax V8 推进电动机，满足美国环境保护署“on-highway”规则，是目前最为清洁的船舶电动机之一。船上还配备有自动风帆，面积为 $320m^2$，与 5 000kW 的不间断应急电源一起为船舶提供 12 节的最小航速。此外，公司还推出了一款太阳能混合动力设计的超级游艇 Transcendence，其碳减量设计能够驾驭太阳能、风能和波浪，能减少 75%～100%的温室气体排放，是目前全球最清洁的船舶推进系统。另外，该公司还推出了一种新型零排放油船(Black Magic)设计，有望在未来 20 年内减少 60 亿 t 温室气体排放量，如图 26.2 所示。

罗尔斯·罗伊斯与意大利 Lauro Shipping 公司共同设计的新型天然气动力轮渡，是首次将环保船概念应用于客船领域，与传统柴油动力船舶相比，该船的 CO_2 排放可降低约 40%。采用罗尔斯·罗伊斯最新环保船舶设计理念的 NVC 256 客船配备了包括液化天然气发动机在内的一系列旨在降低环境影响、提高效率的环保技术。2013 年 6 月份在挪威 VARD Aukra 船厂交付的“Eidsvaag Pioneer”号草鱼饵料运输船，是真正意义上基于环保船舶概念建造而投入商业运营的第一艘船舶。全球首艘纯天然气的货船同样是由罗尔斯·罗伊斯提供动力。“Hoydal”号由土耳其 Tersan 船厂建造，是全球首艘投入运营的纯天然气货船，如图 26.3 所示。

a)

b)

图 26.2　Transcendence 超级游艇和 Black Magic 油船

2）国内概况

中远集团从 2008 年开始，首先以中远集运实施集装箱船队降速 10％的手段，达到节能减排目的。根据集装箱船燃油消耗特点，依照精益管理的理念，中远集团还研制并开发了集多种信息技术应用于一体的“船舶燃油实时监控平台”，使管理者能及时发现燃油消耗异常、定量分析油耗异常原因、科学制定调整方案，实现了节能降耗和生产经营的科学统一。

图 26.3　纯天然气船“Hoydal”号

中海油运长期以来，坚持技改投入，改善船舶主机、辅机、锅炉等设备技术状况，提高燃油使用效率；对船上所有可能含有污染物的排放水建立监测体系，经过处理并满足各项环保数据后才能排放，同时建立以此为基础的绩效考评制度。

2007 年，交通部开展了节能减排示范活动，推出“学良节油法”，并在“亚洲二号”拖轮上实践，一年时间就实现节油近 160t，折合人民币 87 万余元。“学良节油法”主要通过低速航行、单车靠离、多点停靠、单车航行、最大力矩、借力航行、均匀“变速”、“冷车”慢行、“空档”滑行等方法手段实现拖轮操作节油。

长江航运集团针对船舶常用工况运行状态与设计不适应的现象，率先提出机桨匹配综合节能技术改造理念。通过近 2 年多的研究、试验，确定了按照常用工况和机桨匹配的要求重新设计螺旋桨、优化主机增压器等技术改造方案，在运输企业大力支持下予以实施，取得了在常用车速下，燃油耗量降低 4％～6％的节能效果，当年就为运输企业节约燃油费 800 余万元。2009 年被交通运输部作为全国第二批节能减排示范项目予以授牌，向全国重点推广。

2010 年 10 月，中远集运研发成功并开通了“中远集运碳排放计算器”，这是唯一取得国际权威认证机构——DNV 认证的碳排放计算工具。用于远洋运输过程中能够控制燃油消耗量，实施低碳运输。

2009年，重庆轮船集团公司在“重轮J3001号”轮上，安装了可量化的单船油耗管理系统，通过油耗数据的采集、计算及分析，制订出船舶在不同情况下的经济营运的预案，用管理手段来实现船舶营运的节能降耗，一年可节约13t油料。

2010年8月，内河首艘液化天然气(LNG)混合燃料拖船在武汉试航。该船的天然气与柴油配比为7∶3，测算显示，使用液化天然气后，船舶能节约燃料成本近25%，CO_2 排放远小于其他燃料。

2010年8月，京杭运河水域LNG动力船开始试航。该船采用混合动力后，柴油的平均替代率达到60%～70%，在混燃模式下，SO_x 百分之百实现了减排，NO_x 减排85%～90%，CO_2 也可以减排15%～20%，同时噪声、烟尘和废油水的排放也大为降低。

2009年3月，AVIVA与香港大学合作，推出香港第一艘环保船，采用B5混合生物柴油(5%生物柴油和95%超低硫柴油)，这些生物柴油采集自餐馆，由用过的食油提炼而成，是一种无毒害及可被生物降解的可再生燃料。B5生物柴油较一般超低硫柴油燃烧时减少10%的黑烟、5%的CO及10%的 CH_x。未来将会继续研究B100的生物柴油，即百分百生物柴油，希望可以更有效地降低污染物排放。

2009年，杭州市港航管理局成功开发了“内河船舶免停靠报港信息服务系统”，在海月桥所、北星桥所开展了试点，船舶不用进站停靠，通过GPS定位服务终端就可以实现报港。按一艘船平均每月跑5个航次计算，享受免停靠报港后，每个月可节油85L，折合人民币500余元。节能减排成效显著，取得了良好的经济和社会效益。

天津海事局“海标0505”轮安装轻重油转化装置前后的对比发现，燃油消耗降低了大约4.5%，每使用1t的4号燃料油，可节约燃油费2 000元。综合各方面因素，轻重油转化技术仍具有很好的经济效益。

天津航标处“海标0502轮”“海标0521轮”自2007年5月起分别加注润滑油添加剂，经过一年多的运行，对主机各项指标进行检测后发现，烟度值比加注前下降了25%，发动机噪声下降了4%；柴油机运转状况明显好转，燃油消耗明显下降。

2008年4月上海长江轮船公司在“长轮29004轮”趸船上一次性投资25万元，安装建造了4台5kW风力发电设备，满足了该趸船船员的生活和生产用电，每年可节约柴油机的备件、材料修理费和燃润料费6万多元，节约柴油11.5t、机油100kg，投资成本预计在3年之内就可以收回。

2009年初，宁波港股份有限公司开始对宁波港拖轮船舶靠泊的工作船码头的配电箱进行改造，安装了一表多卡式的电能表。拖轮船舶在靠泊工作船码头后，只有将本船智能用电卡插入接口才能获取码头上提供的岸电都需要将一张IC卡插入电能表配电箱连接，电源才能从码头输入到船舶上，便于公司准确统计船舶靠岸后的用电量和进行船舶用电考核。一年的推行使用，使宁波港集团的船舶一举节约电能近百万度，节支近百万元。2010年，中远集团、中海集团、河北远洋运输集团也大力倡导并积极参与船用岸电技术的研发和应用。

2010年6月5日，太阳能混合动力船“尚德国盛”号在上海举行首航仪式并交付。该船是国内第一艘采用多种能源的混合动力船舶，首次将太阳能电力导入游船动力，其最具特色的“太阳翼”高10m、宽5m，采用高效晶硅异型太阳能电池70余片，可跟踪阳光照射方向自动旋转，综合选择风力、风向，最大化利用太阳能，是国内第一艘真正意义上低碳环保节能船。

上海佳豪与罗尔斯·罗伊斯联合设计团队放眼于未来"绿色商船市场，集新颖人性的外观和高效节能减排的绿色商船市场，集新颖人性的外观和高效节能减排的绿色理念，为当今乃至未来的商船市场注入了新鲜血液。已经发布的船舶设计载重范围在 2 500～100 000t 之间，包括 JD4100 系列滚装船（载重范围 9 000～11 000t），JD4400 系列集装箱船（最大载重达 2 500 标箱），JD4600 系列多用途船（最大载重达 40 000t），JD4800 系列散货船（最大载重达 100 000t）以及 JD6400 系列液化天然气船（装载能力达 5 000～40 000CUM），部分船型如图 26.4 所示。越来越受到全球公认的液化天然气推进系统被充分运用到这些设计理念中，除散杂货船目前只使用柴油主机外，其他船舶设计的动力系统都可选用柴油/混合动力或天然气作为主机燃料。这些配备了罗尔斯·罗伊斯 Bergen 燃气发动机的设计，既可以满足甚至高于 2016 年开始实施的国际海事组织（IMO）——Tier Ⅲ关于氮氧化物（NO_x）、硫氧化物（SO_x）和二氧化碳（CO_2）的排放要求，又大幅降低了船舶交付之后的运营成本，是真正的高能效、低运营成本的环保型船舶。

a)

b)

图 26.4　JD4101 和 JD4104GF 滚装船

自 2012 年起，越来越多的大型直客将是否加入清洁航运指数作为与其合作航运公司的准入门槛，部分客户甚至要求航运公司将 90%以上自有船舶信息上传至清洁航运指数网站进行船检和认证。为获得与欧洲大客户签约的通行证，中海集运在短时间内收集该项目所需的船舶信息及船用燃油的排放信息，于 2013 年 1 月 1 日通过德国劳氏船级社对该公司岸上和船舶（"中海木星"号和"中海火星"号）的船检工作，成为目前为数不多的获得该项目认证的航运公司之一。在所有通过清洁航运国际认证的航运公司中，中海集运排名第四位。

重庆长江轮船公司研发新型 325TEU 节能集装箱船，通过优化船舶设计航速、主机功率配置、机桨匹配和船体设计，采用节能型主机，选用低油耗发电机组等方式，降低船舶单位能耗，提高能源利用水平。据测算，重庆长江轮船公司首批建造的 12 艘新型节能船舶每年可减少 CO_2 排放量 10 637t，减少 SO_x 排放量 71t，减少 NO_x 排放量 68t，社会效益十分明显。

综上所述，在高涨的国际油价和严苛的海事法规的影响下，世界航运业正开展"如火如荼"的节能减排行动，积极主动地开发绿色环保船、绿色船舶设备，研究绿色航运技术。一方面是受制于海事规范新要求，履行社会责任；而更为重要的是看中未来水运的发展潜力和利益，发展绿色航运，率先抢占市场，是大势所趋。

26.3 国内外内河船舶主要环保技术

26.3.1 国内外内河船舶主要环保技术

国内外内河船舶主要减排技术措施如图 26.5 所示。

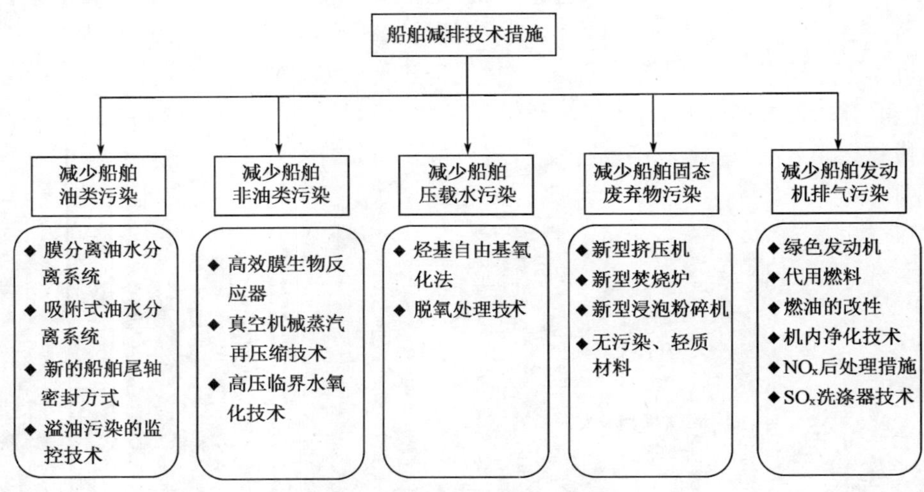

图 26.5　国内外内河船舶主要减排措施

1)减少船舶油类污染

船舶油类污染可以分成船舶油污水(压舱水、洗舱水、舱底水、舱底残油)和船舶溢油两类污染。

(1)安装油水分离器

为从根本上消除含油污水对水体的污染,船上将含油污水通过油水分离器做分离处理,将油回收循环利用,水分分离达标排放。

目前,船上实际应用的油污水分离装置所采用的分离技术主要是重力分离法、聚结分离法、吸附分离法和过滤分离法,而船用油水分离器既有按它们当中的一种分离方法设计而成的,也有按它们当中的几种分离方法组合设计而成的,其中重力分离法一般用于粗分离,而聚结、吸附等分离方法则用于细分离和精分离。油水分离设备运转过程中,须按要求安装油分浓度报警器,连续检测排出舷外的污水含油量,使其符合排放标准。

船舶油污水分离新技术:为满足 MEPC107.(49)决议的要求,国内外开发了许多新型油污水分离装置,这些装置都是在原处理系统的后阶段加装了深化处理系统,深化处理系统主要包括膜分离系统和吸附系统等。

①膜分离系统。

使用的膜具有不对称结构,在膜的工作面上有一层极薄的致密分离层,下部是结构疏松的指状支撑层。由于采用错流工艺,在分离过程中,含油污水切向流经膜表面,液体的快速流动使得油滴既不能进入致密的细孔,引起膜的内部堵塞,也不会停留在膜表面造成膜表面的堵塞。而水分子在侧压作用下将穿过致密层上的微孔，再穿过下部的疏松支撑层，进入膜的另一侧。试验表明，薄膜过滤后的出水含油量平均浓度为 2.2mg/L。

②吸附分离系统。

吸附技术的关键是吸附剂的选择。最常见的吸附剂是活性炭，但活性炭对油的吸附容量一般只有 30～80 mg/g。吸附法最新的研究体现在对高效经济的吸油剂的开发和应用方面。新型吸油剂由具有吸油性能的无机填充剂（一种镁或铁的盐类、氧化物，质量分数为 5%～8%）与交联聚合剂（可用聚乙烯、聚丙烯，质量分数为 95%～20%）组成的，对油的吸附容量一般只有 600～880mg/g，但这种吸油剂的吸油接触时间一般较长，需要 2～8h。

（2）铅封方式将港口油污染降为零

目前许多港口为了防止船舶油污染，将船舶油污水系统的排放阀的阀门，用统一配备的印有标记和阿拉伯数字钢印的铅封钳和铅袋“堵死”，从而达到禁止适用船舶使用排污设备、向水域排放油类污染物的目的。在排污口堵住之后，被铅封后的船舶并不是不能排污，船舶必须定期排放的油类污染物，油污水统一在机舱内收集好，由经港航海事部门备案有岸上或水上移动接收单位或船舶接收，这种方法从源头上防止船舶油污污染水域，实现了船舶油污水的零排放。

（3）采用新的船舶尾轴密封方式

船舶尾轴润滑方式存在的技术问题，密封装置及结构优化方法和船舶尾轴水润滑方式的新型轴承材料及轴承结构的核心技术研究正在深入。即在油润滑方式下，正在进行新型端面密封圈结构优化、新型端面密封性能和新型复合材料船舶尾轴承及密封系统关键技术研究，解决尾轴密封泄漏而产生的漏油问题。在水润滑方式下，正在开展水润滑轴承材料的摩擦耐磨损关键技术研究，解决船舶尾轴传动系统轴承的寿命问题，达到既降低和杜绝船舶尾管的润滑油泄漏，又能改善和提高船舶航行的安全性和经济性。

（4）加强技术监控

在设备运行的监控技术研究方面，海事部门和航运部门采用现代电子传感和控制技术以及通信技术，对船舶设备运行状况实施科学、自动监控，通过技术装置代替人力现场检查，全天候跟踪环保设施的运行，并有效记录、统计、保存设备运行情况，以改变传统的铅封船舶舱底泵等做法。

（5）溢油污染的应急技术

溢油污染按污染原因可分为操作性污染和事故性污染。操作性污染主要是人为把机舱舱底污油水、含污染物压载水、洗舱水等排放，或者是供受装卸作业中的跑、冒、漏造成的污染；事故性污染则大多源自碰撞、搁浅事故导致的污染。

①船舶溢油的回收。

散装油类装卸作业事先布设好围油栏，那么溢油基本上可以控制在岸边的范围，再设法回收海面的污油，消除或减轻油污的损害。通过实践，证实了在内河水域船舶散装油类作业强制布设围油栏这种预防污染水体的措施是很有必要的。

船舶发生溢油污染时，必须采取消除措施，限制跑油或其他污染扩散。

②船舶溢油的处理。

发生溢油事故时，用围油栅将这些油迅速包围起来，缩小面积，防止其扩散。围油栅是防止溢油扩散最常用的，既可避免溢油对环境的进一步危害，又能回收能源。利用稻草、锯木屑、聚氨酯泡沫、聚苯乙烯纤维等亲油疏水吸附材料对溢油进行吸附处理，简单安全。

当海上溢油无法用物理方法回收时，采用化学油分散剂、燃烧或沉降方法，在海上直接处理掉。向海中投入化学油分散剂，使油乳化分解并溶解于水中。

2)减少船舶非油类污染

船舶非油类污染主要是指船舶生活污水、固态废弃物对水域造成的污染。生活污水包括厨房、浴室等处所的灰水和居所、医务处室等处所的黑水。固态废弃物主要包括生活垃圾、生产垃圾以及各种废油污泥。

(1)船舶生活污水处理装置

从船舶生活污水处理的研究现状，以及国际上认同的发展趋势来看，船舶生活污水就地处理达标排放技术是未来的主攻方向。

常用的生活污水处理装置分别为 MSD-Ⅰ贯流型装置(粉碎和消毒装置)、MSD-Ⅱ贯流型装置(有机污染处理，如生化或物化系统)和 MSD-Ⅲ无排放型装置(集污柜等储存构筑物)。

序批式活性污泥法(Sequencing Batch Reactor Activated Sludge Process)简称 SBR，属于间歇式活性污泥法的一种。它不同于传统的活性污泥法，SBR 是采用间歇曝气方式来运行的污水生物处理系统。从目前的污水好氧生物处理的研究、应用和发展趋势来看，SBR 技术是一种简易、快捷且低能耗的污水处理技术，该项技术的研究得到国内外不少学者、专家的重视，其应用与推广十分迅速。

(2)船舶生活污水处理新技术

船舶生活污水处理技术基本沿用岸上的水处理技术，尤其是城市生活污水的处理技术，并随着水处理技术的发展而不断更新。

①高效膜生物反应器。

国际上已开始采用生化技术和膜分离技术相结合的 MBR 工艺处理船舶生活污水和灰水。采用该工艺既可提高出水水质，又可增加装置内的有机负荷，减小装置的体积。被认为是水处理领域最有发展前途的新工艺。

高效膜生物反应器(Effective Membrane Bio-Reactor，EMBR)是在 MBR 反应器基础上开发的一项新技术。除了具有普通膜生物反应器的优点以外，还具以下特点：①使用新型复合微生物活菌制剂，包括 80 余种微生物，把好氧和厌氧微生物按一定的比例混合，通过这些微生物的综合效应达到去除 BOD_5、COD 和净化水体的效果；②由于活菌制剂可以随时投放，便于反应器长时间停机后的快速启动和正常使用，可极大地缩短活性污泥的培养时间，同时也可有效地解决短途游船污染物浓度不够而导致活性污泥少、处理效果差的问题；③活菌制剂可以有效的抑制和消除异味，减少对装置周围环境的影响；④反应器分为缺氧区和好氧区，可通过污泥回流大大提高装置的脱氮效率；⑤出水可以作厕所和甲板冲洗用水及设备冷却用水。

②真空机械蒸汽再压缩技术。

目前，热力学上效率最高的蒸发技术是蒸汽再压缩技术(Vapor Recompression Technology，VRT)。这个过程是利用压缩装置将蒸汽从蒸发的输入流中抽出，压缩并利用产生的高温蒸汽进一步蒸发输入流，在特定环境下，蒸发得以循环进行。留下的固体物在船利用焚烧炉焚烧掉或可作为有机肥料送岸，从而达到船舶生活污水零排放的目的。

在真空状态下使得蒸发更加经济。首先，可以在较低的温度（和沸点）下对蒸汽进行压缩；其次，较低的温度可以使得处理液体中某些不溶的成分不分解和变质；再次，低温可以让具有更大换热面积的换热器得以应用（低温状态下，结垢的周期较长，且用常规的方式可以清除），并让换热器的两端的温差缩小。

③高压临界分解技术。

超临界水氧化（Supercritical Water Oxidation，SCWO）作为一种新兴的绿色水处理技术，越来越受到研究者的关注。超临界水氧化技术处理废水具有如下优点：①反应速度快。SCWO使有机废料和氧气在均相中反应，反应一般几秒至十几分钟就可以完成；②氧化效率高。在SCWO环境中，各种反应物处于均一相中，没有传质阻力，有机物去除率一般在99%以上；③能源消耗小。只要废水中的有机物质量分数在2%以上，就可依靠反应过程中自身产生的热量来维持反应所需的温度，不需要外界补充热量；④无二次污染。超临界水中的有机组分在正常的反应条件下，能被氧化成CO、H_2O、N和无机盐等物质，产物清洁，排放物无污染；⑤产物分离容易。盐类和无机组分在超临界水中溶解度低，容易以固体的形式被分离出去。

（3）压载水处理新技术

①烃基自由基氧化法。

烃基自由基氧化法有望成为解决压载水污染问题的方法，该方法利用电离电场，使H和O分子发生电离、分解电离和电荷交换反应，在分子层次上生成高浓度烃基溶液，压载操作中将烃基溶液加入压载水输送竹道内。烃基自由基有着极强的氧化性，能广谱地氧化分解微小物体和生物活性物质，快速地杀灭压载水中的浮游植物、原生动物、细菌和病毒，而且由于烃基自由基的生产过程无污染，排放的压载水中残余的烃基在较短的时间内能分解成氧气和水，不存在二次污染，所以有望成为治理压载水的有效方法。

②脱氧处理技术。

脱氧处理技术目前在国外研究的进展较快，主要是利用船上惰性气体发生装置产生的N_2、CO_2、微量O_2的混合惰性气体，通过文氏竹装置在压载舱内制造一个低氧环境，该环境限制了氧含量，避免了氧化铁或锈的形成，同时低氧环境极大降低了压载水带来的水栖生物的生存率。水在排放时，借助空气充入过程来恢复水中的气体平衡，以避免排出缺氧的水。

3）防止船舶固态废弃物污染

目前，美国、日本等一些发达国家的船队纷纷在轮船上安装用于处理垃圾的挤压机、焚烧炉或浸泡粉碎机。经过处理，一部分垃圾的灰渣通过斜槽在合适区域排放入水中，另一部分则在船舶靠岸时由港区接收。

4）减少船舶柴油机排气污染

（1）燃料方面的控制措施

①代用燃料。

采用代用燃料将是控制柴油机排放的重要方法之一。目前，代用燃料主要有压缩天然气（CNG）、液化天然气（LNG）、液化石油气（LPG）、氢气、甲醇、乙醇、二甲醚（DME），碳酸二甲酯（DMC）及生物柴油等，其中甲醇、天然气和液化石油气被认为是最有前途的清洁能源的代用燃料。

醇类燃料发动机的动力性和经济性可接近或超过柴油机，排气的有害成分少，是一种很有发展前景的燃料。

二甲醚(DME)最突出的优点是能够彻底消除排烟和实现超低排放，NO_x 排放比柴油机低30%以上。若同时采用废气再循环时，可将 NO_x 排放进一步降低到一般柴油机的50%，达到PM和 NO_x 的同时降低。

碳酸二甲酯(DMC)燃烧所产生的碳烟和颗粒比纯柴油低。据报道，保加利亚生物燃料和再生能源协会通过加工使用过的食用油来生产生物柴油，也可与柴油混合使用，在燃烧过程中产生的 CO_2 大大低于普通柴油，对环境的污染比普通柴油小得多。

另外也有一种生物柴油，是以废餐饮油等为原料制成的液体燃料。通过一种微酸性催化剂技术，或通过一种金属盐处理剂，解决了利用废旧动植物油脂生产柴油残留酸值高的关键问题。

②燃油的改性。

a. 提高十六烷值。增加柴油的十六烷值能有效地降低发动机尾气颗粒PM、CO_x 和 NO_x 的排放。

b. 降低芳香烃在燃油中的含量。降低芳香烃的含量可以有效地控制有害污染物的排放。

c. 降低燃油中的含S量。Van Beckhoven研究发现，在直喷柴油机中，燃油中S分从0.30wt%降低到0.05wt%，微粒排放量将降低10%～30%。Bartlett报道说在所有轻型柴油机中，燃油中硫分从0.30wt%降低到0.05wt%，微粒排放量将降低大约7%。

d. 降低密度。降低柴油的密度，可使HC和排放中的颗粒物减少。燃料密度从840kg/m^3 减少到800kg/m^3，微粒排放物将减少13%。

e. 利用燃油添加剂。经常使用的有十六烷值改进添加剂、消除积炭添加剂和消烟剂等，加入少量后可显著降低柴油机的排气烟度，但微粒的排放量反而增加。

(2)柴油机机内净化技术

柴油机机内净化技术主要是改善油气混合气，采取多种措施综合使用，在降低微粒和碳烟排放的同时控制 NO_x 的排放。

①采用新的燃烧方式。

美国西南研究院提出的均匀充量压缩燃烧系统(HCCI)和日本ACE研究所的预混稀薄燃烧过程(PREDIC)等均是采用这种思路。采用预混稀薄燃烧方式减少或消除了扩散燃烧，稀混合气可降低燃烧温度，可大幅度降低 NO_x，比一般柴油机降低98%；由于气缸内混合气均匀，无局部过浓混合气，可使PM排放比一般柴油机降低27%。

②喷油系统的改进。

a. 喷油规律改进。

通过将传统的切线凸轮改进为凹弧型凸轮，其供油规律具有初期低、中期急速及补燃期不拖长的特征。通过在某6105柴油机上验证试验，发现改进后，NO_x 降低了6%～13%，PM降低了8%～15%，但燃油经济性略有恶化。

为了实现先缓后急的喷油规律，也可使用双弹簧喷油器即为双开启压力喷油器，在油压上升时首先克服第一级较软的弹簧压力，使针阀略微顶起，由于流通面积很小，燃油喷射的速率较低；当油压升高到克服第二级弹簧压力时开始主喷射。

b. 提高喷油压力和减小喷孔直径。

提高喷油压力和减少喷孔直径可以有效地降低柴油机的微粒排放；减少燃油平均滴径，促进混合气形成；降低发动机最大压力升高率、降低燃烧噪声。

c. 喷油正时与喷油速率的配合。

当喷油正时与设定值相差 1℃A 时，NO_x 将提高 15%左右。为了减少 NO_x 的排放，喷油正时正在逐步推迟，向上止点方向靠近。目前采用电控喷射的喷油正时已减少到上止点前 5℃A 左右。

喷油速率对有害气体的排放有较大的影响，在实用中，常把推迟喷油正时与提高喷油速率同时使用，使单独使用推迟喷油正时引起的 CO 升高受到抑制，从而使 CO 和 NO_x 排放均得到降低。

d. 先导喷射及多次喷射。

先导喷射（预喷射）＋主喷射的模式，可以降低 NO_x 和噪声。为了同时降低 NO_x 和 PM 的排放，也可采用多次喷射的方法，即先导喷射和主喷射结束后再喷入少量的燃油形成过后喷射，过后喷射可促进碳烟的氧化，降低 PM 的排放。采用过后喷射会加大 HC 排放，使耗油增加。

③进气系统的改进 。

目前，柴油机的发展趋势是提高喷油压力、降低涡流强度，以减少进气的压力损失，配合多气门小孔径喷油器来获得良好的混合气。

a. 采用增压中冷技术。

可采用增压中冷的方法使进气温度降低，以控制 NO_x 的恶化。据资料介绍，进气温度降低 0～5℃，最高燃烧温度和排气温度可降低 1～3℃。利用中冷技术，NO_x 的排放量可降低 60%～70%。所以采用增压中冷是降低柴油机排气排放物的有效措施之一。

b. 多气门设计。

采用多气门设计主要是为了扩大进排气门的总流通总面积，提高进气充量，使柴油的燃烧更彻底，实现进气涡流比可变。研究人员对某 6108 柴油机进行了涡流比变化对 NO_x 和 PM 的影响试验，在低转速时，关闭切向气道，即可获高涡流比，从而提高低速时的混合气质量，改善柴油机的经济性、动力性和排放。

④优化燃烧系统。

优化燃烧系统指的是供油系统、进气流动和燃烧室的形状三者的最佳匹配。

目前，直喷式柴油机的发展趋势是，提高喷油压力，增加喷油器的喷孔数，减少孔径，分隔式燃烧室比同规格的直喷式燃烧室 NO_x 的排放量低 1/3～1/2。新开发的燃烧系统采用强烈持续的后期扰动，可有效降低碳烟和微粒的排放，近似于无烟。为进一步采用废气再循环或推迟喷油提前角来降低 NO_x 排放创造了条件。

⑤应用柴油机电控技术。

采用电子控制不仅可以提高喷油定时和喷油量的控制精度，而且在 EGR、放气阀或可变几何涡轮增压等空气控制部件也可以用电子控制技术进行柔性或精确控制。控制系统最理想的方案应是能使燃油经济性和废气排放均获得优化。

共轨式电控喷射技术是目前最先进的柴油机电控喷射技术，共轨系统的开发、应用与研究工作在国外报道较多，然而在国内，这方面的研究还处于起步阶段。

⑥加强气缸润滑。

气缸润滑不良将导致润滑油消耗过大，造成燃烧不良，排放超标。加强对气缸润滑，减少润滑油的消耗，降低排污；采用新型陶瓷塑料等复合材料以及纳米技术来制造气缸，减少因润滑造成的排污。

⑦防止机油的泄漏。

柴油机尾气排放中PM除了燃油燃烧生成外，机油产生的PM也占相当部分。因此，必须尽量防止和减少机油窜入燃烧室，这应通过改进润滑油系统设计，减少裙部间隙，优化活塞、活塞环和气缸表面的设计，提高气缸套圆度及改进进气门挺杆的密封等措施，减少从气门推杆泄漏的机油等措施来实现。

⑧加水燃烧。

在柴油中加入少量的水，形成"油包水"形式的乳化燃料，燃烧时液态水受热变为气态时，吸收汽化潜热，使燃烧温度和压力下降，以致在提高燃油蒸发速度的同时，减少了热裂反应，从而抑制 NO_x 的生成，同时，由于液态水受热变为气态会形成"爆炸"，具有进一步雾化的作用，使燃料和空气进一步混合，减少PM的排放。

试验证明：当喷水量等于燃油量时，NO_x＋HC的排放将降低50％左右，而功率仅仅降低了4％，降低排放效果较好。

(3)柴油机尾气后处理技术

柴油机尾气净化的重点是降低 NO_x 和减少碳烟。措施包括：用选择性还原催化转化器在富氧条件下还原 NO_x；用氧化催化转化器降低HC和CO的排放量和颗粒PM状物质中的有机成分；用微粒过滤装置收集柴油机排气中的颗粒状物质等。

①NO_x 的后处理措施。

a.选择性催化还原(SCR)最重要的是确定还原剂和催化剂。研究者对 NH_3 选择性催化还原柴油机排气 NO_x 也进行过尝试，结果表明其净化率可达65％以上。

吸附催化还原 NO_x 是在稀燃阶段将 NO_x 吸附储存起来，而在短暂的富燃阶段，NO_x 释放并被排气中的HC还原。吸附催化还原已被日本生产厂家证明适用于发动机的 NO_x 净化。

对于同时净化PM和 NO_x 的技术，部分研究结果表明，在钙钛和贵金属催化剂上添加碳粒能还原 NO_x。最近，日本丰田公司开发出一种连续式同时催化净化PM和 NO_x，并对CO和HC也具有较好的净化作用，所以有望在同一种催化剂上同时净化PM、NO_x、CO和HC，即开发出所谓的"四效催化剂"，其开发成功无疑将极大地推动柴油机尾气控制技术的进步。

采用碳素纤维加载低电压技术，可有效减少 NO_x 的排放。碳素纤维具有催化活性，能促进废气中的NO与C或HC进行氧化还原反应，随着电压的升高，可使 NO_x 排放明显降低。

b.采用废气再循环(EGR)。

废气再循环(EGR)是在保证内燃机动力性不降低的前提下，将一部分排气导入进气系统中，和新鲜混合气混合后再进入气缸参加燃烧，通过降低燃烧室燃烧的最高温度来降低 NO_x 的排放。

各国学者提出了多种在增压柴油机上实现排气再循环的方案。主要有：通过调整正时实现内部EGR；在进气管或排气管内装节流阀，通过节流来降低进气压力或提高排气压力；通过辅助装置或活塞本身的压力将废气压入进气管；通过在进气管加装文曲利管(Venturi Pipe)，降低 EGR 接头处的进气压力;利用压力波动等。

②SO_x 废气洗涤器技术。

对于虽然可以采用低硫燃油来实现减排,但是低硫燃油的价格高昂,经济性较差。为此,曼恩公司开发了废气洗涤器,测试结果显示,SO_2 的减排超过了 98%,颗粒物(PM)的减排达 78%。

③PM 的后处理技术。

a. 加装氧化催化转化器。

柴油机 PM 后处理技术包括催化氧化和过滤。柴油机加装氧化催化转换器是一种有效的机外净化排气中的可燃气体和可溶性 SOF 有机组分的常用措施。采取此措施(以铂 Pt、钯 Pd 等贵重金属作为催化剂)能使 HC 和 CO 减少 50%,颗粒 PM 减少 50%~70%,其中的多环芳烃和硝基多环芳烃也有明显减少。

b. 采用微粒捕集器。

微粒捕集器由微粒过滤器和再生装置组成。微粒捕集器通过其中有极小孔隙的过滤介质(滤芯)捕集柴油机排气中的固态碳粒和吸附可溶性有机成分的碳烟,对碳的过滤效率较高,可达到 60%。

c. 静电式微粒收集器。

柴油机排气微粒中有 70%~80%呈带电状态,每个带电微粒约带 1~5 个基本正电荷或负电荷,整体呈电中性。目前,利用附加强电场对呈带电特性的碳烟微粒进行静电吸附,取得了一定的试验成果。

d. 电压捕集技术。

在柴油机排气管的上下游分别装金属网,网间加约 50V 的直流电压。一般上游的金属网网格较大,加负电压;下游的金属网网格较密,加正电压。当微粒经过上游金属网时带上负电,经过下游带正电的金属网时被吸附,从而达到微粒净化的目的,这种方法装置简单且过滤效率高。

e. 脉冲电晕等离子体化学处理技术。

此种技术利用 5~20eV 的高能电子轰击反应器中的气体分子 NO_x、SO、O、HO 等。经过激活、分解、电离等过程产生很强的自由基 COH、HO、原子氧(O)和 O_3 等,强氧化物迅速氧化掉碳粒、NO_x 和 SO 在水的作用下生成硝酸和硫酸,加入适当的添加剂(NH 等)则生成相应的铵盐,可通过滤清器和静电除尘收集产物,从而达到减少污染的目的。

f. 静电旋风技术。

研究人员对静电旋风技术捕集去除柴油机 PM 的效果进行了探索性研究。结果表明,借助高压脉冲静电作用不仅能较好地捕集柴油机排气 PM,而且尾气中的 HC 和 NO_x 也有一定的去除作用。静电旋风捕集器具有排气阻力小、清灰简单等优势。

g. EGR+DPF 技术应用。

EGR+DPF(废气再循环加微粒捕集器)技术,它以废气再循环为基础,在机内抑制氮氧化物的产生,在机外后处理过程中采用微粒捕集器对微粒进行微粒捕捉。

采用 EGR+DPF 方案需对原发动机进行强化,提高喷油压力和增压中冷能力。其次,需提高微粒捕集器的再生能力,还有对燃油含硫量要求较严,且燃油消耗较高,但不增加额外的装置，要定期更换微粒捕集器。

5）应用船舶环保新技术

（1）采用联合动力发动机

联合发动机即将柴油机和其他的能源产生的动力混合使用，随着各种新型能源的利用，联合动力发动机是一个很重要的降低船舶排放的技术措施。

（2）提高智能化和可靠性水平

综合使用电子技术和网络技术，通过对柴油机和船舶的各种参数进行监测，并自动适时进行控制和管理，从而使柴油机随时处于最佳的工作状态。智能化、网络化、信息化将是降低船用柴油机污染物排放的又一重要措施。

利用AZS掌握船舶排放情况，船舶排放的量化问题是控制船舶排放的重要因素，也是节能减排机理中的难点。岸站可以通过AZS系统获取船舶编号、呼号、位置、航向、航速等信息，并可进一步得到船舶的船型、大小、引擎、建造时间、最大航速、燃油以及相关信息。“利用AZS系统掌握船舶排放情况”成为一项新的科研课题。

通过AZS信息，结合实时空气状况，可以确定每艘船舶的排放系数。进一步耦合AZS数据与船舶船速、航行状态（作业或锚泊）、吃水等工作参数、静态特性以及船舶排放系数，则可确定船舶的排放位置及数量。当每艘船舶的排放都被量化后，就可以计算出特定区域的排放情况，进而得出局部空气质量。排放量化还可以用于涉及排放许可问题的空间规划。

（3）新概念船舶实现零污染、零排放物目标

新概念船舶通过采用可再生能源及无压载水船型，真正实现船舶航行零污染、零排放物的目标。由于采用可再生能源，能量产生过程中伴随的副产品只有纯净水蒸气和热。同时，由于采用燃料电池推进，既消除了船舶噪声又提高了船舶航行的灵活性。此外，通过改变船型结构，如采用多体船结构等，使船舶航行中完全摆脱压载水带来的污染问题。

（4）无污染、轻质材料的使用

新概念船舶将采用轻质无污染材料，如由铝和热塑性塑料合成的材料，这种材料与传统碳钢材料相比具有抗张强度高、维护费用低、易于成型、重量轻、耐疲劳以及可循环利用等优点，既能够提高船舶运输效率，又能够使船舶建造或拆解过程中对环境的污染降到最低。

26.3.2 国内外船舶主要环保技术应用概述

目前，国际上的船舶生活污水处理装置主要有英国HAMWORTHY公司、WelBen公司、美国Red-Pox公司、日本SASAKURA公司等的生化法处理装置，它们的处理工艺多为活性污泥法。

目前，美国和加拿大针对船舶生活污水处理的研究主要集中在MSD-Ⅱ型装置的研制和开发。

采用活性污泥法的代表性装置有德国仪器制造有限公司生产的Bio-Compact系列及英国HAMWORTHY公司的“超三叉机”系列船用生活污水处理装置。采用生物接触氧化工艺的有日本大晃机械工业株式会社生产的SBT系列装置。采用电解法的典型代表是美国Severn-Trent De Nora公司的Omnipure系列装置。

上海船舶设备研究所已先后开发了物理—化学法处理生活污水的WCF型再循环式生活

污水处理装置系列装置，具有粉碎、消毒、储存功能的 WCH 型系列储存柜，以及生化法（活性污泥法和接触氧化法联用）处理生活污水的 WCB 型生活污水处理装置。还开发了在航线短、小型的船舶上使用的处理高浓度生活污水的真空收集储存舱柜 WCV 型二级生化（两段活性污泥工艺）处理装置。

其他还有引进国外设备并吸收转化开发的相关船舶生活污水处理装置，如南京绿洲机器厂从英国 HARMWORTHY 公司引进的 ST 系列和重庆大晃康达环保公司从日本大晃机械工业株式会社引进的 SBT 系列。

日本在船用生活污水处理器的研究方面，处于世界的领先水平，他们研究的 SBT 型系列船舶污水处理装置，能实现轮船直接达标排污。

2010 年 7 月 28 日，Yuyo 汽船和日立公司宣布将在 7.8 万 m^2 的 LPG 船上安装由日立生产的压载水净化系统，这是船上第一次安装清洁压载水系统。而由挪威 OceanSaver 公司开发的压载水处理系统（BWMS）将安装于韩国现代重工建造的 3 艘 VLCC，这是压载水系统首次安装在 VLCC 级别的船舶上，标志着清洁压载水处理系统已经全面进入实船应用阶段。

湖北巴东宏发游船有限公司投资 15 万元，将 6 艘旅游船上原配备的"打包式"的坐便器，全部更换为 WCH 生活污水消毒储存柜。2008 年 7 月入选交通运输部第二批节能减排示范项目。

2010 年 7 月，杭州市钱江港航管理处要求辖区船舶在安装好油水分离器且规范使用的同时，还必须安装污油水舱，并规定以后所有不能达到可直接排放水质要求的污油水，都必须按要求全部装载到污油水舱中，然后在指定的接收点直接输送到岸上进行处理，逐步实现本辖区船舶污油水零排放。

中日合资重庆大晃康达环保技术有限公司的 SBT-40 型船舶污水处理器，主要也是引进日本的技术，其原理是先把粪便污水汇总到柜式容器里，4～5d 全封闭鼓气加氧后，通过发酵和投药方式杀死大肠杆菌等致病菌，经处理达到国家标准后再排放。

在地中海，由希腊船东协会（the Unionof Greek Shipowners）发起成立的 HEL-MEPA 组织，每天平均可以接收 1 000 余艘轮船上的垃圾，该协会认为当前最紧迫的任务是在地中海沿岸港口设立更多的垃圾转运站和垃圾处理装置。

国内对于船舶垃圾好的做法是集中放置于船尾垃圾桶内，到港后由岸上部门收取处理。

曼恩公司正在开发标准的 SCR 选择性催化还原系统，该系统采用 U_2O_5 作为催化剂，尿素作为还原剂，当 40%的尿素溶液喷入高温废气时，尿素可以分解为氨水和 CO_2，进而与 NO_x 发生反应，生成无污染的 N_2 和 H_2O，可以清除 80%以上的 NO_x。

以上阐述了一些国内外主要的船舶节能技术，其中有些技术已经投入使用，而有些技术还处于研究开发阶段。下一步应根据贵州省航运实际，综合分析推荐实用的技术，并加以推广。

第27章 乌江货运船舶适用的节能减排技术

27.1 乌江货运船舶节能实用技术

根据乌江营运船舶的现状，推荐适用的节能技术，推进乌江营运船舶节能技术的运用、扩大节能技术改造项目范围，使得更多有条件的船舶安装节能新设备和使用节能新技术。

在"十二五"期间，要抓住船舶更新换代的机遇，加快淘汰高油耗、高污染船舶。限制和淘汰技术等级低的老旧船舶，禁止不达标船舶和污染严重的老旧船舶从事运输，解决取缔挂桨机船，鼓励发展新型运力。

科学指导船东按照《长江水系过闸运输船舶标准船型主尺度系列》(交通运输部〔2012〕69号)和《内河运输船舶标准船型指标体系》(交通运输部〔2012〕13 号)等标准，在充分总结现有成果的基础上，应进一步优化船舶的主要尺度和线型，大力推进船型标准化工作，建设一支装备较为先进的内河船队。

1)节能线型的选择

(1)内河船舶常用的节能线型

内河采用较多的节能船型有球鼻首船型、尾端球船型、球尾及双尾鳍船型、纵流船型、双体船及小水线面双体船、不对称尾船型、浅吃水肥大船型、双尾船和平头涡尾船型、隧道船型等。目前还出现有可变球鼻首，其球鼻可上下移动，或者是自由摆动，并且可以按照吃水与航速变化来改变球体形状等，通过型线要素优化等，降低船舶阻力，达到节能效果。

①减阻球鼻，采用了双球鼻结构，被称为减阻节能球鼻首。它能有效地减小兴波阻力，据初步了解，这种减阻节能球鼻首可以获得优良的减阻效果(节能 15%以上)。

②球尾船型，其特征是在船体满载吃水线的尾部区设有一个长约 1%～2%L(L 为船长)，宽度极小的尾端形体，使船尾波的起波点后移，导致尾波扩散面大大减小，从而减少能量损失，以降低船舶阻力;改善尾流，起整流作用，以提高船舶的推进效率。该船型一般可以节省主机功率的 7%～9%。

③双尾船型(含双尾鳍型)。

船舶后体由两个细长型船尾和船尾中间的拱形隧道组成。细长的船尾和平顺的隧道有利于改善波形干扰和船体尾部压力分布，增加船尾压浪长度，减少尾流分离现象，从而大幅度降低兴波阻力和漩涡阻力。此外由于双尾船型的桨轴间距较大，每个螺旋桨可以在类似单桨船的工况下工作，从而改善了桨前来流场状态，使桨盘处的伴流更加均匀，提高推进效率。双尾船型还有利于安装低转速大直径螺旋桨，有利于船—机—桨之间的配合。双尾船型航行性能好，速度快，操纵灵活，可节省主机功率25%以上，是内河优秀节能船型之一。

④涡尾船型。

船体尾部由轴套包板和扭曲的船底板形成绕着螺旋桨轴旋转的螺旋形涡槽道。涡尾船型的实船有平头涡尾船与尖头涡尾船两种。涡尾的作用主要有以下三点：一是消减尾浪，使尾流平顺，减少船尾兴波高度以达到降阻的目的；二是回收螺旋桨尾流中的旋转能，提高船舶推进效率；三是有助于消减船尾振动。平头与尖头涡尾船型是国内首创的一种新型节能船，已设计建造多艘。实践证明，这种新船型具有兴波小，推进效率高，激振小等优点。据实船测试，与常规同排水量和同机型船相比，其航速可提高27%左右，节能12%以上。平头涡尾船型适用于内河客船、旅游船等。

⑤浅吃水肥大船型。

浅吃水肥大船型是受航道和港口泊位吃水限制的一种船舶，其主要特点：一是载重量较常规船型增加；二是综合经济效益高。因为该船型具有载货量大、吃水浅等特点，可用于矿砂船、煤炭运输船、油轮、化学液体船以及船队运输途中的补给船等。该船型还具有成本低，相对投资成本少，且营运航线多，可通航道多等优势，目前在国内外得到广泛应用。

(2)乌江船舶适用的低阻线型推荐

选择适用的乌江船舶节能线型，应充分考虑航道和船舶现状与发展特点，以及沿江经济发展的水平与技术的成熟度等。

如第5篇第16章第16.1节所述，乌江梯级开发前是全国有名的山区性河流，为适应水浅流急的航道特点，乌江中上游货船一直采用隧道尾型，为克服其推进性能仍较低的问题，通过“八五”联合科技攻关，开发了双尾船型与隧道尾船型相结合的混合船型，实船营运表明其具有较佳的快速性能。

随着梯级电站的逐步建设和航道整治工程的完工，乌江未来航道条件将发生很大变化。为适应未来多枢纽高等级航道的特点，借鉴内河标准船型研究成果，在乌江新一代货运船舶中，成功开发并应用了大 C_b 的双尾节能船型，模型试验显示其具有优良的快速性能，为此推荐双尾船型为乌江适用的节能线型。

2)船—机—桨的最佳匹配技术的应用

船舶依靠主机发出的功率，通过一系列传动装置(减速齿轮箱、轴系)，带动螺旋桨旋转，产生推力推动船舶前进。船舶、主机(减速齿轮箱)和螺旋桨三者的匹配，直接影响到船舶航速的高低、螺旋桨效率的高低、燃油消耗的多少(营运经济性好坏)、主机寿命等经济性能。

因此在设计螺旋桨时，一定要用柴油机的额定转速来进行设计。由于螺旋桨的推进特性曲线，螺旋桨的功率与转速三次方成正比，因此从经济性考虑，船舶在实际营运中，可以充分运用水流，开经济转速，降低油耗，也就是降低了成本。但由于长期在低转速运转存在危害，最好是在设计螺旋桨时将功率裕度留大一点，也就是说将螺旋桨负荷设计得轻一点，而平时运转将速度开高一点。这样柴油机轻松运转，既可以省油，柴油机的寿命又可以延长，减少维修保养时间，既节约了维修费用，又提高了营运率。尤其对大多数中高速柴油机，增压度都较高，都采用中冷器。提高柴油机运行转速对于提高增压器的效率至关重要。

对于一般船舶来说，螺旋桨的转速越低，直径越大，螺旋桨的效率越高。因此一般以中高速柴油机做主机的船舶，都要通过减速齿轮箱来降低螺旋桨转速，以求增大螺旋桨直径。但这也不是绝对的。螺旋桨直径不能盲目增大，它与船体之间应有一定的适当间隙，间隙太小将使船体发生震动，影响一起设备正常工作，影响船员工作休息。严重的甚至影响船体结构强度，焊缝开裂。

由于乌江航道分季节分航段水深变化大，且枢纽对船舶吃水限制大，为提高船舶的综合性能和经济效益，因此船舶一般采用变吃水设计。由于船舶载况多，船机桨有效匹配更为重要。

一般船舶由于主发动机、传动设备及推进器的性能参数都存在局限性，通常情况下各部件的性能参数只有在某一负荷范围内才是优良的，离开此范围，性能均会下降，即船舶只有在设计工况下运行时其经济性才最好。在设计螺旋桨时，选择不同的工况点直接影响船舶的经济性及可靠性。从节能的角度出发，选主机额定（标定）转速下，负荷特性曲线上油耗最低区所对应的某功率作为实际设计功率可取得较好的经济效益。

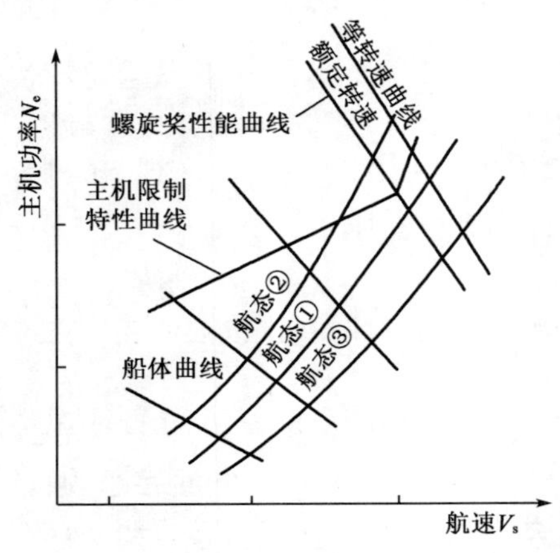

图 27.1　船机桨配合曲线

优化船、机、桨的配合特性，在船型设计时，要充分考虑船体的浸水体积，也就是要考虑船舶的线型和吃水深度，以尽量减低船舶航行时的阻力，以提高柴油机的有效功率，从而达到节油的目的。在选用主机机型时，当选定适合特定船型的合理营运航速后，尽量选配储备功率较低的主机，以降低燃油成本；在螺旋桨选配时，尽可能增加螺旋桨的直径，并且适当降低螺旋桨的转速，优化设计螺旋桨，使船、机、桨的匹配最佳（见图 27.1）。

3）轻型结构设计技术的应用

（1）长江干线标准货船结构优化研究成果简述

目前，我国内河船舶常用的结构优化技术，主要是基于有限元直接计算结果，结合结构优化理论，对船舶货舱等结构形式，构件的布置及构件尺寸、船体板的尺寸和高强度的使用进行优化设计，以期达到结构重量的最小化。

①结构形式比选。

从结构强度和结构重量方面出发，以 2 000t 级干散货船为对象，对两种货舱形式进行比较分析，确定较为适宜的结构安排和布置。

a. 半舱船结构形式比较。

半舱船主要选取了两种横剖面形式：在第一种形式中，货舱内壁不延伸到船底，在内壁之下设置一排纵向桁架；在第二种形式中，货舱内壁与船底相接，结构为双壳形式。其船舯横剖面见图 27.2 和图 27.3。经计算，货舱内壁延伸到船底的半舱船较货舱内壁不延伸到船底的半舱船，主船体结构轻约 7.28t。

b. 半舱船与深舱船的比较。

为了更进一步比较半舱船的结构材料利用效能，进行了半舱船与深舱船（见图 27.4）的比较。从材料利用来说，半舱船的内底板因为使用要求，厚度在 12mm 左右，比船体外板要厚得多。但是，内底板位于船体横截面的中和轴附近，对船体总强度的贡献不大，也就是说，材料的利用不充分。从船体的总纵强度来考虑，深舱船主要构件的材料利用效率较半舱驳要高，但船体的抗扭转性能相对要弱。在两种形式的船体结构均满足规范要求的情况下，综合考虑各种强度要求，两种形式的主船体相对重量深舱船较半舱船结构轻约 30.25t。仅从结构重量来说，显然，深舱船更能够充分发挥材料的功能。

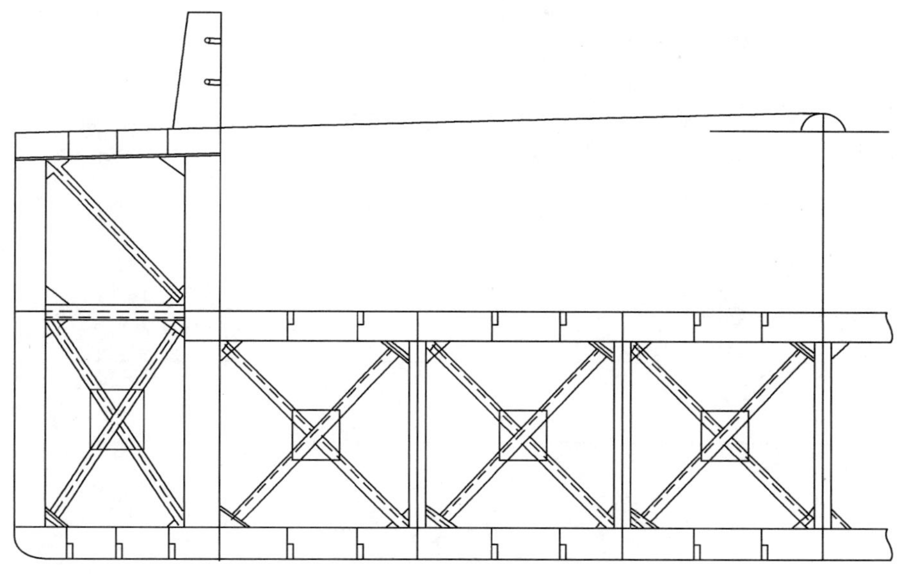

图 27.2　半舱船内壁延伸到船底

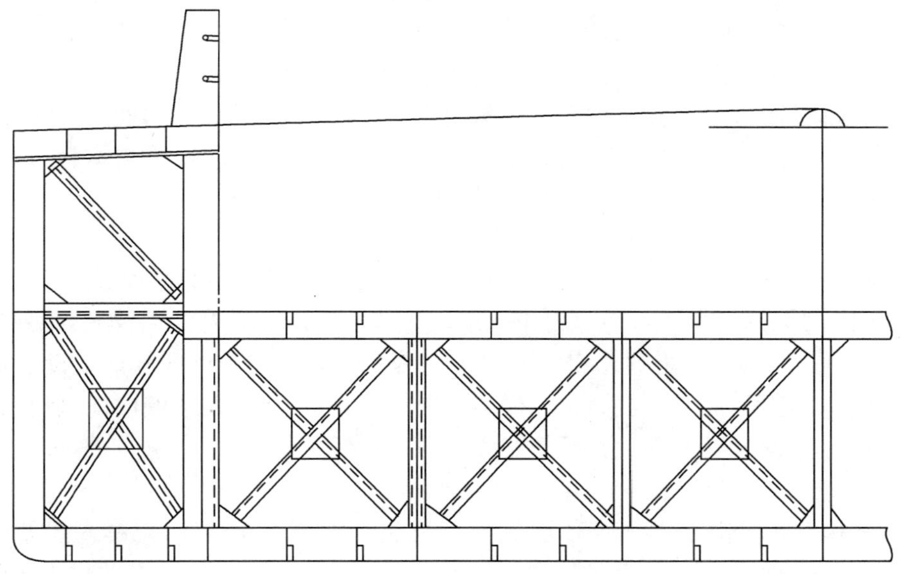

图 27.3　半舱船内壁不延伸到船底

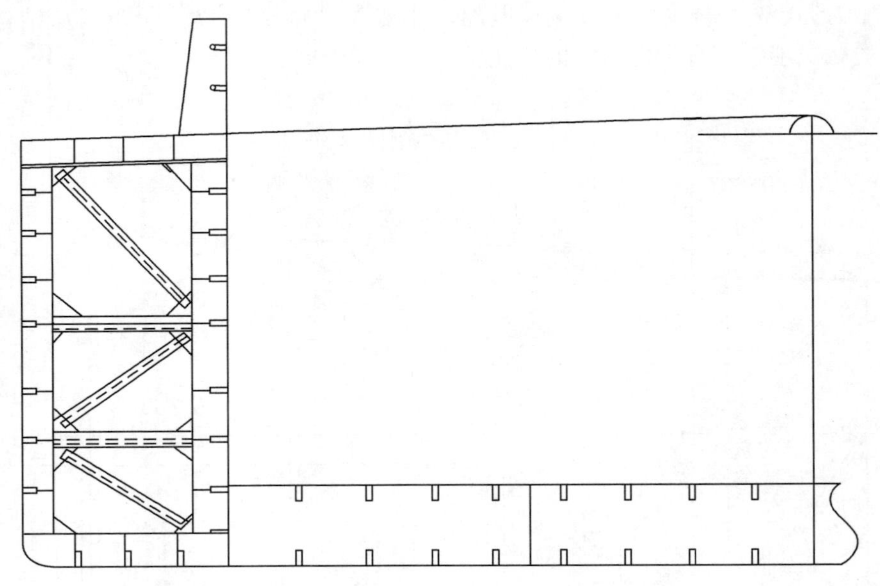

图 27.4　深舱船横剖面及构件安排

②主要结构特点。

a. 深舱船的结构安排。

深舱散装货船采用双壳、双底的深舱结构，为了装卸方便高效，采用了长大开口，货舱内无横舱壁和甲板条。因船体长度都较大，所以，船体结构承受较大的总纵弯矩作用。鉴于此，在船体中部区域采用纵骨架式，用舷侧加厚顶列板兼作护舷材，从货船后端壁向船尾，采用单底横骨架式，考虑到船体型线在船首部区域变化剧烈，横截面线型由甲板向船底收缩很快，所以，货舱开口在中前部分，将货舱边纵壁向纵中剖面收缩，但考虑到舱口盖的使用要求，在甲板面上仍将舱口围壁做成矩形形状。在结构处理上，从艉前过渡区域开始，采用横骨架式，保证船体建造过程中的工艺要求。在纵横骨架的交接处，纵向构件逐步过渡。

b. 半舱船的结构安排。

对半舱型散货船，由比较分析结论知，采用舷侧内壁延伸到船底的结构形式，经济性更好。为了使船体结构能够承受较大的总纵弯矩作用，在船体中部区域采用纵骨架式，用舷侧加厚顶列板兼作护舷材。在载货甲板与船底之间于中龙骨和旁龙骨三个纵向剖面上设三道纵向桁架，每隔四个强框架设一道横向桁架。船体中部货舱区外，从货舱前端壁向前、货舱后端壁向后，兼顾制造工艺的要求采用单底横骨架式。

c. 结构优化处理。

在完成结构形式优化比选的基础上，进一步优化构件布置及尺寸，以提高船舶的经济性能。结构优化的目的，主要是在满足强度要求的情况下，减少船舶造价，在此优化从两个方面来考虑：一是减少船体骨架，二是减少船体钢料。值得指出的是，作为标准船型，结构尺寸的取舍要考虑到各种情况，所以，它不一定是结构重量最轻的，对具体船舶设计，还可以进一步优化。

对深舱船型，以 3 000t 级干散货船为例，船底双层底远比甲板结构要强，通常情况是甲板应力远大于船底应力。对于散货船，在机械化装卸的情况下，内底板厚根据使用要求，一般在12mm以上，相对于规范要求的8mm的船底板，可知其使得船底结构更强。因此，在甲板与舷侧板的布置上进行了适当的调配，强力甲板在中部区域增加到14mm，首尾与中部大开口区域相对应的甲板因对总强度没有贡献，仅提供局部强度，所以取6mm。舷侧外板上列板兼作护舷材，且离中和轴较远，取为14mm，靠近中和轴部分外板，以局部强度为控制因素，取8mm，货舱边纵舱壁，上列板予以加厚，则对双底内的纵壁下列板，因双底结构足够强，所以取为6mm。在进行船体总强度的计算分析中，货舱口围板和水平扶强材的作用明显，所以取为14mm和16mm。

上层建筑主要由局部强度起控制作用，在板材料选用方面，外围壁板取4mm，驾驶甲板上及内围壁板取为3mm。为了使用方便及美观，整个上层建筑采用室内无支柱设计，因此导致纵桁的强横梁的跨距较大，完全套用规范，则结构尺寸过大，因此，采用了计算设计的方法，充分利用板架的相互支持功能。对其驾驶甲板来说，中部长大无支柱舱室，甲板纵桁与强横梁规范要求为$\perp\frac{8\times300}{10\times100}$，不仅仅是增加结构重量，主要影响舱室空间和装修，经直接计算可降低到$\perp\frac{4\times140}{6\times80}$，同时，顶棚甲板则可取为$L\,\frac{4\times140}{6\times80}$。

对船底实肋板，主要是保证船体的横向强度，经直接计算分析，在腹板保持不变的情况下，保证实肋板强度的船底板由10mm降低到8mm。并经计算，船体总纵强度满足要求。

对半舱型船体，以2 000t级为例，进行上述同样的分析，可以得到优化的结果。对半舱船的讨论，值得特别提出的是，半舱船内底结构很强，通过桁架将外底和内底联系起来，内底结构对外底结构有较强的支持作用，为了充分地利用这种效应，取内底、外底与桁架系统作为一个整体进行了有限元分析，确定实肋板和外底板的尺寸，如图27.5～图27.7所示。

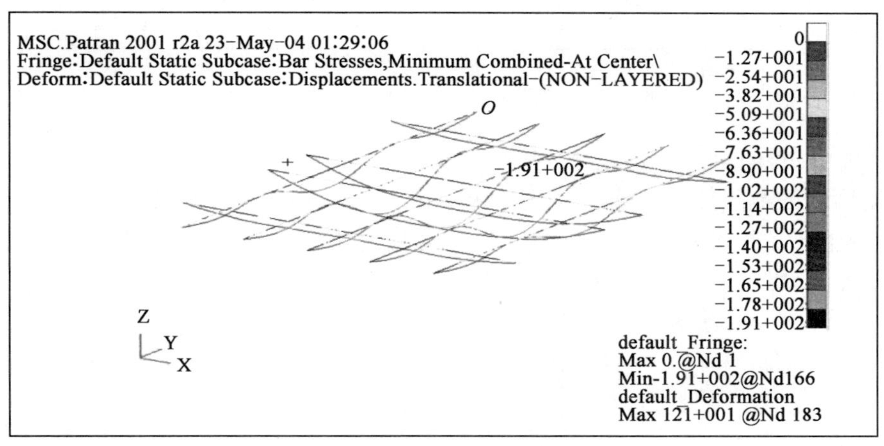

图27.5　驾驶甲板局部强度计算

(2)乌江货船轻型结构设计技术

借鉴长江干线标准货船结构优化的研究成果，乌江货船推荐采用深舱型货舱形式。针对设计船特点，基于规范设计和有限元直接计算，进一步优化结构构件的布置及构件尺寸、船体板的尺寸；并考虑高强度的使用，以期达到结构重量的最小化。

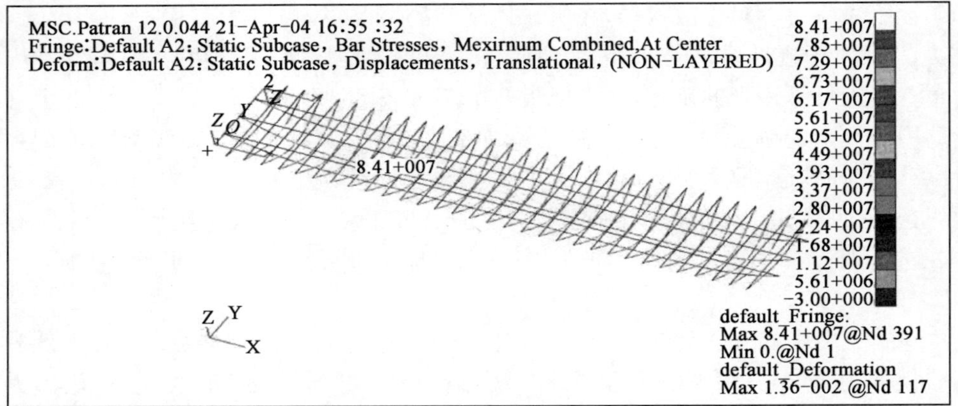

图 27.6　船底板架的局部强度计算

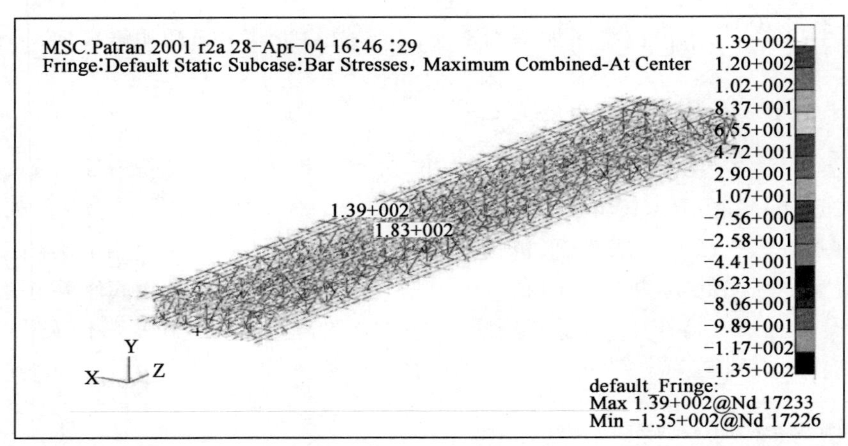

图 27.7　半舱型船底空间结构的局部强度计算

4)高效主机的选用

大力使用新的节能型绿色柴油机，适应船舶市场的供需变化和日益严格的节能环保要求。目前，中国本土产品技术发展也很快，拥有一批可靠的用户群，如玉柴的 YC6T 系列船用柴油机、潍柴 WD615、WP12C 系列船用柴油机和上柴的 Gl2BZLCa 船用柴油机。此外，国外品牌机有 DK 系列和 Yanmar 系列柴油机等。

乌江内河货船吨级在 300～2 000t 左右，船舶单机功率为 30～200kW，可以考虑选用以下几类主机，也可以选用经过改造过后的 LNG/柴油双燃料发动机作为船舶主机。

(1)玉柴的 YC6T 系列船用柴油机

该系列机型市场定位为 700～2 000t 货船，依据欧洲 AVL 设计标准和开发规范，整机大修期超过 20 000h，可靠性高，高效增压中冷技术，排量功率更高，扭矩更大，适合各种工况使用，作业效率高，新一代高效节能动力，AVL 四气门技术，相同时间截面进气更多，燃烧更充分，经济工作区域范围更大，油耗比同功率其他柴油机节省 10%～15%，与 6160/6170 功率相当，且体积小、安装维护方便、承载多，点线啮合齿轮技术，噪声低，安全可靠，其主要参数见表 27.1。

YC6T 系列船用柴油机参数　　表 27.1

型　　式	立式、直列、水冷、四冲程
进气方式	自然吸气/增压/增压中冷
缸数一缸径×行程（mm×mm）	6-145×165
排量(L)	16.35
容积压缩比	15.5∶1
全负荷最低燃油消耗率[g/(kW·h)]	≤192
噪声(ISO 3744)dB(A)	≤100
净质量(kg)	1 980
外形尺寸(长×宽×高)(mm×mm×mm)	2 100×1 100×1 860

(2)潍柴 WD615 系列船用柴油机

该系列柴油机继承了车用柴油机所实施的高配置战略,使之成为国际先进水平的大功率节能环保发动机。该机具有结构紧凑、外形美观、动力性、经济性好、可靠性高、低烟度、低噪音、振动小、航速高,使用维修简单等诸多优点。功率范围 110～220kW,转速 1 500～2 100r/min 已成为国内豪华游轮、内河航运、渔业捕捞等船舶最佳配套动力。机组可选配 120C、135、MB270A、300 等齿轮箱,其主要参数见表 27.2。

WD615 系列船用柴油机参数　　表 27.2

型　　号	WD615	型　　号	WD615
工作方式	自由活塞式发动机	最大功率(kW)	220
气缸数	6	连续输出功率(kW)	110～220
标定转速(r/min)	1 500～2 100	连续工作时间(h)	3 500

(3)潍柴动力 WP12C 系列船用柴油机

该系列主机是在蓝擎国三 WP12 系列柴油机的基础上,针对船舶动力使用特点和配置要求,采用全新设计理念进行专项优化设计开发的船舶专用环保节能柴油机,其主要参数见表 27.3。

WP12C 系列船用柴油机参数　　表 27.3

型　号	WP12C450/WP12C400/WP12C350	型　号	WP12C450/WP12C400/WP12C350
发动机型式	水冷、四冲程、直喷、增压中冷	最低燃油消耗率[g/(kW·h)]	≤192
缸径/冲程(mm)	126/155	烟度(Rb)	≤1.0
气缸数	6	发动机净重(kg)	1 200
压缩比	17∶1	外形尺寸(长×宽×高)(mm×mm×mm)	1 695×843×1 215

(4)上柴鑫龙 280 型船用柴油机

该系列主机是上柴公司研发的新型节能、低污染船用柴油机。鑫龙 280 型柴油机主要具有以下优势:采用进气增压中冷,燃油高压喷射和缩口挤流燃烧室等先进技术,附件全集成化、排气管水冷,保证性能优良;配置高效空气滤清器,具声光报警功能的远程控制仪表箱、前端输出带6槽皮带盘,配套适应性好,充分满足了用户的配套要求;整机结构紧凑、性能优越、工作可靠,综合性能指标达到国内先进水平,该类主机参数见表27.4。

Gl2BZLCa船用柴油机参数 表27.4

代表机型	Gl2BZLCa
型式	直列6缸 直喷 废气涡轮增压 海水—空气中冷
缸径×行程(mm×mm)	135×150
总排量(L)	12.88
持续功率/转速(kW/r/min)	187(255Ps)/1 500
持续功率燃油消耗率[g/(kW·h)]	≤210
最低燃油消耗率[g/(kW·h)]	199
整机噪声[dB(A)]	≤114
推进特性排气烟度(FSU)	≤1
废气排放	符合JB 8891—1999标准

5)经济航速的选用

经济航速是指利用燃油消耗量与航行速度的线性比例关系来确定的船舶最佳航行速度,合理的航行速度可以降低燃油消耗。船舶航行速度直接关系到燃油消耗,是经济和技术的综合反映。

船舶在航行的过程中应根据任务的轻重缓急,选用合理的航行速度。在确保航行安全的前提下,适当降低航速,可以明显地降低燃油消耗量。若航速降低10%,则主机功率下降27.1%,燃油消耗量减少19%;若航速降低20%,则主机功率下降48.8%,燃油消耗量减少36%,如图27.8所示。

从图27.8中可以看出,采用经济航速,节能效果明显。但是为了保证柴油机的正常运转,避免主机长时间低负荷运转,从而偏离设计工况太多,使增压扫气不足,产生燃烧恶化、运动部件磨损加剧等情况,比较理想的结合点应为航速降低10%左右。

以几艘船舶为例,对相同航程设计航速下与经济航速下燃油消耗量的分析比较见表27.5,从表27.5可知船舶采用经济航速燃油单耗大幅降低。

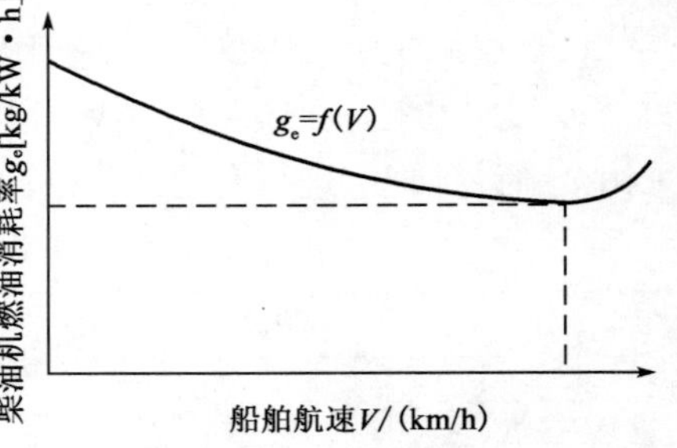

图27.8 燃油与航速的关系

船舶在额定航速下与经济航速下耗油量对比 表27.5

船舶名称	额定耗油[kg/(kw·h)]	额定工况		经济工况		耗油差(t)
		额定航速(×1.85km/h)	耗油量(t)	经济航速(×1.85km/h)	耗油量(t)	
2000HP	0.50	13.0	3.86	11.7	3.41	0.45
4000HP	0.75	13.0	5.76	11.7	5.13	0.63
5000HP	0.82	14.0	6.23	12.6	5.38	0.85

续上表

船舶名称	额定耗油[kg/(kw·h)]	额定工况		经济工况		耗油差(t)
		额定航速(×1.85km/h)	耗油量(t)	经济航速(×1.85km/h)	耗油量(t)	
6000HP	1.00	15.0	6.67	13.5	5.90	0.97
8000HP	1.21	15.0	8.08	13.5	7.07	1.01

目前乌江通航河段(乌江渡—涪陵)在多梯级枢纽建设之前一直存在航道滩多流急，航运条件差、航道等级低、航运未完全通畅、运量小、航运发展缓慢等问题，随着乌江航运工程和各梯级枢纽的建设，将极大地改善乌江通航条件，未来将形成多个库区。建议乌江货船采用经济航速。船舶营运环境的差异，致使其经济航速也不尽相同，应通过综合论证最终确定。

6)新燃料、新能源的应用

当今社会，能源是人类生产、生活不可或缺的资源，能源问题已成为世界各国政府、实业界和科技部门高度关注的重点问题。我国正处在工业化和城镇化加快发展阶段，能源消耗强度较高，消费规模不断扩大，特别是高投入、高消耗、高污染的粗放型经济增长方式，加剧了能源供求矛盾和环境污染状况。作为能源消耗大国，我国每年能耗约占世界总能耗的1/3，节能是缓解能源约束，减轻环境压力，保障经济安全，实现全面建设小康社会目标和可持续发展的必然选择。发展低碳经济、节能减排、应对气候变暖已成为全人类赖以生存与发展的内在要求和迫切需要。2012年8月6日，国务院颁布《节能减排"十二五"规划》，提出到2015年，单位工业增加值(规模以上)能耗比2010年下降21%左右的目标，节能减排已上升为国策。

加快构建以低碳排放为特征的工业、建筑、交通体系等，已成为全球范围内发展低碳经济的重要内容之一。交通行业是耗能大户，而且以消耗成品油为主，大约占全社会油品消耗量的28%左右。随着经济发展和人民生活水平的提高，交通行业对于石油的消费需求将快速增长，从而进一步增加了资源约束矛盾，交通行业节能减排刻不容缓。

随着航运业的快速发展，船舶的油污水、废气、生活污水、固体垃圾、噪声等对水域环境的污染问题日趋突出。2015年1月1日起，国际上将实施新船能效设计指数(Energy Efficiency Design Index，EEDI)要求，并在近期密集出台了一系列相关公约、法规、规范、标准，标志着21世纪的航运业将进入绿色、高效、节能的时代。

在国际海事组织对船舶的节能工作、提高燃料利用和减少产生污染非常看重的背景下，清洁能源在船舶上的推广应用已成船舶业界公认的发展趋势，清洁能源作为船舶动力及辅助设备动力来源的应用无疑成为这一领域的先驱。常见的清洁能源有很多，例如太阳能、液化天然气、风能、水力能等，清洁能源对环境的污染小、很多清洁能源可以持续利用。在以节能环保为主题的时代背景下，如何合理地将清洁能源应用于船上的设施来提供能量来源的研究越来越得到重视。

(1)清洁能源应用现状简述

节能减排已上升为国策，国家鼓励发展以天然气、液化气及醇类为燃料，以及风力、太阳能等可再生能源为动力的环保型船舶，积极推广节能环保型船舶。

①太阳能。

太阳能在船舶上应用得比较早。在1985年，能够为车辆和船舶提供电能的太阳能充电装置就已经被发明出来；到了20世纪80年代，这种充电装置被应用于船舶，并被制成了一艘小艇，在风和日丽的天气下，完全能够在太平洋中航行；到了2007年，由瑞士制造的全太阳能动力船“太阳21号”完成了5个多月的大西洋航行，开创了世界第一艘完全以太阳能为动力横跨大西洋的壮举。

太阳能作为清洁能源的代表之一，具有总量最大、分布最广、清洁干净的优势。太阳能光伏供电系统的基本工作原理就是利用太阳光的强烈照射，由太阳能电池组件吸收，并产生电能，通过负载控制器和充放电控制装置，在满足负载需求的情况下直接给负载供电。此外，整个系统还需要安装的设备就是容量比较巨大的蓄电池组，它被用在日照不足或者夜间情况下。对于船舶而言，还需要安装有逆变器，方便将直流电转换成交流电，供船舶交流负载使用。太阳能光状技术供电示意图如图27.9所示。

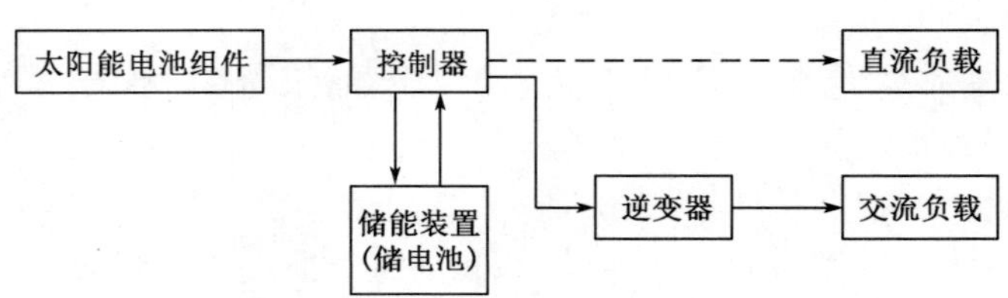

图27.9　太阳能光伏技术供电示意图

②风能。

据科学统计，全球大气风能的总和大约为1 017kW，而且都可再生。目前，可以被人类活动利用的风能大约有3.5×1 012kW，这个价值至少比世界上可利用的水能大10倍。

风能作为一种天然能源，与其他能源尤其是矿物能源相比，有蕴藏量巨大、分布广泛、清洁等特点。目前，风力作为能源的应用研究主要集中在日本和我国沿海的一些小渔船上进行。日本邮船公司2003年宣布，它联合东海大学等科研尖兵单位联合开发出的船用风力发电机，计划搭载在大型滚装船上进行试验，这种依靠风能的发电机产生的最大功率为30kW，像翼一般的四角形轮片垂直于发电装置，因而在船舶航行过程中可以不受任何风向的影响。经试验研究，相比于普通船舶柴油发电机，它可以减少约7%的CO_2排放。这种带着螺旋桨的“风力发电机”的新型船舶出现在国内内河航道中。风力发电驱动船结构示意图如图27.10所示。

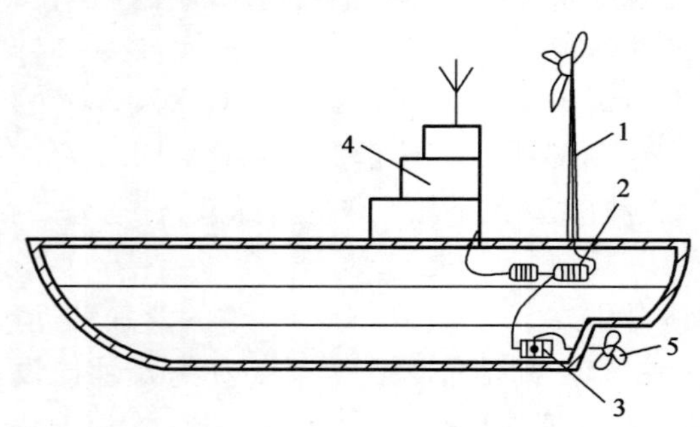

图27.10　风力发电驱动船结构

1-风力发电机；2-变压器；3-电动机；4-桥楼；5-螺旋桨

③LNG燃料。

使用LNG作为燃料的主机不会排放SO_x和PM。并且采用稀薄燃烧方式的4冲程燃气轮机比传统柴油机能够减少90%的NO_x排放量。当然如果大型商船改用2冲程的低速主机，减少的NO_x排放量与燃气轮机差别不大，但是后者更能符合日后的排放规则。采用LNG燃料，比起传统的石油燃料能减少25%的CO_2排放量。但是，根据燃气轮机的型号不同，LNG中的甲烷无法在主机内完全燃烧而造成残留气体排入大气是一个无法忽视的问题。

如果不完全燃烧的残留甲烷排放量较多的话，最终会稀释了减少 CO_2 排放控制温室效应的成果。

目前 LNG 燃料在国内外船舶中已有应用，见图 27.11。

图 27.11　液化天然气双燃料动力船

(2)清洁能源在乌江货船中的应用分析

各种清洁能源的应用均有其适用范围。太阳能适合应用于光照丰富的区域的船舶，但从安全、太阳能电池板布局和能效角度分析，太阳能发电技术或与其他能源(锂电池、柴油机等)相结合，较适合应用于中小型船舶，如游艇、观光船和游览船等，预计可以节约能源 25%～30%。

风能适合应用于风力资源丰富区域的船舶。由于船舶的可移动性以及自身结构等因素的影响，风能在船舶上的应用主要有风力发电和风帆助航两种形式，目前风帆助航的应用比较广泛。据测算，在满足风力要求的前提下，可节约 10%～50%的燃油消耗。但是风帆的面积通常较大，对货物的装卸、船舶的操纵和航向都有一定的影响。尤其是对于内河船舶，因为需要频繁地进出港口、通过桥梁和航道，设置风帆十分不便。

目前，LNG 燃料动力船正在我国内河中大量试点，还存在着 LNG 加气站网络的规划和建设滞后、多工况下 LNG 效益不能充分发挥、续航力短等问题。

综上所述，因乌江干流太阳能和风能资源还不太丰富，现阶段在货船上应用的条件尚不成熟；与传统燃油相比，LNG 作为船用动力，不仅能够满足降低排放的需求，而且具有成本低、更安全等优势，是未来船用动力的发展方向。LNG 作为船用燃料的环境效益非常显著，它几乎可以 100%减排 SO_x、没有 PM 粒、减少 15%～20%CO_2 的排放。而且，LNG 的应用也可带来经济效益，它比石油便宜。经政策、技术、气源等条件分析以及综合效益评价，乌江货船使用 LNG 燃料的条件业已具备(见下一章节)。LNG 燃料在乌江内河船舶上的推广应用，将有利于提升贵州省内河船舶节能减排水平。

27.2　乌江货运船舶环保实用技术

27.2.1　运用有效手段减少船舶油污染

1)防止油污染的日常技术和管理手段

(1)铅封方式将港口油污染降为零

在港内对适用船舶，将船舶油污水系统的排放阀的阀门，用统一配备的印有标记和阿拉伯数字钢印的铅封钳和铅袋“堵死”，从而达到禁止适用船舶使用排污设备、向水域排放油类污染物的目的。在排污口堵住之后，被铅封后的船舶并不是不能排污，船舶必须定期排放的油类污染物，油污水统一在污油水舱内收集好，由经港航海事部门备案有岸上或水上移动接收单位或船舶接收，这种方法从源头上防止船舶油污污染水域，实现了船舶油污水的零排放。

(2)有效使用油水分离器

针对船舶的压舱水、洗舱水和舱底含油污水以及油性混合物的处理,开展具体的系列性和综合性的技术研究。解决目前船舶安装的油水分离器使用上、技术上、运行监控等方面的难题。在设备方面,船舶应按照船检规范配备与之相匹配的油水分离器,保证油水分离器能够满足船舶含油污水分离的要求。要尽快研制出适应内河水域排放标准,处理效率高,操作维修方便,设备体积小、重量轻、经久耐用、价格便宜的中小型油水分离器。

(3)采用新的船舶尾轴密封方式

船舶尾轴润滑方式存在的技术问题,密封装置及结构优化方法和船舶尾轴水润滑方式的新型轴承材料及轴承结构的核心技术研究正在深入。即在油润滑方式下,进行新型端面密封圈结构优化、新型端面密封性能和新型复合材料船舶尾轴承及密封系统关键技术研究,解决尾轴密封泄漏而产生的漏油问题。在水润滑方式下,开展水润滑轴承材料的摩擦耐磨损关键技术研究,解决船舶尾轴传动系统轴承的寿命问题,达到既降低和杜绝船舶尾管的润滑油泄漏,又能改善和提高船舶航行的安全性和经济性。

(4)加强技术监控

在设备运行的监控技术研究方面,要采用现代电子传感和控制技术以及通信技术,对船舶设备运行状况实施科学、自动监控,通过技术装置代替人力现场检查;全天候跟踪环保设施的运行,并有效记录、统计、保存设备运行情况,以改变传统的铅封船舶舱底泵等做法。

2)溢油污染的应急技术

(1)船舶溢油的回收

船舶除了要配备必需的溢油应急预案外,还必须配备应急处理设备。船舶发生溢油污染时,必须采取消除措施,限制跑油或其他污染扩散。当发生事故时,可用围油栅将这些油迅速包围起来,缩小面积,防止其扩散,再设法回收水面的污油,消除或减轻油污的损害。围油栅是防止溢油扩散最常用的,既可避免溢油对环境的进一步危害,又能回收能源。利用稻草、锯木屑、聚氨酯泡沫、聚苯乙烯纤维等亲油疏水吸附材料对溢油进行吸附处理,简单安全。但此法只适用于浅水水域的少量浮油和栈桥码头。该法只能作为浮油清除工作的补充手段。

(2)船舶溢油的处理

当水上溢油无法用物理方法回收时,可采用化学油分散剂、燃烧或沉降方法,在水上直接处理掉。可向水中投入化学油分散剂,使油乳化分解并溶解于水中。油分散剂的有些表面活性剂对微生物有毒,会造成二次污染,必须使用时,应事先用电话或书面向港务监督申请,说明消油剂的牌号、计划用量和使用地点,经批准后方可使用。

27.2.2 加强对船舶生活污水的回收处理

船舶生活污水的科学处理。在处理技术和工艺上,根据船舶生活污水排泄流程短,有机污染物浓度较高,污水处理需要水停留时间长,设备体积要求小、重量轻等特点,尽快研制生产价格便宜,操作维修方便的污水处理设备,以满足绝大多数船舶安装的需要。

储存舱柜收集方式在航线短、且船型小的船舶上可以采用,但在中型或大型船舶上实施有很大的难度。因此,在生活污水处理技术上,要开展和开发新技术、新工艺等的研究,采用综合处理技术相结合的方法，并对国外的先进技术、设备进行国产化研究和研制，既降低设备成本，又能满足船舶单位安装的实际需要，同时又能很好地达到和满足贵州省水域的环保指标要求。

27.2.3　改进船舶柴油机技术，减少对大气的污染

建议在现有基础上对船舶柴油机在排放技术上做些改进，来减少对大气的污染。

1)采用高压共轨燃油电子喷射系统柴油机

柴油机采用该技术和相应的控制装置后，柴油机能适应各种工况。由于各种参数是可以单独控制，因此可使燃油消耗显著降低，废气排放量大大减少。

2)优化调整柴油机燃烧系统

主要的技术措施有：增大压缩比；采用高喷射压力和较小的喷孔改善雾化品质；改变燃烧室的结构；采用延迟喷油燃烧等，降低有害气体、烟度和颗粒排放。

3)采用柴油机燃油掺水技术

目前的掺水技术主要有四种：①油水乳化技术；②直接喷水技术；③向进气管中喷水；④利用蒸发湿空气系统(HAM)。

4)加强柴油机气缸润滑技术研究

加强对气缸润滑的研究，减少润滑油的消耗，以降低排污；采用新型陶瓷塑料等复合材料以及纳米技术来制造气缸，减少因润滑造成的排污。

5)柴油机增压和再循环系统改进

采用增压中冷技术，能降低氮氧化物 NO_x 等的排放。采用废气再循环(EGR)技术，使燃烧反映速度减慢，从而降低 NO_x 的排放。

6)采用混合动力发动机

混合发动机即将柴油机和其他的能源(如太阳能、风能等)产生的动力混合使用，随着各种新型能源的利用，混合动力发动机将是一个很重要的降低船舶排放的技术措施。

27.2.4　加强对船舶生活垃圾的回收处理

对船上的生活垃圾处理，主要的方法包括收集到岸上处理、在船上焚烧、磨碎排放等。在船上焚烧，可以减量和灭病，但好的焚烧炉造价较高，且燃烧可能会造成大气污染，这就需要对燃烧气体进行处理，可以对其废热进行利用，这样既可以防污染，又可加大能源利用率。

27.2.5　做好船舶污染物分类回收的工作

1)含油污水

船舶含油污水必须交由管理部门指定的专业部门回收，并做好登记。

2)生活污水

提倡营造绿色船舶环境，逐步使用安装生活污水处理系统或装置，保证生活污水排放指标要达到环保标准要求。

3)生活垃圾

生活垃圾要有专门容器回收，停靠港口时上交给港口回收部门。船上生活垃圾要分类分

装，要将可回收和不可回收垃圾分开。

27.2.6 提高油污染监视和应急反应能力

建立水上油污染监控与报警网络，应用先进的遥感技术以及船舶监测，及时发现水上油污染事故或行为。完善油污处理防治，健全油污应急体系，一旦发生船舶油污染，能迅速启动应急体系，组织、协调、调动一切可能的防油污力量，及早有效消除或减少污染损害的措施，尽量减少油污染造成的损失。

27.3 乌江货运船舶主要环保设备选型

船用环保设备按其不同的使用对象和所要求的技术水平，大致可分成三个层次：用于远洋出口船舶、高科技船舶和高附加值船舶的环保设备，列为第一层次；用于国内海运和军用船舶的环保设备，可列为第二层次；用于内河船舶的环保设备，可列为第三层次。

内河船舶使用的第三层次环保设备，当务之急应该是先解决有无问题。参照国外已有的成功的经验，充分考虑中国的具体国情，策划、开发我国自己的内河船用防污染技术及设备的完整体系，同时解决以最小的投入来满足我国内河环保法规的要求。

目前，我国已生产的船用环保设备主要有船用生活污水处理装置、船用焚烧炉、船用油污水处理装置和船用消防装置等四大类。

27.3.1 船用污水处理装置

我国在20世纪70年代末才开始进行生化法和物化法污水处理装置的研究。到20世纪90年代中后期，我国从美国引进了技术比较先进的电解法污水处理装置，通过国内科技人员的努力和对国外技术的引进吸收，目前我国生化法、物化法和电解法船用生活污水处理装置已实现产品化。

利用生物化学的传统活性污泥法成了主宰，目前90%左右的装船产品为生化法。英国品牌产品至今已有6 000台生化法产品装在航行于全世界的船上。中国的名牌WCB型生化法产品也约4 000台产品装船，其工作原理是：在有充分氧气的条件下，培养成的活性污泥同污水接触，借助活性污泥的生物化学作用将有机物除去，降低BOD_5（大肠杆菌）值，同时借助污泥的吸附和凝集作用将固体悬浮物吸附沉积。其工艺流程是：①污水由收集系统进入曝气罐中，由风机鼓入的空气在曝气罐下部散气管内分散成小气泡，这些小气泡从曝气罐底部上升的同时与污水及活性污泥混合液接触，使氧气溶解并引起混合液的循环流动进行完全混合。污水中的有机物质和活性污泥充分接触，被活性污泥吸附，在细菌的作用下氧化为无机物，其余变成可构成细菌细胞的原生质，随着细菌的代谢活动转化为能量而分解消耗掉；②混合液经充分曝气后进入沉积罐分离为活性污泥和澄清水。沉淀的污泥由泵返送至曝气罐，澄清水进入消毒罐中；③在消毒罐中加入次氯酸盐对澄清水消毒处理后排放。

杭州浙大华高工业技术开发公司吴亿成博士说，从技术角度看，臭氧—功率超声复合水处理技术是一种前沿水处理技术，我国在这一技术领域取得了可喜成果。据介绍，在浙江海事局的组织和筹划下,拥有国内完全自主知识产权的全世界第一台应用臭氧—功率超声复合技术,处理量为每小时100 t高浓度船舶有机污(废)水的水处理设备已经研制成功,并投入试验运行。相对于传统的水处理技术,它具有处理过程简单快捷、适用不同水质、处理能力强大、投入低廉、不需添加化学制剂等优势。可以应用于防治海洋污染领域,对净化处理船舶压舱水、洗舱水和机舱底水等高度污染的有机化学污(废)水,阻止有害水生物和病原体随船舶迁徙和传播,具有重大的现实意义。

推荐山东海普欧环保设备科技有限公司的一体化污水处理设备,其特点是采用国际先进的生物处理工艺,集去除BOD_5、COD、NH3-N于一身,技术性能稳定可靠,处理效果好,投资省,占地少,维护方便等。其二级生物接触氧化处理工艺均采用推流式生物接触氧化,处理效果优于完全混合式或二级串联完全混合式生物接触氧化池。它比活性污泥池体积小,对水质的适应性强,耐冲击负荷性能好,出水水质稳定,不会产生污泥膨胀。池中采用新型弹性立体填料,表面积大,微生物易挂膜,脱膜,在同样有机物负荷条件下,对有机物去除率高,能提高空气中的氧在水中溶解度。生化池采用生物接触氧化法,其填料的体积负荷比较低,微生物处于自身氧化阶段,产泥量少,仅需三个月(90d)以上排一次泥(用粪车抽吸或脱水成泥饼外运)。整个设备处理系统配有全自动电气控制系统和设备故障报警系统,运行安全可靠,平时一般不需要专人管理,只需适时地对设备进行维护和保养。

27.3.2　船用焚烧炉

焚烧炉是船舶专用于焚烧来自主机、辅机、油水分离器和各油泵油盘所产生的废油,以及大多数固体垃圾的设备。

焚烧法是一种高温热处理技术,即以一定空气与垃圾在焚烧炉进行氧化燃烧反应,垃圾中的有害有毒物质在高温下氧化、热解而被破坏。这种方法的优点是能使船上固态废料快速变成灰渣,使废物的重量和体积大大减小,其无害化程度很高,处理周期短,占地面积小,很多远洋船舶都安装了相应的焚烧设备。

焚烧炉在焚烧废油时,可以通过调节废油调节阀及旁通阀来改变废油的压力,从而以改变废油量来达到控制排烟温度的目的。在一定范围内,废油流量越大,排烟温度就越高。以百合海轮VIM-30焚烧炉为例,在一般情况下,其排烟温度不应超过报警值1 000℃,正常时废油压力为0.052MPa,排烟温度在850℃左右。由于废油的燃烧值不同,相同压力下其排烟温度也不同。如果废油中水分的含量超过40%,可用轻油辅助燃烧器协助废油燃烧。

船用焚烧炉操作简单经久耐用,焚烧炉采用二次燃烧处理工艺,一次燃室温度为650~800℃,二次燃烧室内温度为850~1 100℃,可燃物完全灰化,减容比≥97%;焚烧炉炉膛升温快,耗油省,燃烧充分,烟气滞留时间≥3s,过量气系数达100%,采用涡流燃烧处理工艺。其具体参数如表27.6所示。

船用焚烧炉参数表　　表27.6

型　　号	热容量[J/(kg·℃)]	外形尺寸(mm×mm×mm)
CYF-10	100 000	1 145×900×1 800
CYF-18	180 000	1 345×986×1 912

续上表

型　　号	热容量[J/(kg·℃)]	外形尺寸(mm×mm×mm)
CYF-40	400 000	1 800×1 330×1 910
CYF-50	500 000	1 800×1 330×1 910
CYF-80	800 000	1 830×2 350×2 200
CYF-120	1 200 000	1 900×2 450×2 500
CYF-150	1 500 000	2 000×2 850×2 600

27.3.3　船用油污水处理装置

船舶含油污水主要是指船舶舱底水，船舶舱底水处理一直是船舶防污染领域的一项重要内容。船舶舱底含油污水成分极其复杂，所含油种多，由于使用很多活性剂等化学试剂，导致其乳化程度高，要实现油污水的分离并达到国际海事组织规定的排放标准有很大难度。

舱底水中的油一般呈三种物理状态，即浮上油、分散油和乳化油，其中乳化油最难分离。由于洗涤剂等化学试剂的使用，船舶舱底水乳化油含量大大增加，传统的舱底水分离技术基本上是机械分离技术，即靠重力分离、聚结分离等方法除去含油污水中的浮油，对舱底水中所含的浮油基本上都可以除去。

1)重力分离法

在重力作用下，单体油粒在静水中的上浮主要由于油和水的密度差造成的。在浮力与重力之差和阻力相等时，油粒就等速上浮。如果两者之差大于阻力时，油滴则加速上浮，油滴上浮时受到的阻力与水流的流动状态有关。当水流处于层流流动状态时，油滴上浮比较容易；当水流处于紊流流动状态时，油滴的上浮则比较困难，因为水流的扰动极易使油滴回油而来不及上浮分离就被水流夹带而走。

用重力分离法能否在较短时间内将油水分离，取决于油粒上浮速度，而影响上浮速度的主要因素是油粒直径及油、水密度。另外，由于水的黏滞系数，油和水的密度都随温度的变化而发生较大的改变，因此温度也对上浮速度也有直接影响。

重力分离法的优点是结构简单、操作方便，缺点是只能分离自由状态的油，而不能分离乳化状态的油。一般认为油粒直径小于 50μm 就很难分离。

按照 MEPC.107(49)决议对油污水处理设备技术条件的修改，原来普遍采用的重力法分离油污水技术已不能满足处理含表面活性剂的 C 类试验液的要求。因此，需对油污水处理设备进行改进，在重力分离的基础上采用超滤、膜分离、化学破乳等方法以处理乳化状态下的油污水。

2)过滤分离法

过滤分离法是让油污水通过多孔性介质滤料层，而油污水中的油粒及其他悬浮物被截留，去除油分的水通过滤层排出。这种油水分离的过程主要靠滤层阻截作用，将油粒及其他悬浮物截留在滤料表面。另外，由于具有很大表面积的滤料对油粒及其他悬浮物的物理吸附作用和对微粒的接触媒介作用，增加了油粒碰撞的机会，使小油粒更容易聚合成大油粒而被截留。

过滤法所用的滤料主要有石英砂、卵石、煤屑、焦炭等粒状介质，和由棉、麻、毛毡、各种人造纤维与金属丝织成的滤布，以及特制的陶瓷塑料制品。这些滤料的特点是滤料的化学稳定性好，不易溶于水，一般不与污染物质发生化学反应，不会产生有害或有毒的新污染物，同时还具有足够的机械强度。

3)膜分离法

膜分离技术是指借助膜的选择渗透作用，在外界能量或化学位差的推动作用下对混合物中溶质和溶剂进行分离、分级、提纯和富集。膜分离现象早在250多年以前就被发现，其应用领域已经渗透到人们生活和生产的各个方面。

与传统处理方法相比，膜法进行油水分离的优点是：

(1)纯粹的物理分离，不需要加入沉淀剂；

(2)不产生含油污泥，浓缩液焚烧处理；

(3)虽然废水中油分浓度变化幅度大，但透过流量和水质基本不变，便于操作；

(4)膜法一般只需压力循环废水，设备费用和运转费用低，特别适合于油分浓度几千mg/L以上含油废水的处理。

27.3.4　船用消防装置

船舶火灾问题是直接关系到船舶财产安全、人身生命安全以及水上污染的一个重大问题。尤其是船舶机舱发生火灾的概率较高，约占船舶火灾总数的36%。

长期以来，船舶机舱固定式消防设备主要为CO_2灭火系统和哈龙(即卤代烃)灭火系统。

CO_2灭火系统通常由一组大型CO_2钢瓶组成，CO_2气体由管路从钢瓶管汇处通到各个装有喷嘴的适当地点。CO_2是一种惰性气体，一般为全淹没方式灭火，属于有管网系统。

哈龙灭火系统亦为全淹没管网系统。所有哈龙灭火剂都具有一定的毒性，它们与热表面或火焰接触会分解而析出毒性物质。更为重要的是，各种哈龙气体具有能大量损耗O_3的缺点。按照国际海事组织的有关规定，自1992年7月以来，已经禁止新造船舶上装备哈龙灭火系统或产品。

气溶胶灭火系统由气溶胶灭火剂以及相应的贮存和启动装置组成，启动贮存在装置内的固体灭火剂燃烧反应后呈气溶胶状态直接喷放到防护区，采用全淹没方式灭火，属于无管网灭火系统。

气溶胶的主要优点在于：

(1)灭火效能高：单位体积灭火剂用量是卤代烷灭火剂(哈龙)的1/3～1/4，是CO_2灭火剂的1/20；

(2)灭火速度快：从气溶胶释放至达到灭火浓度的时间很短，$1m^3$试验容器内灭汽油火的时间<10s；

(3)对臭氧层的耗损潜能值(ODP)为0，温室效应潜能值(GWP)≤0.05，完全符合环保要求，属环保产品；

(4)气溶胶释放的气体不导电、无腐蚀，对设备无影响；

(5)反应前的灭火剂为固态，不会泄漏、不会挥发、不会衰变、可在常温常压下存放，易储存、保管。

随着世界范围对“哈龙”产品的禁用，特别是船舶业与国际直接接轨，研制、开发、推广适合船用各类场所的环保型、低成本、高效率替代产品的紧迫性愈发突出，气溶胶灭火技术是其中一种理想选择。

27.3.5 乌江船舶环保技术及防污染设备选配

船舶造成生态环境影响的主要因素大体有：船舶海损，造成液舱破损液货泄漏；机舱及液货区含油污水外漏；液态生活污水外排；固态生活垃圾及废弃物料、工机具投入江中；装卸油料时管路接头及阀件连接处的外漏以及尾轴滑油泄漏等。

1)机舱污油水

选配机舱设手动启停、自动排油的船用机舱舱底油水分离器一台，用以处理机舱、舵机舱内的含油污水，可有效处理油污水达到排放浓度低于 15mg/L，即符合《船舶污染物排放标准》(GB 3552—1983)的水可排至舷外，污油则排置的污油柜，柜内污油可由污滑油手摇泵通过标准排放接头排至岸上接收设备。

2)生活污水(液态生活废弃物)

目前 CCS 认可的生活污水处理方式有：

(1)收集式：即在船舶设储存柜，生活污水经机械粉碎后存储于柜内，集中交港口岸基处理。此种方式生活污水排放中的生化耗氧量(BOD_5)难以达到重庆市人民政府对航行于三峡库区船舶污染防治条例的要求。

(2)物化处理方式：采用粉碎投药杀菌方式，所投药物为次氯酸钾等消毒药品，储存柜污水经粉碎消毒后排出舷外。此方法简单，但对大肠菌群的控制水平相对较低。

(3)生化处理方式：利用活性泥在曝气充氧条件下转化污水中有机物为无机物(CO_2＋H_2O)，吸附悬浮物后排放，其排放指标满足国家《船舶污染物排放标准》(GB 3552—1983)。

建议采用上述第三种生化处理方式，设置生化法生活污水处理装置一台。

生活污水处理装置用以处理全船的生活粪便污水，按照 15～20 人/船，75L/(人·d)的污水量进行计算，选用日处理量为 1 500kg/d 的生化处理装置。处理后的排放水质符合国家规定排放标准，满足 CCS 规范要求，处理后的生活污水排放要求达到：生化需氧量(BOD7)≤50mg/L；悬浮物(SS)≤150mg/L；大肠菌群≤250 个/mL。生活污水系统中设附有铅封的旁通管，应急时可开启铅封直接将污水通过防浪阀直接排至舷外。

3)生活垃圾(固态生活废弃物)

固态生活垃圾及废弃物料、工机具等生产垃圾收入配备的固态垃圾收集箱(垃圾箱)打包到港后交岸基回收部门处理。

第28章

乌江船舶LNG燃料动力技术应用

28.1 LNG燃料动力应用可行性

我国天然气资源非常丰富，已探明天然气资源量为54万亿m^3。天然气作为清洁高效的优质能源，在优化我国能源消费结构、改善大气环境、控制温室气体排放方面发挥越来越重要的作用。

贵州省天然气有两个来源：一是中卫—贵阳天然气输气管道，北起宁夏中卫县，途经甘肃、陕西、四川、重庆，止于贵州省贵阳市。气源来自塔里木盆地、中亚以及俄罗斯生产的天然气。管道全长1 598km，管道输气能力为150亿m^3/年；二是中缅天然气输气管道，从皎漂起，经缅甸若开邦、马圭省、曼德勒省和掸邦，从缅中边境地区进入中国的瑞丽，中国境内途径瑞丽—保山—大理—楚雄—昆明—曲靖—六盘水—安顺—贵阳—都匀—河池。该管道全长2 520km，输气能力为120亿m^3/年(如图28.1所示)。中缅、中贵管道天然气主干线，由中国石油天然

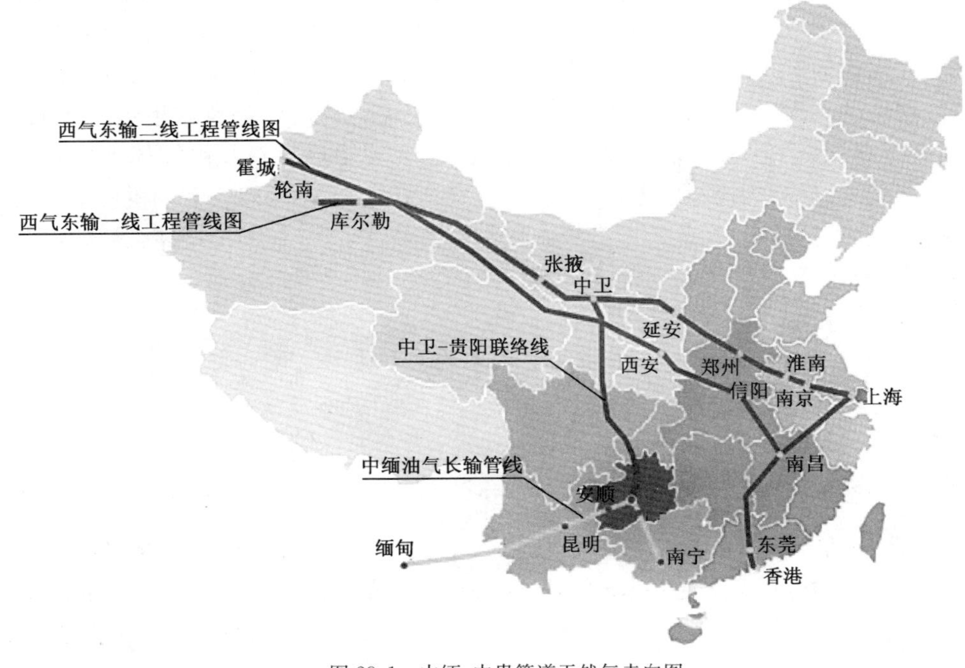

图28.1 中缅、中贵管道天然气走向图

气股份有限公司实施建设。其中，中缅线途经贵州省5个市(州)、14个县(市、区)，在贵州境内全长566km；中贵线在贵州境内全长321km。两条管道在贵阳连接后贯通贵州全境。中贵、中缅两条天然气管道在贵州省形成“T”字形，在国家干网中地位显著，将彻底改变全省油气资源匮乏的局面。贵州有望从中缅和中卫—贵阳两条管道中获得30亿m^3的供应量。

目前，中缅天然气管道建设工程已经建成，2013年10月20日，来自缅甸孟加拉湾的天然气在广西贵港市点燃。中国石油天然气集团公司对外宣布中缅天然气管道干线全线建成投产，这些丰富的油气资源为贵州省船舶使用天然气燃料创造了条件。

早在2007年，贵州省与中石油签订的天然气供应协议中就约定，中石油将于2015年、2020年、2025年逐渐增加对贵州省的天然气供应量，分别达到17亿m^3、30亿m^3、50亿m^3。为了有效地利用这一清洁能源，保护贵州省绿色生态环境，贵州省、市政府决定支持贵州燃气集团开展天然气相关建设项目。

中石油计划在贵州遵义建设一个设计产能为200万m^3/d的LNG工厂，气源来自中卫一贵阳输气管道。贵州省另一个LNG加工项目落户赤水，投资金额2亿元，建设日处理30万m^3的LNG工业生产规模，这些丰富的油气资源为贵州省船舶使用天然气燃料创造了条件。

丰富的天然气资源、国家有关能源战略的实施、能源企业抢占市场，合理布局和建设LNG加气站等一系列的条件为LNG在乌江船舶上的应用奠定了坚实的基础。而且随着LNG在能源消耗中的比重的增加，将带来显著的经济效益和社会效益，具有广阔的应用前景。对贵州省改善能源结构，发展低碳经济，保护生态环境，构建和谐社会具有重要意义。

LNG/柴油混合动力模式采用柴油引燃的天然气发动机，它以天然气作为主燃料，少量柴油作为引燃燃料，将减压后的压缩天然气与空气混合后引入柴油机气缸，在压缩行程的活塞接近上止点时，天然气被压燃的柴油点燃。双燃料发动机的引燃油量是在原来的机械式喷油泵控制的基础上，只增加一套供气系统，而不必对柴油机做很大的改动就可实现双燃料运行。这种发动机在保留原有燃油系统的基础上，不改变发动机主要部件发动机原有结构。发动机改装后仍按原来的着火方式工作，系统的安装不会对发动机在纯柴油模式下运行产生任何影响，发动机既可在燃烧LNG/柴油两种燃料模式下工作，也可在没有足够气体燃料来源时，采用柴油单燃料模式工作，切换稳定方便，改装简单、成本低。由于天然气发动机成本高，天然气加注站、液化天然气的储存、运输等配套设施还不完善，所以目前还不采用纯天然气发动机，而是对柴油机进行改装，采用LNG/柴油混合动力模式。

28.2 LNG燃料动力船设计要点

28.2.1 货运船舶使用LNG动力的要求

根据《天然气燃料动力船规范》(2013)(以下简称《LNG动力船规范》)，以天然气为燃料的船舶，除满足本规范外，还应满足《钢质内河船入级规范》或《内河船舶建造规范》的相关要求。《LNG动力船规范》规定，对于内河船舶，气罐及其附件应布置在距离舷侧不少于$B/10$(B为船宽，m)的位置。对于除多体船以外的船舶，气罐位置距离舷侧可少于$B/10$。任何情况下，气罐及其附件与舷侧距离不应少于0.8m。如气罐布置在船体尾部甲板上，应采取适当的保护措施，以防止船舶追尾对气罐造成损坏。

按照《气体燃料动力船检验指南》规定，储气罐或储气罐组应布置在距离船舷不少于760mm的位置；且储气罐或储气罐组和设备的布置应确保足够的自然通风，以防止逸出的气体积聚。

此外，若LNG气罐布置在船舶尾部露天甲板上，气罐的有效容积应不大于20m³，其罐体与船舶尾端甲板线所连成的切线（如图28.2所示），与水平线所形成的夹角应不大于50°；否则，应采取适当的保护措施，以防止船舶追尾对气罐造成损坏。

可见，由于现有安全技术标准对LNG储罐在船舶上的布置及容积有相应的限制要求，再加上贵州省内河加注设施尚不完备。结合目前LNG动力燃料船舶试点实际，LNG/柴油双燃料动力船的续航力大约在2 000～3 000km，还达不到长途运输要求。因此，目前贵州省货船的试点船应选择为航行于续航力2 000～3 000km左右的货船。另外，目前LNG柴油双燃料发动机改造技术都用于中小功率的4冲程发动机，对于2冲程大功率发动机以选用新造气体燃料发动机为主。

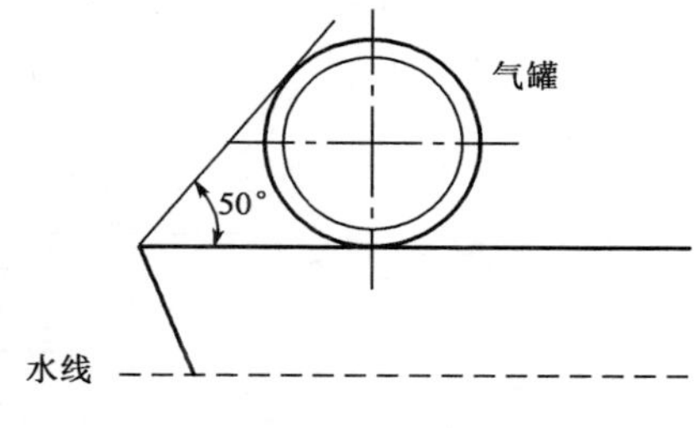

图28.2　气罐布置要求

28.2.2　LNG/柴油双燃料动力系统与船舶总体布置匹配分析

下面以贵州省500t级多用途集装箱船为对象进行研究。该船依据贵州省航务管理局乌江项目办《乌江500t多用途集装箱船设计任务书》的要求进行设计，常年航行于乌江和长江中上游航线，属内河B级航区J2级航段。可装载煤炭、矿石等散货及集装箱。最大载货量要求不得低于500 t，可载运标准集装箱36TEU。本船为钢质、双舷、大开口、平头、双尾、双桨、双舵、双柴油机驱动的尾机型货船，船体结构均采用CCS认可的材料。其主要参数见表28.1，总体布局见图28.3。

乌江500t级多用途集装箱船的主要参数　　表28.1

总　长	L_{OA}	55.00m
水线长	L_{WL}	53.76m
垂线间长	L_{BP}	52.50m
船宽	B	10.80m
型深	D	2.50m
设计吃水	d	1.60m
最大吃水	d_s	2.00m
设计吃水载货量		～430t
最大吃水载货量		～650t
总吨位	GT	～596t
主机型号及数量	GC6138AZLSCz	2台
额定功率		2×220kW
船员人数		8人

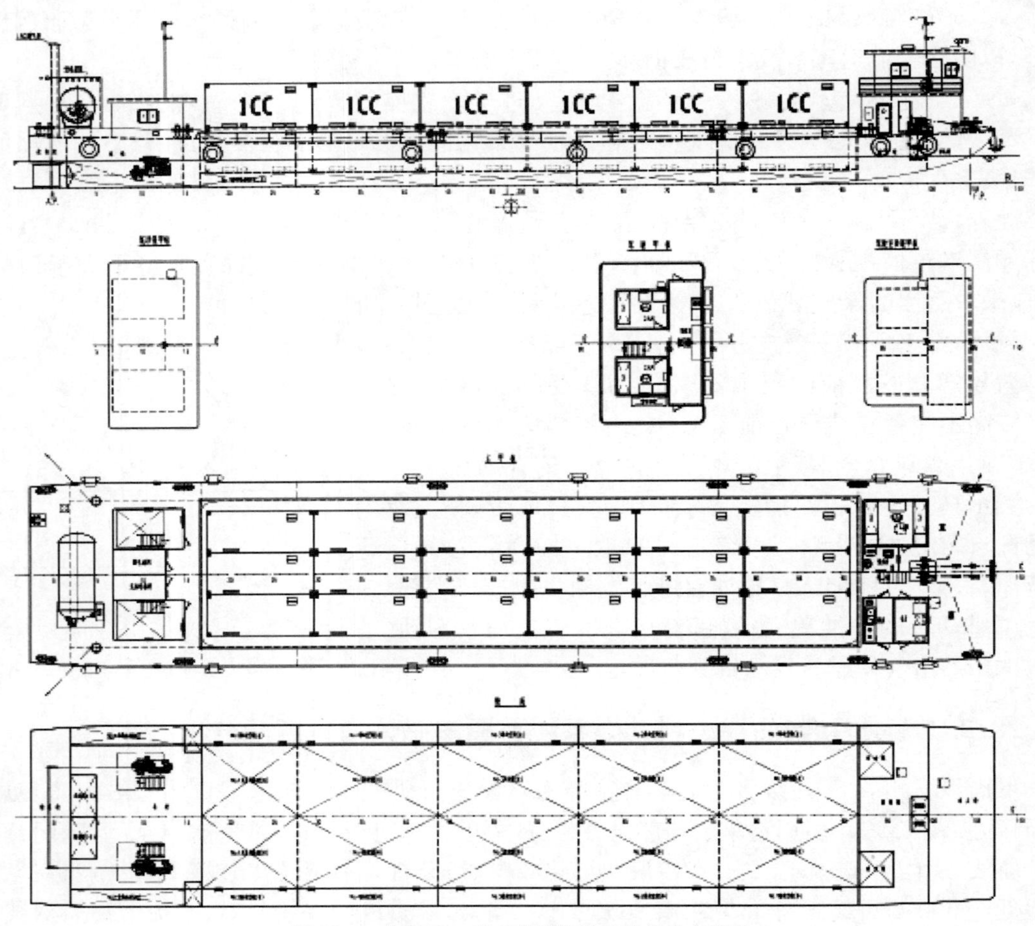

图 28.3 乌江 500t 级多用途集装箱船总体布置图

1)LNG 储气罐数量及大小确定

根据乌江 500t 级多用途集装箱船主机功率和 LNG 掺烧比例，计算出 LNG 需求量，从而确定 LNG 储气罐数量，具体见表 28.2。

乌江 500t 级多用途集装箱船 LNG 用量测算 表 28.2

主机功率(kW)	220	型式	直列、增压、中冷
发动机型号	GC6138AZLSCz	发动机数	2
主机种类	柴油机	缸数	6
燃油消耗率[g/(kW·h)]	210		
柴油热值(MJ/kg)	42.7		
天然气热值(MJ/m³)	36		
天然气掺烧比例(%)	70		
天然气用量(Nm³/h)	42.19		
LNG 用量(Nm³/h)	0.070 4		
续航里程(h)	100		
LNG 储气罐(个)	1		

若按照70%LNG掺烧比例，则LNG用量为0.070 4m^3/h，选用一个7m^3的储气罐就能满足500t级多用途集装箱船不加气连续运行100h的需求。

2)LNG罐储的设置

贵州省500t级多用途集装箱船船型的总体布局(见图28.3)如下：

(1)本船机舱位于舱底尾部第2～第17肋位间，其中FR.2～FR.5横舱壁之间、中部距船体中心线2 500mm的范围内设燃油舱；FR.2～FR.17舷侧设左、右燃压载水舱。长7.5m，宽10.8m。机舱内布置有两台主机组，两台柴油发电机组；机舱前部布置有海水箱及海水总管、舱底压载消防总用水泵组、主机及发电机组火星熄灭器、油水分离器、空压机、空气瓶、主配电屏等；后部布置有舵机动力油柜、舵机补充油柜及手摇泵、燃油输送泵、燃油手摇泵等；左舷布置有主机及发电机组启动电瓶、右舷布置有主机及发电机组启动电瓶、滑油手摇泵、滑油贮存柜等。机舱布置以各系统相对集中，便于维修、管理为原则。

(2)主甲板左舷机舱棚内设有燃油日用柜、尾轴油箱等；主甲板右舷机舱棚内设有、钳工台、尾轴油箱等。机舱主甲板开口及通往主甲板机舱斜梯位于第10～第13肋位间，左右舷各一个。在第2～第5肋位间设有左、右两个燃油舱。

(3)本船为双机、双螺旋桨推进，轴系左右对称布置，轴线距舯3 000mm，水平布置。每一轴系由中间轴、尾轴、尾轴承和尾管等组成。尾轴采用油润滑巴氏合金轴承。尾轴密封装置采用船检认可的防漏型密封装置。尾轴承的润滑由专用的尾轴润滑油箱及泵供油。尾轴油箱设在机舱主甲板开口壁处。尾轴密封带防渔网装置。

(4)主、辅机海水冷却系统均为开式循环，主辅机的海、淡水泵、滑油冷却器、淡水冷却器、淡水温度调节器等均为机带。设DN150的海水总管和两只海水箱，海水箱上设有透气管与压缩空气吹洗管。

主、辅机的淡水冷却系统均为闭式循环，并通过相应的管路自成系统。主、辅机还各自设有淡水冷却器，用以透气、淡水的补充和冷却。淡水冷却器淡水的补充由压力水柜提供。

本船主、辅机排气采取侧排方式，经膨胀节、火星熄灭器后排入大气。在各排气管布置时，充分考虑管路的热膨胀，在适当管段处设置刚性支撑或弹性支架。所有的排气管均用硅酸铝外加镀锌铁皮包扎，使其外表温度低于60℃。

(5)本船机舱舱底水系统设有两台电动舱底压载消防总用泵组，舱底水系统的吸口数量及布置位置均按CCS要求设置，机舱另设有直通舱底泵吸口。

(6)全船设水消防灭火。水消防系统由机舱设置的总用泵组以及机舱布置的消防栓、各层甲板布置的消防栓、各消防栓附近布置的水龙带箱(内配置消防水带和水枪)等组成。

(7)首部90号～99号空舱内设有重力水柜供水泵一台，设一重力水柜于在驾驶甲板。

(8)如前测算，本船需配置1个7m^3的LNG储气罐，储罐为卧式，储罐内罐、外罐均采用不锈钢。储罐下方通过一个隔离空舱与机舱隔离。燃气阀件、仪表、汽化器、增压器等均布置在气罐连接处所内部。各压力表、温度表、液位表除就地显示外，还远传信号至驾驶室。充装作业相关的阀门遥控单元、报警控制箱等设置在主甲板尾部安全区域内。在机舱和驾驶室另设有燃气报警系统。

从储罐出来的天然气通过水浴汽化器、滤器、减压阀后，分两路接互锁气体阀后，进入机舱，通过主机自带的稳压阀等相关设备后分别进入两台发动机。主机附近的燃气阀件、附件均设置在 GVU 内，主机上方也设有燃气探测器，机舱为本安机舱。储罐安全阀、管路安全阀及互锁气体阀中间的阀的出口均接至透气总管，透气总管设在上甲板上，透气出口高出上甲板 3m 以上，距离安全处所开口的距离>5m。

在天然气储罐处右舷设一套天然气充装站。天然气充装通系统由通岸接头、天然气阀、紧急切断阀等构成。在储罐附近设有氮气保护装置，充装管路上还设有除气阀，充气作业完成后可利用氮气对充装管路进行除气。

设发动机自动控制系统，含中央电控单元（ECU）、传感器等。按规范要求设燃气检测报警系统。

分析乌江 500t 级多用途集装箱船型的总体布局，若要改造其为 LNG/柴油双燃料动力船，气罐处所设置在船尾部露天甲板较为合适。尾～FR. 7 为尾主甲板横向通道，只需将尾部主甲板上开敞处所 FR. 3 位置横向布置 1 个 LNG 储气罐，为开敞储气罐处所，机器处所设计为本质安全机器处所。具体见图 28. 4。

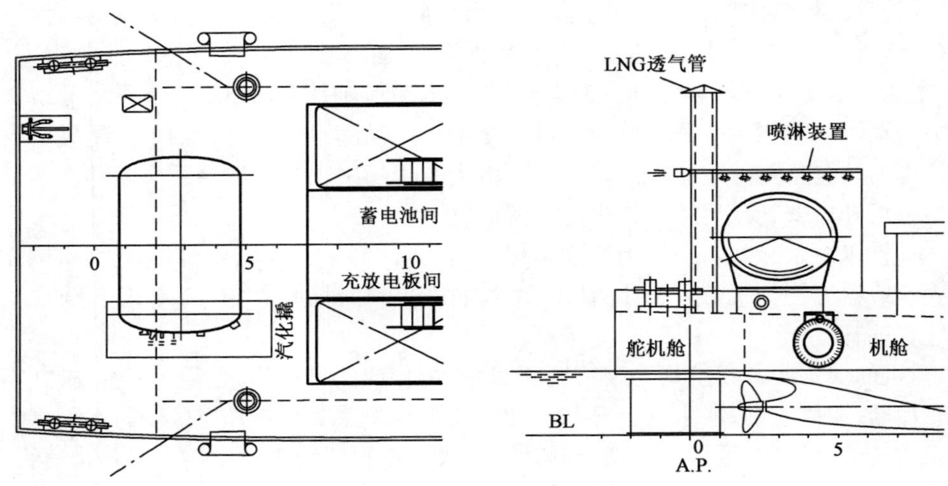

图 28. 4　500t 级多用途集装箱船 LNG 气罐布置示意图

气罐及其附属关系附近均设置有醒目标记，以警示相关人员对低温关系的安全操作。

主要机械设备见表 28. 3

主 要 机 械 设 备　　表 28. 3

序号	名　称	单位	数量	用　途
1	GC6138AZLSCz 型船用柴油机	台	2	作主机供船舶推进动力
2	J300 型船用齿轮箱	台	2	传递主机功率、减速、导顺、离合
3	CCFJ24J-YJ 型船用柴油发电机组	台	2	提供全船动力和照明电源
4	2CY-3. 3/3. 3 型船用卧式齿轮泵	台	1	作燃油输送泵
5	CS-32Y 型船用手摇泵	台	1	作燃油驳运
6	CS-20Y 型手摇泵	台	1	作滑油驳运
7	CS-20Y 型手摇泵	台	1	作污油驳运
8	65CWZ-8 舱底压在消防总用泵组	台	2	作压载水、消防用水的运输

续上表

序号	名　　称	单位	数量	用　　途
9	32CXZ-25 型重力水柜供水泵	台	1	供清水和江水、生活用水
10	JCZ-408 型机舱通风机组	台	2	作机舱通风之用
11	SBH-10 生活污水处理装置	台	1	可对 10 人的生活污水作生化处理
12	SL-0.25 舱底水油水分离器	台	1	作舱底水油水分离
13	VTJZ-100 型主机火星熄灭器	只	2	作机舱内防火设备
14	VTJZ-65 型辅机火星熄灭器	只	2	作机舱内防火设备
15	自吸离心式海水泵	台	2	作主机排烟管冷却水泵
16	WKDS-1 气雾笛	只	1	作鸣笛用
17	HS-1A 手拉葫芦	套	1	作吊装主机活塞连杆之用

28.3　LNG 燃料供给系统和电控控制装置的布置要点

28.3.1　LNG/柴油双燃料船用发动机燃料供给系统设计

1）电控天然气供给与控制系统

电控天然气燃料发动机供给系统如图 28.5 所示，电控天然气供给与控制系统由天然气供给和控制系统组成，天然气供给系统主要包括 LNG 气瓶、蒸发器、稳压器等，天然气控制系统主要由传感器（包括油门位置传感器、转速传感器和转换开关）、控制器（ECU）和执行元件（包括天然气流量比例调节阀和齿条位移执行器）等组成。

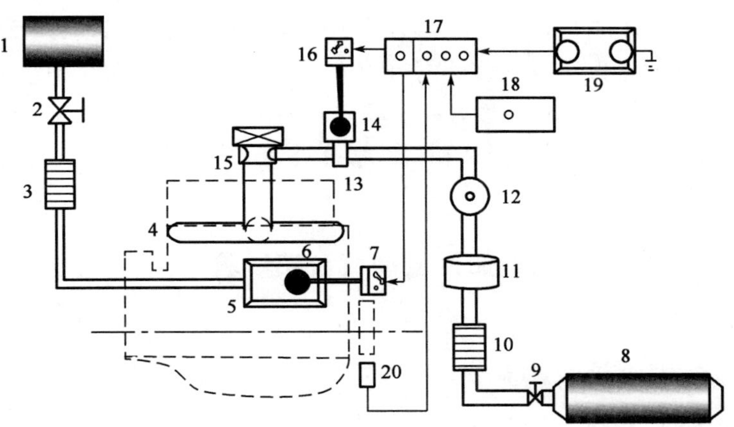

图 28.5　双燃料发动机燃料供给系统简图

1-柴油日用油柜；2-截止阀；3-柴油过滤器；4-发动机；5-高压油泵；6-齿条位移执行器；；7-齿条位移驱动器；8-LNG 气瓶；9-截止阀；10-蒸发器；11-稳压器；12-天然气流量计；13-流量比例调节阀；14-流量调节执行器；15-混合器；16-流量调节驱动器；17-ECU；18-油门机构；19-蓄电池；20-转速传感器

2)电子控制 LNG/柴油双燃料发动机的工作原理

其工作原理是:液化天然气(LNG)依靠储液自身蒸发压力从液化天然气瓶 8 出来,经天然气过滤器滤去杂质流入 LNG 蒸发器 10,蒸发后的天然气通过稳压器 11,稳压后通过流量计 12,再通过流量比例调节阀 13 的精确控制,最后进入与发动机 4 进气总管相连的混合器 15,与空气混合后形成可燃混合气供发动机使用。

比例流量调节阀 13 由接收 ECU 控制信号的流量驱动执行器 14、16 驱动,控制进入混合器 15 的天然气的量。同时高压油泵 5 上的电控齿条位移执行器 6 由接收 ECU 控制信号的驱动器动作,直接控制油泵齿条,对柴油量精确控制,实现按发动机工况变化,对油气燃料比例的柔性调节,达到 LNG/柴油双燃料船用发动机的最佳性能。

28.3.2 LNG/柴油双燃料船用发动机燃料控制装置研制

双燃料柴油机的控制核心在于其油气配比的控制策略,该设计目标是对双燃料发动机进行全工况优化。为此,采取电子控制装置作为发动机燃料的控制部分,立足点就是电控方式可以实现燃料配比的柔性调节,从而实现发动机的全工况性能优化。

燃料电控装置的研制分为三个部分:控制策略研究、控制系统实现和发动机系统标定。

针对发动机的工作性能,本系统的控制策略设计思路是:作为船用发动机,其负荷与转速存在着明显的对应关系,因此,对每个转速设定一个最佳的 LNG 供给量,在变工况情况下,通过调节柴油量进行发动机转速调节以保障系统的稳定性。为了设计适合本系统的控制策略,首先对研究对象——双燃料发动机进行了性能分析,并在试验的基础上建立了发动机的零维模型和简化插值模型,对发动机输入信号和输出装置进行了性能测试并建立了相应的模型进行仿真。仿真结果表明,设计的控制策略能够较好地实现控制目标,满足发动机全工况优化的需求。

在控制系统的实现上,采用了飞思卡尔的控制器 HCS12 作为核心控制器,这款芯片经过了车用发动机市场的长期考核,性能突出;为了实现控制系统在线修改参数的功能,开发了基于 CAN 总线的微机控制平台,实现了上位机与控制器实时通讯,在线调整控制参数。此外,还根据传感器信号特点与接口卡特性开发了输入和输出信号的整形电路和驱动电路。为了确保了系统的稳定可靠工作,对整个硬件和软件系统进行了联合调试,并且进行了稳定性和耐久性考核,以确保台架试验质量。

28.3.3 LNG/柴油双燃料船用发动机台架试验

在整个双燃料发动机控制系统可靠工作之后,在双燃料发动机台架上对发动机的各个稳定工况点进行了性能优化试验,找出发动机特性下的各种转速所对应的最佳 LNG 配比,以保证该控制值能达到稳定工作状态下的最佳经济性,同时对该工作点的排放指标进行了测试。结果表明,各个优化工况点的经济性和排放性能均比原型柴油机有较大的提高,其中排放烟度降低到了原型机的 20%~30%。经过大量的试验,将标定的 LNG 最佳配比值作为列表存储在控制器中,达到项目所要求的全工况优化的目标。

1)原型柴油机 Z6170ZLC-1 主要技术参数(见表 28.4)

Z6170ZLC-1 技术参数　　表 28.4

结构型式	直列、水冷、增压、中冷	
气缸数量		6
缸径	mm	170
冲程	mm	200
压缩比		14.5
整机排量	L	27.24
额定转速	r/min	1 000
额定功率	kW	330
最大燃烧压力	MPa	
额定燃油消耗率	g/(kW·h)	
滑油消耗率	g/(kW·h)	
供油提前角	°CA	
增压器型号		
喷油泵型号		
外形尺寸(长×宽×高)	mm×mm×mm	

2)试验系统原理图及所用仪器设备

(1)台架测试系统(见图 28.6)

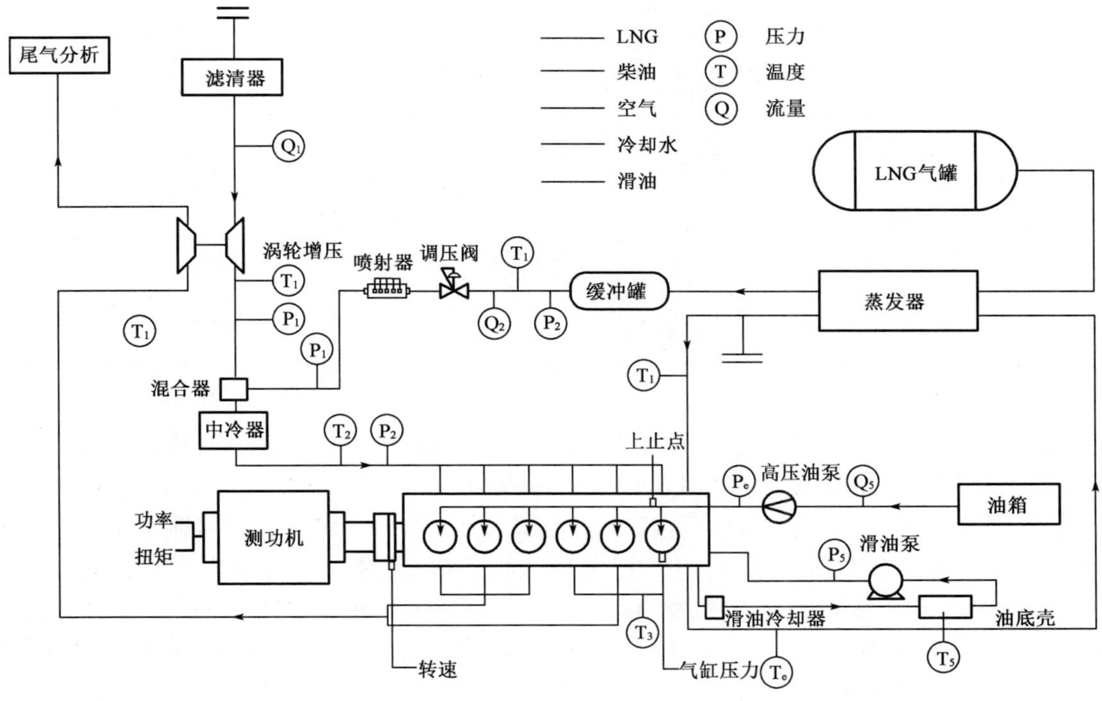

图 28.6　台架测试系统简图

图中 Q_1、Q_2、Q_3 分别为空气流量计、燃气流量计和油耗仪，可测量进气流量、天然气流量以及油耗。T_1、T_2 为温度计，分别测量中冷器前后的进气温度；T_3、T_4 分别为热电偶，测量各缸排气温度（图中仅示意了单缸）及涡轮前排气总管温度；T_5 为温度传感器，用于测量滑油出口温度；T_6、T_7 则是用于测量冷却水的进出口温度。P_1、P_3 为 U 型管，测量中冷器前后进气压力；P_2 为压力变送器，用于监测喷射阀前燃气管路压力；P_4、P_5 分别测量滑油和燃油管路压力。

（2）所用主要设备及仪器（见表 28.5）

试验台架主要设备及仪器　　表 28.5

设备名称	测量参数	测试方式	代号
转速传感器	发动机转速	控制台上读取/数据采集	—
油耗仪	发动机油耗	直显/控制台上读取	Q_3
空气流量计	空气进气流量	直读	Q_1
燃气流量计	测量天然气流量	直读	Q_2
机带 U 形管压力计	中冷前后进气压力	直读	P_1、P_3
燃气压力表	燃气管路压力（喷射阀前）	直读	P_2
机带温度计	中冷前后进气温度	直读	T_1、T_2
滑油压力传感器	润滑油压力	控制台上读取	P_4
滑油出机温度传感器	润滑油温度	控制台上读取	T_5
冷却水出机温度传感器	冷却水出口温度	控制台上读取	T_7
单缸排温传感器	单缸排气支管温度	控制台上读取	T_3
排气总管温度传感器	涡轮前排气总管温度	控制台上读取	T_4
缸内压力分析仪	缸内压力		—
排气分析仪	排气组分及含量		—
冷却水进机温度传感器	冷却水进口温度	控制台上读取	T_6
燃油压力传感器	油泵出口燃油压力	控制台上读取	P_5
燃气温度传感器	天然气管路温度	控制台上读取	T_0
大气温度计	环境温度	直读	—
大气压力表	大气压力	直读	—
环境湿度表	相对湿度	直读	—

3）试验方法

在台架试验过程中，对每个工况点下的天然气掺烧量都进行了优化，具体做法就是对每个工况点先测出纯柴油的能耗，然后加入天然气并逐渐改变天然气气阀的开度，以改变掺入的天然气量，并对油量和气量进行计量，计算出总能耗、天然气掺烧率和替代率与纯柴油下的总能耗对比，在保证发动机稳定工作的前提下，达到天然气掺烧量最大和能耗最低。前面已经讲到，本研究开发的电控系统可以在线修改参数，并及时反映到输出，这在试验过程中提供了很大的帮助。因为不用每测一个参数就停一次机，而是可以进行连续测，这就大大缩短了试验时间。

4）掺烧策略的制定

掺烧天然气的一个重要目的是为了在保持原机动力性能的前提下，实现柴油机的较低能耗和较低排放，为此，需要对掺烧策略进行研究。

柴油机掺烧天然气是采用预混合方式实现的，显然，进入缸内的天然气燃料会占据部分工作空间，使得实际进气量减少；同时天然气的理论空燃比高于柴油的理论空燃比，使得燃用天然气需要更多的空气量，这些都会降低柴油机的充气效率和过量空气系数。

根据柴油机掺烧天然气的性能试验，不同柴油替代率对发动机性能影响很大，尤其是排放性能表现得更为明显。双燃料发动机的碳烟排放远远低于原柴油机，替代率增加时碳烟排放降低幅度更大。

天然气对柴油的替代率是衡量双燃料发动机性能的一个重要指标。只有提高替代率才能充分发挥天然气燃料的显著特点。但替代率的提高受到燃烧性能、工作稳定性、排放等一系列问题的制约。最高替代率随负荷增高而增大。高速低负荷时，最高替代率有明显下降，原因是天然气空气的混合气浓度过稀，必须加大柴油量比例。随着负荷的增加，混合气中天然气量越来越多，即混合气浓度增大，使燃烧更快捷和充分，用相对较少的柴油即可达到稳定燃烧，替代率也随之增大。但混合气的浓度不能太大，适当浓度的混合气只需少量的柴油点燃就可达到稳定燃烧，而过稀或过浓的混合气都需要更多的柴油引燃。因此合理的替代率应该是：在怠速时仅以柴油作为燃料，中小负荷时替代率较小而在高负荷时替代率可达到较大值。

针对船用发动机，冷机启动、怠速和低负荷下，由于缸内燃烧温度较低，应该严格控制天然气的掺烧量，可采用纯柴油工作，避免天然气燃烧不完全，造成大量 HC 排放以及能源浪费；中高负荷下可以加大天然气的掺烧量，但是在高负荷下需要慎重，虽然较大的替代率可以充分发挥节约石油、改善排放的优点，但是因为大量天然气的完全燃烧会造成缸内压力急剧上升，容易发生爆震，降低机器的安全性能，所以顾及发动机的机械性能和寿命，在不改变发动机结构和柴油供给系统的前提条件下，追求过大的替代率并不可取。因此，需要针对机器进行细致的掺烧实验，协调控制天然气量、空气量和柴油量，使每一工况下的天然气对柴油的替代率都达到最佳，从而实现双燃料发动机最佳的燃烧性能。

5）动力性能分析

在全部的台架对比试验中，掺烧天然气的负荷水平与原型柴油机完全相同，这主要是为了保证改装后发动机的动力性不下降，如果改装后动力性不能满足要求，那么改装也就没有意义了。所以，台架试验所得出的关于能耗、经济性和排放的对比分析结果，都是在保证发动机动力性能没有变化的情况下得出的。

6）稳定性分析

在台架试验中，本研究所开发的电控系统可以使发动机在纯柴油模式和双燃料模式下稳定工作和良好调速。在试验过程中做了突加负荷、突减负荷、突然加入天然气和突然关闭天然气的试验，控制器都实现了良好的调速性能，使发动机的转速都能快速稳定到设定转速附近。

7）碳烟排放分析

在负荷特性下碳烟排放对比如图 28.7 所示，从图 28.7 中可以看出：与掺烧天然气前的原柴油机相比，掺烧天然气后的碳烟排放显著降低，说明掺烧天然气对降低柴油机碳烟排放有很大贡献。其主要原因是：原柴油机以柴油为燃料时，由于柴油与空气混合不均，会出现局部过浓，在燃烧过程中过浓的混合气因高温缺氧将生成碳烟。天然气与空气以预混合方式进入气缸，混合十分均匀，引燃柴油喷入燃烧室后着火引燃天然气混合气，使柴油机的燃烧过程由以柴油为燃料时的扩散燃烧为主很快转变为以 LNG/柴油双燃料时的预混燃烧为主，提高了燃烧速率，缩短了燃烧持续期，有利于抑制炭烟的生成，使碳烟排放减小。

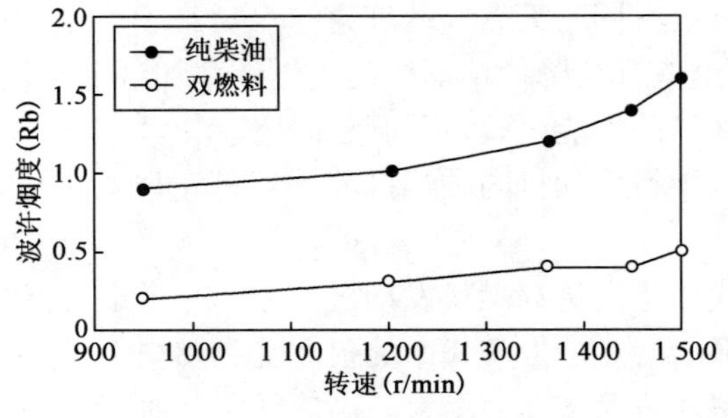

图 28.7　碳烟排放比较

8)能耗分析

通过热值换算，将双燃料模式下的油耗和气耗转换成当量柴油消耗量。如图 28.8 和图 28.9，当量耗油量曲线在纯柴油耗油量曲线之上，说明双燃料模式时总能耗略有增加。

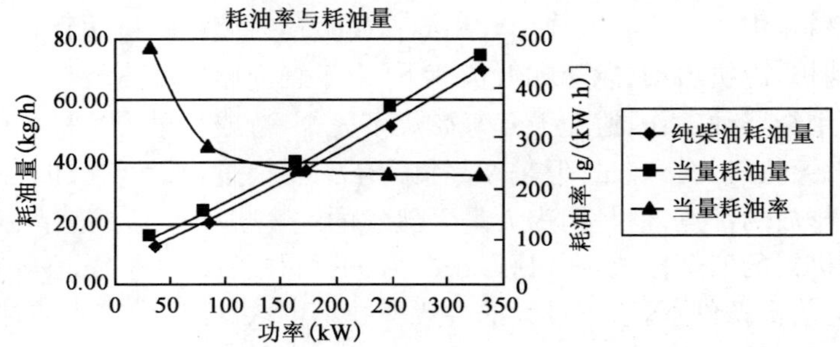

图 28.8　负荷特性试验耗油率与耗油量

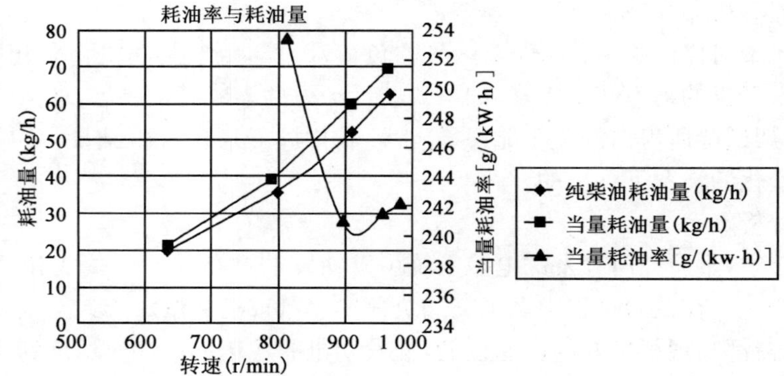

图 28.9　推进特性试验耗油率与耗油量

9)双燃料发动机与原型机性能对比

测试结果表明：

(1)动力性

相对于原机，额定功率均保持不变。

(2)经济性

双燃料发动机的燃料成本与原机对比结果见表28.6,当量耗油率对比结果见表28.7。

双燃料发动机燃料成本与原机比较　　表28.6

平均降低百分比(%)	最大降低百分比(%)
23.03	34.59(推进特性75%负荷,替代率67%)

双燃料发动机当量耗油率与原机耗油率比较　　表28.7

平均增加百分比(%)	最大增加百分比(%)
9.8	14.9(推进特性75%负荷,替代率67%)

注:当量转换计算所用柴油低热值42.8MJ/kg,天然气低热值49.5MJ/kg。

(3)排放性

双燃料发动机污染物排放与原机对比结果见表28.8。

双燃料发动机污染物排放与原机污染物排放比较　　表28.8

成分\产品		双燃料发动机
NO_x	九点工况平均	20.10%
	最大变化幅度	52.20%
	最大值(ppm)	281.4
	最大值工况点	推进特性75%负荷,替代率67%
HC	九点工况平均	33.2倍
	最大变化幅度	48.2倍
	最大值(ppm)	5 616.3
	最大值出现工况点	推进特性90%负荷,替代率61.9%
CO	九点工况平均	8.4倍
	最大变化幅度	20.7倍
	最大值(ppm)	1 071.2
	最大值出现工况点	负荷特性25%负荷,替代率32.4%

(4)调速特性

双燃料发动机的调速特性与原机对比的结果见表28.9。

双燃料发动机与原机调速特性对比　　表28.9

特　性		双燃料发动机	原机	标准要求(GB/T 3475—2008)
最大转速波动率(%)	负载≤50%	0.55	0.75	2.0
	负载>50%	0.15	0.25	1.5
稳态调速率(%)		6.3	8.5	10
瞬态调速率(%)		6.6	7.9	15

在推进特性25%负荷即转速为630r/min、负荷为1 251Nm时达到最低稳定转速。转速低于630r/min时,系统切换为纯柴油模式并稳定运行。

台架试验结果表明，LNG/柴油双燃料船用发动机具有良好的动力性和经济性能。通过掺烧天然气能有效降低能耗和排放，并可根据试验数据拟定出燃料消耗最小曲线，将天然气替代率控制在一定范围之内，保证发动机稳定工作的前提下，达到天然气掺烧量最大和能耗最低。并且通过双燃料台架试验也说明了双燃料发动机应用于乌江 500t 级多用途集装箱船的可行性。同时，天然气价格远远低于柴油的价格，所以在天然气资源丰富的贵州地区使用 LNG/柴油双燃料船舶发动机具有较大的经济优势和环保效益。

综上所述，LNG/柴油双燃料发动机可应用于贵州省乌江货运船舶，其总体布置基本不变，船舶的性能也没有发生改变，而改造过的柴油机具有较好的动力性和经济性，同时在排放方面的表现也更加优秀，在贵州内河货船上的应用有较好的前景。

第8篇

乌江货运船型标准化发展分析

第29章 我国内河船型标准化现状分析

29.1 国外标准船型主尺度系列及配套政策研究应用现状

29.1.1 船型标准化研究现状

内河航运发达的国家在加强航道网建设的同时，非常重视船队的标准化和系列化建设。

美国在建成以密西西比河为主干、以运河连接五大湖区的发达航道网的同时，在密西西比河干支航线上建立了标准化和系列化船队。由于它具有运量大(上游多为2万t级、下游多为4～5万t级，最大可达6～8万t级)、运价低、能耗小、投资少等特点而占有明显优势，四通八达的铁路重载列车往往竞争不过万t级的船队。同时，标准化和系列化船队的建立对沿河企业具有低运输成本的吸引力。美国大湖以机动船运输为主，其所占运输船型比重最大的3.4万t级船舶也已标准化，其船长为190～200m，船宽23.2～23.5m。

欧洲莱茵河水系航运的发展得益于欧洲各国不遗余力地进行内河航运渠化和网络化建设。莱茵河和多瑙河通过“欧洲运河”连接两大水系，形成长达3 500km的大通道，将欧洲13个国家相连接起来，全程可通航1 500t级船舶。莱茵河、多瑙河、塞纳河、易北河等内河被连成水运网，内河船舶从鹿特丹、汉堡启程可直达黑海和地中海，真正做到了河河相通、水水相连，从而增加了内河运输的连续性，减少了运输中转环节，加速了船舶周转，降低了运输成本。

为促进内河航运业的发展，西欧各国统一制定了航道标准和内河标准船型，共同规划内河水运网的建设。对欧洲内河航运管理，欧盟有专门管理机构进行航道规划、船型研发等，特别是莱茵河的航运，莱茵河管理委员会(CCR)作为主要管理机构对整个流域的航运、水利、航道等重大问题进行政策性、规划性管理；其船型的研发主要依托欧洲内河沿海航运开发中心(VBD)的技术支持。经过几代更新发展，莱茵河船型已比较规范、成熟。其内河运输船舶的主尺度基本上实行了标准化，船型尺度主要是根据船舶航行地区的运输市场和通航条件而变化的，特别是通航航道和运河的宽度、水深，以及桥梁的净空高度等因素，如：莱茵河最大船闸宽度为12.0m，大莱茵河机动驳船的宽度普遍为11.4m，充分利用了船闸宽度；欧洲桥梁净空高度都比较小，最大的一般为9.10m，其他还有5m、7m左右，这对集装箱船层高有一定的影响，目前莱茵河集装箱船过5.25m桥高布置2层集装箱、7m布置3层、9.10m布置4层集装箱。目前，莱茵河水系机动驳船型主要有五种，其中国际航行两种，地区航行三种(见表29.1)。

欧洲船型尺度表　　表 29.1

等级	船型	船长 (m)	船宽 (m)	吃水 (m)	总吨 (t)
Ⅰ	Small barge	38.5	5.05	1.80～2.2	240～400
Ⅱ	Kampine barge	50～55	6.6	2.5	400～650
Ⅲ	Gustav Koenings	67～80	8.2	2.5	650～1 000
Ⅳ	Johan Welker	80～85	9.5	2.5	1 000～1 500
Ⅴ	Large Rhine Vessels	95～110	11.4	2.5～2.8	1 500～3 000

总体看来，欧、美内河运输在整治航道、完善设施等这些硬件的基础上，大力推行内河船型标准化。一方面充分利用了运力，避免了不必要的浪费。另一方面，也充分反映了市场的要求，合理降低内河运输费率，使之真正具有竞争力。

29.1.2　船型标准化配套政策现状

在欧洲内河船型标准化发展的过程中，各国政府并没有采取行政强制手段推行标准船型，而主要是采取引导、推荐的手段，通过市场力量来调节。在船型标准方面，法律通常只规定最大船长和船宽，主要是由于航道和船闸的限制。如自航驳的最大船长为 135m，最大船宽 22.9m；顶推船队的最大长度为 270m，最大宽度为 34.2m，最多编组 6 个驳船，除此以外对船型尺度没有任何限制。政府虽然并没有直接干预船型发展，但在影响船型标准化方面采取的措施值得借鉴。

1)制定法律法规，保证航运发展

欧洲莱茵河水系航道开发建设，由莱茵河航运中央委员会统一制定航道及船型标准，各主要国家都签有公约，配套各国法律体系，经过多年建设，形成统一水深、统一船型的现代化航道网。曼海姆公约对莱茵河的航运发展具有重要作用，同时具有一套完善的组织制度和决策程序。德国在航道建设方面有《航道法》作为依据。

2)建立相对独立而又互有联系、标准统一的高等级航道网

在天然河流的基础上，相关国家和地区通过整治疏浚、挖泥清淤、裁弯取直、筑坝渠化、开挖运河等手段，逐步建成干支相通、成网直达的内河航运系统，提高了航运技术经济性能，使航运的潜力及优势得到很大发挥，并采取一些工程措施，改善河口条件，为干支直达、江海直达或联运创造了条件。同时为制定并推行统一的船型标准创造了良好的客观条件。

3)国家航运政策的支持和优惠

鼓励船舶拆解更新，鼓励新技术、新船型的推广应用。为了改变造船业不景气的局面，欧美国家规定造船厂任务不足 20%时，国家将予以补贴。另外，政府还对中、小船主补贴，以帮助其船舶更新。同时在造新船的过程中，船厂和船主更多地使用了政府推荐的从技术上、经济上、安全上优选的船型方案。

在大力完善航道基础设施建设为推行内河船型标准化创造了条件的同时，辅以相应宏观政策和配套措施，经过几十年的发展，使船型的系列化和标准化达到今天程度，一方面反映了市场竞争的结果，另一方面充分利用了船舶大型化的经济原理。因此，船型标准化是一个长期

的系统工程,政府应该完善市场机制,加强法规建设,积极发挥市场在船型标准化过程中的作用。

29.2 国内标准船型主尺度系列及配套政策研究应用现状

29.2.1 国内船型标准化研究应用现状

中国的内河船型标准化工作已经历近 30 年的摸索和努力,近 10 多年来,交通运输部制定颁布了《内河运输船舶标准化管理规定》《全国内河船型标准化发展纲要》《京杭运河运输船舶标准船型主尺度系列》《川江及三峡库区运输船舶标准船型主尺度系列》和《珠江干线货运船舶船型主尺度系列》等规范性文件,完成了京杭运河 14 个系列、25 种标准船型图纸的送审工作,提出了川江及三峡库区 8 类、42 种标准船型研发的技术方案,内河船舶研发工作取得了初步进展。虽然新政策对促进内河船型标准化起到很大的作用,但内河船舶标准化市场仍存在不少问题,在一定程度上阻碍了新政策以及船型标准化的大规模推进。

其一,市场对标准船型的接受度与政府的推广工作存在差异,船东对船型标准化认识不足,导致标准船型需求不强;其二,标准船型的开发滞后于市场的需求,使船东无法得到想要的标准船型,未形成超前开发,同时,标准船型覆盖面不广,未形成规模化,许多船型还属空白地带;其三,标准船型从开发到推广,是一项复杂的系统工作,需要诸如行政干预和金融优惠等相应的配套措施,虽然政府制订和颁布了不少船型标准,但在实施过程中,仍缺乏有力的调控手段。

近年来,中国的内河船型标准化工作的进度和力度比以往大大加快。交通运输部于 2004 年颁布、实施了《川江及三峡库区运输船舶标准船型主尺度系列》,促进了内河船舶技术进步,提高了航道和船闸等通航设施的利用率和内河航运的竞争力,并促进了内河航运的结构调整及可持续发展。

结合其实施近 6 年的实践经验及运输需求的变化情况,交通运输部于 2010 年颁布了修订版,此次标准船型主尺度的修订是基于川江及三峡库区通航设施限制、船舶通闸运行效率和提高船舶性能等综合因素考虑,并在优秀船型基础上经进一步优化论证后进行的。修订后的各类船型已形成分级系列,用户可根据需求按相应船型的载货吨级、载箱量、载车位、载客位选取船舶相应主尺度。另外,基于川江急流航段水文情况,自航船舶设计航速应不低于 18km/h。在满足船舶(队)航行安全的前提下,用户可根据实际自行优化后,合理配置主机功率。

从市场应用上来看,2004 年版三峡主尺度系列颁布以来,尤其是 2010 年修订版颁布以来,川江及三峡库区船型标准化成效显著。据长江三峡通航管理局统计,2004 年以来共新建符合川江和三峡库区运输船舶标准船型主尺度系列标准的船舶 2 705 艘,近 5 年来,新建船舶中标准船型主尺度系列的比率达到了 98.5%。2012 年,5 000t 级以上的船舶在过闸船舶中所占的艘次比例从 2011 年的 16.44%上升为 25.89%,增长了近 1 成。受船型标准化政策引导和市场经济影响,小吨位船舶逐步淡出三峡库区航运市场,过闸货船平均额定载重吨位增加明显,由 2003 年三峡船闸投入运行初期的 1 040t/艘提高到 2011 年的 3 467t/艘,年均增长

14.3%，船舶的装载效率得到了有效提高。统计数据显示，2012 年新下水营运船舶载重吨位集中在 3 000t 级以上，全年 3 000～4 000t 级的船舶所占比例较 2011 年增长了 2.91 个百分点，4 000～5 000t 级的船舶所占比例较 2011 年增长了 3.07 个百分点，4 000～5 000t 级的船舶所占比例较 2011 年增长了 9.45 个百分点。而 3 000t 级以下的过闸船舶所占比例出现了不同程度的下降，其中 2 000～3 000t 级的船舶所占比例下降了 1.29 个百分点，1 000～2 000t 级的船舶所占比例下降了 6.29 个百分点，1 000t 级以下的船舶下降了 7.85 个百分点。

实践表明，实施上述标准船型主尺度系列效果明显。三峡船闸 2004 年货运量仅 3 431 万吨，2011 年达到 1.003 亿 t，年平均增长 17%，三峡船闸提前 19 年达到并超过年设计双向通过能力水平。

2012 年底，交通运输部又颁布了《长江水系过闸运输船舶标准船型主尺度系列及有关规定》，并于 2013 年 4 月 1 日起正式实施。由于长江水系"十二线"（岷江、嘉陵江、乌江、湘江、沅水、汉江、江汉运河、赣江、信江、合裕线、淮河、沙颍河）的航运条件各有其特点，因此，长江水系各支线船型标准化水平和协调性程度是影响长江水系、京杭运河与淮河水系航道、船闸通过能力的重要因素。而《标准船型主尺度系列》的出台，充分考虑了不同水系船型特点，良好地统筹协调了长江干线、京杭运河、淮河干线与水系支流过闸船舶标准船型主尺度系列，协调了这些主尺度规定之间的衔接关系。《标准船型主尺度系列》在简化、规范的基础上，通过设置不同河流之间船舶尺度接口，有效地避免了船舶流动的政策阻隔，对于进一步规范内河标准船型、提升长江水系内河总体通过能力具有十分重要的意义。

新实施的《长江水系过闸运输船舶标准船型主尺度系列》总结了京杭运河和三峡库区标准船型主尺度系列推行应用的经验，充分考虑了市场的接受程度，实践性和可操作性更强。首先是最新的《标准船型主尺度系列》，只对新建（含船舶主尺度产生变化的重大改建）、需通过长江水系、京杭运河和淮河水系的船闸、升船机等通航建筑物（不含三峡升船机，主尺度标准另外制定）的运输船舶提出要求。对无须通过船闸、升船机的运输船舶不限制其主尺度；其次是符合某一通航水域《标准船型主尺度系列》要求的船舶，需在其他水域航行的，其主尺度还应与相关水域过闸船舶标准船型主尺度系列的要求一致。第三是最新的《标准船型主尺度系列》具有"进一步松绑"的效应。最新的《标准船型主尺度系列》规定，船舶总长是一个变动范围，船舶总宽可以下浮不超过 2%。相对 2004 年、2010 年版《三峡尺度系列》、2005 年版《京杭运河尺度系列》而言，此举增强了船东自主选择的空间，具有很强的可操作性，因此市场应用前景被广泛看好。

29.2.2 船型标准化配套政策现状

2009 年 10 月 1 日，交通运输部、财政部联合长江沿江八省二市发布了《推进长江干线船型标准化实施方案》（以下简称《实施方案》），明确提出了推进长江干线船舶标准化的总体工作目标。即到 2013 年底，川江及三峡库区船型标准化率达到 75%以上，三峡船闸的通过能力提高 10%以上，长江干线货运船舶的平均吨位达到 1 000 载重吨以上，船舶安全技术性能明显提高。

2010 年 3 月，交通运输部和财政部联合颁布了《长江干线船型标准化补贴资金管理办法》，由中央和地方财政通过一般预算中安排，对通过三峡船闸小吨位船舶拆解、长江干线老旧运输船舶拆解、三峡库区现有客船加装生活污水处理装置改造和三峡库区单壳油船、单壳化学品船改造或拆解给予一定额度的补贴资金，从而鼓励和引导通过三峡船闸的小吨位船舶提前退出航运市场以及库区现有客船(含载货汽车滚装船)和液货危险品船进行安全防污染改造。

2010 年 9 月，交通运输部授权长航局代部组织实施推进长江干线船型标准化有关工作。《实施方案》颁布后，长江航务管理局(以下简称长航局)根据交通运输部授权，加强统筹协调，相关省市全面启动了长江干线船型标准化工作。

2012 年 8 月，长江航务管理局颁布《禁止单壳油船、单壳化学品船等非标准船舶进入三峡库区航运市场的工作计划》，自 2013 年 1 月 1 日起，禁止 600 总吨以下商船通过三峡船闸，禁止生活污水排放达不到规范要求的客船(含载货汽车滚装船)以及单壳油船、单壳化学品船(以下简称“三类船”)进入三峡库区航运市场。

2013 年 8 月交通运输部发布《“十二五”期推进全国内河船型标准化工作实施方案》(交通运输部公告 2013 年第 50 号，以下简称《“十二五”内河标准化实施方案》)以全面贯彻落实科学发展观，以服务经济社会发展为宗旨，以建设畅通、高效、平安、绿色的现代化内河水运体系为目标，以提高内河船队的安全、环保、节能与技术经济水平为核心，综合运用法律、行政、技术和经济手段，不断提高船舶标准化水平，促进内河运力结构调整，建设现代化内河运输船队为指导思想，提出了在船型标准化率、节能减排与防污染以及平均吨位方面的量化目标。按照“开前门、关后门、调存量、推示范”的工作思路，高效有序开展工作。通过采取有效措施推广标准船型、限制新建非标准船、淘汰现有落后船舶，鼓励建造符合国家引导方向的先进、高效、节能、环保的示范船，促进内河船舶技术进步，引导船舶向现代化方向发展。

最后还提出各省(区、市)交通运输主管部门可根据本地区的实际情况，在本方案明确的经济鼓励政策外，制定其他的经济鼓励政策，加快推进本地区内河船型标准化工作等保障措施。

2013 年 10 月交通运输部办公厅又发布《关于加强交通运输标准化工作的意见》，其中明确指出，加强交通运输标准化工作要着力推进 10 项工作：一是统筹规划交通运输标准体系；二是建立综合运输标准体系；三是建立绿色交通标准体系；四是完善交通运输服务标准体系；五是加快重点领域标准制修订；六是加强标准实施的监督管理；七是积极参与国际标准化活动；八是强化标准化工作的信息化建设；九是促进标准化工作的能力建设；十是积极筹措标准化工作经费等。

根据《“十二五”内河标准化实施方案》，为规范全国内河船型标准化补贴资金的管理，交通运输部组织有关单位研究制订《全国内河船型标准化补贴资金管理办法》(以下简称《补贴资金办法》)，该办法所称全国内河船型标准化补贴资金(以下简称“补贴资金”)是指中央和地方财政通过一般预算中安排的，对《全国内河航道与港口布局规划》确定的“两横一纵两网十八线”等主要干支流高等级航道范围内单壳液货危险品船拆解改造、现有船舶生活污水防污染改造、过闸小吨位船舶拆解、老旧运输船舶提前拆解，以及建造符合国家发展方向的内河示范船给予的补贴资金和船型标准化工作经费。2013 年底《补贴资金办法(草案)》已完成征求意见稿，2014 年 4 月正式出台并实施。

随着我国内河船舶标准化的快速推进，长江干线船舶标准化工作取得了显著进步，对促进川江及三峡库区水域船舶技术进步，提高航道和船闸等通航设施的利用，保障水上交通安全，提高内河航运竞争力，促进内河航运结构调整及可持续发展发挥了积极作用，并取得显著的社会效益和经济效益。

2013年4月1日已经实施《长江过闸船型尺度系列》，为加强《标准船型主尺度系列》的管理，根据交通运输部有关文件精神，长江航务管理局专门制定了《长江运输船舶主尺度标准化实行办法》，该办法对新建的过闸非标准船舶实行“四个不得”的措施，即：船检部门不得审图、检验，运政部门不得为其办理《船舶营业运输证》，海事部门不得签证，船闸部门不得安排过闸。在全部责任链条中，实行“谁办理，谁签注；谁签注，谁负责”的全程责任落实硬措施。

第30章 贵州省内河船型标准化的现状与发展对策

30.1 贵州省内河船型标准化推进现状

乌江船型标准化工作始终与我国内河船型标准化进程保持一致。2003 年前交通运输部先后组织进行了三次内河船舶简统选优工作，从 2 000 多种内河运输船舶中，通过技术经济分析和专家审定，选定 242 艘不同地区的优良代表船型作为简统选优船型，向全国及各不同地区进行推荐。贵州省也有 13 艘船舶入围，包括驳船、拖船、客船和货船。

自 2003 年起，交通运输部率先在京杭运河推行船型标准化示范工程，首批开发了 25 型京杭运河标准船型，包括 100t 级、200t 级、300t 级、500t 级、1 000t 级货船；30TEU、60TEU、100TEU 集装箱船；1 000t 级、1 500t 级、2 000t 级分节驳船；180kW、328kW 推船等，2005 年制订了《京杭运河运输船舶标准船型主尺度系列》。同年，交通运输部在川江及三峡库区推进船型标准化工作。为避免"先乱后治"的被动局面，交通运输部发布公告，自 2003 年 10 月 1 日起禁止新开工建造或者改建非标准干散货船进入川江和三峡库区航运市场；同时加快标准船型的研发工作，最终以技术方案的形式相继公布了 7 个系列共 39 种标准船型的技术方案，含川江载货汽车滚装船、集装箱船、区间客船、客渡船、油船、化学品船和干散货船等标准船型。为进一步满足市场和船东的需求，交通运输部又发布了《川江及三峡库区运输船舶标准船型主尺度系列》，其中包括集装箱、干散货、化学品、油船等船型。此外，交通部还发布了《研究开发内河标准船型指导意见》，对规范全国内河标准船型的研究开发具有重要的指导意义。根据交通运输部的统一部署，按照交通部交水发(2004)123 号文件精神，贵州省根据自身发展要求制定了内河船型标准化发展纲要、目标和措施。

2005 年～2007 年，贵州省黔西南州地方海事局、贞丰县两江一河船舶修造厂联合承担了贵州省交通厅科技项目《南(北)盘江、红水河五级航道后船型研究》，针对两江一河航道整治为Ⅴ级航道后的航运条件以及货物运输特点，提出了技术性能优良、安全性好、适应性强的 100t、200t 和 250t 级系列货船船型。

2008 年贵州省航务管理局立项开展《贵州省两江一河(乌江)高等级航道主要船型标准化研究》，通过充分运用我国内河标准船型研究成果，结合贵州省两江一河、乌江高等级航道特点，采用变吃水技术，经多目标优化论证提出了贵州省两江一河、乌江货船船型主尺度系列，共

8个级别,以及贵州省两江一河载货汽车滚装船船型主尺度系列,共4个级别;研发了贵州省两江一河250t级、500t级货船和40车位级载货汽车滚装船,以及乌江500t级货船(Ⅰ、Ⅱ型),并提交其方案设计图纸及技术文件。

2010年贵州省交通运输厅立项开展《贵州省"两江一河"主要货运船型标准化研究》,研究提出了贵州省南、北盘江一红水河过枢纽干货船船型主尺度系列,共4个级别;以及贵州省南、北盘江一红水河龙滩库区货船及船组标准船型主尺度系列,包括库区货船标准船型主尺度系列,共4个级别;与船组配套的驳船主尺度系列,共3个级别和载货汽车滚装船标准船型主尺度系列,共4个级别。同年贵州省航务管理局立项开展地方标准《贵州省赤水河、两江一河和乌江货运船舶标准船型主尺度系列》编制工作,并于2013年5月予以发布并实施(DB 52/T 808～812—2013)。

同年贵州省交通运输厅立项开展《贵州省营运船舶节能环保现状分析与实用技术研究》,通过多种形式调研,对现有国内外内河主要节能环保实用技术进行分析,推荐出符合贵州省航运实际、值得推广应用的节能环保实用技术。

2012年交通运输部发布了《关于编制全国内河主要通航水域运输船舶标准船型主尺度系列的通知》(厅水字〔2012〕6号),决定开展编制全国内河主要通航水域(即"两横一纵两网十八线"高等级航道)运输船舶标准船型主尺度系列工作。在总结近年来长江水系标准船型研发经验基础上,完成了《京杭运河、淮河水系过闸运输船舶标准船型主尺度系列》、《珠江水系"三线"过闸船舶标准船型主尺度系列》、《长江水系过闸运输船舶标准船型主尺度系列》、《闽江干流过闸运输船舶标准船型主尺度系列》、《黑龙江—松花江过闸运输船舶标准船型主尺度系列》等全国内河主要通航水域过闸运输船舶标准船型主尺度系列,研究成果已颁布,并于2013年4月1日正式实施(交通运输部2012年第69～73号公告),乌江货运船舶标准船型主尺度系列被纳入《长江水系过闸运输船舶标准船型主尺度系列》。

2013年～2014年先后委托武汉理工大学设计了乌江500t级货船、乌江500t级多用途集装箱船和20车载重汽车滚装船,并积极尝试采用节能减排技术。乌江500t级货船、乌江500t级多用途集装箱船均采用了LNG/柴油双燃料动力系统,推进了乌江船型标准化进程和船型技术进步,有效对接了长江水系标准船型标准化推进工作。

30.2 贵州省内河船型标准化推进的指导思想、原则

1)指导思想

(1)坚持科学发展观,正确把握船型发展的总体趋势,立足现状、以人为本、总体规划、分步实施、统筹安排、综合联动、政府扶持、船东自律;

(2)以促进贵州省内河航运可持续发展、最大限度地满足航运市场发展需求为目的;

(3)以充分提高现有航道、通航建筑物的利用率,满足安全、环保、经济、实用、美观等要求为出发点;

(4)采取强制与引导相结合,宏观调控与分类指导相结合的方针,突出"开前门、堵后门、调结构"的思路。

2)推进原则

(1)适应性原则

船型标准化要与贵州省内河流域经济发展及运输需求相适应;与航道、港口发展规划相适应;与交通安全和水环境保护的要求相适应。

(2)前瞻性原则

标准船型系列的开发要与科学技术发展和技术进步紧密结合,体现科学的发展观。

(3)标准船型系列化原则

标准船型系列开发要在满足发展要求的前提下做到形式多样,妥善处理好共性与个性的关系;要结合地区、航道、货物和船东不同要求,形成标准船型系列。

(4)循序渐进原则

船型标准化的推进要与市场经济发展规律相结合,既要体现生产力的总体发展水平,又要兼顾地区的发展特点和船东的承受能力,在总体上要做到远近结合,突出重点、分步推进,先易后难。

(5)强制与引导相结合原则

强制与引导是船型标准化推进中的两种有效手段。涉及安全、水环境方面的措施要以强制手段推行为主;其他方面则应以引导为主,适当辅以强制措施。

30.3 实施建议

(1)船型主尺度系列是贵州省内河船舶标准船型开发的技术基础,根据市场需求,尺度系列应实时维护和补充。

(2)新造船必须满足主尺度系列(交通运输部2012年69号、72号公告)中规定的总长、总宽的要求。

(3)船东可在满足现行法规和规范的前提下,针对市场需求和航道特点,对所推荐的船舶设计吃水进行适当调整;对货船建议采用变吃水设计,以充分挖掘贵州省内河航道的潜力,提高船舶综合经济效益。

(4)对已研发的标准船型,若已有方案设计图纸,船东应在此基础上进行技术设计并建造;若已有技术设计图纸,则应按此施工建造。

(5)对尚未研发的船型,船东可根据实际需求,根据尺度系列中所规定的尺度范围内进行必要的船型研发。在此基础上向主管部门提出申请,进行标准船型的认定。当所研发的船型被认定为标准船型后方可设计建造。

第31章 乌江货运标准船型总体设计

31.1 内河船型标准化的内涵

船型标准化是内河航运结构调整的重要内容，由于以前没有统一标准，导致大批吨级小、能耗高、污染重、技术落后的老旧船舶投入航运，形成我国内河航运市场无序竞争的局面，制约了航道通过能力和水运优势的发挥。为了推动内河船舶技术进步，构建现代化内河水运体系，交通运输部在2009年针对长江干线运输船舶和长江主要支流、干支直达运输船舶颁布《推进长江干线船型标准化实施方案》，加快推进长江干线船型标准化工作。

为了实现船型标准化，交通运输部组织有关省级交通主管部门和相关科研单位共同研究，从“安全、高效、绿色、先进”四个方面入手，全面规范市场船型，提高船舶技术含量。通过制定《川江及三峡库区运输船舶标准船型主尺度系列》(2004)(2010)、《长江水系过闸运输船舶标准船型主尺度系列》(2012年，以下简称《长江过闸尺度系列》)等一系列过闸船舶主尺度，促进船舶与航道及船闸、升船机等通航设施的适应性，提高船舶通航效率及通过能力；颁布《内河运输船舶标准船型指标体系》(2012年，以下简称《内河船指标体系》)，以燃料消耗指标和CO_2排放指标限制船舶的能源消耗和温室气体排放，实现船舶节能减排目标；通过颁布实施《钢质内河船舶建造规范》(2009)(2012修改通报)和《内河船舶法定检验技术规则》(2004)(2011)等规范，提高船舶的结构安全性，保障人命和财产安全；通过对船舶进行优化设计，使船舶的载重量系数、海军系数、阻力系数、钢料系数和容积利用系数更优，提高船舶的高效性；通过研发新船型，创新运输组织方式，鼓励新材料、新方法、新工艺和新能源等先进技术与设备的推广应用，推动技术进步，全面提升内河运输船舶的先进性。

而在具体的推进落实上，有关部门按照“开前门、关后门、调结构”的工作方针，在新建船方面，通过颁布实施标准船型指标体系，确保新建船舶符合现代化船队的发展方向，杜绝不符合要求的新建船舶进入市场，鼓励建造技术经济性能更高的示范船；在现有船方面，限期淘汰安全、环保性能差的水泥质船、挂桨机船、单壳液货船、生活污水排放不达标的船舶，以及不利于提高船闸效率的小吨位过闸船舶，对于其他不满足标准船型指标要求的现有船舶，按照自然淘汰、引导淘汰和改造成标准船三种方式稳步推进长江干线船型标准化工作，促进长江航运的可持续发展。

我国内河标准船型必须满足《内河船指标体系》的要求，若需要通过船闸、升船机等通航枢纽，还必须满足过闸船型主尺度系列。即：

(1)过闸船舶:过闸尺度+内河运输船舶标准船型指标体系;

(2)非过闸船舶:内河运输船舶标准船型指标体系。

31.1.1 《内河船指标体系》的相关要求

《内河船指标体系》围绕着实现《国务院关于加快长江等内河水运发展的意见》中关于“畅通、高效、平安、绿色”内河航运现代化战略目而提出。其适用的内河水域为《全国内河航道与港口布局规划》确定的“两横一纵两网十八线”,即长江干线、西江干线、京杭运河、长江三角洲和珠江三角洲高等级航道网,以及岷江、嘉陵江、乌江、湘江、沅水,汉江,江汉运河,赣江,信江,合裕线,右江、北盘江—红水河、柳江—黔江、淮河、沙颍河、黑龙江、松花江和闽江等主要干支流高等级航道;适用的内河运输船舶是指航行于内河的干散货船、化学品船、油船、液化气船、集装箱船、客滚船、滚装货船、客船、驳船、推拖船等运输船舶;除另有规定外,《内河船舶法定检验技术规则》的相关定义适用于本指标体系。

1)内河标准船型指标体系基本框架

(1)强制性指标

①过闸标准船型主尺度系列标准。

对航行于已建或在建船闸、升船机等通航设施的内河限制性航道的新建内河运输船舶,应满足交通运输部公布的船舶主尺度系列标准。

②燃料消耗指标。

以柴油机作为主推进动力的适用船舶,其燃料消耗指数应满足交通运输部公布的《营运船舶燃料消耗限值及验证方法》中的燃料消耗量限值要求,燃料消耗指数的计算和验证按《营运船舶燃料消耗限值及验证方法》执行。

③CO_2 排放指标。

a. 以柴油机、气体燃料发动机作为主推进动力的适用船舶,其 CO_2 排放指标应满足交通运输部公布的《营运船舶 CO_2 排放限值及验证方法》中的 CO_2 排放指标限值要求,船舶 CO_2 排放指标的计算和验证按中国船级社《内河船舶能效设计指数(EEDI)评估指南》执行。

b. 船舶应配有能效管理手册 SEEMP。

④《钢质内河船舶建造规范》和《内河船舶法定检验技术规则》等相关规范法规。

(2)引导性指标

①船舶高效性指标。

包括载重量系数、海军常数、阻力系数、钢料系数、容积利用率等。通过对船舶进行优化设计,使下列系数更优,从而提高船舶的节能水平。

$$\text{载重量系数} = \frac{\text{载重量(t)}}{\text{满载排水量(t)}} \tag{31.1}$$

$$\text{海军系数} = \frac{\text{服务航速(kn)}^3 \times \text{满载排水量(t)}^{\frac{3}{2}}}{\text{主机总功率(kW)}} \tag{31.2}$$

$$\text{阻力系数} = \frac{\text{实际总阻力(N)}}{0.5 \times \text{水密度(t/m}^3\text{)} \times \text{服务航速(kn)}^2 \times \text{湿表面积(m}^2\text{)}} \tag{31.3}$$

$$\text{钢料系数} = \frac{\text{船体钢料重量(t)}}{\text{两柱间长(m)} \times \text{船宽(m)} \times \text{型深(m)}} \tag{31.4}$$

$$容积利用率=\frac{货舱容积(m^3)}{两柱间长(m)\times 船宽(m)\times 型深(m)} \tag{31.5}$$

②船舶先进(包括新材料、新技术、新方法、新工艺、新能源应用)。

先进技术具体包括新材料、新技术、新方法、新设备、新工艺、新能源等在船上的应用。

a. 新材料的应用。

包括绿色材料:如舱室高效、环保的绝缘材料、涂装材料—水性涂料、粉末涂料等;钢铝混合结构、纤维增强塑料等。

b. 新技术的应用。

包括船尾附加水动力装置——前置导管、桨前反映鳍桨后叶轮装置、尾端球;船舶动力系统优化;采用球鼻首 、直壁式船首、双尾鳍船型、不对称船尾、涡尾船型、球尾船型等优化船舶线型,有效地降低了船舶航行阻力,提高推进性能;应用船型节能、附体节能以及专用技术节能(如气膜减阻等)、船尾附加水动力节能装置等关键技术;船舶布置优化,如集装箱船的船首驾驶室布置,解决了驾驶盲区问题;客船舱室模块化设计的理念;依据规范和直接计算相结合的船舶结构、布置优化技术,如载货汽车滚装船上层建筑置于中部,改善了船舶总纵强度等;溢油监视、鉴别、处理、生态评价技术和船舶防污染技术;通过理论分析与模型试验,优化船舶线型,推荐船舶阻力小、推进效率高、快速性优良的线型;客船的减振、降噪技术、LED 照明技术等。

c. 新方法的应用。

包括运用概率论及风险分析方法(如综合安全评估方法 FSA)研究、制定船舶安全技术标准;运用回归分析法、变参数法(网络法、变值法)、逐步优化法、神经优化分析法对船型方案进行评估、优化;船型技术经济比选评估衡准技术方法及多目标技术经济船型论证技术;船体型线生成交互设计、船舶工程 CFD 综合技术及船模试验三位一体船型优化的研究方法;船舶计算流体力学 CFD 技术或 CFD 技术及其与试验结合的应用在船舶阻力性能研究中的应用等。

d. 新设备的应用。

包括推广使用节能型柴油机、新型燃油添加剂、节油减烟器、主机轴带发电机、热泵技术,岸电使用;优化电子喷油控制装置,机舱自动化控制、变螺距负载自动调节装置;舵桨一体化装置、油气回收装置;采用高效推进装置如低转速大直径螺旋桨、适伴流调距桨、导管螺旋桨、无梢涡螺旋桨以及部分浸水螺旋桨、侧向推进器等,提高了船舶推进效率;设置固体垃圾接收装置、生化法污水处理装置及油水分离装置等技术措施实现达标排放,防止船舶对库区水体的污染;采用尾轴水润滑等。

e. 新工艺的应用。

包括夹筋板工艺;纤维增强塑料注胶真空成型;无余量造船工艺等。

f. 新能源的应用。

包括清洁能源:如气体燃料动力(CNG/LPG/LNG)、电力推进系统、燃料电池、太阳能动力装置;资源节约与循环利用技术,如主机排气和冷却水的余热利用技术等。

31.1.2 全国内河通航水域运输船舶标准船型主尺度系列简述

全国内河通航水域运输船舶标准船型主尺度系列包括交通运输部 2011 年发布的《西江航运干线过闸船舶标准船型主尺度系列》(交通运输部 2011 年第 94 号公告);以及 2013 年发布

的《长江水系过闸运输船舶标准船型主尺度系列》、《黑龙江—松花江过闸运输船舶标准船型主尺度系列》、《闽江干流过闸运输船舶标准船型主尺度系列》、《珠江水系“三线”过闸船舶标准船型主尺度系列》和《京杭运河、淮河水系过闸运输船舶标准船型主尺度系列》(交通运输部2012年第69～73号公告)。

1)编制主要原则

本尺度系列只对新建的长江干线过闸船舶强制实施,以提高船舶与船闸等通航设施的适应性,提高通航效率。编制的主要原则为适应原则、匹配原则、统一原则、优选原则、实用原则和协调原则等。

2)尺度系列制定的思路

通过广泛调研,在总结和分析前期推进我国内河船型标准化工作以及已有标准船型研发成果的基础上,从满足市场需求出发,充分考虑通航技术条件、各航道的差异性、干支流的相通性等因素,遵循船型与航道等级、船闸等通航建筑物相匹配,尽可能简化尺度系列档次,兼顾船型优选及实用性,以及与相关国家标准、交通运输行业标准和行业政策相协调等原则,以提高航道和船闸等通航设施的利用率为主要目标,虑及船东及市场对标准船型主尺度限制的接受程度,经多方案技术经济优化论证而确定。

3)尺度系列适用范围

(1)适用于通过船闸、升船机(不含三峡升船机)等通航建筑物的内河干散货船、内河液货船(包括化学品船、油船)、内河驳船、内河集装箱船、内河滚装货船、内河自航自卸砂船等;不适用于船舶经营范围内无船闸、升船机等通航建筑物的运输船舶和工程船、航运支持系统船等非运输船舶;

(2)通过船闸、升船机的多用途船舶主尺度,按照主要运输货品种类所对应的标准船型主尺度系列执行。

4)尺度系列的选取

对于新建的通过“两横一纵两网十八线”高等级航道船闸、升船机等通航建筑物的内河运输船舶,可根据船舶种类、适用航域,选取相应的船舶主尺度。标准船型主尺度系列表头结构见表31.1。用户选取尺度系列时要注意总长和总宽为强制性参数,其中总长为一个范围,总宽允许下浮2%;此外干散货船、液货船尺度系列归并于同一系列;且不同支流间以及与干流间船舶尺度均考虑有“接口”。

标准船型主尺度系列表头结构　　表31.1

船型名称	B_{OA} (m)	L_{OA} (m)	参考设计吃水 (m)	参考载货吨级 (t)	适用航域

尺度系列的一般要求为:

(1)本尺度系列包含过闸运输船舶航行区域、所载主要货类及船型序列等信息提示。除另有说明外,用户可根据需求按船舶种类、船型名称,选取相应的船舶主尺度;

(2)通过船闸、升船机等通航建筑物(不含三峡升船机)的内河运输船舶主尺度应满足尺度系列总长、总宽的有关规定;

(3)尺度系列所列出的设计吃水为参考值,用户所选取的设计吃水应充分考虑航道、通航建筑物的限制条件；

(4)用户确定船舶高度时，应充分考虑航道、通航建筑物、桥梁及水上过江电缆等对船舶高度的限制；

(5)需在其他水域航行的过闸船舶，其主尺度还应满足相关水域过闸船舶标准船型主尺度系列的要求；

(6)船舶(队)营运航速应不低于预定航程水域内可能出现的最大流速，且应满足海事部门对最低对岸航速的要求。在满足船舶(队)航行安全的前提下，用户可根据实际优化配置主机功率；

(7)按本尺度系列设计的船舶应满足《内河运输船舶标准船型指标体系》(交通运输部2012年第13号公告)；

(8)按本尺度系列设计的船舶应符合主管部门及相应法规、规范的有关规定；

(9)按本尺度系列建造的船舶应符合中国造船质量标准的有关规定。船舶的主尺度偏差，即总长及总宽允许偏差范围为：$\pm L/1\ 000$mm 及$\pm B/1\ 000$mm。

31.2 乌江货运标准船型总体设计要点

31.2.1 船舶设计特点及对设计者的基本要求

船舶是由许多子系统组成的一个大系统，船舶设计需要兼顾多方面互相冲突的要求。

因此对船舶设计者提出如下要求：

(1)设计者应将船舶作为一个大系统来考虑，反复权衡船舶各种主要功能和次要功能的要求，使子系统的相互关系达到最佳状态，从而最有效和最经济地达到船舶一切应有的功能；

(2)设计者应综合运用多种科学和技术，尤其应注意掌握船舶使用环境的知识，特别是营运业务方面的知识，并不断发展新概念和推进船舶技术进步；

(3)在设计过程中，设计者要与船东和船厂经常联系和协商，以使设计工作保持实用性和减少失误；

(4)船舶设计是多参数、多目标、多约束的求解和优化问题。因而，最初粗估得到的主尺度并不一定符合要求，只有通过反复的迭代校验和修正，才能保证取值的可靠性。这是一个逐步近似的过程，通常按螺旋线进行，见图31.1。

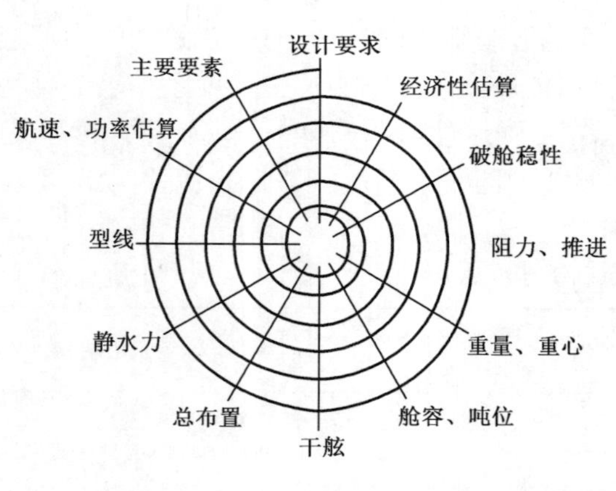

图31.1 运输船舶设计螺旋线

31.2.2 乌江货运标准船型总体设计要点

1)主尺度及参数的确定

确定乌江货运标准船型主尺度及参数的原理与方法与本书第13章阐述的相同，但根据标

准船型的定义(见上一节),乌江货运标准船型主尺度及参数确定时,还需要注意以下方面:

(1)应满足《钢质内河船舶建造规范》和《内河船舶法定检验技术规则》等相关安全技术标准的要求;

(2)应与航道、港口、船闸(升船机)、桥梁等通航基础设施相适应,应满足《内河通航标准》(GB 50139—2004)中相关要求;

(3)随着乌江多枢纽航道的形成,以及未来航运的快速发展,乌江枢纽通过能力不足将成为制约航运物流畅通的主要因素。因此,对于过闸(升船机)干散货标准船型主尺度应满足长江水系货-15 和长江水系货-17 对应的尺度要求,具体见表 31.2;其他货运标准船型主尺度应与贵州省地方标准相协调(DB 52/T 810~811—2013);

长江水系过闸干散货船、液货船标准船型主尺度系列　　表 31.2

船型名称	B_{OA} (m)	L_{OA} (m)	参考设计吃水 (m)	参考载货吨级 (t)	适用航域
长江水系货-15	10.0	53~56	1.6~2.5	800	乌江
长江水系货-17	11.0	53~56	2.3~2.9	1000	乌江

注:1. 总宽可下浮不超过 2%;设计吃水为参考值,应满足主管部门的相关限制要求。
2. 在满足船舶航行安全的前提下,用户可根据实际优化配置主机功率。
3. 船舶高度应充分考虑航道、桥梁及水上过江电缆等的限制。
4. 就乌江、信江限制水域而言,本尺度系列仅适用干散货船,不适用液货船。
5. 进入内河其他通航水域的过闸船舶应满足相关水域标准船型主尺度系列的要求。

(4)乌江货运标准船型主尺度及参数论证时,应满足燃料消耗指标和 CO_2 排放指标要求,计算各方案的燃料消耗指数和 EEDI 值;

(5)针对乌江船型特点,乌江货运标准船型主尺度及参数综合优化论证时,推荐选用《内河船指标体系》的引导性指标,如载重量系数、海军常数、阻力系数、钢料系数、容积利用率等船舶高效性指标,以提高船舶的节能水平。

2)型线设计

如前所述,标准船型必须满足《内河船指标体系》,该指标体系包括了“畅通、高效、平安、绿色”,以及技术先进性等多个方面。

节能减排已上升为国策,乌江货运标准船舶型线设计中应注重新技术和新方法的应用,《内河船指标体系》的引导性指标——船舶先进性应用中,对新技术和新方法均有相关阐述,根据第 5 篇“乌江货运船舶型线设计技术”以及第 27.1 节“适用于乌江营运船舶节能实用技术”中对节能线型的应用分析结论,推荐双尾船型为乌江货运标准船型适用的节能线型。并可针对不同的船舶种类,基于三维设计平台,运用船舶工程 CFD 综合技术及船模试验、实船试验相结合的船型优化方法,优选节能线型;同时借鉴国内外研究成果,探究适用的节能附体装置并应用。

3)总布置设计与设备选型

乌江货运船舶总布置设计的原则与方法如第 6 篇所述,为了有序推动绿色技术在内河船舶上的应用,按照对环境造成重大危害的程度和绿色技术的发展水平,有些要求已纳入规范法规强制性中,或逐步纳入规范法规中,如防止水域污染、防止空气污染、有害材料限用等。对于还不成熟的绿色技术，《内河船指标体系》中则作为引导性指标在船舶先进性中体现，如新材料、新技术、新方法、新工艺、新能源应用等。

本书第 27 章对乌江船舶适用的节能环保技术均有分析和推荐，这些节能环保技术对乌江货运标准船型仍然适用。第 28 章对 LNG 燃料动力技术在乌江船舶中应用的关键技术进行了分析，LNG/柴油双燃料动力系统与船舶总体布置匹配分析结论适用于乌江货运标准船型。

第32章 乌江标准船型推广应用配套政策分析

32.1 指导思想与原则

1)指导思想

有效推进乌江标准船型的推广应用;满足运输需求,科学引导市场,进一步提高航道和船闸等通航设施利用率;促进乌江船型标准化和船型技术进步、优化运力结构,保障水上交通安全,促进节能减排,降低乌江船舶运输成本,提高乌江航运竞争力,推动乌江流域经济的发展。

2)原则

政策措施制定需要协调目标与利益问题。注重系统协调性,了解各方需求与期望,引导业界按宏观目标的方向和期待的水平发展。

政策措施制定需要与国家、各省市法规协调;需符合国家有关交通法律法规要求和相关政策,符合省(市)法规要求;应注重政策与其他政策的关联性,避免因部门利益冲突影响管理政策系统效益。

32.2 配套政策措施建议

借鉴国内外相关政策,结合乌江航运发展需求,通过乌江过闸标准船型推广应用配套政策措施可按照现有非标准船、新建标准船和新建示范船等分类考虑。

就"现有非标船"而言,应通过比选论证予以分类。对老旧船舶予以提前淘汰;对于船龄较小的现役船舶鼓励其提前拆解退出市场。

就"新建标准船"而言,应形成运政、海事和船检之间,中央和地方之间,地方与地方之间的联动机制,明确责任,建立问责制,统一市场准入门槛。

就"新建示范船"而言,应组织开展示范船舶的认证,通过加强宣传和政策扶持等措施,大力推广应用乌江过闸示范船。

为促进乌江过闸示范船型的推广应用,必须有组织保障、经济鼓励政策、优化管理、资金保障和技术保障等措施,多管齐下,共同营造适宜示范船型的发展环境。

32.2.1 组织保障措施

健全组织机构,责任到人是乌江过闸示范船型推广应用的保障。《"十二五"内河标准化实施方案》中明确指出：交通运输部负责全国内河船型标准化工作的组织和推进。各有关省（区、市）人民政府交通运输主管部门是本方案的实施主体，成立领导和工作机构，加强组织领和协调，保证必要的人力、物力投入，确保本方案各项措施和规定的贯彻落实。

乌江过闸示范船型的推广应用是推进长江等内河船型标准化的重要工作，就其组织结构而言，建议成立乌江过闸示范船型推广应用工作领导小组。2010 年 9 月，交通运输部授权长航局代部组织实施推进长江干线船型标准化有关工作，因此应由长江航务管理局主管局长专门负责，统一指导推广应用工作的开展，以便在实施过程中能更好地协调，从而使推广应用顺畅化。

建议贵州省交通运输主管部门成立乌江过闸示范船型推广应用工作办公室，并设立工作办公室，结合本地实际，制定总体工作方案；利用多种形式，加大宣传工作力度，使社会充分认识乌江过闸示范船型推广应用对服务社会经济发展、促进行业进步的意见和作用，积极参与、配合与支持推广应用工作。

港航、海事、船检和船闸管理等有关部门要各司其职，港航部门不得为新建非标准船舶和限期退出市场的船舶办理营运手续，海事部门不得为新建非标准船舶办理船舶登记手续，对限期退出市场的船舶不予签证放行，船检部门不受理非标准船舶的建造检验，船闸管理部门不得为禁止过闸船舶和限期退出市场的船舶安排过闸；各部门要加强协调配合，全线联动，强化监督管理，做好相关政策法规、标准规范的执行和落实；航运业者要严格按照国家有关规定设计、建造和使用乌江过闸示范船型。

32.2.2　经济鼓励政策

除现有的宏观政策支持外，为加快乌江过闸示范船型的推广应用，交通主管部门除应加强宣传，提高全民思想认识外，还应尽快制定和出台经济鼓励政策。目标是通过补贴一方面提高运输企业新建有利于提升乌江船闸通过能力的示范船型的积极性，另一方面促进船东提前淘汰现有非标船型，加快船舶标准化进程。

经济鼓励政策应与国家、地方现行颁布或即将颁布的有关政策相协调，因此交通运输部发布实施的《“十二五”内河标准化实施方案》和《补贴资金办法》中的相关政策必须贯彻执行。在有效执行上述政策的前提下，建议针对新建示范船型的船东在财政补贴方面予以更大的扶持。

根据中央和地方现行相关政策，示范船型建成使用后可从以下途径享受补贴（或奖励）：一是争取交通运输节能减排专项资金；二是享受重庆市政府对集装箱码头作业费的补贴；三是争取纳入交通运输部出台的《内河船型标准化补贴资金管理办法》中对新建高能效示范船以及新建液化天然气（LNG）动力示范船，并享受相应的补贴政策。

建议各地乌江过闸示范船型推广应用工作办公室牵头协调港航、海事、船检和船闸管理等相关部门研究具体的经济鼓励政策，加快示范船型的推广工作。

32.2.3　优化管理措施

非标准船型的存在，不仅不利于乌江船闸的高效运行，而且由于原有运输船舶船型尺度较杂乱，功率大、载量小、能耗高、污染大等问题不同程度地存在，不利于减少船舶污染物排放和保护乌江库区水资源环境。需要针对现有非标准船型的实际情况，根据船舶技术状况分别处理：

(1)对于安全性能、环保性能差和生活污水排放不达标的船舶，制定严格的管制措施，限制其进入航运市场。

(2)制订更为严格的安全、环保法规，对于安全性能较差的小吨位船舶和设备老化、技术性能下降的老旧船舶加强监管，限制营运，促使其提前退出市场。

(3)针对有意提前退出运输市场的该类船舶的船东，严格按照《补贴资金办法》有关规定执行。

(4)严格执行标准船型准入政策，禁止新建非标船型通过乌江船闸。为提高船东建造示范船型的积极性，建议考虑优先过闸的政策。

32.2.4　资金保障

多渠道融资，为乌江过闸示范船型的推广应用提供稳定的资金渠道。充分发挥政府的示范、引导和倡导作用，通过技术规范、市场准入、政府监管等行政和法律手段来实现，同时辅以经济手段；以及通过舆论导向、政策扶持和示范宣传等途径来实现。“十二五”期间中央财政从一般预算资金和车辆购置税交通专项资金中安排适当资金用于支持公路水路交通运输节能减排。2011年财政部和交通运输部联合印发了《交通运输节能减排专项资金管理暂行办法》，专项资金的使用原则上采取以奖代补方式，由财政部、交通运输部根据项目性质、投资总额、实际节能减排量以及产生的社会效益等综合测算确定补助额度。

此外，还应充分发挥企业作为市场主体的作用，把技术创新的任务更多地交给企业和市场来完成；鼓励和支持科研机构和企业开发乌江过闸示范(示范)船型，建议：

(1)将国家、省、市政府引导资金，用于老旧船舶拆解补贴、新建标准船或新建标准示范船补贴。

(2)设立省交通主管部门专项资金，用于乌江过闸现有船舶的更新改造、新建船和新建示范船的推广应用；以及新船型研发技术研究。

(3)申请国家科技部、工信部、交通运输部等部门科技经费；各省发改委、各省科技厅、交通运输厅科技项目经费；各省港航管理部门自筹科研经费；重点工程建设科研经费；以及企业自筹经费，开展乌江过闸示范(示范)船设计。

32.2.5　技术保障

《“十二五”内河标准化实施方案》中指出，为引导船舶技术进步，促进船舶节能减排，鼓励建造符合国家发展方向的示范船。有利于提高乌江船闸通过效率的船舶、使用清洁能源燃料和其他有利于节能减排的船舶都在享受政府补贴范围内。因此，以进一步提高乌江提供能力为主要目标之一而择优推荐的乌江过闸示范船型应纳入示范船型范畴。因此必须提升科技创新能力和研发水平；开展提高船舶技术性能、运输效率与安全、环保性能的新技术、新材料、新设备和新工艺的研究，突破新船型研发关键技术。建议：

(1)采取“产、学、研、用”相结合的方式，以科研单位为主体跟踪研究船舶新技术、新船型；以航运企业为主体开发实用的乌江过闸示范船型。充分运用市场机制，加强协作，联合攻关。

(2)鼓励航运企业出资，采取“产、学、研”结合的方式，突破LNG燃料动力客船设计关键技术，开发乌江过闸示范船型，以航运企业为主体，申请认定示范船并予以奖励。

(3)由长航局对新建乌江过闸示范船型进行认证，加强新船型宣传和推广；及时发布示范船型图册并适时维护，通过媒体、网络、讲座、宣贯等多种形式，在业内进行广泛宣传；免费为船东提供乌江过闸示范(示范)船型图册。

(4)联合科研单位做好大型船舶开发及配套政策及港口码头扩能等方面的研究，为进一步优化标准船型尺度系列积累资料。

参考文献

[1] 刘岩. 乌江翻坝专用船船型论证[D]. 武汉:武汉理工大学,2014.

[2] 潘越. 上湄公河国际航道船舶货运组织方式论证研究[D]. 武汉:武汉理工大学,2014.

[3] 武汉理工大学. 乌江500吨级多用途集装箱船和20车载重汽车滚装船设计[R]. 2014.

[4] 武汉理工大学. 乌江500吨级货船设计[R]. 2013.

[5] 贵州省地方标准 DB 52/T 810—2013 贵州省乌江货运船舶(队)标准船型主尺度系列 货船及船组[S]. 2013.

[6] 贵州省地方标准 DB 52/T 811—2013 贵州省乌江货运船舶(队)标准船型主尺度系列 载货汽车滚装船[S]. 2013.

[7] 武汉理工大学,贵州航海学会. 乌江多枢纽梯级航道通航环境风险挖掘与运输模式安全评估研究[R]. 2013.

[8] 中华人民共和国交通运输行业标准 JT/T 826—2012 营运船舶燃料消耗限值及验证方法[S]. 北京:人民交通出版社,2012.

[9] 中华人民共和国交通运输行业标准 JT/T 827—2012 营运船舶 CO_2 排放限值及验证方法[S]. 北京:人民交通出版社,2012.

[10] 中国船级社. 绿色船舶规范. 2015.

[11] 周羽欢. LNG燃料船的设计[J]. 中国船检,2012(3):58-62.

[12] 韩宏恺. LNG燃料动力船改造试点工作探析[J]. 中国水运,2012(10):47-49,52.

[13] 王顺平. 基于FBUILDS二次开发及应用研究[D]. 武汉:武汉理工大学,2012.

[14] 贵州省航务管理局,武汉理工大学. 贵州省营运船舶节能环保现状分析与实用技术研究[R],2012.

[15] 黄凯. 乌江多梯级枢纽区域船舶货运组织方式优化及仿真[D]. 武汉:武汉理工大学,2011.

[16] 贵州航海学会,武汉理工大学. 乌江高等级航道高效船舶货运关键技术研究[R],2011.

[17] 陈林. 基于特征参数的船体曲面参数化设计方法研究与实现[D]. 武汉:武汉理工大学,2010.

[18] Henrik Andersson,Kasper Winroth. Potential and conditions for LNG fueled short sea shipping in East Asia[D]. Goteborg:Chalmers University of Technology,2010.

[19] 林国光,刘启柱. 红水河连续翻坝滚装运输需求和要素研究[J]. 西部交通科技,2009(12):105-110,116.

[20] 李渊. 三峡库区水路交通安全应急预案体系研究[D]. 武汉:武汉理工大学,2009.

[21] 黔西南州地方海事局,贞丰县两江一河船舶修造厂. 南(北)盘江、红水河五级航道后船型研究报告[R]. 2007.

[22] 交通部天津水运工程科学研究所,贵州顺达水运规划勘察设计所. 西南水运出海中线通道南盘江、北盘江、红水河(贵州段)航运建设工程可行性报告[R]. 2007.

[23] 高翔,陈和平,等. 贵阳市(乌江至长江)水路出海运输通道建设研究及初步规划[R]. 2007.

[24] 张净宙. 双尾(鳍)船型线特征及局部变形[D]. 武汉:武汉理工大学. 2007.

[25] 苏晓磊,等. 美、德内河航运开发比较及对我国的启示[J]. 广东交通职业技术学院学报,2006(4):76-79,94.

[26] 交通部长江航务管理局. 三峡坝区长期翻坝方案[R]. 2005.

[27] 贯进. 三峡船闸完建期客货运输解决方案[J]. 交通管理,2006(1):126-128.

[28] Stoschek Oliver, Zimmermann Claus. Water exchange and sedimentation in an estuarine tidal harbor using three-dimensional simulation[J]. Journal of Waterway, Port, Coastal and Ocean Engineering, 2006.

[29] 沈葳. 现阶段我国水上交通安全管理问题及对策分析[J]. 科技信息,2006(1):140.

[30] 付军明,等. 三峡翻坝运输规划方案研究. 中国公路学会公路规划分会论文集[C]. 2006.

[31] 陈宁. 模糊层次评价与灰色统计评估在项目方案优化中的应用比较[J]. 水运工程, 2006(8):26-28.

[32] 张周唐. 基于可持续发展的综合运输体系研究[D]. 西安:长安大学,2005.

[33] Beschnidt J, Gilles E D. "Virtual Waterway"-A traffic simulation environment for inland and coastal waterways[J]. Advances in Architecture Series,2005.

[34] 刘寅东. 船舶设计决策支持理论及应用[M]. 大连:大连理工大学出版社, 2005.

[35] 刘寅东,孙承猛. 吃水随航道水深变化时的船型论证方法[J]. 船舶工程,2005(1):24-27.

[36] 李世刚. 三峡库区水路交通安全应急预案体系研究[D]. 武汉:武汉理工大学,2005.

[37]中华人民共和国国家标准 GB 50139—2004 内河通航标准. 北京:中国计划出版社,2004.

[38] 佘廉. 水运交通灾害预警管理[M]. 石家庄:河北科学技术出版社,2004.

[39] 张仁颐. 船舶工程经济学[M]. 上海:上海交通大学出版社,2001.

[40] 秦士元,等. 水运系统分析和船型研究[M]. 上海:上海交通大学出版社,1997.

[41] 蔡庆麟,等. 水运运输系统分析[M]. 北京:人民交通出版社,1991.

[42] 冯恩德. 船舶设计原理[M]. 北京:国防工业出版社,1990.

[43] 张仁颐. 船舶技术经济论证方法[M]. 上海:上海交通大学出版社,1989.